"十二五"普通高等教育本科国家级规划教材
管理科学名家精品系列教材

现代企业决策与仿真
（第二版）

宋福根　主编

科学出版社
北京

内 容 简 介

本书以习近平关于教材建设的思想和中国共产党第二十次全国代表大会上的报告精神为指引，以提高现代企业经济效益为目标，结合作者多年来从事现代企业决策理论研究，以及决策仿真系统开发与决策课程教学经验，对现代企业构建、经营决策过程中的主要内容进行较为全面的叙述，并结合一个大型仿真案例，使之融合成为一个有机的整体，研发相应的决策仿真系统。读者通过对本书的学习，在短期内就能贯通现代企业构建与经营过程中的需求分析、营销决策、生产决策和采购决策之间的关系，了解各种成本费用的形成和一定经营战略的实施对企业构建、经营成果的影响，加深理解现代企业构建、经营决策与决策支持系统的开发原理、方法和步骤。

本书可作为管理类学科各专业的本科和专科教材，也可作为各高等院校开设创新创业决策课程的教材，同时可作为从事现代企业管理决策与决策支持系统开发人员的参考用书。

图书在版编目（CIP）数据

现代企业决策与仿真/宋福根主编. —2 版. —北京：科学出版社，2017

“十二五”普通高等教育本科国家级规划教材

ISBN 978-7-03-051678-7

Ⅰ. ①现… Ⅱ. ①宋… Ⅲ. ①企业管理-高等学校-教材 Ⅳ. ①F272

中国版本图书馆 CIP 数据核字（2017）第 022479 号

责任编辑：方小丽 / 责任校对：邹慧卿

责任印制：赵 博 / 封面设计：蓝正设计

科学出版社出版

北京东黄城根北街 16 号

邮政编码：100717

http://www.sciencep.com

北京市金木堂数码科技有限公司印刷

科学出版社发行 各地新华书店经销

*

2010 年 7 月第 一 版 开本：787×1092 1/16

2017 年 3 月第 二 版 印张：19 3/4

2025 年 9 月第十三次印刷 字数：470 000

定价：48.00 元

（如有印装质量问题，我社负责调换）

作 者 简 介

宋福根，男，1952 年生于上海，毕业于华东师范大学数学专业，曾三次以访问学者的身份赴德进修企业经济、合作编写教材和合作开展科研，现为东华大学二级教授、博士生导师，主要研究方向为决策理论与决策支持，主要研究成果如下："棉纺织企业生产经营决策支持系统"、"现代企业经营决策仿真系统"、"现代企业创业决策仿真系统"和"决策天地"学习网站系统等。获得的主要奖项如下：主持教改项目获"国家级教学成果二等奖"四项、"部市级教学成果一等奖"五项；主持的"决策支持系统导论"课程建设和"信息管理与信息系统"专业建设分别获教育部"国家精品课程"和"国家级特色专业"荣誉称号；主持"现代企业决策与仿真"课程获教育部"精品视频公开课"荣誉称号，已在"中国大学视频公开课"网和"中科云教育"上线；主持教学中心建设，获首批"国家级管理决策虚拟仿真实验教学中心"荣誉称号；获国务院颁发"政府特殊津贴证书"、原纺织工业部"纺织信息先进工作者"、"上海市教学名师"、"上海市模范教师"及"宝钢教师奖"等多项荣誉称号。

中科云教育

前　　言

习近平在中国共产党第二十次全国代表大会上的报告明确指出：全面建成社会主义现代化强国，坚持教育优先发展、科技自立自强、人才引领驱动是全面建设社会主义现代化国家的基础性、战略性支撑。随着全球经济一体化的发展和市场竞争的加剧，现代企业不再是一个封闭性的生产型企业，而是一个与其外部经济体系有着广泛联系的开放性系统，涉及到的因素很多，且具有很大的不确定性。因此，面向市场，参与竞争，在激烈的市场竞争中努力提高把握市场机会的能力，贯通产品市场营销、生产组织和物料采购之间的关系，了解产品成本费用的形成和实施一定的经营战略、营销策略对现代企业经营成果的影响，突出管理就是决策，快速地就现代企业经营活动过程中的一系列主要内容作出优化决策及对其成果作出全面预算，提高经济、社会效益，以高素质现代管理人才引领驱动社会发展，是实施人才强国战略，新时代中国特色社会主义建设人才培养的迫切需要。

多年来，作者在现代企业决策理论、决策方法、决策支持与决策支持系统开发等方面进行了潜心的研究，主持开发成功了大型"现代企业经营决策仿真"系列实验软件系统和基于互联网运行的全天候、开放式和智能型的"决策天地"网上学习平台。"决策仿真"系列实验系统揭示了现代企业决策中的产品市场需求分析、营销优化决策、生产优化决策、采购优化决策和决策方案全面预算等的理论内涵；贯通了竞争条件下现代企业产品市场需求分析、营销优化决策、生产优化决策、采购优化决策和决策方案全面预算等的内在联系；创建了使学生在学习现代管理决策理论和方法基础上，即可理论联系实际，开展现代企业决策的实践条件。"决策天地"网上学习平台的应用，可使学生不受时间、地域限制，只要登录平台，就可远程异地开展市场竞争条件下的现代企业经营决策实验，犹如身临其境，开创出一套现代管理决策人才培养的全新模式。由于"决策仿真"实验系统和"决策天地"运行平台的创新性、先进性、实用性和应用的广泛性，已四次获得"国家级教学成果二等奖"、五次获得"部市级教学成果一等奖"，用于"决策支持系统导论"课程建设和"信息管理与信息系统"专业建设，已获教育部"国家级精品课程"、"国家级特色专业"和"国家级一流课程"等荣誉称号。

本书原版是在已经取得的各项教学研究成果和多年教学实践经验基础上编写而成的。全书以提高现代企业经济效益、社会效益为目标，围绕社会经济发展和人才素质培养需要，融入了已有的管理学科学研究和教学研究成果，突出了现代企业管理的核心是经营、经营的重点在于决策的这一基本论点，围绕现代企业决策过程中的主要内容，以市场为导向，就市场竞争条件下的企业产品市场需求预测、最佳产品销售价格和广告费用投入等市场促销手段运用决策、最佳产品生产组合方案及其调整决策、最佳生产物料订购批量及其供应商选择决策、拟定方案下的企业经营成本及其盈亏预算、最佳企业经营方案决策及其相应的决策支持系统开发的基本原理、方法和步骤等进行了论述，并通过一个大型的现代企业决策仿真案例将上述决策过程中的各项主要内容有机地联接了起来，融为一体，在理论上和方法上均有所突破。结合“决策仿真”实验系统应用，学生在短短的几天时间内就可综合运用现代企业决策基本理论，创造性地进行现代企业市场竞争决策实践，贯通现代企业营销决策、生产决策和采购决策之间的关系，了解各种成本费用的形成和一定经营战略实施对企业经营成果的影响，加深理解现代企业决策与决策支持系统的开发原理、方法和步骤，获得在实际中需几年才能感受到的经验和体会，极大地提高学生的综合能力、实践能力和创新能力。

本书修订以习近平关于教材建设的思想和中国共产党第二十次全国代表大会上的报告精神为指引，结合我国社会经济形势的新发展，作了较大幅度的内容和结构调整。鉴于“万众创新、大众创业”已经成为推动我国经济可持续发展的一项重大战略举措，与时俱进，在内容上，增加了现代企业创业基本概念、创业情景设定、创业构建决策仿真及优化决策仿真等；在结构上，将原有的“现代企业决策仿真”一章，扩充成了“现代企业构建决策仿真”和“现代企业优化决策仿真”两章。尤其是结合基于互联网运行的“现代企业创业决策仿真”系列实验系统研制成功，就现代企业创业创办流程、创业构建决策、创业优化决策、创业决策方案预算、创业决策方案调整等作了详尽的叙述，在不失本书原版主要内容和鲜明特色的基础上，丰富了现代管理决策内容，创新创建了现代管理决策实践环节。决策仿真系列实验系统和“决策天地”网上学习平台，可供数百所高校、数万名学生同时在线开展现代企业决策的理论学习与实验学习，对加快我国管理决策与创新创业决策人才培养，提高决策人才培养质量，扩大决策人才培养规模，有着重要的意义。决策仿真系列实验和“决策天地”网上学习平台网址为：http://www.jctd.net，欢迎使用。

本书修订第一、第二章由马彪完成；第五章由董平军完成；第三、第四、第六、第七和第八章由宋福根完成。张科静对全书进行了统稿、审校与润色。修订过程中，受到了科学出版社和广大读者的大力支持，在此一并致以衷心的谢意。由于现代企业决策与决策仿真系统的开发是一门新兴的学科，且正在迅速发展之中，作者水平也很有限，书中编写、修订难免会有不妥或疏漏之处，敬请读者予以批评指正。

目　录

第 1 章　现代企业决策概述

自从有了人，就有了人的决策活动。在我国历史文化的长河中，有许多历史文献都记载了人类在社会、政治、经济和军事等领域的各种决策活动。这些历史文献生动地描述了许多脍炙人口的治国安邦、富国强兵的决策事例。例如，早在汉朝末年，著名军事家诸葛亮隐居隆中，当刘备三顾茅庐，表示了对诸葛亮的充分信任之后，诸葛亮纵览历史，审时度势，提出了先取荆州，再夺益州，东结孙权，北拒曹操，三分天下，再谋统一的战略决策，这就是著名的“隆中对”，在之后的实践中得到了一定的印证。

又如，北宋真宗年间，京城开封的皇宫失火，急需重建。重建皇宫面临三大难题，即取土、外地材料运输和瓦砾的处理。负责重建皇宫的大臣丁渭，经过全面分析，做出了缜密谋划：首先，挖沟取土，在重建皇宫的工地前面，挖了一条又深又宽的沟，将挖出的土用于重建皇宫，解决了取土的问题；其次，将这条深沟与开封附近的汴水河接通，引水入沟，使之成为一条运河，外地材料经汴水、顺运河源源不断地被运送到了重建皇宫的工地，解决了外地材料运输的问题；最后，皇宫建成后，将所有的破砖碎瓦全部推入深沟中，恢复了皇宫前的本来面貌，解决了瓦砾处理的问题。丁渭的谋划，充分体现了管理决策的基本思想。这样的事例还很多，如田忌赛马的故事和其他著名的军事实例等。

虽然，历史上国内外的许多决策事例都是很有效的，其决策思想，以现代观点来看也是很科学的。但是，这些决策在很大程度上所依靠的是决策者个人的学识与经验，取决于决策者个人的智慧与才能。因此，一般认为这样的决策属经验决策。

而决策从经验决策发展为科学决策，形成一门学科，被认为始于 20 世纪 50 年代。由于当时的社会、政治、军事、经济和科学技术发生了很大的变化，现代化、社会化的大生产和现代科学技术的飞速发展，对“决策”提出了更高的要求，迫切要求经验决策向科学决策的方向发展，迫切要求发展一种以决策活动为研究内容，以科学技术为研究基础的科学决策理论和方法，决策作为一门学科研究而迅速地发展起来。

首先，运筹学及以后发展起来的系统工程等为决策理论的形成和发展奠定了良好的基础。尤其是运筹学与系统工程的主要分支，即线性规划、整数规划、运输模型、存储论、对策论、排队论、多目标规划、非线性规划、工作分派模型、网络计划技术和风险型决策、不确定型决策、统计决策等对决策理论与方法的发展发挥了直接的推动作用。控制论、信息论及系统论基本理论与方法为决策理论提供了新的概念和新的思维。

其次，进入 20 世纪 80 年代，随着计算机技术、现代信息技术和通信技术的发展，科学决策的理论与方法研究也得到了极大的促进和发展，并产生了建立在计算机应用技术与现代信息技术基础上的 DSS 这一新的研究方向。在计算机应用技术与现代信息技术辅助下，许多大型的决策优化问题得以解决，复杂的群体决策问题也取得了突破性的进展；随着研究的不断深入，DSS 在信息系统的基础上增加了模型库和知识库，使整个支持系统具有了一定的人工智能（artificial intelligence，AI）功能。

最后，随着 21 世纪互联网技术的迅速发展，海量的数据得以获取和储存，基于大数据的规律分析与关联研究呈现出了突飞猛进的发展态势，商务智能及其应用研究方兴未艾，以分类、回归、聚类和关联等为特征的众多数据挖掘（data mining，DM）方法应运而生，“互联网+”为现代管理决策与现代信息技术的深度融合，为促进管理决策学科理论与方法的内涵进展，为 DSS 更加深入研究与广泛应用，开辟了更为广阔的、不可估量的发展前景。

由此，伴随着管理学科内涵研究的新进展和信息技术应用研究的新发展，决策已经成为一门新兴的、交叉性的学科，并且展示出了其重要性。

中国共产党第二十次全国代表大会报告指出，完善中国特色现代企业制度，加快建设世界一流企业。这是党中央基于新时代新征程中国共产党的使命任务作出的重大战略部署，为我国企业发展指明了方向和目标。现代管理理论认为：现代企业制度下，企业是经济社会的主体，竞争是市场经济的特征，“现代管理的核心是经营，经营的重点在于决策。”由于经济全球化浪潮的冲击和国内外市场竞争的加剧，我国企业，尤其是工业企业正面临着更多的机遇和挑战。为使我国企业能够更好地把握机遇，应对挑战，实现可持续发展，实施创新人才驱动发展战略，决策也正逐步成为我国工业企业管理工作的核心和重点。

1.1 现代企业决策的基本内容

现代企业是现代经济社会的主体。“大众创业、万众创新”已经成为推动我国经济可持续发展的一项重大举措。在市场经济条件下，企业，尤其是工业企业不再是一个封闭性的生产型企业，而是一个与生产同类产品的竞争企业、采购市场、销售市场、劳动力市场和银行等外部经济体系有着广泛联系的开放性系统。无论是在初创周期，还是在经营周期，由于市场竞争激烈，如何应对市场竞争，优化市场营销决策，已经成为现代企业经营活动过程中极其重要的一环；由于市场需求变化加快，产品市场寿命周期缩短，现代企业生产经营正向多品种、小批量方向发展；降低企业生产经营成本，尤其是产品生产物料成本，在很大程度上影响企业的经营成果和市场竞争力；企业与企业之间的竞争，越来越趋向于企业所在供应链之间的竞争，正在改变着企业的生产经营模式。所有这些，致使现代企业管理决策过程日趋复杂，在错综复杂的现代企业生产经营活动过程中，企业必须面向市场，抓住重点，突出主线，以获取最大的经济效益、社会效益为主要目标，紧紧围绕市场需求变化，就企业一系列生产经营活动内容做出科学的决策。因此，无论是在初创周期的构建决策，还是在经营周期的优化决策，现代企业决策内容都有以下几个主要方面。

1. 市场需求预测

企业应就产品市场需求进行预测。所谓预测就是“鉴往知来”，通过对事物的过去进行分析研究，找出其发展变化的规律，从而预计和推测未来可能发生的情况。从严格意义上来说，产品市场需求预测本身并不属于现代企业管理决策的范畴，但现代企业的生产经营活动是以市场为导向的，产品市场需求变化直接影响到企业对产品市场营销、生产组织等经营活动过程所作的决策。所以，准确的预测是正确决策的前提和依据，市场需求预测的可靠与否对企业构建决策、经营决策的正确与否，乃至整个企业经营活动的成败都有极其重要的意义。市场需求预测的方法很多，主要分为定性预测、定量预测和组合预测（combination forecasting）三大类。其中，定量预测通常又主要包括时间序列预测法和因果关系预测法。

2. 营销优化决策

企业应就产品市场营销进行决策。营销决策是企业进行销售活动的出发点，是编制销售计划的依据，是实施销售管理的核心。在竞争市场上，企业为促进产品市场销售、扩大市场占有都要制定一定的经营战略和营销策略，这些经营战略和营销策略具体表现在对产品市场营销手段的组合运用方面。随着市场竞争的加剧，市场营销组合的理念已经发生了深刻的变化，经历了从经典的 4P[价格（price）、促销（promotion）、产品（product）、渠道（place）] 到 4C [消费者（consumer）、成本（cost）、便利（convenience）、沟通（communication）]，再到 4R [市场反应（reaction）、顾客关联（relativity）、关系营销（relationship）、利益回报（retribution）] 的过程。然而，尽管市场营销组合理念已经发生了变化，但在新的营销组合理念下，企业常用的市场营销手段还是经典的 4P，可以根据历史资料数据，结合现时市场调研，运用一定的数学方法，建立起各种不同营销手段的效应曲线模型，通过对曲线模型的分析，可就营销手段的运用做出优化决策。同时，测算出竞争条件下企业可望达到的产品市场销售量、销售额和市场占有率。

3. 生产优化决策

企业应就产品生产方案进行决策。以销定产是现代企业经营的重要理念，是现代企业组织生产的原则，根据营销优化决策测算出企业产品市场销售量和客户批量订购量，结合企业现有生产设备和人员生产能力及其他生产经营条件，运用多种优化决策理论、模型和方法，如线性规划、遗传算法、非线性规划、多目标规划、网络计划技术及约束理论（theory of constraints，TOC）等，可就企业产品生产组合方案做出优化决策，形成最佳的主生产计划，并就企业设备、人员生产能力调整等做出决策；在已确定不同产品生产数量的主生产计划基础上，再根据各类产品生产时间上的先后要求，以所有产品都被加工完成的总时间最短为目标，运用一定的方法制订出详尽的产品生产优化作业计划。

4. 采购优化决策

企业应就生产物料采购进行决策。依据企业产品主生产计划中已经确定的各类产品生产数量及其产品工艺结构，计算出单位产品生产所需要的各种物料需要量以及所有产品生产所需要的各种物料需要量；依据企业产品生产优化作业计划，计算出各种物料在不同时间的需要量和重叠交叉时段需要量，制订出企业产品生产物料需求计划；运用供应链管理（supply chain management，SCM）的基本思想，采用层次分析法（analytic hierarchy process，AHP）、模糊层次分析法等对物料供应商的选择做出决策；运用存储论的订货决策原理，进一步对物料订购批量、订货周期及再订货点等做出优化决策，在满足企业生产经营过程需要的同时，使产品生产所需的物料成本降到最低。

5. *方案全面预算*

企业应对已经初步形成的构建决策方案或经营决策方案进行全面预算。经过产品市场需求预测、产品市场营销决策、产品生产方案决策、物料需求计划制订和物料采购批量决策，一定的企业生产经营决策方案已经形成，对该决策方案下的企业产品市场销售收入和各类成本费用进行全面的预算，可测算出该决策方案下的企业经营成果。对预算的成本数据和成果数据进行分析，不断改进所形成的企业决策方案，最终完善企业决策方案，使企业的生产经营活动始终处于一个良好的运行状态；或根据市场需求变化和竞争企业可能采取的市场营销策略，结合企业决策者的分析、判断和想法，尝试改变拟订方案中的部分决策内容，形成多套不同的企业经营战略思路和生产经营备选方案，对各套不同备选方案进行全面预算，测算出各备选方案下的企业经营成果，通过比较，确定企业最佳生产经营方案，最大限度地提高企业的科学经营决策水平、经济效益和市场竞争力。

1.2 现代企业决策的基本原理

从广义上说，决策是一个发现问题、分析问题和解决问题的全过程，是为了达到一个或若干个目标而从众多可供选择的行动方案中进行选择并付诸实施的过程。从狭义上说，决策就是为解决某种问题，从多种可供选择的方案中选择一种行动方案的过程。科学的决策经过几十年的发展，逐步形成了自己的理论、原则和方法，逐步发展成一门新的学科，即决策科学。科学的决策要求具有科学的决策体制、科学的决策程序和科学的决策方法。科学的决策体制由信息系统、智囊系统和决策系统三者有机结合而成。科学的决策程序包括目标、信息、设计、评价、选择和反馈等几个阶段。科学的决策方法包括各种定量的计算模型和各种建立在经济学、心理学、社会学和行为科学等基础上的定性的方法。

人们为达到科学决策的目的，进行了长期的探索和研究，随着计算机、信息技术的出现和发展，辅助管理决策的计算机信息系统的研究、开发和应用也在不断变化与发展，尤其是互联网技术的快速发展，为科学决策提供了更加强有力的手段、工具和平台。

1.2.1 决策的程序

科学的决策，不仅要使用科学的分析方法和现代化的工具，而且要遵循科学的程序，将一个决策过程分为若干个阶段，明确各个阶段的任务，按照一定的阶段顺序和客观规律有计划、有步骤地进行。一个完整的企业经营决策过程概括起来，通常应包括确定决策目标、拟订备选方案、计算方案效益及确定最优方案四个基本程序阶段。

1. 确定决策目标

决策目标是整个决策过程的出发点，是科学决策的重要一步。所谓决策目标，是指在一定的条件下决策者期望达到的理想状态。例如，竞争条件下企业产品市场销售期望利润、市场占有率或设备投资期望达到的产品生产增长量等。决策目标的确定，应当做到先进性、合理性和可能性的“三结合”，即技术上的先进性、经济上的合理性和客观条件的可能性相结合，并尽量做到定量化，避免模糊不清的目标概念所造成的混乱。如果确定的目标只有一个，则称为单目标决策；如果确定的目标有多个，则称为多目标决策。

2. 拟订备选方案

拟订备选方案就是针对已确定的决策目标，制订出多套可能的方案以供选择。这些方案都务必使现有的人力、物力和财力资源得到最合理与最充分的利用。同时，每一种方案又都要有一些重要的区别。例如，设某企业确定的决策目标是要获得一定的产品市场销售收入和市场占有率，而在市场经济条件下，影响企业产品市场销售的主要因素通常为产品市场需求、社会购买力、竞争企业的经营战略及其营销手段运用和本企业的经营战略及营销手段运用等。在测算出产品市场需求量、分析出竞争企业可能采取的经营战略及其营销手段运用后，企业即可拟订出多种不同的经营方案。例如，给定较高的产品销售价格，同时辅以较高的广告费用投入、较好的产品质量和较多的销售网点予以支持，优质高价，以较少的产品数量就可获得一定的产品销售收入和市场占有率；或给定较低的产品销售价格，同时适当降低广告费用、产品质量改进费用和销售网点配置费用的投入，薄利多销，以较少的经营费用获得相应的产品销售收入和市场占有率等。不同的经营战略、营销策略及营销手段运用，将形成不同的企业市场营销方案，还可以进一步拟订出其他多种不同的备选方案。

3. 计算方案效益

由于各种备选方案都存在一些重要的区别，各种备选方案在实施过程中所形成的成本费用以及所产生的经济效益、社会效益也将是不同的。对各备选方案的成本、效益必须进行定量计算和分析。由于决策内容不同，决策目标就会有所差别；由于决策人员偏爱不同，决策标准也就不可能完全相同。但在现代企业的生产经营决策过程中，成本最小化或利润最大化的决策目标却具有普遍性，所以，其中最重要的是不同备选方案的预期成本和预期收益的计算。通过计算，汇集出各备选方案下的预期成本和预期收益，就可确定出相应的经济效益和社会效益，然后通过对比，排出各方案的优劣次序，以供决策者进行选择。

4. 确定最优方案

最优方案的确定，即是决策者的行动。在各备选方案定量计算和分析的基础上，决策人员应根据自己的经验，结合国内外政治经济形势变化、消费者心理和消费结构改变、市场新潮流动向等各种非定量因素的影响与限制，进行定性分析，进而将定量计算和定性分析结合起来，权衡各备选方案预期成本和预期收益的得失，最后确定出最优方案。

任何一个科学的决策过程都是一个动态的过程，往往不可能一次就完成，而是需要在各个决策阶段之间进行多次的往复循环，才能达到较为理想的决策效果。

1.2.2　决策的分类

1. 按决策的重要性分类

按决策的重要性通常将决策分为战略（规划）、战役（管理）和战术（业务）决策。战略决策往往是在一个相当长的时期内影响着全局，如企业的长期发展规划、生产规模、产品品种结构、新产品开发和市场开拓等发展战略问题的决策都属于此类。战略决策需要考虑外部的动态环境与企业内部的生产活动保持平衡，属于高层决策。

战役决策的目的是实现战略决策，从而需要在人力、物力和财力等资源以及组织结构等方面进行决策。其具体内容如下：企业的营销决策、生产决策、采购决策、库存决策、人事决策和财务决策，企业生产经营系统的组织与设计决策，企业内部的协调决策、外部的沟通决策，以及控制等方面的规划、管理与决策等，属于中层决策。

战术决策是为了提高日常管理工作效率而进行的决策，如企业在销售管理、生产管理、库存管理和技术管理等过程中的事务性决策，属于基层决策。

战略决策对未来发展趋势不易掌握，对情况变化的估计不易准确，相关数据资料难于收集，决策风险较大，定量分析方法用得较少，定性分析方法用得较多；战术决策已有统计学、运筹学、系统工程和仿真技术等比较系统的数量分析方法用以寻找最优解，决策结论的精确性较高；而战役决策则介乎于战略决策与战术决策之间，大多用定性分析与定量分析相结合的方法。

2. 按决策的结构分类

按决策的结构将决策分为程序决策和非程序决策。程序决策是一种有章可循的决策，一般是可重复的，如企业的订货和供应决策，通常可运用运筹学、计算机仿真和管理信息系统（management information system，MIS）等来解决。非程序决策一般是无章可循的决策，只能凭借经验直觉做出应变的决策，一般是一次性的，通常只能借助于决策者的经验和应变能力、人工智能、专家系统（expert system，ES）等来解决。

3. 按决策的性质分类

按决策的性质将决策分为定量决策和定性决策。通常可用数学模型表示的决策称为定量决策，不能用数学模型表示的决策称为定性决策。在实际工作中，往往需要运用定量决策与定性决策相结合的方法进行综合决策。同时，定量决策和定性决策之间的关系是可以转化的。例如，随着科学研究的深入和科学技术的进步，定性决策可以转化为定量决策。

4. 按决策的环境分类

按决策的环境将决策分为确定型决策、风险型决策和非确定型决策。确定型决策是指决策的环境是完全确定的，做出的选择结果也是确定的；风险型决策是指决策的环境不是完全确定的，但其发生的概率是已知的，做出的选择结果具有风险性；非确定型决策是指决策的环境是完全不确定的，连发生的概率也是未知的，只能凭借决策者的主观倾向进行决策。

5. 按决策的连续性分类

按决策的连续性将决策分为单项决策和序贯决策。单项决策是指整个决策过程只作一次决策就得到结果，决策过程已经完成；序贯决策是指整个决策过程是由一系列连续性的单项决策组成的，如现代企业经营决策通常由营销决策、生产决策和采购决策等一系列单项决策内容组成。一般来说，管理决策活动都是由一系列单项决策组成的，属于序贯决策。

6. 按决策的目标数分类

按决策的目标数将决策分为单目标决策和多目标决策。单目标决策是指一次决策的目标只有一个，如营销决策中只考虑产品销售利润最大化或销售收入最大化等。多目标决策是指一次决策的目标同时有两个或两个以上。例如，营销决策中在考虑产品销售利润最大化时也考虑产品销售量、销售收入最大化等，它的解必须尽可能同时满足这些目标。

1.2.3　决策的准则

决策时，为了评价不同备选方案效果的好坏，就要拟定出相应的备选方案评价标准——决策准则。对不同类型的决策问题，应采用不同的决策准则。

对于确定型决策，由于决策的环境是完全确定的，做出的选择结果也是确定的，所以，决策准则的选择也是确定的，只需直接比较各备选方案的效果（用损益值来反映）。对于风险型决策，由于决策的环境不是完全确定的，做出的选择结果具有风险性，所以，决策准则可以是比较各备选方案的期望值。对于非确定型决策，由于决策的环境是完全不确定的，连其发生的概率也是未知的，所以，只能凭借决策者的主观倾向确定一项择优决策准则，究竟选择哪一项决策准则，与决策者的素质、风格和冒险精神等有关。

1.2.4　确定型决策

确定型决策主要用于解决决策的环境是完全确定的，不包含随机因素影响和作用的决策问题。例如，企业的生产计划制订，在市场销售量、设备能力和人员能力等生产条件完全确定的情况下，制订出企业产品的最优生产组合方案就属确定型决策。这类问题的决策方案可以用计量方法、线性规划、经济分析法和网络计划技术等方法建立数学模型并求解来确定，这在统计学、运筹学等教学资料中已有较多的介绍，下面再举两例。

例 1-1　某种原材料近段时间在 A 市比较畅销，如果能够及时购买并略作加工进行销售，那么销路不成问题。A 市的某一企业考虑从 1 800 千米以外的 B 地采购这种原材料并略作加工，计划采购 400 吨，每吨原材料的采购价格为 1 200 元。从 B 地将原材料运往 A 市的运输方案有两个。

方案一：采用铁路普通货车运输，平均每吨每千米的运费为 0.4 元，损坏率为 10%，加工后的产品销售价格为每吨 2 200 元。

方案二：采用高速公路汽车运输，平均每吨每千米的运费为 0.6 元，损坏率为 2%，加工后的产品销售价格也为每吨 2 200 元。

考虑到还有加工等费用的存在，企业决定只有当销售收入扣除原材料的采购成本和运输成本后的总收益超过 20 000 元时才可以采购。在销路不成问题的情况下，该企业是否应采购这批原材料？若采购，应采用哪种运输方式？

解：在这一决策问题中，决策目标是确定的，不同运输方案也是拟订的，有关的影响因素，如采购价格、运输费用和损坏率等都是确定的，选择的标准也已经确定，因此，属典型的确定型决策。在这种情况下，根据决策目标，只需计算出不同决策方案的收益值，然后根据收益值的大小，进行比较即可确定最优方案。

方案一的收益如下：

$$v_1 = 2\,200 \times 400 \times (1 - 10\%) - 1\,200 \times 400 - 0.4 \times 1\,800 \times 400 = 24\,000 \text{（元）}$$

方案二的收益如下：

$$v_2 = 2\,200 \times 400 \times (1 - 2\%) - 1\,200 \times 400 - 0.6 \times 1\,800 \times 400 = -49\,600 \text{（元）}$$

根据企业的决策目标和收益比较，可以做出企业应采购这批原材料，并应取运输方案一为最佳运输方案的决策。

例 1-2　某公司生产Ⅰ型、Ⅱ型和Ⅲ型三种产品，下月生产计划、不同类型成本及销售价格的数据如表 1-1 所示。

表 1-1　下月生产计划、不同类型成本及销售价格

产品	Ⅰ型	Ⅱ型	Ⅲ型
产品生产计划/件	1 000	1 500	2 000
产品销售价格/元	35	10	25
单位变动成本/元	28	6	16
固定成本总额/元	40 000		

假定所生产的产品都能销售出去，从公司能够获得销售利润分析出发，试做出是否批准实施该生产计划的决策？

解：在这一决策问题中，决策目标是确定的，即确定这样的生产计划是否能给公司带来销售利润，产品的销售情况、各类成本和销售价格等都已经确定，则只要确定所有产品的销售收入是否大于产品成本即可。依据表 1-1 中的数据，计算得到三种产品的销售收入、产品成本和销售利润，如表 1-2 所示。

表 1-2　三种产品的销售收入、产品成本和销售利润

产品	Ⅰ型	Ⅱ型	Ⅲ型	合计
产品生产计划/件	1 000	1 500	2 000	—
产品销售价格/元	35	10	25	—
单位变动成本/元	28	6	16	—
品种变动成本/元	28 000	9 000	32 000	69 000
品种销售收入/元	35 000	15 000	50 000	100 000
品种销售比重/%	35	15	50	100
固定成本分摊/元	14 000	6 000	20 000	40 000
产品品种成本/元	42 000	15 000	52 000	109 000
品种销售利润/元	−7 000	0	−2 000	−9 000

表 1-2 是以公司不同产品的销售收入比重来分摊固定成本的，品种变动成本加上固定成本分摊即得产品品种成本。进而以品种销售收入扣除品种成本，即得各产品的销售利润及三种产品的总利润。由表 1-2 可以看出，由于该生产计划带来的销售利润为−9 000 元，所以不能批准该生产计划的实施。

1.2.5　风险型决策

风险型决策，也称随机型决策，或统计型决策。风险型决策主要用于解决决策的环境不是完全确定的，未来可能出现的环境状态有两种或两种以上，同时每种状态出现的可能性带有一定的不确定性或随机性，但决策者能够通过统计计算或统计推断估算出各种状态出现概率大小的决策问题。风险型决策常用的有以下几种决策准则和方法。

1. 最大可能性准则

通常，一个事件的概率越大，则该事件发生的可能性就越大。因此，可以在风险型决策问题中选择一个概率最大的状态进行决策，而不考虑其他状态，这样，一个风险型的决策问题就转化成了一个确定型的决策问题。

这种方法简单易行，但须注意如下内容：在损益矩阵中的损益值差别不大，而各种状态中某一状态的概率明显大得多时，应用此法的决策效果比较好；若损益值相差较大，而各种状态概率都很接近时，则不宜采用此法。

例 1-3　某企业在确定下一个计划期内的产品生产批量时，根据以往经验及市场调查的结果，得到了产品销路好、销路一般和销路差三种状态 s_j 下的概率分别为 0.3、0.5 和 0.2；现有大、中、小批量生产的三种可供选择的行动方案 A_i，并且已知三种方案下的投资金额及三种状态下的收益值（负数表示损失值），相关数据均列于表 1-3 中。试用最大可能性准则（maximum likelihood criterion）做出应取何种行动方案的决策。

表 1-3　三种方案下的投资金额及三种状态下的收益值　　单位：万元

行动方案	收益值 / 投资金额 （状态）	产品销路		
		s_1（好）	s_2（一般）	s_3（差）
		$P(s_1)=0.3$	$P(s_2)=0.5$	$P(s_3)=0.2$
A_1（大批量）	10	20	14	−12
A_2（中批量）	8	18	12	−8
A_3（小批量）	5	16	10	−6

解：决策目标是收益值减去投资额最大化，可取的备选行动方案已经拟订，应用最大可能性准则，选择具有最大概率值 $P(s_2)=0.5$ 的状态进行决策。以该状态下各行动方案的收益值分别减去各个方案的投资金额，即有

$$A_1 = 14 - 10 = 4$$
$$A_2 = 12 - 8 = 4$$
$$A_3 = 10 - 5 = 5$$

通过比较可知，应选择方案 A_3（小批量生产）作为最优决策方案。

2. 最大收益期望值准则

所谓最大收益期望值准则，就是先计算出每个可供选择方案的期望收益值，然后进行比较选优。若问题的决策目标考虑的是收益值，则选择期望值最大的方案作为最优方案。若问题的决策目标考虑的是损失值［或机会损失值（opportunity loss value）］，则选择期望值最小的方案作为最优方案。如果期望值是用货币来表示的，就称为货币期望值，用期望值（expected monetary value，EMV）表示。故此决策准则，又称为 EMV 准则，也可简称为期望值法。

采用该准则进行决策时，先计算各个方案 A_i 的收益（或损失）期望值，即

$$\mathrm{EMV}(A_i) = \sum_j R(A_i, s_j) P(s_j)$$

式中，$R(A_i, s_j)$ 表示采取方案 A_i 时在 s_j 状态下的收益函数或收益值（或损失函数，损失值）；$P(s_j)$ 表示状态 s_j 出现的先验概率（prior probability）。

然后比较各个方案 A_i 的期望损益值。对于最大收益的决策问题，应有

$$\mathrm{EMV}(A^*) = \max_{A_i \in A}\{\mathrm{EMV}(A_i)\} = \max_{A_i \in A}\left\{\sum_j R(A_i, s_j) P(s_j)\right\}$$

对于最小损失的决策问题，应有

$$\mathrm{EMV}(A^*) = \min_{A_i \in A}\{\mathrm{EMV}(A_i)\} = \min_{A_i \in A}\left\{\sum_j R(A_i, s_j) P(s_j)\right\}$$

例 1-4　在例 1-3 中，试用最大收益期望值准则做出应取何种行动方案的决策。

解：应用最大可能性准则，首先进行各方案最大收益期望值的计算：

$$\mathrm{EMV}(A_1) = 20 \times 0.3 + 14 \times 0.5 + (-12) \times 0.2 = 10.6$$
$$\mathrm{EMV}(A_2) = 18 \times 0.3 + 12 \times 0.5 + (-8) \times 0.2 = 9.8$$

$$\text{EMV}(A_3)=16\times0.3+10\times0.5+(-6)\times0.2=8.6$$

其次用各方案的最大收益期望值，分别减去各方案的投资额，即有

$$A_1=10.6-10=0.6$$
$$A_2=9.8-8=1.8$$
$$A_3=8.6-5=3.6$$

通过比较可知，应选择方案 A_3（小批量生产）作为最优决策方案。

3. 决策树法

决策树（decision tree）是决策分析中最常用的方法之一，它提供了对决策问题的备选方案选择和随机事件的图形表示，使用起来直观方便，而且可以有效地解决比较复杂的决策问题。

决策树由决策节点（decision node）、机会节点（chance node）或决策节点、树枝（branches）和树梢（treetop）组成。其中，决策节点用方块“□”表示，表示在这一点上需要进行决策；机会节点用圆圈“○”表示，表示在这一点上发生随机事件；树枝用连续线段“—”表示，表示一个决策的备选方案分枝；树梢用正三角形“△”表示，表示一个备选方案的可能结果。

利用决策树法进行决策，具体的步骤如下：①画出决策树。按照从左到右的顺序画决策树，画决策树的过程本身就是一个对决策问题进一步进行探索的过程。②计算期望值。按从右到左的顺序，计算各备选方案的损益期望值，并将计算结果标注在相应的“○”机会节点上。③确定最优方案。选择收益期望值最大（或损失期望值最小）的方案作为最优方案，并将其期望值标注在决策节点处，同时将不考虑的方案分枝剪掉。

例 1-5　某供应商参加一次采购物品的竞标，准备标书及相关工作需要花费 5 000 元，如果竞标成功的话，可以获得价值 95 000 元的合同。根据该供应商以往的投标经验和公司对利润的要求，可能采取的方案、各方案的损益值及竞标成功的概率如表 1-4 所示。

表 1-4　各方案的损益值及竞标成功的概率

竞标方案	竞标成功/元	竞标失败/元	竞标成功的概率/%
不投标	0	0	0
出价 115 000 元	15 000	–5 000	86
出价 120 000 元	20 000	–5 000	58
出价 125 000 元	25 000	–5 000	37

试问该供应商是否应该参加竞标？若参加，应采取何种竞标方案？

解：首先，用决策树表示出该供应商是否参与竞标，如果参加，应取何种竞标方案的决策过程图，如图 1-1 所示。

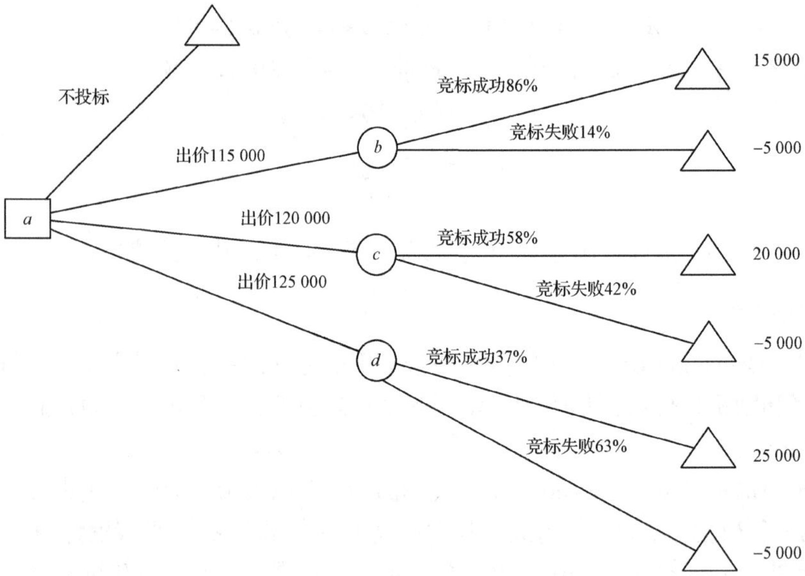

图 1-1　竞标的决策过程

其次，在构建的决策树上添加数据，并从决策树的右边开始，计算各机会节点的损益期望值，在本例中即为节点 b、c 和 d。

对于节点 b，损益期望值$=86\%\times 15\,000+14\%\times(-5\,000)=12\,200$（元）。

对于节点 c，损益期望值$=58\%\times 20\,000+42\%\times(-5\,000)=9\,500$（元）。

对于节点 d，损益期望值$=37\%\times 25\,000+63\%\times(-5\,000)=6\,100$（元）。

最后，将这些数值写在各节点的上方，选择收益期望值最大的方案作为最优方案，同时将不考虑的方案分枝剪掉，如图 1-2 所示。

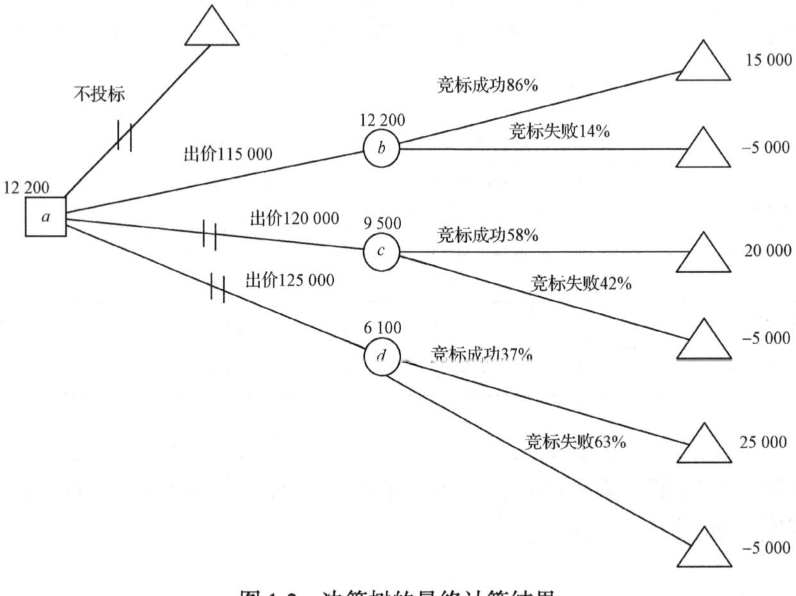

图 1-2　决策树的最终计算结果

通过对各方案损益期望值的比较可知，该供应商应参加竞标，并应选择出价 115 000 元的方案作为最优竞标方案。

如果决策树有多个层次，则按照相同的方法从右到左分层计算，直到最后的决策节点。

1.2.6　非确定型决策

非确定型决策也称为不确定性决策。非确定型决策主要用于解决决策的环境是完全不确定的，未来可能出现的环境状态有两种或两种以上，同时各种状态发生的概率信息也是一无所知的决策问题。例如，企业是否开发新产品的决策，要求在未来市场对它的需求还是不确定的条件下做出决策，这就是非确定型的决策问题。

在解决非确定型决策问题时，主要是确定评价方案优劣的准则。一旦准则确定，问题便不难得到解决。从不同的角度出发，可以确定不同的决策准则，从而得到不同的方案决策方法，其决策结果也不见得一致。至于具体应该选择哪一种准则，要视具体情况和决策者的态度而定。下面介绍四种常用的决策准则和方法。

1. 最大最小决策准则

最大最小决策准则［瓦尔德准则（Wald decision criterion）］是从各备选方案的最小收益值中选择最大的对应方案作为最优方案，所以也称为“小中取大”法。这是一种万无一失的保守型决策者的决策准则。这种类型的决策者处理问题总是从各种最坏的情况出发，然后再考虑从中选择一个最好的结果。因此，这种决策准则也称悲观决策准则，其数学表达形式为

$$r^* = \max_{A_i \in A}\{\min_{S_j \in S} R(A_i, S_j)\} = \max_i \min_j \{r_{ij}\}$$

式中，r_{ij} 表示在不同环境状态下采用不同备选方案的收益值，取与 r^* 所对应的备选方案 A_i 作为最优决策方案 A^*。通常，对应的决策矩阵形式为

$$\boldsymbol{R} = \begin{array}{c} \\ a_1 \\ a_2 \\ \vdots \\ a_i \\ \vdots \\ a_m \end{array} \begin{array}{c} \begin{array}{cccccc} s_1 & s_2 & \cdots & s_j & \cdots & s_n \end{array} \\ \begin{pmatrix} r_{11} & r_{12} & \cdots & r_{1j} & \cdots & r_{1n} \\ r_{21} & r_{22} & \cdots & r_{2j} & \cdots & r_{2n} \\ \vdots & \vdots & & \vdots & & \vdots \\ r_{i1} & r_{i2} & \cdots & r_{ij} & \cdots & r_{in} \\ \vdots & \vdots & & \vdots & & \vdots \\ r_{m1} & r_{m2} & \cdots & r_{mj} & \cdots & r_{mn} \end{pmatrix} \end{array}$$

需要注意的是，若决策矩阵中给出的是损失值，则悲观决策应采用最小最大决策准则，即从各备选方案的最大损失值中选择最小的对应方案作为最优方案。当然，也可将损失矩阵中各元素改变符号转化为收益矩阵，从而仍采用最大最小决策准则。对给出的是损失值的决策矩阵，悲观决策准则的数学表达形式为

$$r^* = \min_{A_i \in A}\{\max_{S_j \in S} R(A_i, S_j)\} = \min_i \max_j \{r_{ij}\}$$

如果决策者对客观情况总是持乐观态度，则可以使用最大最大决策准则，也称乐观决策准则，它实际上是最大最小决策准则的变形，其数学表达形式为

$$r^* = \max_{A_i \in A}\{\max_{S_j \in S} R(A_i, S_j)\} = \max_i \max_j \{r_{ij}\}$$

这种决策准则是从各备选方案的最大收益值中选择最大的对应方案作为最优方案，故也称这种方法为“大中取大”法。同样需要注意的是，如果给出的决策矩阵是损失矩阵，则乐观决策准则法应是最小最小决策准则，其数学表达形式为

$$r^* = \min_{A_i \in A}\{\min_{S_j \in S} R(A_i, S_j)\} = \min_i \min_j \{r_{ij}\}$$

在环境状态完全不确定的情况下，采用这种决策准则，虽然看起来决策者似乎持有很大的进取心，但它却是一种偏于冒进的决策准则，所以一般不宜采用这种决策准则。于是，便产生了以下一种折中的决策准则。

2. 乐观系数决策准则

乐观系数决策准则［赫威兹准则（Hurwicz decision criterion）］是一种折中的决策准则，即决策者对未来环境状态的估计，既不过于乐观，也不过于悲观，而是主张一种平衡。通常，是在乐观损益值前用一个表示乐观程度的系数 $\alpha(0 \leqslant \alpha \leqslant 1)$ 进行平衡。若给出的是收益矩阵，则用下式进行计算：

$$\mathrm{cv}_i = \alpha \max_j\{r_{ij}\} + (1-\alpha)\min_j\{r_{ij}\},\ i = 1,2,\cdots,m;\ \ j = 1,2,\cdots,n$$

然后比较 cv_i 的值，对应于 $r^* = \max_i\{\mathrm{cv}_i\}, i = 1,2,\cdots,m$ 的方案就是最优决策方案。

显然，当 $\alpha = 0$ 时，就是悲观决策准则；$\alpha = 1$ 时，就是乐观决策准则。

若给出的是损失矩阵 $(r_{ij})_{m\times n}$，则用下式进行计算：

$$\mathrm{cv}_i = \alpha \min_j\{r_{ij}\} + (1-\alpha)\max_j\{r_{ij}\}, i = 1,2,\cdots,m;\ \ j = 1,2,\cdots,n$$

然后比较 cv_i 的值，对应于 $r^* = \min_i\{\mathrm{cv}_i\}, i = 1,2,\cdots,m$ 的方案就是最优决策方案。

3. 最小机会损失决策准则

最小机会损失决策准则［沙万奇准则（Savage decision criterion）］，通常又称为最小后悔值（regret value）决策准则。决策者在决策时，一般易于接收某一状态下收益最大的方案。但由于无法事先知道哪一种状态一定出现，所以，当决策方案实施如果没有能够获得预期的收益时，就会有后悔之感。通常，就把最大收益值与其他收益值之差作为后悔值，称为机会损失值。决策时，自然希望机会损失值最小，所以这种决策准则也称为最小后悔值法，简称后悔值法。运用这种决策准则的步骤如下。

1）根据收益矩阵求得相应的机会损失矩阵

首先从收益矩阵（r_{ij}）中找出每列的最大元素 $r_j^* = \max_i\{r_{ij}\}$，$j = 1,2,\cdots,n$，其次用各列的最大元素 r_j^* 分别减去该列中各元素，得到 $\overline{r_{ij}} = r_j^* - r_{ij} = \max_i\{r_{ij}\} - r_{ij}$，$i = 1,2,\cdots,m$，这就是后悔值或机会损失值。从而由后悔值 $\overline{r_{ij}}$ 构成新的机会损失矩阵（$\overline{r_{ij}}$）。

若给出的决策矩阵是损失矩阵，则应先从该损失矩阵（r_{ij}）中找出每列的最小元素

$r_j^* = \min_i \{r_{ij}\}, j = 1,2,\cdots,n$，再用各列的元素分别减去对应列的 r_j^*，得到 $\overline{r}_{ij} = r_{ij} - r_j^* = r_{ij} - \min_i \{r_{ij}\}, i = 1,2,\cdots,m$，从而可以得到机会损失矩阵（$\overline{r}_{ij}$）。

2）对机会损失矩阵按悲观决策准则进行决策

无论原先给出的是收益矩阵，还是损失矩阵，对新得到的机会损失矩阵均按最小最大决策准则计算得 $\overline{r}^* = \min_i \{\max_j (\overline{r}_{ij})\}$，它所对应的 A_i 即为后悔值法的最优决策方案。

4. 等可能性决策准则

在非确定型的决策过程中，由于决策者不能肯定哪种状态容易出现，所以，对各种可能出现的环境状态采取"一视同仁"的态度，即认为它们出现的可能性是相等的。如果有 n 种状态，则每种状态出现的概率均设为 $\frac{1}{n}$，然后按风险型决策中的最大收益期望值准则法进行比较决策。这种准则称为等可能性决策准则[拉普拉斯准则(laplace decision criterion)]，具体的决策准则步骤如下。

（1）令各种环境状态出现的概率值均为 $P(s_j) = \frac{1}{n}, j = 1,2,\cdots,n$。

（2）计算各方案 A_i 的收益期望值 $\mathrm{ER}(A_i) = \sum_{j=1}^{n} R(A_i, s_j) P(s_j) = \frac{1}{n} \sum_{j=1}^{n} r_{ij}$。

（3）比较选优 $r^* = \max_{A_i \in A} \{\mathrm{ER}(A_i)\} = \max_i \left\{ \frac{1}{n} \sum_{j=1}^{n} r_{ij} \right\}$，所对应的 A_i 即为 A^*。

注意，若给出的决策矩阵是损失函数或损失矩阵，则应比较选择具有最小损失期望值的方案作为 A^*；若有多个 $\mathrm{ER}(A_i)$ 同时最小，则还需按悲观决策准则进行优选。

例 1-6　某企业生产一种新产品，有三种推销方案，即让利销售、送货上门和维持原有销售方式（不采取新的措施）。未来市场可能有畅销、一般和滞销三种状态，但不能确定究竟会出现哪种状态，也不能判明各种状态发生的可能性大小。决策者估计出在各种推销方案情况下，采取不同推销方案的盈利数据如表 1-5 所示。试问应采用何种推销方案？

表 1-5　三种方案在未来市场上的盈利　　单位：万元

推销方案	s_1（畅销）	s_2（一般）	s_3（滞销）
A_1（让利销售）	60	10	−6
A_2（送货上门）	30	25	0
A_3（原有方式）	10	10	10

解：采用上文介绍的四种决策准则分别求解。

1）最大最小决策准则

根据最大最小决策准则，先从收益矩阵的各方案中挑选出最小收益值，列在决策表 $\min_j \{r_{ij}\}$ 列中，再从该列中找出最大值。计算结果列于表 1-6 中。

表 1-6　决策表：最大最小决策准则和最大最大决策准则

推销方案	收益值			最大最小决策准则	最大最大决策准则
	s_1	s_2	s_3	$\min\limits_j\{r_{ij}\}$	$\max\limits_j\{r_{ij}\}$
A_1	60	10	−6	−6	60
A_2	30	25	0	0	30
A_3	10	10	10	10	10
决策值				$\max\limits_i\min\limits_j\{r_{ij}\}=10$	$\max\limits_i\max\limits_j\{r_{ij}\}=60$

由 $\max\limits_i\min\limits_j\{r_{ij}\}=10$ 所对应的方案可知，应选择方案 A_3 作为最优推销方案。

2）最大最大决策准则

根据最大最大决策准则，先从收益矩阵中的各方案中挑选出最大收益值，列在决策表 $\max\limits_j\{r_{ij}\}$ 列中，再从该列中找出最大值。计算结果列于表 1-6 中。

由 $\max\limits_i\max\limits_j\{r_{ij}\}=60$ 所对应的方案可知，应选择方案 A_1 作为最优推销方案。

3）乐观系数决策准则

选择乐观系数 $\alpha=0.6$，则 $1-\alpha=0.4$。根据乐观系数决策准则，结合表 1-6 中已经得到的各方案在不同状态下的最大收益值和最小收益值，计算结果如下：

$$\mathrm{cv}_1=0.6\times60+0.4\times(-6)=33.6$$
$$\mathrm{cv}_2=0.6\times30+0.4\times0=18$$
$$\mathrm{cv}_3=0.6\times10+0.4\times10=10$$

由最大计算值所对应的方案可知，应选择方案 A_1 作为最优推销方案。

4）最小机会损失决策准则

根据最小机会损失决策准则，先求得各后悔值 $\overline{r}_{ij}=\max\limits_i\{r_{ij}\}-r_{ij}$，构建出相应的机会损失矩阵，然后计算出 $\overline{r}^*=\min\limits_i\{\max\limits_j(\overline{r}_{ij})\}$，计算结果列于表 1-7 中。

表 1-7　决策表：最小机会损失决策准则

推销方案	收益值			$\max\limits_j\{\overline{r}_{ij}\}$
	s_1	s_2	s_3	
A_1	0	15	16	16
A_2	30	0	10	30
A_3	50	15	0	50
决策				$\overline{r}^*=\min\limits_i\{\max\limits_j(\overline{r}_{ij})\}=16$

由 $\overline{r}^*=\min\limits_i\{\max\limits_j(\overline{r}_{ij})\}=16$ 所对应的方案可知，应选择方案 A_1 作为最优推销方案。

5）等可能性决策准则

因有三种未来状态，每个状态出现的概率 $P(s_j)=\dfrac{1}{3}$，计算各方案 A_i 的收益期望值：

$$\mathrm{ER}(A_1)=\frac{1}{3}(60+10-6)=21.3$$

$$\mathrm{ER}(A_2)=\frac{1}{3}(30+25+0)=18.3$$

$$\mathrm{ER}(A_3)=\frac{1}{3}(10+10+10)=10$$

由最大期望值所对应的方案可知，应选择方案 A_1 作为最优推销方案。

1.3　现代企业决策与信息技术

进入 21 世纪以后，以计算机为核心的信息技术及互联网技术已广泛地应用于社会、经济、军事、科学技术及日常生活等各个领域，引起了各个领域的深刻变化。全球经济一体化，消费需求多样化，市场环境立体化，企业经营多元化，市场竞争更趋激烈，在如此快速变化与高度竞争的信息社会环境中，企业面临着前所未有的机遇和挑战。现代企业的生产经营决策也因此产生了重大变化：决策范围更显宽泛；决策内涵更为复杂；决策过程更加频繁；决策结果更求效益。因此，对现代企业来说，做出快速有效的科学决策，必须充分利用以计算机为核心的信息技术及互联网技术予以有效的支持。

信息技术在企业管理和管理决策领域中的应用曾经历了三个主要的发展阶段：①电子数据处理（electrical data processing，EDP）阶段，简称为 EDP 阶段；②管理信息系统阶段，简称为 MIS 阶段；③决策支持系统阶段，简称为 DSS 阶段。随着现代管理决策理论研究的新发展和现代信息技术研究的新进展，现代企业决策与现代信息技术之间的关系更加密切，工业化与信息化的融合更加深入，越来越多的软件系统正被广泛地应用于现代企业管理和管理决策活动中，已取得了良好的应用效果，并且正在朝着具有更强的决策与支持决策功能的方向发展。

1.3.1　电子数据处理阶段

这一阶段从 20 世纪 50 年代中期开始，主要是利用计算机代替人工，成批处理大量的事务性数据，所以也称事务处理阶段。当时人们把计算机用于管理活动中，主要是用于单一事务的管理，进行单项数据处理、报表生成等。目的是利用 EDP 来提高工作效率，减轻工作负担，节省人力和降低工作费用。但现实中的单项数据处理工作并不是孤立存在的，还必须取决于组织系统的协调一致，以及与其他各种任务及各种因素的配合。EDP 没有考虑各类数据和各项事务管理之间的这种内在联系，未能将它们紧密结合在一起，导致数据资源共享性差、信息处理效率仍然较为低下，且缺乏全面分析功能。正是在这种历史背景下，为了克服 EDP 的不足，60 年代初期出现了 MIS 的概念。

1.3.2　管理信息系统阶段

这一阶段从 20 世纪 60 年代中期开始，所谓 MIS，按照 Gordon B. Davis 的观点，它是一个集成的人机系统，在一个组织机构里由人、计算机相互结合地对管理信息进行收集、存储、传递、加工、维护和使用的系统。MIS 采用结构系统分析、结构系统设计，并以文件和数据库作为数据管理的软件支撑，数据共享性强。在 60～70 年代，MIS 得到了广泛的应用，提出了各种高效率处理日常事务的技术、方法和手段，它在向日常的、结构化的和可预测的决策提供信息时是特别成功的。然而，在 MIS 的长期实践中，人们发现 MIS 通常并不能直接带来显著的经济效益和社会效益，所收集、存储、处理和提供的信息，并未强调对决策的积极支持，未能对管理决策产生特别积极的影响，忽视了现代管理的重点在于决策这一基本思想。同时，MIS 的设计基础是立足于一个相对稳定的信息系统模式上的，而决策中的很多问题是非结构化的、半结构化的和动态的。所以，MIS 所提供的信息往往不是决策者所需要的，而且对于环境的变化，以及由此而引起的决策内容、决策过程和决策模式等方面的变化很难适应。于是，在这种情况下，70 年代以后的一段时间内，MIS 发展缓慢，甚至受到了一定的冷遇，在国际上展开了 MIS 为什么会失败的讨论，并由美国麻省理工学院的 M. S. Scott Morton 和 P. G. W. Keen 提出了 DSS 的概念。

1.3.3 决策支持系统阶段

这一阶段从 20 世纪 70 年代开始，所谓 DSS，按照 H. R. Sprague 的观点，它是一个利用数据和模型，帮助决策人员解决非结构化或半结构化决策问题的人机会话计算机信息系统。20 世纪 70 年代中后期，DSS 的概念得到进一步的发展，大量的预测模型、决策模型得到了广泛应用，并且在定量决策中有了非常深入的研究。各种预测技术、确定型决策技术、风险型决策技术、不确定型决策技术、多目标决策技术及竞争型决策技术等都日趋完善。此时的 DSS 主要实现支持管理决策者做出判断和决策，强调的是“决策支持”，而不是“决策过程”。20 世纪 80 年代中期，实用的 DSS 相继出现，此时 DSS 的功能已经很强，而且人工智能技术，尤其是知识工程的思想方法渗入 DSS 领域，此时的 DSS 更加注重系统的智能性和灵活性。进入 21 世纪，基于互联网技术与云计算技术的蓬勃发展，DSS 的应用广泛性取得了新的突破性进展。

DSS 主要是以现代管理科学、决策数学及控制论等现代管理理论和方法为基础，以计算机和信息技术为手段，以互联网技术和云计算技术为载体，面对半结构化或非结构化的决策问题，建立完整的数据库和数据库管理系统（data base management system，DBMS）、模型库和模型库管理系统（model base management system，MBMS）及人机会话管理系统，为决策者提供各种动态状态下的备选方案，并对各方案进行优化调整，进而通过人机会话管理系统对各备选方案的成果进行预算、分析、比较和判断，最终确定出最佳方案，帮助决策者提高决策能力、决策水平及决策效益。DSS 的基本特征是以模型库管理系统为核心，侧重于解决半结构化或非结构化的管理决策问题，支持管理决策活动。在这一阶段中，利用计算机的主要目的是取得较大的经济效益和社会效益。

DSS 一经问世，就显示出强大的生命力，在管理决策的各个领域活动中发挥了重要作用。不仅弥补了 MIS 应用过程中经济效益、社会效益不直接和不明显的缺陷，与 MIS 的结合，还为 MIS 的发展和应用注入了新的活力，将计算机在现代管理中的应用推向了一个新的发展阶段。在国外，已有大量的且用于特定领域的 DSS 作为商品投放市场，被广泛地应用于各个经济部门，尤其是应用于现代企业的预算与分析、预测与计划、营销与生产等各个方面，取得了明显的经济效益。但对一个完整的现代企业管理决策支持而言，能贯穿其整个决策过程和主要内容的 DSS 尚不多见。DSS 的研究还有很大的发展空间。

关于 DSS 与以 MIS 为代表的、以数据处理为核心的信息系统之间的关系，引起了学术界很多的争论，以 DSS 与 MIS 比较为例，主要的观点和看法有以下几种：①DSS 是计算机与管理结合的高级阶段，而 MIS 是计算机在管理中应用的初级阶段；②DSS 与 MIS 是统一的信息系统中两个不同，但又相互联系、相互配合的组成部分；③DSS 是 MIS 的一部分，是以 MIS 为基础的扩展部分，仍属于原来已有的信息系统；④MIS 是 DSS 的一部分，因为 DSS 功能比 MIS 强得多，涵盖了 MIS 的作用与功能；⑤DSS 与 MIS 是一回事，它们是从不同的角度、以不同的观点来研究决策活动的；⑥DSS 和 MIS 是计算机技术应用于管理活动与管理决策中的两个不同的发展阶段；⑦DSS 是计算机在管理应用中发展起来的一项独立技术，主要用于支持决策活动。

上述的各种观点，都有各自的道理，是从不同的应用侧面、不同的形成过程等各个不同的角度来看的，其中第六种看法比较符合计算机信息系统发展的历史过程与实际情况，并为大多数人所接受。

从上述各种不同的观点中还可以看出，DSS 与 MIS 之间存在密切的内在联系。MIS 收集、存储组织机构所提供的大量基础信息是 DSS 工作的基础，而 DSS 能使 MIS 存储的信息真正发挥支持决策的作用；MIS 可担负起 DSS 决策反馈信息的收集工作，进行 DSS 决策效果的检验和评价，DSS 经过反复使用，可使所涉及的问题模式逐步明确和结构化，然后使其纳入 MIS 的工作范围，为 MIS 的提高和发展指出了方向。由此可见，DSS 与 MIS 具有密切的联系，是人们对信息处理规律认识的不同阶段和不同组成部分。

但同时应注意到 DSS 与 MIS 在管理应用过程中存在的主要区别如下：

（1）在完成任务方面。MIS 主要完成例行管理活动中相对稳定的信息处理，提供的报表和数据一般只和管理决策间接相关；DSS 则主要是支持决策活动，提供决策的备选方案并给出相关的结果，便于决策者探讨问题并做出判断。

（2）在系统目标方面。MIS 追求的主要目标是高效性，即提高系统中的工作效率和工作效能；DSS 追求的主要目标是有效性，即提高效益。

（3）在求解问题方面。MIS 着重于解决结构化的管理或管理决策问题；DSS 着重于解决管理活动中的半结构化或非结构化的管理决策问题。

（4）在设计思想方面。MIS 强调实现一个相对稳定协调的工作系统；DSS 强调实现一个有发展潜力的、适应环境快速变化的决策支持平台。

（5）在设计方法方面。MIS 要求系统的客观性，使系统设计符合管理工作的实际情况；DSS 要求结合决策者的主观作用，使其决策更加合理。

（6）在运行过程方面。MIS 促使人工干预趋于减少，要求使用者在使用中按系统的提示运行；DSS 则以人机会话为主，进行人机之间的交互。

（7）在数据处理方面。MIS 考虑符合实际现状，满足组织机构内部的数据处理要求；DSS 考虑未来发展，进行的是历史和外部的数据处理。

（8）在系统驱动方面。MIS 是以数据驱动的，以数据库及其管理为核心；DSS 是以模型驱动的，以模型库及其管理为核心，体现决策要求。

（9）在系统分析方面。MIS 分析侧重于总体的信息需要，信息要求全面完整；DSS 分析侧重于决策者个人的需要，要求满足支持决策需要。

（10）在数据要求方面。MIS 要求保证数据的计算精度和传递速度；DSS 考虑的是趋势性及综合性的指标，对数据精度和传递速度要求次之。

从上述的对比分析可以看出，DSS 与 MIS 等以数据处理为核心的信息系统之间的主要区别是设计思想和工作对象的差别，体现了人们对信息处理工作逐步深入的认识过程，是人们逐步深入、逐步积累知识过程中的不同阶段，它们是不能相互代替的，各有各的地位和作用。

1.3.4　管理软件的新发展

随着信息技术的快速发展，尤其是互联网技术的广泛应用，新的管理软件系统层出不穷，用于现代企业管理与管理决策的软件主要有以下几个方面。

1. 企业资源计划

企业资源计划（enterprise resource planning，ERP）是在 MRP Ⅱ（manufacturing resource planning）和 MIS 基础上发展起来的。MRP Ⅱ 主要考虑的是一个企业的制造资源计划，是一个制造资源协调系统。20 世纪 90 年代初，美国 Gartner 咨询公司在总结 MRP Ⅱ 软件发展趋势时，提出了 ERP 的概念。从此，制造业的 MIS 应用进入 ERP 的新时代。ERP 在 MRP Ⅱ 和 MIS 的基础上，增加了运输管理、项目管理、市场信息分析、电子商务和电子数据交换等功能。ERP 强调整体管理，将供应商、制造商、协作厂商、用户甚至竞争对手都纳入管理的资源之中，使各业务流程更加紧密地集成在一起，进而提高了对用户需求的响应速度。

现代企业信息化的进程可分为对信息的反映、分析、预测和决策四个层次。其中，信息的反映和分析主要是面对过去的，MIS 可以视作传统的 ERP 系统；预测和决策主要是面对未来的，DSS 是其中的代表。管理的本质功能是决策，能全面反映过去信息的 ERP 尚不能作为决策的主要依据，而只有引入 DSS，依据既定决策目标，拟订多套备选方案，并计算出不同备选方案的经济效益，供决策人员分析、比较和判断，才能为决策提供帮助。

在传统 ERP 系统基础上为了加强分析的功能，可采用数据仓库（data warehouse，DW）和数据挖掘技术，实现多维数据的查询分析，开发联机分析处理（online analytical processing，OLAP），为实时决策提供有力的工具；建立为领导提供决策信息的高层领导信息系统（executive information system，EIS），把领导决策所需要的各种信息，经过汇总处理，用各种直观的形式显示出来；同时为了高层领导经营决策的需要，还可建立专家系统、人工智能或基于规则的（rule-based）DSS 等，提供支持各种半结构化和非结构化决策的功能，优化现代企业的管理决策。

2. 客户关系管理

客户关系管理（customer relationship management，CRM）的产生和发展主要源于四方面的动力，即需求的拉动、竞争的加剧、信息技术的推动和管理理念的更新。

在需求拉动和竞争加剧方面，20 世纪 80 年代中期开始的业务流程重组和 ERP 建设实现了对制造、库存、财务及物流等环节的流程优化与自动化，但营销、销售和服务领域的问题却没有得到相应的重视，其结果是企业难以对客户有全面的认识，也难以在统一信息的基础上面对客户。同时，随着市场竞争的加剧，挽留老客户和获得新客户对企业来说已经变得越来越重要，这就产生了现实和需求之间的矛盾。

近年来，在信息技术和管理理念方面，我国企业的办公自动化程度、员工计算机应用能力、企业信息化水平和企业管理水平等都有了长足的进步。数据仓库、商业智能（business intelligence，BI）、知识发现和互联网技术等的发展，使收集、整理、加工和利用客户信息的质量大大提高。同时，计算机技术和互联网技术不仅为现代企业提供了新的营销手段，而且，还引发了企业组织、工作流程的重组以及整个社会管理思想的变革。

CRM 是一种以客户为中心的经营策略，它以信息技术和互联网技术为手段，在获取大量客户信息的基础上，对相关业务功能进行重新设计，并对相关工作流程进行重组。在汇总客户信息的基础上，根据客户年龄、职业、性别和住处等资料，进行详尽的分析，进而细分客户类别，建立客户档案，针对不同的客户群体采用不同的营销策略、促销手段，以达到留住老客户、吸引新客户和提高客户利润贡献的目的。

CRM 可归纳为以下三个层次：

（1）工作层次的 CRM，对营销、销售和客户服务三部分业务流程与管理进行信息化。这方面的流程和技术的作用在于，提高日常的前台运作的工作效率和准确性，主要是营销自动化、销售自动化和服务自动化，尽可能多地采集客户的基本信息资料。

（2）协作层次的 CRM，对与客户进行沟通所需手段（如电话、传真、网络等）的集成和自动化处理。这方面的系统部件和流程的作用在于，帮助企业更好地与它们的客户进行沟通和协作，主要是语音技术、网上商店、邮件、会展和面对面的沟通等。

（3）分析层次的 CRM，对上面两部分的应用所产生的信息进行加工和处理，产生客户管理智能化，为企业的战略决策提供支持，主要是数据仓库、客户数据库、客户细分系统、报表和分析系统，提供对客户数据和客户行为模式进行自动分析的能力。

而 CRM 的基础就是具有高度的灵活性和良好的交互性的 DSS。DSS 适用于非结构化决策的 CRM 系统，将决策者与 DSS 密切地联系在一起，并通过信息技术为其决策提供特定的支持功能。CRM 系统具有高速处理大量复杂信息的能力，能够帮助决策者建立决策信息模型，而决策者则需要有丰富的经验、实践知识、直觉和判断能力，并且熟悉决策的全过程。CRM 中的 DSS 并不能替代决策者本身，它的主要功能是提高决策者的决策效率，帮助企业决策者强化洞察力。企业决策者的知识、技能和 IT 技术的完美结合，使决策者能够面对迅速变化的市场做出及时的响应，并有效地配置企业的各项资源。

大多数 CRM 软件中的 DSS 由三个部件组成，即数据管理、模型管理和用户界面管理。数据管理：DSS 中保存了大量的信息，除客户信息外，还有企业的内部信息和外部信息。其中，外部信息主要包括竞争对手信息、行业发展信息等，系统必须对这些信息数据进行有效的管理和挖掘。模型管理：DSS 必须要用模型，以对信息进行分析，利用模型产生决策所需的信息，辅助决策者做出有效的判断和决策，根据客户需要，制订产品的生产类别和库存水平计划。用户界面管理：使企业决策者能方便地通过用户界面存取信息并制定决策者所需的分析模型。

3. 供应链管理

供应链管理是近年来在国内外逐渐受到重视的一种新的管理理念与模式。供应链管理的研究最早是从物流管理开始的，起初人们并没有把它和企业的整体管理联系起来，主要是进行供应链管理的局部性研究，如研究多级库存控制问题、物资供应问题，其中较多的是关于分销运作的问题。例如，分销资源计划（distribution resource planning，DRP）的研究就是典型的属于供应链中的物资配送问题。随着经济全球化和知识经济时代的到来，供应链管理在制造业的管理中得到了普遍的应用。随着改革开放的深入发展，我国企业面对的是市场竞争日趋激烈、用户需求个性化增加、高新技术迅猛发展、产品寿命周期缩短和产品结构越来越复杂的环境，企业管理如何适应新的发展形势、新的竞争环境，已成为现代企业管理理论及实际工作者所关注的焦点。

综合而言，供应链是围绕核心企业，通过对信息流、物流和资金流的控制，从采购原材料开始，经由制成中间产品及最终产品，最后由销售网络把产品送到消费者手中的将供应商、制造商、分销商、零售商和最终用户连成一个整体的功能网链结构模式。它是一种范围更广的企业结构模式，包含所有加盟的节点企业，从原材料的供应开始，经过链中不同企业的制造加工、组装、分销等过程直到最终用户。它不仅是一条联结供应商到用户的物料链、信息链和资金链，而且是一条增值链，物料在供应链上因加工、包装和运输等过程而增加其价值，给相关企业都带来收益。

供应链管理是一种集成的管理思想和方法，它执行供应链中从供应商到最终用户的物流计划和控制等职能，它不是供应商管理的别称，而是一种新的管理理念和策略，它把不同企业集成起来以增加整个供应链的效率，注重企业之间的合作。最初人们把供应链管理的重点放在管理库存上，作为平衡有限的生产能力和适应用户需求变化的缓冲手段，通过各种协调手段，寻求把产品迅速、可靠地送到用户手中所需要的费用与生产、库存管理费用之间的平衡点，从而确定最佳的库存投资额，因此，其主要的工作任务是管理库存和运输。现在的供应链管理则是把供应链上的各个企业作为一个不可分割的整体，使供应链上各企业所分担的采购、生产、分销和销售的职能成为一个协调发展的有机体。

供应链管理主要涉及四个主要领域，即供应（supply）、生产计划（schedule plan）、物流（logistics）和需求（demand）。它是以同步化、集成化生产计划为指导，以各种技术为支持，尤其以 Internet/Intranet 为依托，面向市场需求，围绕采购、生产和物流来实施的。供应链管理主要包括计划、控制从供应商到用户的物料和信息。供应链管理的目标在于提高对用户的服务水平和降低总的交易成本，并且寻求两个目标之间的平衡。

为了有效地支持动态企业联盟的优化运作，供应链管理客观上要求对传统的 DSS 进行改进，使其相应地具有更加良好的动态可重构性、集成性和开发性。面向供应链管理的 DSS 主要用于辅助两类问题的决策，即战略决策和运作决策。战略决策是对供应链网络的设计与优化，如确定供应链中的物流、信息流和资金流，确定供应链中各个实体的数量、位置和大小等；运作决策是对供应链运作过程中的许多具体问题的确定，如库存补给策略的确定、运输策略的确定、与供应商协调规则的确定等。

4. 商业智能

BI 首先在 1989 年由 Gartner Group 的 Howard Dresner 提出，它描述了一系列的概念和方法，通过应用基于事实的支持系统来辅助商业决策的制定。BI 技术提供了使企业能迅速分析数据的技术和方法，包括收集、管理和分析，将这些数据转化为有用的信息，然后分发到企业的各个部门。Gartner 将 BI 定义为一种能够提供下面列出的 12 种功能的软件系统平台，这些功能可以概况为三大类，即信息整合、信息交付和信息分析，具体包括下列内容：BI 基础架构、元数据管理、二次开发、工作流和协作、报告、仪表盘、即席查询、整合办公软件、联机分析处理、高级可视化、预测模型和数据挖掘及记分卡。并不是所有的 BI 产品均能提供这 12 种功能，大多数厂商仅提供其中的几种。在 BI 领域处于领先的厂商包括 Business Object、Cognos、SAS、Hyperion Solutions、Oracle、IBM 及 SAP 等。

BI 的技术主要包括数据仓库、数据挖掘和联机分析处理。数据仓库主要是对分散在不同系统内的数据进行收集、整理和分析，用于解决经常出现的信息孤岛问题，使企业对客户和自己内部有一个完整、准确的理解，更好地服务于客户，更有效地管理内部。数据挖掘主要是从大量的数据中提取潜在、有用的信息，并把信息用于决策之中的过程。它主要基于人工智能、机器学习和统计学等技术，高度自动化地分析企业原有的数据，做出归纳性的推理，从中挖掘出潜在的模式，预测客户行为，帮助企业决策者调整市场策略、减少风险，做出正确决策。对于 TB①级的海量数据，联机分析处理无疑是一种有力的数据分析工具。它可以让管理者灵活地对海量数据进行浏览分析。利用多维的概念，联机分析处理提供了切片、切块、下钻、上卷和旋转等多维度分析与跨维度分析的功能。相对于普通的静态报表，联机分析处理更能满足决策者和分析人员对数据仓库数据的分析。联机分析处理系统架构主要分为基于关系数据库的联机分析处理（relational OLAP，ROLAP）、基于多维数据库的联机分析处理（multidimensional OLAP，MOLAP）和基于混合组织的联机分析处理（hybrid OLAP，HOLAP）三种。前两种方式比较常见。ROLAP 表示基于关系数据库的联机分析处理实现。它以关系数据库为核心，以关系型结构进行多维数据的表示和存储。ROLAP 将多维数据库的多维结构划分为两类表：一类是事实表，用来存储数据和维度关键字；另一类是维度表，即对每个维度至少使用一个表来存放维度的层次、成员类别等维度的描述信息。MOLAP 表示基于多维数据组织的联机分

① 1TB（Terabyte，太字节，或百万兆字节）=1 024GB。

析处理实现。它以多维数据组织方式为核心，使用多维数组存储数据。MOLAP 查询方式采用索引搜索与直接寻址相结合的方式，比 ROLAP 的表索引搜索和表连接方式速度要快得多。因此，把 BI 看做一种解决方案应该比较恰当。BI 的关键是从许多来自不同的企业运作系统的数据中提取出有用的数据并进行清理，以保证数据的正确性，然后经过抽取（extraction）、转换（transformation）和装载（load），即 ETL 过程，合并到一个企业级的数据仓库里，从而得到企业数据的一个全局视图，在此基础上利用合适的查询和分析工具、数据挖掘工具、联机分析处理工具等对其进行分析与处理（这时信息变为辅助决策的知识），最后将知识呈现给管理者，为管理者的决策过程提供支持。

BI 系统从企业运作的日常数据中开发出结论性、基于事实的和具有可实施性的有用信息，使企业能够更快更容易地做出更好的决策，使企业管理者和决策者以一种更清晰的角度看待业务数据，提高企业运转效率、增加利润并建立良好的客户关系，使企业能以最短的时间发现商业机会。例如，何时何地进入何市场，如何选择和管理大客户关系，以及如何选择和有效地推出商品优惠策略等。同时通过提供决策分析能力，企业能更有效地实现财务分析、风险管理、欺诈检测、分销和后勤管理，以及销售状况分析等。

实施 BI 系统是一项复杂的系统工程，整个项目涉及企业管理、运作管理、信息系统、数据仓库、数据挖掘和统计分析等众多门类的知识。因此，企业除了要选择合适的 BI 解决方案外，还必须按照正确的实施方法才能保证项目得以成功。BI 项目的实施可分为以下几个步骤。

第一步，需求分析：需求分析是 BI 实施的第一步，在其他活动开展之前必须明确地定义企业对 BI 的期望和需求，包括需要分析的主题，各个主题可能查看的角度（维度）；需要发现企业哪些方面的规律等，需求必须明确。

第二步，数据仓库建模：通过对企业需求的分析，建立企业数据仓库的逻辑模型和物理模型，并规划好系统的应用架构，将企业各类数据按照分析主题进行组织和归类。

第三步，系统数据抽取：数据仓库建立后，必须将相关数据从各业务系统中抽取到数据仓库中。在抽取的过程中还必须将数据进行转换、清洗，以适应决策分析的需要。

第四步，建立 BI 分析报表：BI 分析报表的建立，需要专业人员按照用户制定的决策目标、内容和格式要求进行设计与开发，用户也可自行设计与开发。

第五步，用户培训和数据模拟测试：对于开发与使用相分离型的 BI 系统，最终用户的使用应该是相当简单的，只需要点击操作就可针对特定的商业问题进行分析。

第六步，系统改进和完善：任何系统的实施都必须是不断完善的。BI 系统更是如此。用户使用一段时间后可能会提出更多的、更具体的要求，这时，需要再按照上述步骤对系统进行重构或完善。

BI 的发展趋势可以归纳为以下几点：

（1）功能上具有可配置性、灵活性和可变化性。BI 系统的范围从为部门的特定用户服务扩展到了为整个企业的所有用户服务。同时，由于企业用户在职权和需求上的差异，BI 系统应提供广泛的、具有针对性的功能。从简单的数据获取，到利用 WEB 和局域网、广域网等进行丰富的动态交互、决策信息和知识的分析与使用。

（2）解决方案更开放、可扩展、可按用户定制。BI 系统在保证核心技术的同时，提供客户化的界面。针对不同企业的独特需求，使系统具有个性化，即在原有方案基础上加入特有的代码和解决方案，增强客户化的接口和扩展特性；可为企业提供基于 BI 平台的定制的工具，使系统开发具有更大的灵活性和使用范围。

（3）从单独的 BI 向嵌入式 BI 发展。这是目前 BI 应用的一大趋势，即在企业现有的应用系统中，如财务、人力、销售等系统中嵌入 BI 组件，使普遍意义上的事务处理系统具有 BI 的特性。考虑 BI 系统的某个组件而不是整个 BI 系统并非一件简单的事，如将联机分析处理技术应用到某一个应用系统，一个相对完整的开发过程，如问题分析、方案设计、原型开发和系统应用等过程是不可缺少的。

（4）从传统型功能向增强型功能的转变。增强型的 BI 功能是相对于早期的、传统的用结构化查询语言（structured query language，SQL）工具实现查询的 BI 功能而言的。目前，应用中的 BI 系统，除实现传统的 BI 系统功能之外，大多数已实现了数据分析层的功能。而数据挖掘、企业建模和决策支持等是 BI 系统应该加强的应用功能，以更好地提高系统性能。

5. *大数据分析*

近年来，随着人们的工作和生活日益数字化以及物联网的兴起，人们进行决策时所面临的信息环境已发生了翻天覆地的变化。大数据这一概念一经提出，便成为研究领域的热门话题并引起广泛关注，随即迅速席卷了各行各业。

关于大数据，业界也是众说纷纭。麦肯锡全球数据分析研究所认为，大数据是指大小超过了典型数据库软件工具收集、存储、管理和分析能力的数据集。美国国家标准和技术研究院（National Institute of Standards and Technology，NIST）将大数据定义为“数据的容量、数据的获取速度或者数据表示限制了使用传统关系方法对数据的分析处理能力，需要使用水平扩展的机制以提高处理效率”。国际数据中心（International Data Center，IDC）是研究大数据及其影响的先驱，它在报告中指出，“大数据技术描述了一个技术和体系的新时代，被设计于从大规模多样化的数据中通过高速捕获、发现和分析技术提取数据的价值”。提出了大数据的“4Vs”，即容量（volume）、多样性（variety）、速度（velocity）和价值（value），得到了业界的广泛认同。

大数据相比较传统数据集具有一些重要特征。首先，大数据通常是由机器自动生成的；其次，大数据通常是一种全新的数据源，并非仅仅是对已有数据的扩展收集；再次，很多大数据源的设计并不友好；最后，大量数据可能并不蕴含大量的价值。

大数据分析（big data analytics）就是利用分析方法和工具对大数据进行检查、变换及建模并从中提取价值，提供有意义的建议以及辅助决策制定，包括结构化数据分析、文本数据分析、多媒体数据分析、WEB 数据分析、网络数据分析和移动数据分析。大数据分析的目的是从和主题相关的数据中提取尽可能多的信息，主要目标包括推测或解释数据并确定如何使用数据、检查数据是否合法、给决策制定合理建议、诊断或推断错误原因、预测未来将要发生的事情。

大数据分析可以分为三个层次，即描述性数据分析、预测性数据分析和规范性数据分析。描述性数据分析描述过去发生了什么，通常应用于 BI 和数据可视化。预测性数据分析基于模型预测未来。预测性数据分析使用多个变量预测特定的因变量，使用数据挖掘技术提取数据模式并进行预测。规范性数据分析能告诉你应该做什么，解决决策制定和提高分析效率。

常用的大数据分析方法包括数据可视化、统计分析和数据挖掘。

数据可视化的目标是以图形方式清晰有效地展示信息,可以帮助人们快速理解信息。当数据量增大到大数据的级别，传统的电子表格等技术已无法处理海量数据。大数据的可视化已成为一个活跃的研究领域，因为它能够辅助算法设计和软件开发。

统计分析则基于统计理论，是应用数学的一个分支。统计分析技术可以分为描述性统计和推断性统计。描述性统计技术对数据集进行摘要或描述, 而推断性统计则能够对过程进行推断。更多的多元统计分析包括回归、因子分析、聚类和判别分析。

数据挖掘是发现大数据集中数据模式的计算过程。许多数据挖掘算法已经在人工智能、机器学习、模式识别、统计和数据库领域得到了应用，包括 C 4.5、*k*-means、支持向量机（support vector machine，SVM）、Apriori、最大期望（expectation maximization，EM）算法、PageRank、AdaBoost、最近邻算法（k-nearest neighbor，kNN）、朴素贝叶斯和分类回归树（classification and regression tree，CART），覆盖了分类、聚类、回归和统计学习等方向。此外，一些其他的先进技术（如神经网络和基因算法）也被用于不同应用的数据挖掘。

1.4　决策支持系统的构建原理

前述各节中已对信息技术、信息系统在现代企业管理与管理决策中的重要性进行了叙述，其中，DSS 作为辅助现代企业决策至关重要的工具，正日益成为信息系统快速发展的主要形式之一。DSS 在实践中对解决决策问题，尤其是对复杂的半结构化和非结构化决策问题的求解，具有重要的作用和意义。所以，DSS 一经问世，就受到了学术界和企业决策层的高度重视。经过 40 多年的发展，在理论探索、系统开发和实际应用等方面取得了令人瞩目的进步。本节将从 DSS 的基本定义、主要功能、组成结构、分析设计和应用研究等方面进行详尽的论述。

1.4.1　DSS 的基本定义

在决策过程中，决策者首先应通过一定的手段获取充分的信息，并进行信息的处理。信息获取和处理的原则，取决于解决某种决策问题的构思和设想或者某种处理模式，其目的是要从大量的信息中清除或删去不必要的信息，并对这些信息进行结构化处理或逻辑处理。

根据决策问题的环境、性质，以及在分析基础数据、确定决策目标、拟订备选方案、计算方案效益、选择最佳方案等决策过程中对决策问题分析和描述的正确程度，可将决策问题划分为结构化问题、半结构化问题和非结构化问题三种。

1. 结构化问题

对某一决策过程的环境和原则，能够用明确的语言（数学的或逻辑的，定量的或定性的）预先给予清楚的说明和描述的决策问题，称为结构化问题。例如，应收账目、订单登记、成本核算和投资回收期等。

结构化问题通常都有确定的执行步骤和原则，能够建立适当的模型来产生备选方案，并且能从多种备选方案中得到最优化的解。此类问题无须使用 DSS，一般由传统的 MIS 和运筹学模型来进行决策支持。

2. 半结构化问题

有一定的决策规则，但不是很明确，也可以建立适当的模型来产生决策方案，但由于决策的数据不精确或不全，不可能从那些决策方案中得到最优解，只能得到相对优化的解，这样的决策问题称为半结构化问题。例如，生产调度、库存控制、信用评估和新产品计划等。此类问题可以由 DSS 进行有效的支持。

3. 非结构化问题

在决策过程中不可能用确定的模型或语言进行描述，原因是突发性的，过程是不易掌握的，也无所谓最优解的决策问题，称为非结构化问题。例如，营销计划、新技术开发、贷款审核、竞争策略及战略规划的制定等。

许多学者关于 DSS 定义给予了不同的表述。例如，M. S. Scott Morton 和 P. G. W. Keen 关于 DSS 的经典定义如下："DSS 就是把个人的智能资源和计算机的能力结合在一起以改善决策的质量，它是基于计算机的支持系统，用以辅助管理决策者处理半结构化的问题。"也有学者认为：DSS 是交互式的、灵活的、具有适应性的应用计算机辅助决策过程和提高决策者技能的系统，其目标在于提高组织、群体和个体的决策效能，提高决策水平和企业竞争能力。综合各种表述可以定义如下：DSS 是以管理科学、运筹学和控制论等为理论基础，以信息处理、仿真技术和计算机应用技术为手段，综合运用信息和数学模型，辅助决策者解决半结构化或非结构化决策问题的人机交互信息系统。DSS 的主要特点如下：①DSS 利用数据、方法和模型，追求决策的有效性，对决策提供支持；②DSS 是以半结构化或非结构化问题的决策支持作为主要工作对象的；③DSS 是提供给现代企业或经济部门各种管理层次的决策者所使用的；④DSS 是支持管理者做出决策判断，而不是代替管理者进行决策判断；⑤DSS 的目标是改善决策的效能（effectiveness），而不是决策的效率（efficiency）；⑥DSS 需在人机之间进行交互，需要具有良好的人机接口，易于使用。

1.4.2　DSS 的主要功能

根据 DSS 的特点，DSS 应具有以下功能：①DSS 应尽可能收集、存储、处理并及时提供与决策有关的各种内外部数据；②DSS 应存储并提供常用的数学分析工具和有关模型，便于方案效益的计算；③DSS 能够灵活地利用模型和方法，对数据进行加工、汇总和分析，迅速得到所需要的综合信息和预测信息，帮助、支持和加强管理人员完成半结构化或非结构化问题的决策任务，改善决策的有效性；④DSS 应具有良好的人机接口，以便 DSS 与管理决策者对话，将管理决策者的各种不同设想内容融入系统，与系统提供的决策模型计算结果相结合，充分发挥决策者的知识、经验和判断能力的作用。

1.4.3　DSS 的组成结构

为了能够实现上述 DSS 的各种特点和功能，DSS 的组成结构一般包括数据库及其管理系统、模型库及其管理系统和用户接口管理系统（user interface management system，UIMS）三部分。这种由两库构成的 DSS，称为 DSS 的两库结构。两库结构是 DSS 的经典结构，在此基础上，根据 DSS 的应用领域以及与其他科学领域（如专家系统）的结合不同，有些学者也提出了三库结构、四库结构及五库结构等各种 DSS 的组成结构。

典型的 DSS 由下列部分组成：①数据库和数据库管理系统；②模型库和模型库管理系统；③用户接口管理系统。

典型的 DSS 组成结构如图 1-3 所示。

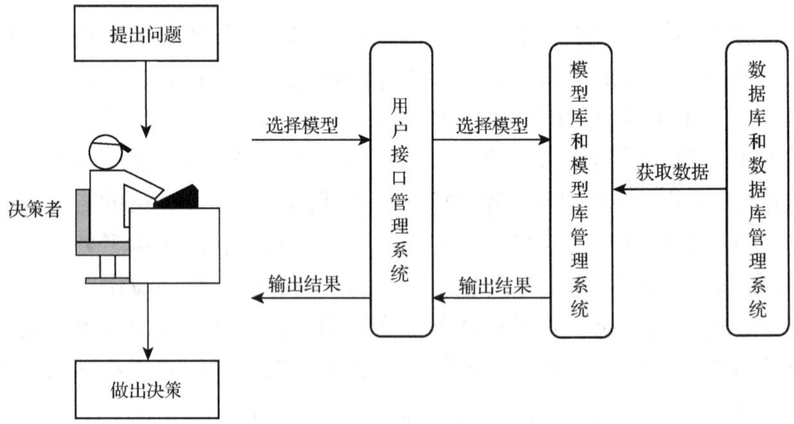

图 1-3　典型的 DSS 组成结构

1.4.4　DSS 的分析设计

1. DSS 的分析

以计算机为基础的各种信息系统的开发过程，无论采用何种开发方法，都是从系统分析开始的，分析组织系统的工作流程及其相互关系，分析各种信息的类型、信息量及其处理要求，从而导出对信息系统的性能要求。

系统分析的方法很多，如系统流程图法、程序流程图法和顺序分析法等。由于这些流程图和层次化的输入—处理—输出模型，构成了传统的生命周期法，即类同于 MIS 中采用的结构化系统分析、系统设计、系统实施、系统维护和系统评价，所以，这些方法不适用于 DSS 的开发，因为 DSS 是不依赖于过程的。

开发 DSS 的主要困难在于信息需求的分析，它是系统设计的出发点但往往难以确定，其主要原因在于 DSS 所解决问题的半结构化和非结构化特性。如果使用传统流程图的系统分析工具，将会使 DSS 效仿流程图描述过程进行决策，于是就会把这种效仿流程图的顺序操作强加给决策者，决策者如果想要改变这种操作顺序，则必须对 DSS 进行修改；由于不同的决策过程，其流程图是不同的，再加上是多用户的 DSS，那么，就必须把多用户统一到公用的决策过程上来，这是不现实的，也是不可能的。出于 DSS 的特殊性，通常采用一种独立于具体开发过程的 ROMC 系统分析方法，以有利于克服这些困难。

ROMC 系统分析方法是由 R. H. Sprague 和 E. D. Carlson 提出来的，同时是进行 DSS 系统分析和设计的一个框架。所谓 ROMC，就是面向决策者的描述（representations）、操作（operations）、记忆辅助（memory aids）和控制机构（control mechanisms）四项基本内容。

ROMC 系统分析方法的四项基本内容如下：

（1）描述，提供决策者用于表达问题的能力。ROMC 方法中的描述，是决策者在决策活动中对所涉及事项的表达方式或描述方法。因为在一个决策过程中，任何活动都是在一定的规范和内容中进行的，这些规范和内容通常都是可以概念化的，是可以用表格、线条、数据、记录、文本、图像及方程等概念化模型和方式进行描述的。不同的决策者，由于风格的不同，可能采用不同的描述方式。例如，直观型决策者习惯采用图表的方式，而分析型决策者则喜欢采用方程式，等等。通过概念化的描述，分析决策的对象和目的，确定决策的条件和环境，收集和确定必要的数据信息。描述应该尽可能地具有图像表达能力，以便使问题概念化和容易交流，利用它，用户可以简明扼要地解释输出结果，实施操作。

（2）操作，提供对描述进行分析和处理的操作能力，即用户在给定的上下文关系下对决策对象进行处理的方式，包括对图表的分析处理、方程式的求解等。例如，在对产品市场需求预测中，在平面直角坐标系做出历史数据散点图后，根据所作散点图趋势，选择适用的数学模型，做出待定常数的确定处理；又如，在产品市场促销手段拟合中，根据关系数对趋势确定对应的数学模型形式后，求解出模型中的待定常数，进而完全确定模型等。

（3）记忆辅助，提供决策者用于存储决策方案、模型和数据的记忆辅助手段。通过记忆辅助可将描述和操作互相联系起来，以支持描述和操作的实现。可以保留决策者的各种源文件、数据、预测结果、决策方案和各决策方案的成果数据等。决策者可以利用系统所具有的功能，对记忆的内容进行快速检索，查看、修改和删除有关数据。例如，存储内外部数据源的数据库、存放中间结果数据的临时工作空间或动态的数据库等。

（4）控制机构，提供决策者综合使用描述、操作和记忆辅助的控制与操作整个系统的机构。DSS 的控制机构分为两大类：一是直接控制，如菜单、对话框等；二是间接控制，用于帮助决策者熟练地掌握如何控制和操作 DSS 的使用说明或指南（如帮助系统等）。

运用 ROMC 系统分析方法，首先要识别决策过程的基本活动，其次分析每一个基本活动的四项内容，即描述、操作、记忆辅助和控制机构。ROMC 的系统分析为 DSS 的设计提供了依据，其中描述和操作为模型库子系统、方法库子系统的设计提供了框架；记忆辅助为数据库、方法库和模型库的存储方案设计提供了思路；控制机构所提出的要求和功能，就是会话子系统所要实现的。然后将这些内容构成一个初始的 DSS，在交付使用、经用户评价后，再不断修改、扩充这些内容，直到开发出最终的 DSS。ROMC 方法的分析过程如图 1-4 所示。

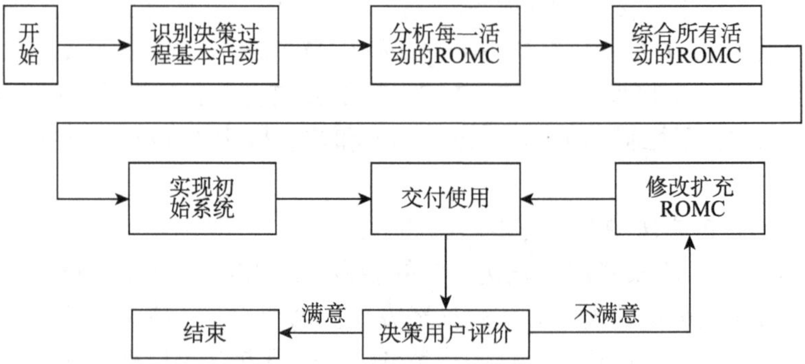

图 1-4　ROMC 方法的分析过程

2. DSS 的设计

现代企业决策涉及多个变量，各个变量之间的关系复杂。同时，由于市场环境因素的不确定性和信息的不完备性，现代企业决策问题大多属于半结构化和非结构化问题，决策规则具有不确定性。而且，由于市场需求的多样性和多变性，现代企业的经营决策也必须是动态的。由此可见，DSS 是一个复杂的大系统，该系统的建立是一项十分复杂的工作。由于问题的非结构化特性，试图用结构化的方法进行一次规划和设计来建立这样的系统是不可行的。为此，需要将 DSS 进行分解设计，先实现其中最主要的部分，再逐步扩充。这样，传统的、规范化的系统生命周期法（system development life cycle，SDLC）就不适合了。目前，已提出了多种开发研制 DSS 的设计方法，如原型设计法、适应性设计法、发展式设计法和中间开始设计法等。而原型设计法（简称原型法）则是其中应用最多、最广泛的一种。

1）原型法的概念

原型法是指在 DSS 的开发研制过程中，首先有目的地开发出一个基本的系统原型，并在此基础上迅速开发出能满足用户实用要求的 DSS 的方法。采用这种方法，经过简单的需求分析，可以快速地实现一个 DSS 的原型。在用户和开发者对已建立的 DSS 原型试用过程中，会发现原型存在的某些问题并提出新的要求。通过反复评价，分析和改进原型，就可以对系统开发的复杂任务和需求细节有进一步的了解，在此基础上再不断进行新的改进。

2）原型法的过程

原型法的开发研制原理是将 SDLC 法的主要过程（分析、设计、实施、维护和评价）合并成一个重复迭代的单一步骤，主要包括如下四项活动：①定义用户需求。选择一个重要的子问题或问题的组成部分，在这个子问题或问题的组成部分上开始设计原始的

DSS。②建造最初原型。建立一个较小的而又可以运行的 DSS，支持决策者的决策活动。③完善用户需求。不断满足用户在 DSS 原型使用中提出的新需求，扩充系统的功能。④完善原型系统。循环地扩展、修改和改进系统。每次循环都对前次的 DSS 进行扩展和改善。所有的分析—设计—构造—实现—评估过程不断反复，使系统不断趋于完善，直到一个相对稳定的系统开发出来。

运用原型法建造 DSS 的主要原理，如图 1-5 所示。

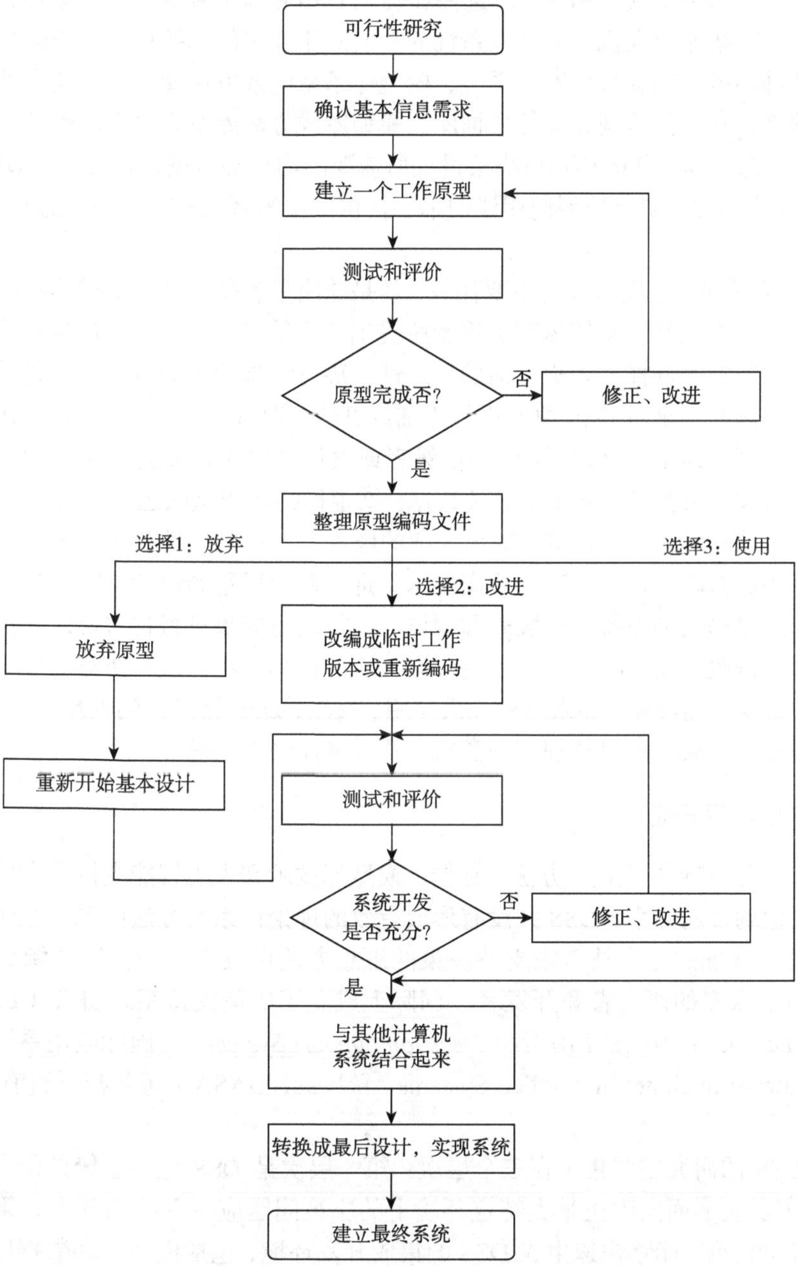

图 1-5　运用原型法建造 DSS 的主要原理

根据原型法的建造原理，DSS 的设计过程主要分为两个阶段，即搭架阶段和发展阶段。

（1）搭架阶段。搭架阶段的主要任务，就是根据决策问题的需要，尽快地设计出一个能完成决策要求的 DSS，具体内容如下：①用 ROMC 的分析方法，分析所要解决问题的描述、操作、存储需求及控制功能；②根据分析结果，选择方法和模型，设计决策流程图，确定方法和模型的表示方式；③选择和确定 DSS 运行所需要的内外部数据，确定数据来源的可靠性及其可用性；④选择和确定 DSS 的体系结构、软件结构，设计数据库、模型库、方案库及人机会话管理系统的功能及相互之间的接口；⑤选择开发工具和系统的软硬件环境，编制数据库子系统、模型库子系统或方法库子系统及人机会话系统等部件的软件；⑥对已编制完成的数据库、模型库或方法库及人机会话等各子系统进行连接和测试；⑦整理、分析和归集决策过程所需要的内外部数据，并引入与 DSS 关联的数据库；⑧编写 DSS 初始原型使用说明书，提供给决策者 DSS 的初始原型系统和说明书等。

（2）发展阶段。发展阶段的主要任务，就是让决策者使用和评价搭架阶段所提供的 DSS 初始原型，看它是否能够体现决策者所提出的决策任务和目标，包括对模型和方法的选择，决策数据的选择，人机会话的友好性，决策结果的表示方式等问题进行研究，针对提出的问题和不足对 DSS 原型进行详细认真的修改甚至重新设计，直至达到比较理想和完善的程度。具体内容如下：①由决策者或设计者输入有关决策数据，使用 DSS 初始原型进行有关决策活动，并记录有关数据；②根据初始原型的运行结果，对 DSS 初始原型进行详细认真的评价和研究，提出详细的修改方案；③按照修改方案，对 DSS 初始原型进行仔细的修改、扩充，若原型离要求太远，甚至可重新设计；④汇总经过修改的模块，再对经过修改的系统进行装配和调试，根据运行结果进行再次修改和扩充；⑤提供决策者经过修改的 DSS 原型，说明新的 DSS 的使用方法，解释所有已经修改过的模型内容；⑥重复上述过程，如果经过几次使用、修改，DSS 已经达到理想和完善的程度，则发展阶段就算结束，可以整理有关资料，撰写使用说明书等。

1.4.5　DSS 的应用研究

近年来，在 DSS 的理论、方法、结构、模型库技术和人工智能支持等方面取得了很大的进展，但到目前为止，DSS 并没有形成有效的理论体系与方法体系。然而，DSS 应用以计算机为基础的综合技术来支持决策的思想方法以及广泛的应用领域和深远的前景，已吸引了众多的研究者和开发者。国际上成立了决策支持系统协会（International Society for DSS），有专门的出版物（*Decision Support Systems*）。国际应用系统分析研究所（International Institute for Applied Systems Analysis，IIASA）每年都举行有关 DSS 的研讨会。

目前 DSS 的研究主要集中在三个层次：第一层次是 DSS 应用系统的研究，即专用的 DSS，主要从事面向解决某类特定环境下的决策问题应用系统的开发；第二层次是 DSS 生成器的研究，能够快速生成 DSS 的集成开发环境，包括模型库和数据库等管理系统的快速生成；第三层次是既可用于支持 DSS 应用系统，又可用于支持 DSS 生成器开发的以计算机技术为核心的软硬件技术研究。

经过四十几年的发展，DSS 的应用已经涉及工业、军事、经济、环境、医学、能源、交通和公共安全等各个领域，应用范围十分广泛。特别是近年来，DSS 的应用已逐步推广到大、中、小型企业，尤其是在企业的预算与分析、预测与计划、销售与生产、研究与开发等方面的应用收到了良好的效果。国内外已经开发和应用有通用性的 DSS 生成器与各种专用的 DSS。例如，IBM 开发的地理数据方向与显示系统（geodata analysis and display system，GADS），美国 Execucom System 公司开发的交互式财务计划系统（interactive financial planning system, IFPS），美国 Simplan System 公司开发的 SIMPLAN（辅助战略规划 DSS），美国西北部不动产研究和发展公司开发的用于现金流预测与分析的 CFDSS（Cash Flow DSS），美国 Eastern Bank 开发的用于支持有价证券投资决策、账目审核的 OPMS（on-line portfolio management system），等等。

我国 DSS 的研究和开发是在 1985 年左右开始的，但迅速得到了众多计算机科学和管理科学人员的注意与重视。当前我国 DSS 学术界认为，我国的 DSS 正在向综合集成的方向发展。在应用领域，部门、区域和企业的 DSS 开发正在全方位展开，特别是在区域规划和企业管理领域内的 DSS 研发，已经取得了较大的成就，积累了比较丰富的经验。到目前为止，我国诸多 DSS 产品也得到了较好的应用效果，主要有各种智能 DSS 生成器、通用 DSS 生成器和基于知识的计划 DSS。例如，西北工业大学王隆基等开发的用于企业产品生产计划的 DSS 生成器（interactive plan-making system，IPMS）；华中理工大学冯珊等开发的用于我国人口和经济发展战略规划及仿真的 CDSMS（China Development Strategic Modeling System）；中国人民大学开发的用于企业财务的 DSS；等等。

DSS 在我国的实际应用可以概括为以下几大方面：政府宏观经济管理决策和公共管理决策；水资源调配与防洪预警 DSS；产业（或行业）规划与管理决策、各类资源开发与利用决策；生态和环境控制系统的决策以及自然灾害的预防管理；金融系统的投资决策和风险分析与管理；企业生产运作管理的决策；等等。

1.4.6　DSS 的发展趋势

DSS 技术本身在不断发展，各种计算机技术以及管理科学、运筹学、行为科学、心理学和控制论等其他相关学科也在不断进步，尤其是互联网技术、云计算技术的快速发展和广泛应用，它们相互交叉、相互影响和相互渗透，其结果必然带来 DSS 在某些重要方面的新发展。DSS 的研究和开发趋势将向深度与广度两个方面延伸。

深度是指 DSS 本身。硬件环境的发展可望给计算机应用带来根本性的变化，第五代智能计算机和神经网络计算机的出现，多媒体技术的研究和应用，通信和网络技术的飞速发展都会大大提高 DSS 的支持效率，这些变化预示着群体的和界面更为友好的 DSS 将成为未来模式。软件环境也会大大改善，人工智能技术的研究、智能型的“五库”结构的协调发展研究、模型管理体系的研究等都将是 DSS 软件的重要发展方向。

广度是指 DSS 开发应用的范围。战略 DSS、智能 DSS、群体 DSS、分布式 DSS 和决策支持中心（decision support center，DSC）等将是今后的主要发展方向。其应用将以广阔的、多层次的形式全方位展开。

近期的 DSS 主要发展趋势包括以下几点。

群体决策支持系统（group decision support systems，GDSS），它是一种以计算机为基础的支持群体决策的 DSS，该群体为了一个共同的决策目标，广泛利用信息资源和通信手段进行充分协商，最后达成一致意见。

分布式决策支持系统（distributed decision support systems，DDSS），是由多个有逻辑联系的，且在物理上分离的信息处理结点组成的计算机应用系统网络，其中的每一个结点至少含有一个 DSS 或具有若干个独立辅助决策的能力。DDSS 中的大部分 DSS 功能由主机提供，决策者在终端或 PC 上，利用主机的 DSS 功能进行人机交互。通常，决策过程被分为几个阶段，不同决策者完成不同阶段的决策任务，而且按预定的顺序进行。随着互联网技术和云计算技术的飞速发展，DDSS 摆脱了地域和开发成本方面的限制，为 DDSS 的实施提供了更广阔的基础环境和更良好的发展平台。

智能决策支持系统（intelligent decision support systems，IDSS），它将人工智能技术及其他相关学科的技术引入 DSS，使 DSS 能够具有人工智能的行为，能够充分利用人类知识，是 DSS 与专家系统技术的集成与结合。引进了专家系统中的规则推理等方法，使 IDSS 能够比传统的 DSS 更为有效地支持决策过程中对半结构化或非结构化问题的求解。

综合集成系统，是科学家钱学森、戴汝为和于景元从系统工程学的角度出发，提出了用于描述非常复杂的自然界和人类社会系统的开放式复杂巨系统的概念。随后，他们提出了处理开放式复杂巨系统的方法论，即从定性到定量的综合集成法。他们以及相关研究者的工作已实现了一个综合集成系统的雏形。综合集成系统的最终目标是帮助决策者抓住问题的本质并选择正确的决策。该过程将帮助决策者实现从“信息层”到“知识层”的推进，再到解决问题的“智能层”，以获得满意的结论。

决策支持中心是一个以了解决策环境的信息系统专家组成的决策支持小组为核心，以先进的信息技术为基础的决策支持运行模式。通常，决策支持中心在位置上和高层领导十分接近，以便能及时地提供决策支持，决策支持小组随时准备开发或修改 DSS，以支持高层领导做出紧急的和重要的决策。

战略决策支持系统（strategic decision support systems，SDSS），用 DSS 支持高层领导战略管理决策，是 DSS 应用非常重要而又非常有意义的领域，DSS 可望对高层管理决策产生实质性的影响，实用的 SDSS 的研究将是今后的重要课题之一。

以数据仓库为基础，以联机分析处理和数据挖掘为核心技术的 DSS。通过数据仓库技术，完全可以将企业的数据资源管理规范化、细致化、主题化和多维化，并且按一定的层次来管理数据；而通过联机分析处理技术则可向管理人员提供有效的动态实时分析工具。数据挖掘是从数据仓库中发现并提取隐藏在其中的信息，帮助决策者寻找数据间潜在的关联，发现被忽略的要素，而这些信息对趋势预测和行为决策都是十分有用的。可以说数据仓库、联机分析处理和数据挖掘为 DSS 提供了一个崭新的发展方向。

I^3DSS 是智能型、交互型和集成化决策支持系统（intelligent interactive and integrated DSS）的简称，I^3DSS 是面向决策者和决策过程的综合性决策支持系统的一个功能框架。

它将系统分析、运筹学方法、计算机技术、知识工程和专家系统等领域内容有机地结合起来，具有更强的人机交互能力和智能化。I^3DSS 的提出和实际应用，将使 DSS 进入一个崭新的历史发展阶段。

DSS 是一个集多种学科和技术于一体的集成系统，随着管理理论、行为科学和心理学等相关学科的不断发展，尤其是计算机技术和互联网技术的巨大进步，DSS 的研究与应用将不断深入，逐步向智能化、多元化和集成化的方向发展。

思考题与习题

1. 决策从广义上来说主要是指什么？从狭义上来说主要是指什么？
2. 现代企业决策的基本内容是什么？决策的程序主要有哪些步骤？
3. 按决策环境分类，决策分为哪几大类？它们的基本特点是什么？
4. 非确定型决策有哪些基本决策准则？应用时的主要特点是什么？
5. 信息技术在企业管理与管理决策中的应用经历了哪些主要阶段？
6. DSS 是如何定义的？它的组成结构怎样？应具备哪些主要功能？
7. DSS 采用何种分析与设计方法，与一般的信息系统有何不同？
8. DSS 与 MIS 之间有何联系和区别，试说出五个以上的主要区别。
9. 大数据的含义通常是什么？大数据的 4Vs 特征通常又是指什么？
10. 大数据分析的三个层次的主要特点是什么？主要应用于哪些方面？

第 2 章　市场需求预测

在市场经济环境中，提高产品市场销售量、扩大产品市场占有率是企业赖以生存和发展的基础，而市场需求直接影响到企业产品的销售。因此，现代企业在制定经营战略和营销策略时，必须以市场需求变化为依据，运用各种科学方法和手段对产品市场需求做出预测。只有在充分了解和掌握市场需求的前提下，企业才有可能依据社会需求，作出扩大供给、满足需求做出正确的决策，制定出切实可行的经营战略和正确有效的营销策略，在激烈的市场竞争中立于不败之地。由此可见，市场需求预测对落实习近平提出的深化供给侧结构性改革，以自主可控、高质量的供给适应满足现有社会需求，创造引领新的需求指示精神，有着重要的作用，在现代企业的生产经营决策活动中有着极其重要的现实意义。

2.1　预测的基本原理

预测的意识和简单的直观预测，很早就存在于人类生活的各个领域中。例如，天气预报，农作物收成的估计，市场需求的估算，等等。预测是对未来的探索，它是科学管理和其他社会经济活动的重要环节。

2.1.1　基本概念

所谓预测就是“鉴往知来”，通过对过去事物的分析、研究，找出其发展变化规律，从而预计和推测未来的情况。对现代企业来说，有关经营管理的各种问题都需要作预测。例如，产品市场需求量预测、销售收入预测、库存量预测、劳动力供求预测、广告效果预测、产品成本预测及企业发展前景预测等，数不胜数。

但预测并不是最终的目的，预测的作用和真正的价值在于指导与调节人们的行动，以便做出正确的决策，采取适当的措施，谋求更大的利益。也就是说，预测是为决策服务的，预测工作的开展应该满足决策的需要。预测为科学决策提供依据，是决策科学化的前提；而正确的决策又给合理的预测提供了实现的机会。

一般来说，预测具有以下三个主要特点。

1. 科学性

预测是根据过去的统计资料和现在掌握的信息，运用一定的程序、方法和模型，分析预测对象与相关因素的相互联系，从而揭示出预测对象的特性和变化规律。因而，预测具有科学性。

2. 近似性

受许多不可控随机因素的影响，将来事物发生的环境，与之前的环境总会有所差别，因此，事前预测的结果，往往与将来实际发生的结果有一定的偏差。所以，预测具有近似性。

3. 局限性

预测者对预测对象的认识，往往受其知识、经验、观察和分析能力的限制，再加上掌握的资料和信息不够准确与完整，或建立预测模型时简化了一些因素，或预测对象的特殊性和预测环境的差别性等，均会导致预测分析不够全面和应用范围有限。因而，预测又具有局限性。

正确认识预测的特点，可以避免不正确的看法妨碍预测的研究与应用。不加分析地怀疑和否定预测结果，将会对预测研究和应用失去足够的信心；绝对相信预测结果，又会使实际工作缺乏弹性和灵活性；过分苛求预测的精确度，则是不够客观和不够现实的要求。事实上，只要预测有较充足的依据，能够达到一定的精确度，就可以用于指导实际工作。

预测主要解决两个基本问题：第一，在一定预测时期内管理活动可望达到什么水平，即目标规定的任务能完成到什么程度；第二，能获得多少资源来支持实现目标方案的各种管理活动，即人力、物力、技术、时间和信息等资源可以筹集到多少。由此可见，预测是决策的前提，科学预测是正确决策的依据，也是现代企业经营活动中极其重要的一环。

2.1.2 预测的思维方式

预测的应用领域很多，研究对象也特性各异，方法手段种类繁多，但纵观预测的各种思维方式，可归纳为以下几种主要的方式。

1. 惯性原理

惯性原理也称为连贯的原则。客观事物的发展变化过程常常表现出它的延续性，通常称这种表现为“惯性现象”。客观事物运行的惯性大小，取决于本身的动力因素和外界因素制约的程度。根据惯性原理，由研究对象的过去和现在状态，向未来延续，从而预测其未来的状态。惯性原理是趋势外推预测方法的理论依据。

2. 类推原理

类推原理也称为类推的原则。许多特性相近的客观事物，它们的变化有相似之处。据此人们可以寻找类似事物。通过分析类似事物相互联系的规律，根据已知的某事物的变化特征推断具有近似特性的预测对象的未来状态，这就是所谓的类推预测。例如，根据军用飞机的最大飞行速度预测民航客机的最大飞行速度等。

3. 相关原理

任何事物的变化都不是孤立的，而是在与其他事物的相互影响下发展的。事物之间的相互影响常常表现为因果关系。例如，耐用消费品的销售量与人均收入水平密切相关，与社会人口结构也有关。深入分析研究对象与相关事物的依存关系和影响程度，是揭示它的变化特征和规律的有效途径，并可用以预测其未来状态。相关原理有助于指导预测者深入研究预测对象与相关事物的关系，有助于预测者对预测对象所处的环境进行全面分析。相关原理是因果预测方法的理论基础。

掌握预测的基本思维方式，可以建立正确的思维程序。对于预测者开拓思路，合理选择和灵活运用预测方法，都是十分必要的。预测对象的发展不是过去状态的简单延续，预测的事件也不会是已知类似事件的机械再现。相似不等于相同。因此，在预测过程中，还应对客观情况进行具体细致的分析，以求提高预测结果的准确程度。

2.1.3 市场预测的分类

市场预测的内容是极其丰富的，从宏观预测方面来说，主要是对市场商品供求变化趋势及其各种影响因素变化情况的预测。例如，社会商品购买力及其投向的预测，社会零售商品资源的预测，生产资料供应与需求的预测，基本建设投资对市场供求影响的预测，货币流通量、市场价格总水平等对市场供求的影响及其影响程度的预测，等等。从微观预测方面来说，主要是根据市场商品供求变化以及其他影响因素对企业产品销售的影响及其影响程度的预测。例如，企业产品市场销售额及各种产品市场销售量的预测，市场占有率的预测，产品生命周期的预测，新产品需求的预测，需求弹性和收入弹性的预测，企业经济效益的预测，等等。

随着科学技术的不断发展，近 30 年来预测方法、技术和手段有了很大的突破，各种各样的预测方法不断出现。但从市场需求预测的角度出发，预测的分类主要有以下两种。

1. 按预测时间分类

1）长期预测

长期预测，是指预测期在五年或五年以上的预测。例如，制定国民经济和企业发展的五年计划、远景规划、大型建设项目规划等长期经济发展任务时进行的预测。

2）中期预测

中期预测，是指预测期在一年或一年以上、五年以下的预测。例如，企业所生产的一些生产周期较长的产品市场需求预测，服装行业对各种服装流行款式的预测，等等。

3）短期预测

短期预测，是指预测期在三个月以上、一年以下的预测。例如，企业季度销售计划、生产计划、周期性产品生产计划等经济任务所拟定的市场和生产指标预测等。

4）近期预测

近期预测，是指预测期在三个月以下的预测。例如，制定企业产品的月、旬销售计划及大型超市月度营销计划等所拟定的近期经济活动具体任务时所进行的预测等。

2. 按预测性质分类

1）定性预测

定性预测，是指预测者通过调查研究，了解实际情况，凭借自身的实践经验、业务水平和理论知识，对事物发展前景的性质、方向和程度做出判断、进行预测的方法，也称为判断预测或调研预测。定性预测的准确程度，主要取决于预测者的实践经验、业务水平和理论知识及掌握的情况、分析判断的能力。常用的有德尔菲（Delphi）法、市场调查法、主观概率法及类推法等。

2）定量预测

定量预测，是指根据准确、及时、系统、全面的调查统计资料和经济信息，运用统计方法和数学模型，对事物发展前景的规模、水平和比例关系等做出测定。由于定量预测和统计资料、统计方法等有密切关系，所以也称为统计预测。定量预测的准确程度，主要取决于统计资料的准确性以及统计方法和数学模型的正确性。常用的有时间序列预测法和因果关系预测法等。

3）组合预测

组合预测，是指两种以上单项预测方法的组合运用。这种组合预测通常表现为定性预测和定量预测的综合，是将两种单项预测方法所获得的预测结果以一定的方式综合起来，有时是两种以上定量预测方法的综合。组合预测兼有多种方法的长处，可以取得较好的、稳定的预测结果。

事实上，定性预测与定量预测本来就是密不可分的，任何定量预测都离不开定性的逻辑分析和判断；而进行定性预测时，为取得准确的结论也常常需要定量分析。现代预测技术发展的特点就是多种方法交叉使用，相互渗透。在实际工作中，对一个预测目标往往需要结合多种方法，经过多次的“定性问题定量化、定量结果定性分析”，才能得到一个科学的、合理的预测结果。

2.1.4　预测误差的修正

1. 预测误差产生原因

市场处在错综复杂的变化之中，由于供给能力与需求结构、人口及人口素质、价值与价值观念、收入与价格水平等因素变化的影响，市场预测值往往与市场实际满足结果在品种和数量上会出现一定的偏离，这就是市场预测的误差性。因此，对市场预测来说，预测结果的准确性是相对的，误差的存在则是绝对的，其准确性是在合理误差区间的准确性；超过合理误差区间的“误差”则是一种不合实际的错误预测，应予以修正。

市场需求预测既要充分反映市场实际变化，保证其准确性，又要承认和允许一定程度的误差存在，绝不能因预测误差的存在而否认预测的重要性和实用性，对待市场预测误差的正确态度是分析产生误差的原因，并采取最恰当的方法加以修正，尽量缩小预测值与实测值在空间、时间和数量上的差距。

影响市场需求预测准确性的因素有很多，既有主观因素，又有客观因素，其中，主要有以下几点：

（1）参加预测人员的数量、代表性、业务素质、实际经验、工作态度、相互之间的配合程度等。

（2）预测对象的复杂程度、结构变化与市场影响因素波动（如突发事件、消费者心理变化）等。

（3）国家和地方的方针、政策与法规的变化，经济体制改革、国际市场行情、进出口贸易以及社会文化意识潮流等。

（4）预测模型的确定、变量的选取、样本容量的大小、统计资料的准确性、预测方法的选择、计算过程中的误差等。

2. 预测误差修正方法

市场需求同其他事物一样，是一种具有连续性的客观存在，未来的市场是在过去和现在的市场基础上演变与发展起来的，它存在一种内在的、固有的、客观的规律性。市场预测就是依据对市场发展规律的认识程度，判断和推测未来市场变动的特点与趋势。一般来说，市场发展规律发生作用的条件不变，合乎规律的市场现象就会重复出现。然而，市场的内外部条件总是在不断变化，未来市场的发展也绝不是今日市场的简单重复，这就要求预测者根据市场发生的变化，及时修正预测误差，为企业营销决策提供真实准确的依据。

做好预测误差的修正工作，除了要选择和配备一定数量的懂业务、工作态度好、具有预测经验的人员构成合理的预测队伍外，还应做好以下工作：首先，核实已有的市场信息资料，并及时掌握近期有关的市场信息资料，建立市场信息档案，从各种所需资料对比中，分析其特性和成因；其次，根据资料的具体特征选择预测方法，在符合预测要求的前提下，力求省时、省力、方便、简单；最后，在真实准确的市场信息与合理预测的方法基础上，结合预测者的经验，进行实事求是的预见和推测，保证预测值的真实可靠性。

查明较大误差的成因后，应对症下药，加以纠正。初始预测模型建立后，纠正误差的重要内容之一是修正预测模型。下面以简单平均法逐期修正模型为例进行介绍：

（1）求出相邻两期预测误差的平均值，作为预测模型的修正值，其计算公式为

$$D_1 = \frac{\left(\hat{Y}_1 - Y_1\right) + \left(\hat{Y}_2 - Y_2\right)}{2}$$

式中，D_1 为修正值；$\hat{Y}_1$、Y_1 分别为第一期的预测值和实测值；$\hat{Y}_2$、Y_2 分别为第二期的预测值和实测值。

（2）将 D_1 加进预测模型的常数项，再用修正后的模型进行第三期预测，求出第二次的修正值 D_2，其计算公式为

$$D_2 = \frac{\left(\hat{Y}_2 - Y_2\right) + \left(\hat{Y}_3 - Y_3\right)}{2}$$

再用 D_2 对模型进行修正，依次类推。用简单平均逐期修正预测模型，实质上是边预测边修正，使结果具有良好的跟踪性，为预测值的可靠性、准确性提供了基本保证。

2.1.5 预测的一般过程

市场预测的过程大体包括以下几个步骤。

1. 确定预测目标

首先要明确预测什么？是预测产品形式的市场需求量还是货币形式的市场需求量？是预测某一产品品种的市场需求还是一组产品品种的市场需求等。预测目标规定了预测的内容、范围、要求和期限，它是预测的主题，直接影响预测结果。因此，确定预测目标要准确、清楚和具体。

2. 拟订预测方案

根据预测目标的内容和要求，编制预测计划和确定参加人员，拟订预测方案。预测方案可以考虑是定性的，还是定量的，或是定性与定量组合的。若是采用定量预测方案，还要考虑是时间序列的，还是因果关系的等。拟订预测方案，为全面展开预测工作做好组织上、行动上的准备。

3. 搜集整理资料

根据预测目标和拟订的预测方案，尽可能全面地收集与预测目标相关的各种资料和数据。例如，对于选定的某种产品市场需求预测目标，就应广泛收集该产品历史资料及市场经济形势、社会购买力和消费者偏好等有关因素变化的各种信息。对收集的信息还需要进行认真的分析、整理和选择，去伪存真，并找出各因素之间相互依存、相互制约的关系，作为预测的依据。

4. 建立预测模型

在获得数据资料的基础上，根据有关市场理论、预测目标、预测要求及实际情况，选择适当的预测和评估方法，确定经济参数，分析各种变量间的关系，建立能反映实际的预测模型。对定性预测而言，其模型是指逻辑推理的程式；对定量预测而言，其模型通常是以数学关系式表示的模型。

5. 进行分析评价

利用建立的预测模型和方法，对各种变量数据进行具体计算，并对获得的计算结果进行分析、检验和评价，若预测值和实测值相差较小，在要求允许的范围之内，则预测效果较好，可以采用；反之，则预测效果较差，不能采用。这时，应重新拟订预测方案，建立新的预测模型，进行新的预测和分析。

6. 修正预测结果

如果在允许误差范围内，但预测值和预期值的差异还是较大时，应具体分析产生较大误差的原因，并及时加以修正。常用的修正方法有增加样本容量、增加变量个数、改变模型结构和改变预测方法等。

7. 提出分析报告

全面、完整、系统地总结市场预测，提交总结报告。其主要内容有预测目标、主要内容、预测方法、预测时间、参加人员、参考资料、预测结果及分析评价意见，作为企业制定经营战略、营销策略及生产计划的重要依据。

2.2　时间序列预测法

时间序列是指把历史统计资料按时间顺序排列起来得到的一组数据序列。例如，按月份排列的某种商品的销售量数据序列；按年度顺序排列起来的工农业总产值数据序列；等等，这些都是时间序列。

时间序列预测法是将预测目标的历史数据按时间的顺序排列成为时间序列，然后分析它们随时间变化的发展趋势，外推预测目标的未来值。也就是说，时间序列预测法将影响预测目标的一切因素都由“时间”综合起来加以描述。因此，时间序列预测法主要用于分析影响事物的主要因素比较困难，或相关变量资料数据难以得到的情况，预测时先要进行时间序列的模式分析。时间序列预测法通常又分为移动平均法、指数平滑法、趋势外推法、季节周期分析法和生命周期法等多种方法，下面主要介绍几种常见的时间序列的模式和常用的时间序列预测方法。

2.2.1　时间序列模式分析

不同的时间序列预测方法只适用于一定的数据时间序列模式。因此，对时间序列模式的分析与理解是应用时间序列预测方法的基础。

时间序列的模式，是指历史时间序列所反映的某种可以识别的事物变动趋势形态。时间序列的基本模式，可以归纳为水平型、趋势型、周期变动型和随机型四种类型，大体反映了市场供求变动的基本形态，下面分别进行介绍。

1. 水平型

水平型时间序列模式是指时间序列各个实测值（预测目标的历史资料数据）呈现出围绕某个定值上下波动的变动形态，如某些非季节性的生活必需品的逐月销售量等。具有水平型序列模式的预测方法通常有移动平均法、趋势平均法和指数平滑法等，以某些产品销售量为例，水平型时间序列模式如图 2-1 所示。

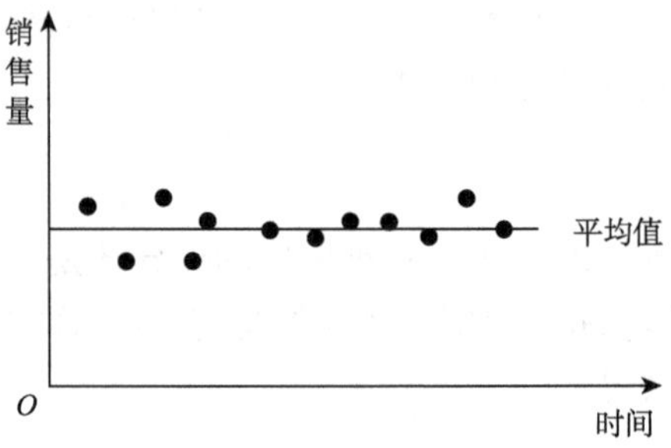

图 2-1　水平型时间序列模式

2. 趋势型

趋势型时间序列模式是指时间序列各个实测值在一定时期虽出现小范围的上下波动，但总体上呈现出持续上升或持续下降趋势的变动形态，如高档耐用消费品的经济寿命曲线等。具有趋势型序列模式的预测方法通常有线性函数、二次函数、指数函数和对数函数等，趋势型时间序列模式如图 2-2 所示，依其特征不同又可分为线性［图 2-2（a）］和非线性［图 2-2（b）］两类趋势模式。

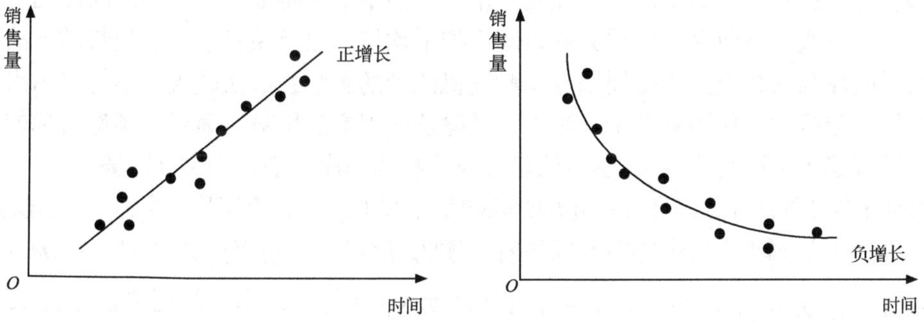

（a）线性　　（b）非线性

图 2-2　趋势型时间序列模式

3. 周期变动型

周期变动型时间序列模式是指随着时间的推移，时间序列各个实测值呈现出有规则的上升与下降循环变动的形态。按时间序列循环波动的周期不同，可分为季节变动型模式和循环变动型模式两类。常见的是季节变动型模式，这种模式往往是指以年为变动周期，按月或按季度编制的时间序列实测值，如许多季节性消费品的按月、按季销售量等，具有周期变动型序列模式的预测方法通常有季节周期法等，周期变动型时间序列模式如图 2-3 所示。

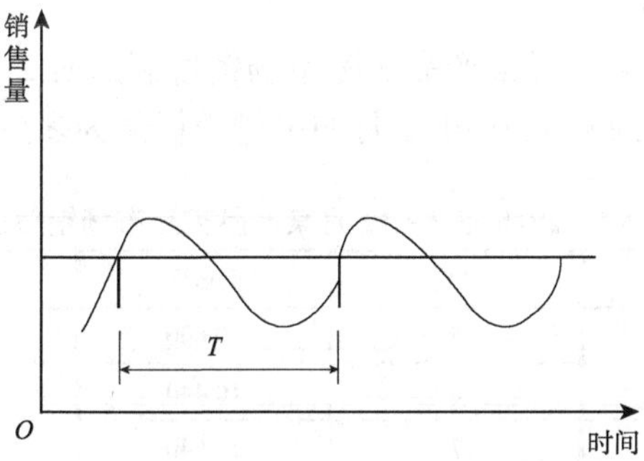

图 2-3　周期变动型时间序列模式

4. 随机型

随机型时间序列模式是指时间序列实测值所呈现的变化趋势走向升降不定、没有一定规律可循的变动形态。这种现象往往是由某些偶然因素引起的，如经济现象中的不规则变动、政治变动以及自然气候的突变等。对于这类时间序列模式，很难运用时间序列预测方法做出预测，但有时也可通过某种统计处理，消除不规则因素的影响，找出事物的固有变化规律，从而进行分析预测。

2.2.2　移动平均法

1. 一次移动平均法

移动平均法是一种简单的平滑预测技术，它的基本思想如下：根据时间序列资料、逐项推移，依次计算包含一定项数的时间序列平均值，以反映长期变动趋势的方法。因此，当时间序列的数值由于受周期变动和随机波动的影响，起伏较大，不易显示出预测目标的发展趋势时，使用移动平均法可以消除这些因素的影响，显示出预测目标的发展方向与发展趋势（即趋势线），然后依趋势线分析预测序列的长期变动趋势。

移动平均法的计算过程是对一组近期实测值取平均值，将这个平均值作为下一期预测值，逐项移动，形成一个序列平均数的时间序列。例如，设有一个时间序列（$t=1,2,\cdots,m$）的实际实测值为$y_1,y_2,\cdots,y_t\cdots,y_m$，则移动平均法计算公式为$\hat{y}_{t+1}=\dfrac{y_t+y_{t-1}+y_{t-2}+\cdots+y_{t-n+1}}{n}$。式中，$n$为每次移动平均包含的数据个数，即期数；$\hat{y}_{t+1}$为$n$个近期数据的平均值，作为$t$+1 期的预测值。可以看出，这里的所谓“移动”，是因为总是对近期的历史资料数据取平均，随着时间推移，不断去除旧的数据，引进新的数据，而“平均”则起到了“滤波”的作用，“滤掉”了随机波动，这一方法也称为一次移动平均法。

2. 二次移动平均法

如果对一次移动平均值序列再进行一次移动平均，就得到二次移动平均值。用二次移动平均值进行预测的方法，就是二次移动平均法。二次移动平均法的计算公式为$m_{t+1}=\dfrac{\hat{y}_t+\hat{y}_{t-1}+\hat{y}_{t-2}+\cdots+\hat{y}_{t-n+1}}{n}$。式中，$\hat{y}_t,\hat{y}_{t-1},\cdots,\hat{y}_{t-n+1}$为一次移动平均值序列，$m_{t+1}$为$t$+1 期的二次移动平均预测值。

例 2-1　设 2015 年 1 ~ 12 月某产品实际市场销售额如表 2-1 所示。试运用一次移动平均法和二次移动平均法预测 2016 年 1 月的市场销售额为多少?

表 2-1　2015 年 1 ~ 12 月某产品实际市场销售额　　单位：万元

月份	销售额	月份	销售额	月份	销售额
1	10 240	5	10 600	9	10 800
2	10 400	6	10 440	10	10 880
3	10 520	7	10 640	11	10 960
4	10 560	8	10 720	12	10 920

解：用一次移动平均法取 n=4 时，则 2016 年 1 月的预测销售额为 10 890 万元；用二次移动平均法取 n=4 时，销售额为 10 712.50 万元。计算结果如表 2-2 所示。

表 2-2　运用一次、二次移动平均法进行市场销售额的预测　单位：万元

月份	时期 t	实际销售额	一次移动平均（$n=4$）	二次移动平均（$n=4$）
1	1	10 240		
2	2	10 400		
3	3	10 520		
4	4	10 560		
5	5	10 600	10 430.00	
6	6	10 440	10 520.00	
7	7	10 640	10 530.00	
8	8	10 720	10 560.00	
9	9	10 800	10 600.00	10 510.00
10	10	10 880	10 650.00	10 552.50
11	11	10 960	10 760.00	10 585.00
12	12	10 920	10 840.00	10 642.50
次年 1 月	13	—	10 890.00	10 712.50

2.2.3　趋势平均法

1. 一次趋势平均法

趋势平均法又称为趋势移动平均法。它的主要优点是考虑时间序列发展趋势，使预测结果能更好地符合实际。根据准确程度的不同要求，可选择一次或二次趋势移动平均值进行预测。首先，分别移动计算相邻数期的平均值；其次，确定变动趋势和趋势平均值；最后，以最近期的平均值加趋势平均值与距离预测时间期数的乘积，即得预测值。

值得注意的是，趋势移动平均法中的第一次移动平均与 2.2.2 小节的移动平均法不同，趋势移动平均法是同样求出 n 时期的移动平均值，但其求的是第 t+1 期到第 t–n+2 期实测值之和的平均值，平均值计算中包含了第 t+1 期的实测值，而对预测时期是在求得了 a_t 和 b_t 的值后，再依据公式 $y_{t+k}=a_t+b_t\cdot k$ 来进行预测的；而移动平均法求的是第 t 期到第 t–n+1 期实测值之和的平均值，并不含第 t+1 期的实测值。在实际运用中不能混淆。

在实际应用中，通常可以在求得一次移动平均值的基础上，以 t 期的一次移动平均值为起点，以 t 与 t–1 期的差值为斜率，建立趋势移动平均预测模型进行预测，即

$$a_t=\frac{1}{n}\sum_{i=t-n+1}^{t}x_i$$

$$b_t=a_t-a_{t-1}$$

式中，a_t 表示预测直线的截距；b_t 表示预测直线的斜率；n 表示每次移动的平均长度；t 表示期数。

趋势移动平均法的预测模型为

$$y_{t+k}=a_t+b_t\cdot k$$

式中，k 表示趋势预测期数；y_{t+k} 表示第 t+k 期的预测值。

2. 二次趋势平均法

若欲建立二次趋势移动平均预测模型，在求得一次移动平均值和二次移动平均值后，再以 t 期的一次移动平均值和二次移动平均值为基础，求取模型的起点值和斜率，即

$$a_t = 2m_t^{(1)} - m_t^{(2)}$$

$$b_t = \frac{2}{n-1}\left(m_t^{(1)} - m_t^{(2)}\right)$$

式中，a_t 表示预测直线的截距；b_t 表示预测直线的斜率；n 表示每次移动平均的长度；t 表示期数。

趋势移动平均法的预测模型为

$$\hat{y}_{t+k} = a_t + b_t \cdot k$$

式中，k 表示趋势预测期数；$\hat{y}_{t+k}$ 表示第 $t+k$ 期的预测值。

例 2-2　承例 2-1，取 n=5，试分别运用一次趋势平均法和二次趋势平均法预测 2016 年 1 月的市场销售额为多少？

解：求得一次移动平均值和二次移动平均值数据如表 2-3 所示。

表 2-3　产品销售额及趋势移动平均值　　单位：万元

月份	时期 t	实际销售额	一次移动平均 $m_t^{(1)}$（n=5）	二次移动平均 $m_t^{(2)}$（n=5）
1	1	10 240		
2	2	10 400		
3	3	10 520		
4	4	10 560		
5	5	10 600	10 464.00	
6	6	10 440	10 504.00	
7	7	10 640	10 552.00	
8	8	10 720	10 592.00	
9	9	10 800	10 640.00	10 550.40
10	10	10 880	10 696.00	10 596.80
11	11	10 960	10 800.00	10 656.00
12	12	10 920	10 856.00	10 716.80
次年 1 月	13	—	10 912.00	11 064.80

1）一次趋势平均预测

由 $a_{12} = 10\,856.00$（万元），$b_{12} = 10\,856.00 - 10\,800.00 = 56.00$（万元），则 $y_{t+k} = a_t + b_t \cdot k = 10\,856.00 + 56.00 \times 1 = 10\,912.00$（万元）。

也就是说，用一次趋势移动平均法预测，2016 年 1 月的市场销售额预测值为 10 912.00 万元。

2）二次趋势平均预测

由 $a_{12} = 2m_{12}^{(1)} - m_{12}^{(2)} = 2 \times 10\,856.00 - 10\,716.80 = 10\,995.20$（万元），$b_{12} = \frac{2}{5-1}\left(m_{12}^{(1)} - \right.$

$m_{12}^{(2)}$)=0.5×(10 856.00−10 716.80)=69.60(万元)，则 $\hat{y}_{t+k}=10\,995.20+69.60\times1=11\,064.80$。

也就是说，用二次趋势移动平均法预测，2016 年 1 月的市场销售额预测值为 11 064.80 万元。

在移动平均法及趋势移动平均法中，关键是合理地选择期数 n 值。通常 n 值越大，平滑作用越明显，但滞后偏差却越大；反之，则效果相反。当 n 值等于 1 时，移动平均数序列即为实际序列；当 n 值等于全部数据个数时，移动平均数即为算术平均数。n 值的选择范围通常为 3~20，一般选择方法是根据实际序列的特征和经验采用不同的 n 值对预测对象进行实际实验，从中取出最佳的 n 值。

2.2.4　指数平滑法

指数平滑法由美国人 R. G. Brown 所创，是从移动平均法发展而来的，可以说是移动平均法的一种变形，其特点是预测时所需资料较少，计算方便。预测时，人们一般都知道这样一种事实，即最新的实测值较早期的实测值包含更准确的信息。因而在预测时，最新实测值应比早期实测值具有较大的权数。基于这种观点，指数平滑法认为数据的重要程度应按时期的远近呈非线性递增。指数平滑法就是通过平滑系数来实现不同时期数据的非等权处理。由于平滑系数是按指数规律递变的，所以，指数平滑法由此得名。

利用指数平滑法进行预测，就是对不规则的时间序列数据加以平滑，从而获得其变化规律和趋势，以此对未来的经济数据进行推断和预测。根据平滑次数的不同，有一次指数平滑法、二次指数平滑法及高次指数平滑法，但高次指数平滑很少使用，下面主要介绍一次指数平滑法和二次指数平滑法。

1. 一次指数平滑法

一次指数平滑法是根据前期的实测值和预测值，以加权因子为权数，进行加权平均，来预测未来时间趋势的方法。一次指数平滑法计算公式为

$$\hat{y}_{t+1}=\alpha y_t+(1-\alpha)\hat{y}_t$$

式中，y_t 表示时期 t 的实测值；$\hat{y}_t$ 表示时期 t 的预测值；α 表示平滑系数，又称加权因子，取值范围为 $0\leqslant\alpha\leqslant1$。

为进一步理解指数平滑法的实质，可作如下推演：

$$\hat{y}_t=\alpha y_{t-1}+(1-\alpha)\hat{y}_{t-1}$$

$$\hat{y}_{t-1}=\alpha y_{t-2}+(1-\alpha)\hat{y}_{t-2}$$

$$\cdots$$

$$\hat{y}_2=\alpha y_1+(1-\alpha)\hat{y}_1$$

将 $\hat{y}_t,\hat{y}_{t-1},\cdots,\hat{y}_2$ 的表达式逐次代入 $\hat{y}_{t+1}$ 的表达式中，展开整理后，得

$$\hat{y}_{t+1}=\alpha y_t+\alpha(1-\alpha)y_{t-1}+\alpha(1-\alpha)^2y_{t-2}+\cdots+\alpha(1-\alpha)^{t-1}y_1+(1-\alpha)^t\hat{y}_1$$

从上述展开式中可以看出，一次指数平滑法实际上是以 $\alpha(1-\alpha)^k$ 为权数的加权移动平均法。由于 k 越大，$\alpha(1-\alpha)^k$ 越小，所以，越是远期的实测值对未来时期平滑值的影

响就越小。在展开式中，最后一项 $\hat{y}_1$ 为初始平滑值，在通常情况下可用最初几个实测值的平均值来代替，或当实际数据较多（50 个以上）时直接可用第 1 时期的实测值来代替。

从上述展开式可以看出，新预测值是根据预测误差对原预测值进行修正得到的。α 的大小表明了修正的幅度。α 值越大，修正的幅度越大；α 值越小，修正的幅度就越小。因此，α 值既代表了预测模型对时间序列数据变化的反应速度，又体现了预测模型修匀误差的能力。

在实际应用中，α 值是根据时间序列的变化特性来选取的。若时间序列的数据波动不大，比较平稳，则 α 应取小一些，如 0.1 ~ 0.3；若时间序列的数据具有迅速且明显的变动倾向，则 α 应取大一些，如 0.6 ~ 0.9。实质上，α 是一个经验数据，可以通过多个 α 值进行试算比较而定，哪一个 α 值引起的预测误差小，就采用哪一个。

2. 二次指数平滑法

一次指数平滑法只适用于水平型时间序列模式的预测，而不适用于呈斜坡型线性趋势的历史数据预测。因为对于明显呈斜坡型的历史数据，即使 α 取值很大，仍会产生较大的系统误差。因此，对此类数据变动趋势的预测，应对一次指数平滑法进行改进，可以用二次指数平滑法进行预测。

二次指数平滑法是在一次平滑的基础上，再进行一次平滑。其计算公式为

$$\hat{y}_{t+1}^{(2)} = \alpha \hat{y}_t^{(1)} + (1-\alpha)\hat{y}_t^{(2)}$$

式中，$\hat{y}_t^{(1)}$ 表示时期 t 的一次指数平滑值；$\hat{y}_t^{(2)}$ 表示时期 t 的二次指数平滑值；$\hat{y}_{t+1}^{(2)}$ 表示时期 t+1 的二次指数平滑值，即预测值。

同理，三次指数平滑法是在二次平滑的基础上，再进行一次平滑，其计算公式为

$$\hat{y}_{t+1}^{(3)} = \alpha \hat{y}_t^{(2)} + (1-\alpha)\hat{y}_t^{(3)}$$

例 2-3　承例 2-1，试运用一次指数平滑法和二次指数平滑法预测 2016 年 1 月的市场销售额为多少？

解：取 $\alpha = 0.5$，$\hat{y}_1 = 10\,240$，运用指数平滑法计算后，各期预测值如表 2-4 所示。

表 2-4　一次、二次指数平滑预测值　　单位：万元

月份	时期 t	实际销售额 x_t	一次指数平滑法	二次指数平滑法
1	1	10 240	—	—
2	2	10 400	10 240.00	—
3	3	10 520	10 320.00	10 240.00
4	4	10 560	10 420.00	10 280.00
5	5	10 600	10 490.00	10 350.00
6	6	10 440	10 545.00	10 420.00
7	7	10 640	10 492.50	10 482.50
8	8	10 720	10 566.30	10 487.50
9	9	10 800	10 643.10	10 526.90
10	10	10 880	10 721.60	10 585.00

续表

月份	时期 t	实际销售额 x_t	一次指数平滑法	二次指数平滑法
11	11	10 960	10 800.80	10 653.30
12	12	10 920	10 880.40	10 727.00
次年 1 月	13	—	10 900.20	10 803.70

2.2.5　趋势外推法

趋势外推法也称趋势延伸法，它是将根据预测变量历史时间序列揭示出的变动趋势外推到未来，以此确定预测值的一种预测方法。如果时间序列实测值呈现出一定的规律性，就可以运用趋势外推法进行预测。

趋势外推法可分为线性趋势外推预测法和曲线趋势外推预测法。

1. 线性趋势外推预测法

线性趋势外推预测法由于实测值数据呈线性变动趋势，所以，用于拟合的预测模型主要也就是线性模型，主要的方法是用最小二乘法。该方法适用于时间序列实测值数据呈直线上升或下降的情形。此时，该变量的长期趋势就可以用一条直线来描述，并通过该直线趋势的向外延伸进行预测。

线性趋势外推预测法的数学模型为

$$\hat{y}_t = a + bx$$

式中，x 表示时间序列中的时期数，是自变量；$\hat{y}_t$ 表示时期 t 的预测值；a 和 b 表示两个待定常数。

通常，利用最小二乘法来确定 a 和 b 的值。a 为趋势型直线在 y 轴上的截距，b 为趋势型直线的斜率。

假设 y_t 为时间序列第 t 期的实测值，$\hat{y}_t$ 为第 t 期的预测值，Q 为离差平方和，则

$$Q = \sum_{t=1}^{n}(y_t - \hat{y}_t)^2 = \sum_{t=1}^{n}(y_t - a - bx_t)^2$$

Q 值越小，表示直线方程拟合的效果越好。为使 Q 值最小，可分别对上式中的待定常数 a 和 b 求偏导，并令之为 0，即

$$\frac{\partial Q}{\partial a} = \frac{\partial \sum (y_t - a - bx_t)^2}{\partial a} = 0$$

$$\frac{\partial Q}{\partial b} = \frac{\partial \sum (y_t - a - bx)^2}{\partial b} = 0$$

联立后求解，得

$$a = \frac{1}{n}\sum_{t=1}^{n} y_t - b \cdot \frac{1}{n}\sum_{t=1}^{n} x_t = \overline{y} - b\overline{x}$$

$$b=\frac{n\sum_{t=1}^{n}x_t y_t-\left(\sum_{t=1}^{n}x_t\right)\left(\sum_{t=1}^{n}y_t\right)}{n\sum_{t=1}^{n}x_t^2-\left(\sum_{t=1}^{n}x_t\right)^2}$$

$$=\frac{\sum_{t=1}^{n}(x_t-\overline{x})(y_t-\overline{y})}{\sum_{t=1}^{n}(x_t-\overline{x})^2}$$

式中，$\overline{y}=\frac{1}{n}\sum_{t=1}^{n}y_t$；$\overline{x}=\frac{1}{n}\sum_{t=1}^{n}x_t$。

例 2-4　2005~2015 年某家用电器厂的年销售额如表 2-5 所示。试预测 2016 年该企业的销售额。

表 2-5　2005 ~ 2015 年某家用电器厂的年销售额　　单位：万元

年份	2005	2006	2007	2008	2009	2010
销售额	200	300	350	400	500	630
年份	2011	2012	2013	2014	2015	
销售额	700	750	850	950	1 020	

资料来源：李华，胡英奇. 预测与决策. 西安：西安电子科技大学出版社，2005

解：（1）绘制时间序列数据散点图（图 2-4），观察各散点的变化趋势是否可用直线方程来拟合。

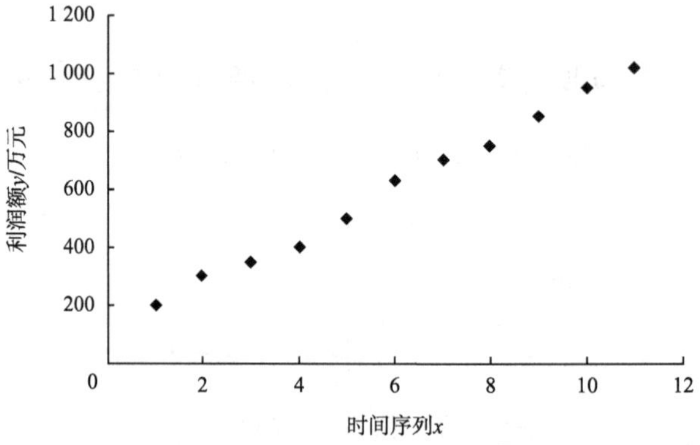

图 2-4　趋势型时间序列模式

（2）求解待定系数。求解方程式中的中间数据列于表中，如表 2-6 所示。

表 2-6　线性函数（模型）最小二乘法的表内计算

年份	时期数 x_t	实测值 y_t /万元	x_t^2	$x_t y_t$	计算值 $\hat{y}_t$ /万元
2005	1	200	1	200	190.91
2006	2	300	4	600	273.62

续表

年份	时期数 x_t	实测值 y_t /万元	x_t^2	$x_t y_t$	计算值 $\hat{y}_t$ /万元
2007	3	350	9	1 050	356.34
2008	4	400	16	1 600	439.06
2009	5	500	25	2 500	521.78
2010	6	630	36	3 780	604.50
2011	7	700	49	4 900	687.22
2012	8	750	64	6 000	769.94
2013	9	850	81	7 650	852.66
2014	10	950	100	9 500	935.38
2015	11	1 020	121	11 220	1 018.10
合计	66	6 650	506	49 000	
平均	6	604.55	46	4 454.55	

（3）求得待定系数后，预测模型也就完全确定了。建立的预测模型为

$$\hat{y}_t = 108.18 + 82.72x$$

（4）利用预测模型进行 2016 年销售额预测，时期数为 12，得到预测值为

$$\hat{y}_{12} = 108.18 + 82.72 \times 12 = 1\,100.82\text{（万元）}$$

因此，2016 年该企业的年销售额预计为 1 100.82 万元。

2. 二次曲线模型预测法

在市场上，大多数产品的销售并不一定按同一趋势发展，有可能出现先上升而后下降的趋势；也有可能出现先下降，当下降到一定程度后又迅速上升的趋势。二次曲线模型在图形上正好表现出了上述两种趋势。利用历史资料，拟合成二次曲线模型，这一模型的应用已经成为市场预测中的一种普遍方法。

二次曲线的数学模型为

$$\hat{y}_t = a + bx + cx^2$$

式中，x 表示时间序列中的时期数，是自变量；$\hat{y}_t$ 表示时期 t 的预测值；a,b,c 表示三个待定常数。

同样，确定模型中的常数 a,b,c 时，一般多采用最小二乘法。利用最小二乘法来确定 a,b,c 的值，目标是使离差平方和 $Q = \sum (y_t - \hat{y}_t)^2 = \sum (y_t - a - bx - cx^2)^2$ 最小，y_t 为 t 时期的实测值。为此，分别对 a,b,c 求偏导数，并令其等于 0，即

$$\frac{\partial Q}{\partial a} = \frac{\partial \sum (y_t - a - bx - cx^2)^2}{\partial a} = 0$$

$$\frac{\partial Q}{\partial b} = \frac{\partial \sum (y_t - a - bx - cx^2)^2}{\partial b} = 0$$

$$\frac{\partial Q}{\partial c} = \frac{\partial \sum (y_t - a - bx - cx^2)^2}{\partial c} = 0$$

整理后，可得联立方程组：

$$\begin{cases}\sum y_t = na + b\sum x + c\sum x^2 \\ \sum xy_t = a\sum x + b\sum x^2 + c\sum x^3 \\ \sum x^2 y_t = a\sum x^2 + b\sum x^3 + c\sum x^4\end{cases}$$

解上述联立方程组，可得

$$b = \frac{\begin{vmatrix} n & \sum y_t & \sum x^2 \\ \sum x & \sum xy_t & \sum x^3 \\ \sum x^2 & \sum x^2 y_t & \sum x^4 \end{vmatrix}}{\begin{vmatrix} n & \sum x & \sum x^2 \\ \sum x & \sum x^2 & \sum x^3 \\ \sum x^2 & \sum x^3 & \sum x^4 \end{vmatrix}}$$

$$c = \frac{\begin{vmatrix} n & \sum x & \sum y_t \\ \sum x & \sum x^2 & \sum xy_t \\ \sum x^2 & \sum x^3 & \sum x^2 y_t \end{vmatrix}}{\begin{vmatrix} n & \sum x & \sum x^2 \\ \sum x & \sum x^2 & \sum x^3 \\ \sum x^2 & \sum x^3 & \sum x^4 \end{vmatrix}}$$

$$a = \frac{1}{n}\left(\sum y_t - b\sum x - c\sum x^2\right)$$

例 2-5　2010 ~ 2015 年某产品的实际市场销售额如表 2-7 所示，试运用二次曲线模型预测法对该产品 2016 年的市场销售额进行预测。

表 2-7　2010 ~ 2015 年某产品的实际市场销售额　　单位：万元

年份	2010	2011	2012	2013	2014	2015
销售额	56	52	46	56	72	78

解：首先，对各相关数值进行表内计算，计算结果如表 2-8 所示。

表 2-8　二次曲线模型最小二乘法的表内计算

年份	时期数 x	实测值 y_t /万元	x^2	x^3	x^4	xy_t	x^2y_t	计算值 $\hat{y}_t$ /万元
2010	1	56	1	1	1	56	56	55
2011	2	52	4	8	16	104	208	51
2012	3	46	9	27	81	138	414	51
2013	4	56	16	64	256	224	896	56
2014	5	72	25	125	625	360	1 800	66
2015	6	78	36	216	1 296	468	2 808	81
$\sum$	21	360	91	441	2 275	1 350	6 182	

然后，将表 2-8 内的数值代入上面的各个计算公式中，计算出 a，b，c 的值，则有

$$b=-12.107,\quad c=2.464,\quad a=65$$

代入模型即得二次曲线的拟合方程：

$$\hat{y}_t=a+bx+cx^2=65-12.107x+2.464x^2$$

运用该方程作为预测模型，即可以对 2016 年的市场销售额进行预测。当 $x=7$ 时，则有

$$\hat{y}_7=65-12.107\times 7+2.464\times 7^2\approx 101\text{（万元）}$$

所以，2016 年该产品的预测销售额为 101 万元。

3. 指数曲线模型预测法

在一定时期内，有些产品的销售量或销售额往往表现为随着时间的变化按同一增长率不断增加或不断减少。指数曲线预测法正是针对这种产品的销售变化趋势，利用其时间序列资料，拟合成指数曲线，建立模型并进行预测的一种方法。其数学模型为

$$\hat{y}_t=a\cdot b^x$$

式中，x 表示时间序列中的时期数，是自变量；$\hat{y}_t$ 表示时期 t 的预测值；a 和 b 表示两个待定常数。

确定 a 和 b 两个待定常数的值，可用最小二乘法，求解方法是先在指数模型两边各取对数，将指数模型转换为线性模型后，再求得 a 和 b 的值，计算过程如下：

在 $\hat{y}_t=a\cdot b^x$ 两边取对数，得到 $\lg\hat{y}_t=\lg a+x\lg b$。

设 $\hat{y}_t'=\lg\hat{y}_t$，$A=\lg a$，$B=\lg b$ 则上式可改写为 $\hat{y}_t'=A+Bx$，根据最小二乘法，可以求得 A 和 B 的值分别如下：$B=\dfrac{n\cdot\sum x\hat{y}_t'-\sum x\sum\hat{y}_t'}{n\cdot\sum x^2-\left(\sum x\right)^2}$，$A=\overline{y'}-B\overline{x}$，再由 $A=\lg a$，$B=\lg b$ 解得 $a=10^A$，$b=10^B$，至此即可建立指数曲线预测模型。

例 2-6　2010~2015 年某产品的实际市场销售额如表 2-9 所示。试运用最小二乘法建立指数曲线模型，并用该模型预测 2016 年市场销售额。

表 2-9　2010 ~ 2015 年某产品的实际市场销售额　　单位：万元

年份	2010	2011	2012	2013	2014	2015
销售额	50	54	60	66	73	80

解：首先，根据实测值 y 及 x 进行计算。其次，将各有关数值代入求取 B 值的计算公式，有

$$B=\frac{6\times 38.512-21\times 10.795}{6\times 91-21\times 21}\approx 0.042$$

又因为 $\overline{x}=\sum x/n=3.5$，$\overline{y'}=1.799$，则 $A=\overline{y'}-B\overline{x}=1.799-0.042\times 3.5=1.652$，进而可以求得 $a=10^A=10^{1.652}=44.875, b=10^B=10^{0.042}=1.102$，即

$$\hat{y}_t=44.875\times 1.102^x$$

应用该指数曲线模型求得各年份市场销售额计算值，列在表 2-10 中。

表 2-10　指数曲线模型最小二乘法表内计算

年份	时期数 x	实测值 y_t /万元	$y_t' = \lg y_t$	xy_t'	x^2	计算值 $\hat{y}_t$ /万元
2010	1	50	1.699	1.699	1	49.452
2011	2	54	1.732	3.464	4	54.496
2012	3	60	1.778	5.334	9	60.055
2013	4	66	1.820	7.280	16	66.181
2014	5	73	1.863	9.315	25	72.391
2015	6	80	1.903	11.418	36	80.370
$\sum$	21	383	10.795	38.510	91	—
平均值	3.5	—	1.799	—	—	—

注：表中数据均为计算后四舍五入保留到 3 位小数

根据模型，进行 2016 年该产品市场销售额预测，则 x=7，所以有

$$\hat{y}_7 = 44.875 \times 1.102^7 = 88.568 \text{（万元）}$$

因此，2016 年该产品的预测市场销售额约为 88.568 万元。

2.2.6　季节周期分析法

许多产品的市场需求往往有季节性。例如，服装、空调和冷饮等。对这类产品市场需求的预测，需要考虑季节波动的因素。

同季平均法是分析、预测季节波动一种最常用且最简单的季节周期预测法，主要适用于受季节波动和不规则波动影响、无明显趋势变动规律的产品市场需求预测。预测过程如下：

（1）收集以往各季实际数据资料。

（2）计算以往各季数据的平均值$\left(\overline{s_t} = \dfrac{s_t^1 + s_t^2 + \cdots + s_t^l + \cdots + s_t^m}{m} \right)$，$m$ 为季节数。

（3）计算各季同期数据的平均值$\left(\overline{s_l} = \dfrac{s_1^l + s_2^l + \cdots + s_t^l + \cdots + s_n^l}{n} \right)$，$n$ 为总期数。

（4）计算各季季节指数，以各季同期平均值除以总平均值$\left(\overline{s} = \dfrac{\sum_{t=1}^{n} \overline{s_t}}{n} \right)$。

（5）计算各季预测值，以实际数据最后一年的各季值乘以各季季节指数。

例 2-7　2011～2014 年某纺织产品各季市场需求量如表 2-11 所示，试运用同季平均法预测 2015 年各季的市场需求。

表 2-11　2011～2014 年某纺织产品各季市场需求量　　单位：亿元

年份	一季度	二季度	三季度	四季度	各季平均
2011	1.66	4.07	4.38	3.19	3.33
2012	1.46	4.72	5.76	3.45	3.85
2013	1.59	4.39	5.60	3.47	3.76
2014	2.42	4.14	5.02	2.76	3.59

解：（1）计算以往各季数据平均值及各季同期数据平均值。例如，2011 年各季数据平均值及一季度同期数据平均值计算公式分别为

$$2011年各季平均=\frac{1.66+4.07+4.38+3.19}{4}\approx 3.33(亿元)$$

$$一季度同期平均=\frac{1.66+1.46+1.59+2.42}{4}\approx 1.78(亿元)$$

（2）计算各季季节指数。例如，一季度季节指数计算公式为

$$\begin{aligned}一季度季节指数&=一季度同期数据平均值\div 总平均\times 100\%\\&=1.78\div 3.63\times 100\%\approx 49.04\%\end{aligned}$$

其余各季指数类推。

（3）计算 2015 年各季度的产品市场需求预测值。例如，2015 年一季度市场需求预测值计算公式为

$$\begin{aligned}2015年一季度预测值&=2014年一季度需求值\times 一季度季节指数\\&=2.42\times 49.04\%\approx 1.19(亿元)\end{aligned}$$

其余各季预测值类推。

计算的各类数据汇总后，如表 2-12 所示。

表 2-12　2011～2014 年某纺织产品各季市场需求量及其预测值　单位：亿元

年度	一季度	二季度	三季度	四季度	各季平均
2011	1.66	4.07	4.38	3.19	3.33
2012	1.46	4.72	5.76	3.45	3.85
2013	1.59	4.39	5.60	3.47	3.76
2014	2.42	4.14	5.02	2.76	3.59
合计	7.13	17.32	20.76	12.87	14.53
同期平均值	1.78	4.33	5.19	3.22	3.63
季节指数/%	49.10	119.28	142.98	88.64	—
2015 年预测	1.19	4.94	7.18	2.45	—

2.3　因果关系预测法

2.3.1　基本概念

在实际经济问题中，某一经济行为常会受到多种因素的影响和制约。例如，产品的销售量与产品的价格、产品的质量及消费者的收入水平等因素有关；又如，果树的产量受施肥量、降雨量和气温等因素的影响。因此，要研究这类经济行为的变动趋势，就应从事物变化的因果关系出发，寻找与其他因素之间的内在联系，这就是因果关系预测法。

因果关系预测法最常用的方法，称为回归分析预测法，就是应用回归方程把各个相关因素联系起来。通常，以市场销售量、市场销售额或销售利润为预测目标（因变量），以一个或多个影响因素作为自变量，分析预测目标和自变量之间相互依存关系的密切程

度，预测企业产品市场销售量、市场销售额和销售利润等的变动趋势或市场需求的发展趋势。

回归分析预测法主要分五步进行：

（1）全面分析影响预测目标变化的因素，找出主要影响因素，确定自变量。应尽可能把影响预测目标变化的所有因素都找出来，然后，分别对每一个影响因素与预测目标之间的相关程度进行分析，选择相关程度较高的影响因素作为自变量。

（2）选择合理的函数模型拟合预测模型，运用科学的方法确定模型的参数。线性回归模型的参数确定方法主要是最小二乘法，对于非线性回归预测模型，可先转化为线性回归模型，再采用最小二乘法进行参数确定或直接采用最小二乘法。

（3）根据预测目标的经济含义，从不同角度对预测模型进行统计假设检验。与时间序列预测法不同，并非任何回归预测模型都能直接用于预测，而是必须进行回归预测模型的有效性检验，即统计假设检验后，方能用于实际预测。统计假设检验主要是采用统计推断方法对选择的自变量是否与因变量之间存在密切相关关系以及自变量的变化能否解释因变量的变化进行分析，以判断已经拟合的回归预测模型的有效性。

（4）运用其他方法获得影响因素的预测值，再应用预测模型进行目标预测。当回归预测模型通过统计假设检验后，就可以利用它进行预测。但应运用其他方法先获得自变量的预测值，再将其代入回归预测模型，进行预测目标的预测。

（5）结合经验，对比其他预测方法得到结果，检验模型预测结果的可靠性。预测结果的可靠性检验是指通过有关专家的经验，对回归分析预测所得到的结果，同运用其他预测方法所得到的结果进行对比分析，并结合市场供求现状，对预测结果是否切合实际做出评价。对市场预测而言，由于市场供求关系受诸多因素影响，供求现状复杂多变，这种基于定量预测结果基础上的定性检验往往是非常重要的。

常用的回归预测，按相关因素的多少分为一元回归预测和多元回归预测；按预测对象及相关因素的统计规律分为线性回归预测和非线性回归预测。非线性回归预测，通过简单的数学变换可以转化为线性回归预测，然后按线性回归来求解。因此，下面将主要讨论常用的一元线性回归预测法和多元线性回归预测法。

2.3.2 一元线性回归

实施市场预测时，若仅考虑一个影响预测目标的因素，且其与预测目标之间的因果关系为线性关系时，则可用一元线性回归模型进行预测。一元线性回归预测法的数学模型为

$$\hat{y} = a + bx$$

式中，x 表示影响因素，是自变量；$\hat{y}$ 表示预测值，是因变量；a 和 b 表示两个待定常数，b 又称为回归系数。

1. 参数确定

a 和 b 这两个待定常数的确定，要求能使应用回归模型得到的预测值 $\hat{y}$ 和实测值之间的偏差平方和最小，根据最小二乘法原理，即应使

$$Q=\sum_{i=1}^{n}(y_i-\hat{y}_i)^2=\sum_{i=1}^{n}(y_i-a-bx_i)$$

最小，为此，分别对 a，b 求偏导数，并令其等于 0，即

$$\frac{\partial Q}{\partial a}=\frac{\partial\sum(y-a-bx)^2}{\partial a}=0$$

$$\frac{\partial Q}{\partial b}=\frac{\partial\sum(y-a-bx)^2}{\partial b}=0$$

整理后，可得求解公式为

$$b=\frac{n\cdot\sum xy-\sum x\sum y}{n\cdot\sum x^2-\left(\sum x\right)^2}$$

$$a=\bar{y}-b\bar{x}$$

在进行参数确定时，可先进行变值中心化处理，从而简化计算。所谓变值中心化，就是将各数值减去其相应的平均值。

例 2-8　据统计，2008～2015 年某地区家电产品销售额和该地区职工工资总额的统计数据如表 2-13 所示。试建立它们之间的一元线性回归模型。

表 2-13　2008～2015 年某地区家电产品销售额和该地区职工工资总额的统计数据

单位：亿元

年份	2008	2009	2010	2011	2012	2013	2014	2015
家电销售额 Y	3	5	6	7	8	8	9	10
工资总额 X	18	25	30	39	41	42	49	52

解：先进行中心化处理，由 $\bar{X}=\frac{\sum X_i}{8}=37$ 和 $\bar{Y}=\frac{\sum Y_i}{8}=7$，可令 $x_i=X_i-\bar{X}$，$y_i=Y_i-\bar{Y}$，中心化处理后的数据如表 2-14 所示。

表 2-14　中心化处理后的数据

$x_i=X_i-\bar{X}$	−19	−12	−7	2	4	5	12	15
$y_i=Y_i-\bar{Y}$	−4	−2	−1	0	1	1	2	3

则有 $\sum x_i=0$，$\sum x_iy_i=185$，$\sum x_i^2=968$，进而可以求得

$$b=\frac{\sum x_iy_i}{\sum x_i^2}=\frac{185}{968}\approx 0.19$$

$$a=\bar{Y}-b\bar{X}=7-0.19\times 37=-0.03$$

所以，该地区家电销售额和工资总额之间的关系模型为

$$Y=-0.03+0.19X$$

2. 模型检验

通过参数确定，可以很容易地得到变量之间的关系回归模型，但模型是否与实际数

据有很好的拟合度，能否用来进行预测，数据是否与其他因素有关？还要进行模型的检验。常用的方法有经济意义检验、t检验和相关系数检验。

1）经济意义检验

模型中的参数符号有其特定的经济含义，通过实际经济现象就可以看出模型是否与实际相符。例如，例 2-8 中，家电销售应与工资总额同向变动，即 b 应大于 0；又由 a= −0.03 可知，当工资总额降到一定程度后，家电销售额为零，这与实际也是相符的。从而，可以认为通过了经济意义检验。

2）t 检验

回归模型是一种统计模型，是从历史数据中得到的。t 检验就是用 t 统计量对回归系数 b 进行检验，其目的是检验自变量 x 与因变量 y 之间是否确实有关系，x 是否影响 y。t 统计量的计算公式如下：

$$t=\frac{b}{S_b}$$

式中，$S_b=\sqrt{\dfrac{\sum(y_i-\hat{y}_i)^2}{(n-2)\sum x_i^2}}$；$b$ 为确定出的回归系数；y_i 为实测值；$\hat{y}_i$ 为通过模型计算得到的预测值；n 为数据个数。

首先，通过公式计算 t 统计量，以例 2-8 中的数据进行计算，得到 t=12.23。

其次，选择显著性水平，即检验可靠性程度 α，一般取 α=0.05，自由度为 n−2，查 t 检验表以确定临界值 $t_{\frac{\alpha}{2}}(n-2)$，如例 2-8 中有 $t_{0.025}(6)=2.447$。

最后，进行判断。当 $|t|\geqslant t_{\frac{\alpha}{2}}(n-2)$ 时，说明变量 x 与 y 之间关系显著，其可靠性程度为 $1-\alpha$。当 $|t|<t_{\frac{\alpha}{2}}(n-2)$ 时，说明 x 与 y 之间没有明确的关系，模型中引入变量 x 是错误的，用该回归模型进行预测是不可行的。在例 2-8 中，由于 t=12.23>2.447，所以 x 与 y 之间关系显著，t 检验通过。

3）相关系数检验

相关系数 r 是用来检验两个变量之间是否有线性关系，即变量间的线性相关程度。其计算公式为

$$r=\frac{\sum x_i y_i}{\sqrt{\sum x_i^2 \sum y_i^2}}$$

式中，$x_i=X_i-\bar{X}$；$y_i=Y_i-\bar{Y}$，从数学上可以证明：$-1\leqslant r\leqslant 1$。

当 $|r|=1$ 时，实测值完全落在回归模型的直线上，说明 Y 与 X 之间存在完全的线性关系；当 $r=0$ 时，说明 Y 与 X 之间不存在线性关系；当 $|r|<1$ 时，说明 Y 与 X 之间存在一定的线性关系。

由此可知，只有当 $|r|$ 接近于 1 时，才能使用一元线性回归预测模型来描述 Y 与 X 之间的关系。在实际中，一般认为 $|r|$ 大于 0.7 即可。

在例 2-8 中，计算相关系数，即

$$r=\frac{\sum x_i y_i}{\sqrt{\sum x_i^2 \sum y_i^2}}=\frac{185}{\sqrt{36\times 968}}=0.991>0.7$$

从而表明家电产品与工资总额之间存在很强的线性关系。

3. 目标预测

通过了检验后，即可进行目标预测。在例 2-8 中，假设从财政部门得到信息，某年工资发放总额将为 60 亿元，则估计家电产品销售额为 $\hat{Y}=-0.03+0.19\times 60=11.37$（亿元）。

2.3.3　多元线性回归

当产品市场需求的变化是同时受几个因素共同作用的结果时，要预测其变化趋势，则要选择几个自变量来建立多元回归模型。例如，当有两个因素共同线性地作用于产品市场需求变化时，可建立二元线性回归预测模型，其形式为

$$\hat{y}=b_0+b_1\cdot x_1+b_2\cdot x_2$$

式中，x_1，x_2表示影响因素，是自变量；$\hat{y}$表示预测值，是因变量；b_0，b_1，b_2表示三个待定常数。

1. 参数确定

待定常数的确定和一元线性回归预测模型参数确定的原理相同,可运用最小二乘法。首先，进行变值中心化处理，得到$y'=y-\overline{y}$、$x_1'=x_1-\overline{x}_1$和$x_2'=x_2-\overline{x}_2$，则有

$$y'=b_1\cdot x_1'+b_2\cdot x_2'$$

其次，用最小二乘法确定常数，则有

$$b_1=\frac{\sum x_1'y'\cdot\sum(x_2')^2-\sum x_1'x_2'\cdot\sum x_2'y'}{\sum(x_1')^2\cdot\sum(x_2')^2-\left(\sum x_1'x_2'\right)^2}$$

$$b_2=\frac{\sum x_2'y'\cdot\sum(x_1')^2-\sum x_1'x_2'\cdot\sum x_1'y'}{\sum(x_1')^2\cdot\sum(x_2')^2-\left(\sum x_1'x_2'\right)^2}$$

和

$$b_0=\overline{y}-b_1\cdot\overline{x}_1+b_2\cdot\overline{x}_2$$

2. 模型检验

多元线性回归预测模型检验与一元线性回归预测模型时的情况一样，首先，应该进行经济意义检验；其次，依次对每个自变量进行 t 检验；最后，进行线性相关性检验。在多元线性回归中，可使用复相关系数进行检验。复相关系数$R=\sqrt{1-\frac{\sum(y_i-\hat{y}_i)^2}{\sum(y_i-\overline{y}_i)^2}}$，其中，$y$为实测值，$\hat{y}$为回归模型的预测值，$\overline{y}$为实测值的平均值。

这里，$0\leqslant R\leqslant 1$，R越大，表示变量间的线性相关程度越密切，所确定的回归方程使用价值就越高。那么，R的值小到什么程度才认为变量间的关系不呈线性关系、所确

定的线性回归方程没有实际意义呢？这也需要对 R 进行统计假设检验，使用的公式为

$$F=\frac{\frac{1}{k}R^2}{\frac{1}{n-k-1}\left(1-R^2\right)}$$

在一定的显著性水平 α 下，通过查表确定临界值 F_α，表中 $v_1=k$（k 为自变量个数），$v_2=n-k-1$（n 为实测值个数）。若 $F\leqslant F_\alpha$，则认为在显著水平 α 下线性相关不密切，反之，则认为线性相关密切，线性回归模型有使用价值。

例 2-9 某企业欲出售一旧厂房（总面积 2 500 平方米，建成 12 年），希望根据当前的市场情况进行估价。分析人员通过调查获得了如表 2-15 所示的有关旧厂房的销售数据，试建立多元回归模型来预测该企业旧厂房的市价。

表 2-15 旧厂房的销售数据

市价/万元	总面积/米 ^{2}	建成年数/年	市价/万元	总面积/米 ^{2}	建成年数/年
63.0	1 605	35	79.7	2 121	14
65.1	2 489	45	84.5	2 485	9
69.9	1 553	20	96.0	2 300	19
76.8	2 404	32	109.5	2 714	4
73.9	1 884	25	102.5	2 463	5
77.9	1 558	14	121.0	3 076	7
74.9	1 748	8	104.9	3 048	3
78.0	3 105	10	128.0	3 267	6
79.0	1 682	28	129.0	3 069	10
83.4	2 470	30	117.9	4 765	11
79.5	1 820	2	140.0	4 540	8
83.9	2 143	6			

解：根据要求可以建立的预测模型形式为

$$\hat{y}=b_0+b_1\cdot x_1+b_2\cdot x_2$$

式中，因变量为市价（y）；自变量为总面积（x_1）和建成年数（x_2）。

对数据进行回归分析，利用最小二乘法确定模型中的待定常数，可得

$$\hat{y}=57.351+0.017\,7x_1-0.666\,3x_2$$

计算复相关系数得 R=0.861，说明自变量与因变量关系比较密切。

对 R 进行统计假设检验，计算得 F 的值为 28.36。在例 2-9 中，自变量个数为 2，则 $v_1=2$，实测值个数为 23，则 $v_2=n-k-1=23-2-1=20$。在显著性水平 α=0.01 下，通过查表确定临界值 F_α=5.85。由于 F=28.36> F_α=5.85，则可认为在显著性水平 α=0.01 下，自变量与因变量之间线性相关密切，模型具有实际使用价值。因此可以使用该模型进行预测。

将该企业旧厂房的数据总面积 2 500 平方米，建成年数 12 年代入模型，可得

$$\begin{aligned}\hat{y} &= 57.351 + 0.017\,7x_1 - 0.666\,3x_2 \\ &= 57.351 + 0.017\,7 \times 2\,500 - 0.666\,3 \times 12 \\ &\approx 93.605(\text{万元})\end{aligned}$$

所以，厂房的估价为 93.605 万元。

2.4　马尔可夫预测法

马尔可夫是俄国著名的数学家，马尔可夫过程是以马尔可夫名字命名的一种特殊的描述事物发展过程的方法。马尔可夫过程主要用于历史资料不全、仅知道当前数据状态的预测。

2.4.1　基本概念

众所周知，事物的发展状态总是随着时间的推移而不断变化。对于有些事物的发展，需要综合考察其过去与现在的状态，才能预测未来。但有些事物的发展，只要知道现在的状态，就可以预测将来的状态而不需要知道事物过去的状态。例如，在下中国象棋时，一个棋子下一步应该怎样走，只与它当前的位置有关，而不需要知道它以前处于什么位置，也不需要知道它是怎么走到当前位置的。这种无后效性的事物的发展过程，就称为马尔可夫过程。

1. 转移概率与转移概率矩阵

假定某大学有 1 万名学生，每名学生每月用 1 支牙膏，并且只使用亮齿牙膏与洁白牙膏两者之一。根据本月（12 月）调查，有 3 000 名学生使用亮齿牙膏，7 000 名学生使用洁白牙膏。又据调查，使用亮齿牙膏的 3 000 名学生中，有 60%的学生下个月将继续使用亮齿牙膏，40%的学生将改用洁白牙膏；使用洁白牙膏的 7 000 名学生中，有 70%的学生下个月将继续使用洁白牙膏，30%的学生将改用亮齿牙膏。据此，可以得到如表 2-16 所示的统计表。

表 2-16　两种牙膏之间的转移概率　　　　单位：%

现有	拟用	
	亮齿牙膏	洁白牙膏
亮齿牙膏	60	40
洁白牙膏	30	70

表 2-16 中的 4 个概率就称为状态的转移概率，而这四个转移概率组成的矩阵如下：

$$\boldsymbol{B} = \begin{bmatrix} 60\% & 40\% \\ 30\% & 70\% \end{bmatrix}$$

称为转移概率矩阵。可以看出，转移概率矩阵的一个特点是其各行概率之和为 1。本例

中，其经济意义如下：现在使用某种牙膏的学生中，将来使用各种牙膏的学生数百分比之和为 1。

2. 转移概率矩阵的预测方法

有了转移概率矩阵，就可以用来预测下个月（1 月）使用亮齿牙膏和洁白牙膏的学生数。将本月使用亮齿牙膏和洁白牙膏的学生数构成一个横向量，1 月的预测计算过程如下：

$$(3\,000, 7\,000)\begin{bmatrix} 60\% & 40\% \\ 30\% & 70\% \end{bmatrix} = (3\,900, 6\,100)$$

即 1 月使用亮齿牙膏的学生数将为 3 900 名，而使用洁白牙膏的学生数将为 6 100 名。

假定转移概率矩阵不变，还可以继续预测到 2 月的情况如下：

$$(3\,900, 6\,100)\begin{bmatrix} 60\% & 40\% \\ 30\% & 70\% \end{bmatrix} = (3\,000, 7\,000)\begin{bmatrix} 60\% & 40\% \\ 30\% & 70\% \end{bmatrix}\begin{bmatrix} 60\% & 40\% \\ 30\% & 70\% \end{bmatrix}$$

$$= (3\,000, 7\,000)\begin{bmatrix} 60\% & 40\% \\ 30\% & 70\% \end{bmatrix}^2 = (4\,170, 5\,830)$$

这里，$\begin{bmatrix} 60\% & 40\% \\ 30\% & 70\% \end{bmatrix}^2$ 称为二步转移矩阵，由 12 月的情况通过两步转移到 2 月的情况。二步转移概率矩阵正好是一步转移概率矩阵的平方。一般地，k 步转移概率矩阵正好是一步转移概率矩阵的 k 次方。可以证明，k 步转移概率矩阵的各行概率之和也都为 1。

2.4.2　市场占有率预测

在市场经济条件下，各企业都十分重视扩大自身产品的市场销售额和市场占有率。因此，预测企业产品市场占有率，也就成为企业十分关注的问题。

1. 两种产品的市场占有率预测

1）调查目前市场占有率情况，得到市场占有率向量 $\boldsymbol{A}$

通过抽样调查，了解目前市场占有率情况。例如，通过对 10 000 名消费者的调查发现，其中有 3 000 名消费者使用亮齿牙膏，7 000 名消费者使用洁白牙膏。如果抽样调查的样本选取方式是合适的，且这两种牙膏的价格相同，则这 10 000 名消费者的两种牙膏使用情况就代表了全部消费者的使用情况，即目前的市场占有率为亮齿牙膏占 30%，洁白牙膏占 70%，即

$$\boldsymbol{A} = (0.3, 0.7)$$

2）调查消费者的使用变动情况，计算转移概率矩阵 $\boldsymbol{B}$

如 2.4.1 小节所述，已经计算出的两种牙膏转移概率矩阵为

$$\boldsymbol{B} = \begin{bmatrix} 0.6 & 0.4 \\ 0.3 & 0.7 \end{bmatrix}$$

3）预测 1 个月或数个月后的两种牙膏市场占有率

1 个月后的市场占有率为 $\boldsymbol{AB}=(0.3,0.7)\begin{bmatrix}0.6 & 0.4\\ 0.3 & 0.7\end{bmatrix}=(0.39,0.61)$，两个月后的市场占有率为 $\boldsymbol{AB}^2=(0.3,0.7)\begin{bmatrix}0.6 & 0.4\\ 0.3 & 0.7\end{bmatrix}^2=(0.417,0.583)$。一般地，$k$ 个月后的市场占有率可记为 $\boldsymbol{AB}^k$。

4）计算趋于稳定后的两种牙膏市场占有率

设 $\boldsymbol{X}=(x_1,x_2)$ 是稳定后的市场占有率，则 $\boldsymbol{X}$ 不随时间的推移而变化，即市场占有率处于动态平衡。这时，一步转移概率矩阵 $\boldsymbol{B}$ 也就对 $\boldsymbol{X}$ 不起作用，即

$$\boldsymbol{XB}=\boldsymbol{X}$$

即

$$(x_1,x_2)\begin{bmatrix}0.6 & 0.4\\ 0.3 & 0.7\end{bmatrix}=(x_1,x_2)$$

则可得方程组为

$$\begin{cases}0.6x_1+0.3x_2=x_1\\ 0.4x_1+0.7x_2=x_2\end{cases}$$

由于 x_1 与 x_2 是两种牙膏的市场占有率，又由假定，市场上只有这两种牙膏，故有 $x_1+x_2=1$，联立上面的方程组，可以解得

$$\begin{cases}x_1=\dfrac{3}{7}\\[2mm] x_2=\dfrac{4}{7}\end{cases}$$

这就是稳定后的两种牙膏的市场占有率。

2. 多种产品的市场占有率预测

在上面的讨论中，假定市场上只有两种品牌的牙膏。但是，实际中市场上销售的牙膏有十几种，甚至几十种。因此，预测每种牙膏的市场占有率，需要十分繁复的计算。例如，当市场上的牙膏种类为 20 种时，转移概率矩阵将是一个 20×20 的矩阵，有 400 个元素。但如果仅对其中两种品牌（A 和 B）牙膏的市场占有率感兴趣，则可以将其他牙膏都归入“其他”一类。这样，转移概率矩阵只是一个 3×3 的矩阵，如表 2-17 所示。显然，计算就可以得到大大的简化。

表 2-17　整个牙膏市场归并后的 3×3 转移概率

现用	拟用		
	亮齿牙膏	洁白牙膏	其他牙膏
亮齿牙膏	b_{11}	b_{12}	b_{13}
洁白牙膏	b_{21}	b_{22}	b_{23}
其他牙膏	b_{31}	b_{32}	b_{33}

用马尔可夫方法对市场占有率预测时，要求市场无后效性和相当的稳定。这虽然不太苛刻，但实际预测时，要把政策、市场调整等因素考虑进去，才能达到准确预测的目的。

2.5　专家预测法——德尔菲法

专家预测法是定性预测的主要方法，它是基于专家的知识、经验和分析判断能力，在历史和现实有关资料综合分析基础上，对未来市场变动趋势做出预见和判断的方法，具体包括专家会议法、头脑风暴法和德尔菲预测法等。其中德尔菲预测法是市场定性预测方法中最重要、最有效的一种方法，应用十分广泛，本节主要介绍这一方法。

2.5.1　基本概念

德尔菲预测法最早出现于 20 世纪 50 年代末，是专家会议调查法的改进和发展，克服了专家会议调查法的不足，使被调查专家的知识和经验得到充分发挥，是当时美国为了预测其在“遭受原子弹轰炸后，可能出现的结果”而发明的一种方法。1964 年美国兰德（RAND）公司的赫尔默（Helmer）和戈登发表了“长远预测研究报告”，首次将德尔菲法用于技术预测中，之后便迅速地应用到了世界各国，在技术预测和新产品市场需求预测等方面得到了较为普遍的应用。除技术领域外，几乎可以应用于任何其他领域的预测，如军事预测、人口预测、经济预测、经营预测、教育预测和医疗保健预测等。此外，还可用来进行评价、决策和规划等工作。有学者认为，德尔菲法是最可靠的专家预测方法。

德尔菲法本质上是一种匿名反馈函询法。其做法是，在对所要预测的问题征得专家的意见之后，进行整理、归纳和统计，再匿名反馈给各专家，征求意见，再集中，再反馈，直至得到稳定的意见。总之，它是一种利用函询形式的集体匿名思想交流过程，它有区别于其他专家预测方法的三个明显的特点，即匿名性、多次反馈和小组的统计回答。

1. 匿名性

匿名是德尔菲法极其重要的特点，从事预测的专家彼此之间均不知道有哪些其他的人参加预测，他们是在完全匿名的情况下交流思想的，这样也就避免了有些权威专家的意见对其他专家独立发表预测意见的影响。

2. 多次反馈

小组成员的交流是通过回答组织者的问题来实现的。它一般要经过若干轮有控制的反馈才能完成预测。这样每一轮征询之间通过反馈材料，使每个专家都能对比分析，达到相互启发的目的，使预测结果更趋于准确。

3. 小组的统计回答

以往，一个小组最典型的预测结果是反映多数人的观点，少数人的观点至多被概括性地提及一下。但是，这并没有表达出小组不同意见的状况。统计回答却不是这样，它报告一个中位数和两个四分点，其中一半落在两个四分点之内，一半落在两个四分点之外。这样，每种观点都包括在这样的统计中，避免了专家会议法的又一个缺点。

2.5.2　预测程序

德尔菲法预测有一套独特的预测程序，它主要包括三个阶段，即准备阶段、轮番征询阶段和结果处理阶段。

1. 准备阶段

准备阶段主要完成四个方面的工作：明确预测主题和预测目的；选择专家；准备背景资料；设计调查咨询表。

2. 轮番征询阶段

准备阶段完成后，就要进入向专家进行调查咨询的阶段。这一阶段主要是通过反复地、轮番地询问专家的预测意见来实现的。

第一轮：①由组织者发给专家的第一轮调查咨询表是开放式的，不带任何框框，只提出预测主题。请专家围绕预测主题提出预测事件。如果限制太多，会漏掉一些重要事件。②预测组织者要对专家填好的调查咨询表进行汇总整理，归并同类事件，排除次要事件，用准确术语提出一个预测事件一览表，并作为第二轮调查咨询表发给专家。

第二轮：①专家对第二轮调查咨询表所列的每个事件做出评价。例如，说明事件发生的时间、叙述争论问题和事件或迟或早发生的理由等。②预测组织者收到第二轮专家意见后，对专家意见作统计处理，整理出第三张调查咨询表。第三张调查咨询表包括事件、事件发生的中位数和上下四分点，以及事件发生时间在四分点外侧的理由。

第三轮：①把第三张调查咨询表发下去后，请专家做以下事情。重审争论理由；对上下四分点外的对立意见作一个评价；给出自己新的评价（尤其是在上下四分点外的专家，应重述自己的理由）；如果修正自己的观点，也请叙述为何改变，原来的理由错在哪里，或者说明哪里不完善。②专家的新评论和新争论理由返回到组织者手中后，组织者的工作与第二轮十分类似，即统计中位数和上下四分点；总结专家观点，重点是双方有争论的意见，形成第四张调查咨询表。

第四轮：①请专家对第四张调查咨询表再次评价和权衡，做出新的预测。是否要求做出新的论证与评价，取决于组织者的要求。②当第四张调查咨询表返回后，组织者的任务与上一轮的任务相同，即计算每个事件的中位数和上下四分点，归纳总结各种意见的理由及争论点。

3. 结果处理阶段

预测结果处理阶段，是要把最后一轮的专家意见加以统计、归纳和处理，得出代表专家意见的预测值和离散程度。然后，对专家意见做出分析和评价，确定预测方案。该阶段最主要的工作是用一定的统计方法对专家的意见做出统计、归纳和处理。下面介绍几种常用的统计处理方法。这些方法同样适用于轮番征询阶段中每一轮的专家意见处理。

1）中位数和上下四分位数法

这一方法主要用于预测结果为时间或数量时的统计处理，用中位数代表专家预测意见的协调结果，用上下四分位数反映专家意见的离散程度。

首先，将专家们提供的预测值按从小到大的顺序进行排列，得到的数据序列如下：

$$x_1 \leqslant x_2 \leqslant x_3 \leqslant \cdots \leqslant x_{n-1} \leqslant x_n$$

其次，使用下面的公式计算中位数：

$$\tilde{x}=\begin{cases} x_{k+1}, & n=2k+1 \\ \dfrac{x_k+x_{k+1}}{2}, & n=2k \end{cases}$$

式中，$\tilde{x}$ 表示中位数；x_k 表示第 k 个数据；x_{k+1} 表示第 k+1 个数据；k 表示正整数。

最后，求上下四分位数，计算公式为

$$\text{上四分位数}x_{\text{上四}}=\begin{cases} x_{\frac{3k+3}{2}}, & n=2k+1，k\text{为奇数} \\ \dfrac{x_{\frac{3}{2}k+1}+x_{\frac{3}{2}k+2}}{2}, & n=2k+1，k\text{为偶数} \\ x_{\frac{3k+1}{2}}, & n=2k，k\text{为奇数} \\ \dfrac{x_{\frac{3}{2}k}+x_{\frac{3}{2}k+1}}{2}, & n=2k，k\text{为偶数} \end{cases}$$

$$\text{下四分位数}x_{\text{下四}}=\begin{cases} x_{\frac{k+1}{2}}, & n=2k+1，k\text{为奇数} \\ \dfrac{x_{\frac{k}{2}}+x_{\frac{k}{2}+1}}{2}, & n=2k+1，k\text{为偶数} \\ x_{\frac{k+1}{2}}, & n=2k，k\text{为奇数} \\ \dfrac{x_{\frac{k}{2}}+x_{\frac{k}{2}+1}}{2}, & n=2k，k\text{为偶数} \end{cases}$$

各专家预测值中的最大值与最小值之差称为全距，表示调查结果的最大变动幅度，是各专家之间看法分散程度的一种度量。

用中位数和上下四分位数描述预测的结果，则中位数表示预测结果的期望值，下四分位数表示预测期望值区间的下限，上四分位数表示预测期望值区间的上限。

2）算术平均统计处理法

算术平均统计处理法即对预测结果进行算术平均，其值作为专家预测的最终结果，主要用于对预测结果为数量的统计处理。

3）主观概率统计处理法

所谓主观概率是指专家对某一未来事件发生的可能性大小做出的主观判断值。对主观概率的处理，往往以加权平均值作为专家集体预测的协调结果，其权数是相应的专家人数。

4）非量化预测统计处理法

对于非量化预测结果的专家意见可采用比重法或采用评分法进行归纳统计。比重法是指计算出专家对某个意见回答所占的人数比例，然后以比例最高者作为预测结果。评分法常用于产品各特征的重要性比较或不同品牌的同类产品的质量评比等，如采用 9 分制，最重要为 9 分，最不重要为 1 分。

此外，还有加权平均法、三点估计法等其他的一些常用方法，下面结合实例进行简要介绍。

2.5.3　预测实例

某公司开发了一种新产品，现聘请九位专家对新产品投放市场一年的销售额进行预测。在专家做出预测前，公司将产品的样品、特点、用途和用法进行了相应的介绍，并将同类产品的价格和销售情况作为背景资料，书面发给专家参考。而后采用德尔菲法，请专家各自做出判断。经过三次反馈之后，专家意见大体接近，得出销售额预测结果如表 2-18 所示。

表 2-18　9 位专家的预测意见　　单位：万元

专家号	第 1 次预测			第 2 次预测			第 3 次预测		
	最低销售额	最可能销售额	最高销售额	最低销售额	最可能销售额	最高销售额	最低销售额	最可能销售额	最高销售额
1	1 000	1 500	1 800	1 200	1 500	1 800	1 100	1 500	1 800
2	400	900	1 200	600	1 000	1 300	800	1 000	1 300
3	800	1 200	1 600	1 000	1 400	1 600	1 000	1 400	1 600
4	1 500	1 800	3 000	1 200	1 500	3 000	1 000	1 200	2 500
5	200	400	700	400	800	1 000	600	1 000	1 200
6	600	1 000	1 500	600	1 000	1 500	600	1 200	1 500
7	500	600	800	500	800	1 000	800	1 000	1 200
8	500	600	1 000	700	800	1 200	700	800	1 200
9	800	1 000	1 900	1 000	1 100	2 000	600	800	1 200
平均值	700	1 000	1 500	800	1 100	1 600	800	1 100	1 500

对 9 位专家预测结果的统计处理有以下几种方法。

1）简单平均法

将 9 位专家第 3 次判断的最低销售额、最可能销售额和最高销售额的平均值再作简单平均作为预测值，则

$$\text{预测销售额}=\frac{800+1\,100+1\,500}{3}\approx 1\,133.33\ (\text{万元})$$

2）加权平均法

将第 3 次判断的最低销售额、最可能销售额和最高销售额的平均值按 0.2、0.5、0.3 的权重进行加权平均计算，则

$$预测销售额=\frac{800\times0.2+1\,100\times0.5+1\,500\times0.3}{0.2+0.5+0.3}=1160（万元）$$

3）三点估计法

三点估计法的计算公式为 $预测销售额=\dfrac{x_{\max}+4\tilde{x}+x_{\min}}{6}$，其中，$\tilde{x}$ 为上述第一种方法中求取的简单平均值，将相应数值代入后，则得

$$预测销售额=\frac{1\,500+4\times1\,133.33+800}{6}\approx1\,138.89（万元）$$

4）中位数法

根据中位数计算公式可得第 3 次判断的最低销售额、最可能销售额和最高销售额的中位数分别为 800 万元、1 000 万元与 1 300 万元。

对 800 万元、1 000 万元和 1 300 万元分别按 0.2、0.5 与 0.3 的权重进行加权平均计算，则

$$预测销售额=\frac{800\times0.2+1\,000\times0.5+1\,300\times0.3}{0.2+0.5+0.3}=1\,050（万元）$$

通过几种不同方法的测算，可以看出，该新产品投放市场进行销售后，1 年的销售额可达到 1 000 万 ~ 1 100 万元。

2.6 组合预测法

2.6.1 基本概念

对某一问题的具体预测通常可以采用不同的预测方法，因为每种预测方法的适用条件不尽相同，所以会产生不同的预测效果，其预测精确度往往也不同。虽然这些单一预测方法在数据处理及不同准则方面均有独到之处，能从不同角度来推导和演绎。然而，由于预测系统的复杂性，在许多情况下用单独一种特定的预测方法进行预测往往具有片面性，预测效果也不甚理想。因此，20 世纪 60 年代 Bates 和 Granger 首次提出了组合预测理论。

组合预测是利用多种单项预测方法的结果，根据模型及预测问题的特征加权组合而得到的新的预测结果，科学组合预测结果的稳定性通常比其中任何一种单一预测模型得到的结果要好，有可能更加合理地描述事物的客观现实，具有较高的适用未来预测环境变换的能力。2003 年诺贝尔经济学奖得主、美国加利福尼亚大学的 C. Granger 教授关于组合预测的评价是，“组合预测提供了一种简便而实用的可能产生更好预测的途径”。近年来，对组合预测方法的研究和应用发展很快。

根据组合预测的目标和特点不同，大体上可从如下几个角度进行组合预测的分类：

（1）按组合预测与单一预测模型的函数关系，可分为线性组合预测和非线性组合

预测。

（2）按组合预测的加权系统计算方法的不同，可分为最优组合预测和非最优组合预测。

（3）按组合预测加权系数是否随时间变化，可分为不变权组合预测和可变权组合预测。

（4）从基于某评价准则结果的优劣程度来看，可分为非劣性组合预测和优性组合预测。

2.6.2　预测程序

在组合预测中权重的选取十分重要，合理的权重会大大提高预测精确度。常见的权重选取方法有算术平均法、标准差法、方差倒数法、均方倒数法、离异系数法、层次分析法、德尔菲法和最优加权法等。组合预测的一般步骤如下：①选择合适的多种预测方法进行单项预测；②确定组合预测的权重准则及其预测方法；③计算组合预测权重并建立组合预测模型；④应用组合预测模型预测，确定预测结果；⑤对组合预测结果及误差进行分析和评价。

在组合预测模型的建立过程中，单项预测模型的选取要考虑其适宜性问题，其中主要需考虑四个方面的问题：

（1）所选取的单项预测模型要适用于预测的对象，即都能独立地应用于预测的对象。

（2）单项模型之间的数据或者假设要求基本相同。例如，如果一个单项预测模型的输出结果为连续性数据，而另一个单项预测模型的输出结果为间断性数据，则两者之间的组合就会丢失很多信息，从而大大减弱组合预测模型的性能。

（3）所选取的单项预测模型适用于预测模型的应用条件。例如，应考虑模型之间的相关性或者同质性，不然对权重的求解会存在很大的障碍。同时所选取的单项预测模型在应用上也能表现出相对较大的优势，不然几个性能较差的单项预测模型组成的组合预测模型就不能发挥其综合特点，体现不出其优越性。

（4）单项预测模型的复杂程度和资料收集的难易程度也要适度。一般而言，单项预测模型越复杂，考虑的因素越多，组合预测效果会越好，同时模型的计算也就会越烦琐，从而增加预测的成本。而且，有时单项预测模型的复杂程度和资料收集难易程度与组合预测模型的预测效果的提升程度不一定成正比。因此，单项预测模型的选择，也是建立高质量组合预测模型的关键因素之一。

在组合预测模型中，还需要考虑单项预测模型数量的选择。一般而言，单项预测模型数量越多，工作量越大，预测成本也越高，但组合预测模型的性能会逐步提高；单项预测模型的数量越少，预测成本较低，但又会达不到综合已有单项预测模型信息的优点，会影响组合预测的精确度和稳定性。很多文献认为，用以构成组合预测模型的单项预测模型数量通常控制在 3~5 个比较合适。

2.6.3 预测实例

例 2-10 我国能源消费系统具有以下特点：数据可用性强，能源消费量持续增长的趋势较为明显，能源消费量增长与人口、经济的发展密切相关，逐年能源消费量的波动呈现非线性特征，数据如表 2-19 所示。试应用组合预测法对我国能源消费系统进行预测①。

表 2-19　各单项预测模型预测的能源消费量　　单位：万吨标准煤

年份	实际消费量	模型Ⅰ	模型Ⅱ	模型Ⅲ	预测误差（e）		
					模型Ⅰ	模型Ⅱ	模型Ⅲ
1	76 682	77 720	77 380	76 651	1 038	698.0	−31
2	80 850	90 450	81 225	80 377	9 600	375.0	−473
3	86 632	93 880	87 654	84 890	7 248	1 022.0	−1 742
4	92 997	97 440	94 354	90 942	4 443	1 357.0	−2 055
5	96 934	101 130	97 533	94 556	4 196	599.0	−2 378
6	98 703	104 960	98 415	97 353	6 257	−288.0	−1 350
7	103 783	108 940	103 605	101 626	5 157	−178.0	−2 157
8	109 170	113 070	110 000	107 249	3 900	830.0	−1 921
9	115 993	117 350	118 038	114 214	1 357	2 045.0	−1 779
10	122 737	121 800	125 978	122 118	−937	3 241.0	−619
11	131 176	126 420	132 110	128 088	−4 756	934.0	−3 088
12	138 948	131 210	140 721	132 195	−7 738	1 773.0	−6 753
13	138 173	136 180	140 214	134 875	−1 993	2 041.0	−3 298
14	132 214	141 350	134 283	136 498	9 136	2 069.0	4 284
15	122 000	146 700	124 117	137 937	24 700	2 117.0	15 937
标准差					32 355	6 025.5	19 110

解：（1）选择合适的多种预测方法进行单项预测。根据能源消费系统的特点及模型特征，选择灰色预测模型（模型Ⅰ）、神经网络模型（模型Ⅱ）及多元回归模型（模型Ⅲ）作为单项预测模型对能源消费系统进行单项预测。预测结果如表 2-19 所示。

（2）确定组合预测的权重准则及其预测方法。选择标准差法确定组合权重，并采用线性组合预测模型。设表 2-19 中模型Ⅰ、模型Ⅱ和模型Ⅲ的预测误差标准差分别为σ_1、σ_2与σ_3，且$\sigma=\sum\limits_{i=1}^{m}\sigma_i$（$i=1,2,3$）。并设$w_i$为各单项预测权重，则有

$$w_i=\frac{\sigma-\sigma_i}{\sigma}\times\frac{1}{m-1}\text{，}\ i=1,2,3\text{，}\ m\ \text{为模型个数}$$

（3）计算组合预测权重并建立组合预测模型。通过计算可知各单项预测模型的权重分别为$\boldsymbol{w}=(0.218\,6,0.447\,6,0.333\,8)$，根据这个权重建立组合预测模型如下：

① 资料来源：卢奇，顾培亮. 组合预测模型在我国能源消费系统中的建构及应用. 系统工程理论与实践，2003，(3)：24-28.

$$\hat{y} = 0.218\,6\hat{y}_1 + 0.447\,6\hat{y}_2 + 0.333\,8\hat{y}_3$$

组合预测模型中，$\hat{y}$ 为组合预测值，$\hat{y}_1$ 为模型Ⅰ的预测值，$\hat{y}_2$ 为模型Ⅱ的预测值，$\hat{y}_3$ 为模型Ⅲ的预测值。

（4）应用组合预测模型预测，确定预测结果。根据组合预测模型对我国能源消费量进行预测，将表 2-19 中各年份单项预测值代入计算结果，如表 2-20 所示。

表 2-20　各单一模型预测的能源消费量　　单位：万吨标准煤

年份	模型			
	实际消费量 y	组合预测值 $\hat{y}$	预测误差 Δ	相对误差 Y/%
1	76 682	77 210	528	0.69
2	80 850	82 960	2 110	2.61
3	86 632	88 090	1 458	1.68
4	92 997	93 890	893	0.96
5	96 934	97 330	396	0.41
6	98 703	99 490	787	0.80
7	103 783	104 110	327	0.32
8	109 170	109 750	580	0.53
9	115 993	116 610	617	0.53
10	122 737	123 780	1 043	0.85
11	131 176	129 520	−1 656	−1.26
12	138 948	135 800	−3 148	−2.27
13	138 173	137 550	−623	−0.45
14	132 214	136 570	4 356	3.29
15	122 000	133 530	11 530	9.45

其中，$\Delta = \hat{y} - y$，$Y = \dfrac{\Delta}{y} \times 100\%$。

（5）对组合预测结果及误差进行分析和评价。从表 2-20 中的数据可以看出，组合预测模型具有很高的预测精度和稳定性，大部分年份的预测相对误差在 1%以下，其余除个别年份外，预测误差均在 2%左右。

思考题与习题

1. 市场需求预测的目的是什么？对经营决策的意义是什么？
2. 预测具有哪些基本特点？预测的过程通常由哪几个主要步骤组成？
3. 定量预测分为哪两大类？在市场预测中哪一类应用较多，为什么？
4. 时间序列预测法中，哪些方法适用于水平型？哪些适用于趋势型？
5. 因果关系预测法中都需要对拟定的预测模型进行假设检验，为什么？
6. 马尔可夫预测法与一般的定量预测方法相比较，有哪些不同的特点？

7. 专家预测法的主要特征是什么？在实际应用中有哪些具体的方法？

8. 什么是组合预测？常用的确定组合预测中权重的方法主要有哪些？

9. 设 2008 年某企业某产品的销售额如下表所示，试应用一次、二次移动平均法，趋势平均法和指数平滑法预测 2009 年 1 月的销售额。

单位：万元

月份	销售额	月份	销售额	月份	销售额
1	1 800	5	2 900	9	2 000
2	1 150	6	1 550	10	2 570
3	1 750	7	1 350	11	2 150
4	1 775	8	1 100	12	2 200

10. 2004~2008 年某地区轮胎市场销售额和该地区汽车厂、拖拉机厂生产的汽车与拖拉机产品数据如下表所示。预计 2009 年汽车计划产量为 90 万辆，拖拉机计划产量为 80 万台，试建立线型回归模型，预测该地区 2009 年轮胎的市场销售额。

年份	销售额/亿元	汽车产量/万辆	拖拉机产量/万辆
2004	80	64	42
2005	86	66	44
2006	91	72	44
2007	105	78	52
2008	118	80	58

第 3 章　营销优化决策

市场预测中的产品市场需求通常是指在特定的时期内，在一定的条件下，消费者愿意购买某种产品的数量或支付的货币数额。在这里，“特定的时期”一般是指一个季度、半年或一年等时间单位；“一定的条件”是指影响产品市场需求的各种因素的既定条件。例如，在时间序列预测法和因果关系预测法中，将时间或某些其他影响因素作为自变量，市场需求作为这些变量的函数，在给定自变量的特定值而预测产品市场需求时，都是假定产品的价格、消费者的爱好和广告费用的投入等影响因素处在一种既定的条件下。

事实上，在一个特定的时期内，一种产品的需求并不是固定不变的，它会受到很多因素的影响，对不同的产品，影响因素是不同的。但是，一般有以下几个因素。

1. 产品的价格

通常情况下，价格上涨，消费者的需求量就会减少；价格下降，消费者的需求量就会增加。例如，市场上的棉布提价、化纤布降价后，对棉布的需求量就会减少，对化纤布的需求量就会增加，使消费者的购买结构发生变化。

2. 产品的质量

产品质量可靠，性能稳定，消费者就会购买。例如，某些耐用消费品，如彩电、冰箱、空调等，在刚投放市场时由于质量不太可靠或不稳定，市场需求量不会很大。但随着产品质量不断改进、提高，需求量就会明显增加。当然，产品质量改进到一定程度后，因产品质量改进而引起的需求量的增加就会变得非常有限。

3. 广告费的投入

一般来说，广告费投入越多，影响越大，消费者对产品的需求量也越大。但当广告费投入一定数量时，因广告费增加而引起的需求量的增加，也会变得非常有限，这时，再增加广告费用所产生的效应也就变得微乎其微了。

4. 销售网点数量

销售网点越多，分布范围越广，购买越方便，消费者的需求量就会越大。但和广告费投入情况相类似，销售网点配置要有一个合理的限度。当销售网点增加到一定数量后，继续增加而引起的需求量的增加将会变得极为有限。

5. 替代品的价格

不同产品之间往往是可以互相替代的。例如，作为营养食物，牛肉和猪肉在一定程度上可以互相替代，猪肉涨价了，会增加消费者对牛肉的需求量。作为衣料，布料和毛料在一定程度上也是可以互相替代的，布料涨价了，会增加消费者对毛料的需求量。所以，替代品的价格是影响消费者需求量的另一个重要因素。

6. 消费者的爱好

消费者的爱好不是固定不变的。例如，在中国，开始时对咖啡的需求量很少，因为中国人的习惯是喝茶。但随着时间的推移和生活条件的改变，消费者的爱好会发生变化，喝咖啡的人数会增多，产品的需求量也就会发生变化。

7. 消费者的收入

一般来说，个人收入增加，对产品的需求量就会增加；反之，对产品的需求量就会减少。例如，近年来，社会对家庭轿车的需求增长很快，这是因为消费者的收入增加了。但对有些产品来说，个人收入的增加，反而会导致对产品需求量的减少。例如，随着人们收入的增加，对化纤面料服装、普通电风扇等产品的需求量不断减少。但不管怎样，消费者个人收入的变化，会影响到消费者对产品的需求变化。

8. 对价格变化的期望

消费者对某产品未来价格的期望如何，也会影响到产品的需求量。如果人们对价格看涨，需求量就会增加；如果看降，需求量就会减少。

影响产品需求量的因素很多，上文列举的只是几个主要因素。在这些因素中，替代品的价格、消费者的爱好、消费者的收入以及对价格变化的期望均属于企业的不可控因素，一般也称为外部因素，是企业的外部环境及条件，企业很难进行改变，只能因势利导地去认识它、适应它。而产品的价格、产品的质量、广告费的投入和销售网点数量则属于企业的可控因素，一般也称为内部因素，是企业内部能够通过主观努力加以控制和改变的，也是企业用于参与产品市场竞争、促进产品市场销售的主要手段。

3.1 市场营销理念的演变

中国共产党二十大报告提出的加快构建新发展格局，着力推动高质量发展举措中，强调了构建高水平社会主义市场经济体制重要性。市场经济体制下的现代企业基本特征可概括为：面向市场，参与竞争，自主决策，自负盈亏。伴随着经济全球化浪潮的影响和企业产品市场竞争的加剧，现代企业营销理念经历了从 4P 发展到 4C，进而到 4R 的演变，其内涵演变主要反映在以下几个方面。

3.1.1 营销模式的演变

4P 理论是以企业生产者为导向的集中反映，其本质是将企业的利润凌驾于满足消费者的需求之上，脱离了消费者利益来开展营销活动。也就是说，企业决定制造某一产品后，设定一个能够收回成本且能达到一定目标利润的价格，经过生产者主控的销售渠道通路，对企业产品销售进行相当程度的促销。由此可见，以 4P 为基本框架的传统营销是一种由内向外的推动式营销，它宣传的理念是“消费者请注意”。

4C 理论是以市场需求为导向的，其本质是一切企业经营活动都以满足消费者需要为出发点，它宣传的理念是“请注意消费者”。营销模式也从由内向外的推动型转化为由外向内的拉动型，从而完成消费者由“营销终点”向“营销起点”的转化，使消费者得到了在市场中应有的地位。企业通过重视消费者需求和以之为起点的市场营销活动，使市场的不确定因素减少，生产者也更容易掌握市场对产品实际需求的信息。

4R 理论同样重视消费者的需求，但更多强调的是以市场竞争为导向，它宣传的理念是“市场经济的法则就是竞争的法则”，要求企业在不断成熟的市场环境和日趋激烈的企业竞争中，冷静地分析企业自身在竞争中所具有的优势和劣势，并采取相应的营销策略。通过实行供应链管理的营销模式，采用整合营销，快速响应市场，提高企业经营效益，实现企业营销模式的个性化和优势化，在激烈的市场竞争中求发展。

3.1.2　营销方式的演变

4P 理论将消费群体需求等同或相近看待，着重于对销售量的满足，采用的营销方式是规模营销。为了提高生产效率，企业广泛采用大规模的流水线生产方式，生产往往是封闭或半封闭的，对外合作少。企业的组织结构像一个越往上越小的金字塔，企业内各职能部门之间联系不紧密。与顾客打交道的只是营销人员，其他部门人员与顾客完全脱钩，市场营销人员也不参加产品的设计、生产，营销活动显得十分孤立。

4C 理论将消费群体按不同的需求进行细化，着重于满足消费者的需求，采用的营销方式是差异化营销。由于消费者的需求随着时间推移会发生变化，或是不同的消费群体有不同的消费需求，企业采用多品种、小批量的柔性化生产或定制性生产，企业也可以根据不同消费者的需求进行产品的设计和开发，以满足不同消费者群体的需求。营销活动与企业各职能部门、人员及企业经营活动的全过程密切相关。对外合作增强，通信工具和互联网的快速发展也为这种营销模式与对外合作提供了强有力的技术支持。

4R 理论注重于面向市场、参与竞争，着重于提升企业市场竞争力，采用的营销方式是整合营销。由于消费者的需求已从对核心产品、延伸产品等物质的需求转变为对购买和使用过程中的综合服务需求；从对产品个性化需求转变为对产品个性瞬间化需求；从终端产品的交易转变为一揽子全套解决方案的购买，企业全面应用电子商务和信息技术，采用大规模定制生产，实行敏捷制造，使生产与最终需求同步，以快速响应市场，适应这一消费需求的转变。与此同时，广泛利用外部资源，与供应商和分销商等结成动态联盟，与消费者建立关联，在企业组织体系上实行扁平化、虚拟化和网络化。

3.1.3　营销工具的演变

在 4P 理论的营销工具运用中，某一产品的销售市场已经明确存在。不管消费者是否了解这种产品的所有信息，都只能在固定的不同品牌和不同供应商之间做出选择。进入市场的企业只要明确目标消费群体，提供相应产品，选择合适的营销方案，就能获得预期的产品利润，营销的目标就是使企业的利润得到实现。为了实现营销目标，可供选择的营销工具就是 4P。由于 4P 是企业的可控制因素，所以，有较好的可操作性和可实现性。4P 的最大不足就是忽略了顾客这一营销战略资源在企业发展中的重要性。

4C 理论的营销工具是营销过程中价格、广告、产品、渠道、服务和成本等基本因素的组合运用，努力做到产品、服务、成本的和谐统一，营销的目标就是使消费者满意。4C 理论的营销工具中包含不可控因素，使营销活动的可操作性减弱。因此，4C 注意将整个企业营销活动的重点目标，置于现实消费者和潜在消费者身上，通过实现消费者满意度的最大化，培养消费者对企业及企业产品的信任度和忠诚度。

4R 理论的营销工具是关联、关系、互需和互惠等理念工具的组合运用，更多地强调建立快速回应消费者需求的营销机制与能力，积极适应消费者的需求变化，并且主动地创造需求，营销的目标是提高企业市场竞争力。为消费者提供一揽子的全套解决方案，满足消费者多层次需求，产生某种利益回馈机制，创新与消费者的关联、关系形式，使消费者成为企业忠实的合作伙伴。同时运用优化和系统的思想，把企业与消费者紧密地联系在一起，追求各方互惠关系的最大化，并换取社会的认可和回报。

在企业实际经营过程中，无论是 4P、4C 或是 4R 总是组合运用的，形成一定的组合特点与效应。4P 组合、4C 组合和 4R 组合特点比较分析如表 3-1 所示。

表 3-1　4P 组合、4C 组合和 4R 组合特点比较分析

项目	类别		
	4P 组合	4C 组合	4R 组合
营销理念	生产者导向	消费者导向	竞争者导向
营销模式	推动型	拉动型	供应链
满足需求	相近需求	个性需求	立体需求
营销方式	规模营销	差异化营销	整合营销
营销目标	满足现实的且相近的消费需求，追求利润最大化	满足现实和潜在的个性化消费需求，培养顾客忠诚度	适应需求变化并创造需求，追求各方互惠关系最大化

综上所述，4P、4C 和 4R 营销理论具有各自的特点。4P 是营销学的基本理论，最早将复杂的市场营销活动加以简单化、抽象化和体系化，构建了营销学的基本框架，促进了市场营销理论的发展与普及。4P 具有良好的可控性和可操作性，在营销实践中得到了广泛的应用，而且已成为市场营销学中必讲的经典理论。然而，随着时代的发展及环境的变化，这一理论越发显得不足：营销活动着重企业内部，对营销过程中的外部不可控变量考虑得较少，难以适应市场的变化；单纯依赖价格、产品、促销和渠道等手段的同质竞争以及企业间的相互模仿，已经很难起到出奇制胜的作用。

4C 和 4R 理念先进，但在营销实践中，尚不具备良好的可控性和可操作性。因而，现代企业营销决策应在经典的 4P 营销组合基础上，融合先进的 4C 和 4R 营销组合理念，以研究综合性市场营销活动及其规律为目标，以市场需求变化和市场竞争法则为导向，以营销定量决策和定性决策相结合为方法，以现代信息技术和工具辅助决策为手段，以供应链管理整合营销为策略，通过发现顾客的需求，将其转化为对产品与服务的要求，满足现实和潜在的个性化需求，适应市场需求变化并创造需求，培养顾客忠诚度，在追求各方互惠关系最大化的同时，获得企业利润最大化。然而，由于企业的市场营销所面临的环境是复杂多变的，所以，市场营销决策是一种半结构化或非结构化的决策问题，这类问题的决策含有大量的不确定因素，缺乏程序化的决策范式。因此，在这种情况下企业如何有效地进行营销决策，如何有效地开展营销活动，一直是营销决策理论研究的重点与难点。

由此可见，现代企业经营中的营销决策应在 4C 和 4R 的先进营销组合理念指导下，仍以价格、产品、促销及渠道为其主要内容和基础，进行企业产品的营销决策。

3.2　需求曲线与供给曲线

在任何一种产品销售市场上，买者和卖者是交易的双方，形成了市场需求和市场供给的两种力量。需求和供给相互作用，决定了产品在一定时期内的成交价格。而价格作为产品的消费者和生产者据以确定行动方案的信号，又影响需求和供给。简而言之，供求决定价格，价格又反过来影响供求。建立产品需求曲线与供给曲线，分析价格变动对需求与供给所产生的影响，了解价格的形成过程，有助于企业进行正确的营销决策。

3.2.1　需求曲线及其变动

所谓需求，在经济分析中总是指在某一时期内的某一市场上消费者所愿意并且有能力购买的某种产品的数量或支付的货币数额。如前所述，影响产品市场需求的因素很多，可以将产品的市场需求与其影响因素之间的关系用函数形式表示出来，这就是通常所说的需求函数。需求函数的表达形式如下：

$$Q_d = f(P, Y, J, P_s, N, A, P_e, M, \cdots)$$

式中，Q_d 表示某种产品的需求；P 表示某种产品的价格；Y 表示消费者收入水平；J 表示消费者的偏好；P_s 表示替代品的价格；N 表示消费者的数量；A 表示该产品的广告费用；P_e 表示该产品的预期价格；M 表示该产品的市场饱和度…表示还有一些其他未列入的影响因素。

在所有的影响因素中，产品自身的价格无疑是最重要的，因此，人们通常把产品价格单独提炼出来进行专门的研究，而把其他因素作为一种“参考变量”来看待。假定“参考变量”都已有了给定的数值并不再变化，那么需求函数就可表示为

$$Q_d = f(P, Y^0, J^0, P_s^0, N^0, A^0, P_e^0, M^0, \cdots)$$

这里，除了 P 之外的其他变量均加了上标，即表示它们均已有了一个给定的数值。此时，就可只考虑需求与价格之间的关系，并可将上式进一步简化为

$$Q_d = f(P)$$

在上式中，若 Q_d 表示的是产品需求量，且其与价格之间的关系用图形来表示，就是该产品的需求曲线，一般记为 D。依据需求量与价格之间的关系趋势，需求曲线通常又分为直线型和曲线型两种形式，如图 3-1 所示。需求曲线所表示的是，在特定的时间区间范围内，在其他影响因素不变的情况下，消费者希望并且有能力购买的产品数量与该产品价格之间的关系。

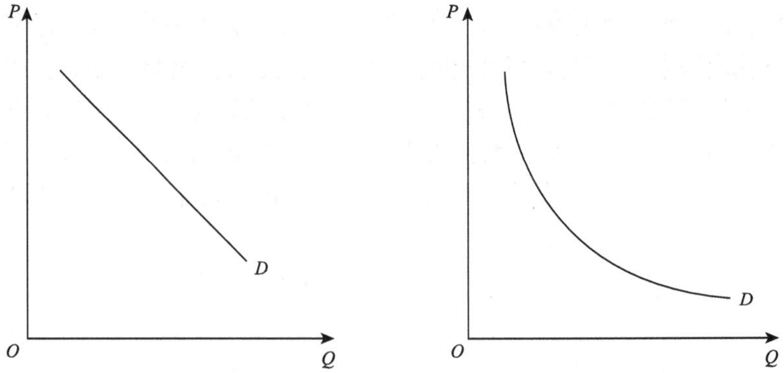

（a）直线型　　（b）曲线型

图 3-1　常见的产品需求曲线

需求曲线具有负的斜率，反映了产品需求数量的基本规律，即在影响需求量的其他因素给定不变的条件下，一种产品的需求量与其价格之间存在反方向的关系，即价格越高，需求量越小；反之，价格越低，需求量越大。

需求曲线仅仅说明了价格–需求量之间的关系。产品的价格变化仅仅造成需求量沿着需求曲线产生变动，这种变动称为需求量变动。而需求函数中的任何非价格影响因素（需求函数中的其他自变量）变化将导致整个需求曲线或是向左下的方向、或是向右上的方向产生位移，这种曲线位置变动称为需求变动。

图 3-2 上的曲线变动说明了这一点。最初的需求曲线为直线 DD'，如果最初的价格为 P_1，则需求量为 Q_1。如果价格下降到 P_2，则需求量将增加到 Q_2；如果价格上升到 P_3，则需求量将降低到 Q_3。但是，如果其他自变量发生变化，则会使整条需求曲线发生位移。例如，增加广告费用的投入，需求曲线就会向右上的方向产生外移，新的需求曲线可能会变为 D_1D_1'，在需求曲线任意一个给定的价格上，需求量将比最初需求曲线 DD' 相同价格上的需求量都要有所增加；反之，减少广告费用的投入，需求曲线就会向左下的方向产生内移，新的需求曲线可能会变为 D_2D_2'，在需求曲线任意一个给定的价格上，需求量将比最初需求曲线 DD' 相同价格上的需求量都要有所减少。

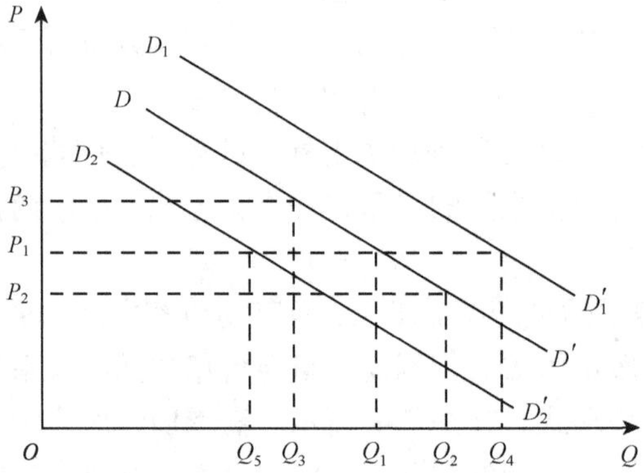

图 3-2　需求量变动与需求变动

掌握需求曲线、需求量变动和需求变动等基本概念，对正确运用价格和非价格营销手段，进行需求和需求量分析，都是非常重要的。

3.2.2　供给曲线及其变动

与需求相对应地，所谓供给，在经济分析中总是指在某一时期内的某一市场上生产者所愿意并且能够提供的某种产品数量或获取的货币数额。影响企业产品市场供给的因素很多，如产品价格、材料价格、资本价格、劳动力价格和生产技术水平等，综合这些影响因素，可以将产品市场供给与其影响因素之间的关系用函数形式表示出来，这就是通常所说的供给函数。供给函数的表达形式如下：

$$Q_s = g\left(P, w, r, T, P_r, X, P_e, \cdots\right)$$

式中，Q_s 表示某种商品的供给；P 表示某种商品的价格；w 表示劳动力的价格；r 表示资本的价格；T 表示生产技术水平；P_r 表示替代品的价格；X 表示政府的税收；P_e 表示该商品的预期价格；…表示还有一些其他未列入的影响因素。

对供给来说，价格同样是所有影响因素中最重要的一个影响因素。单独考察价格变动对产品供给的影响，而把其他因素作为一种“参考变量”来看待，即假定“参考变量”都已有了给定的数值并不再变化，那么供给函数就可表示为

$$Q_s = g\left(P, w^0, r^0, T^0, P_r^0, X^0, P_e^0, \cdots\right)$$

这里，除了 P 之外的其他变量均加了上标，即表示它们均已有了一个给定的数值。此时，就可只考虑供给与价格之间的关系，可将上式简化为

$$Q_s = g(P)$$

在上式中，Q_s 表示的是供给量，且其与价格之间的关系用图形来表示，就是该产品的供给曲线，一般记为 S。依据供给量与价格之间的关系趋势，供给曲线通常也分为直线型和曲线型两种形式，如图 3-3 所示。供给曲线所表示的是，在特定的时间区间内，在其他因素不变的情况下，生产者愿意并且能够提供的产品数量与该产品价格之间的关系。

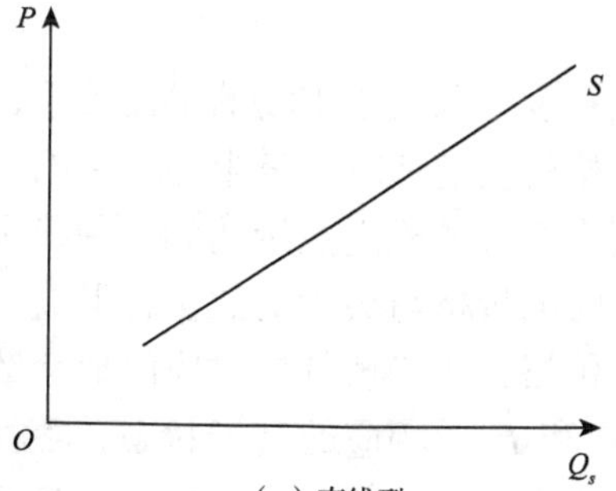

（a）直线型

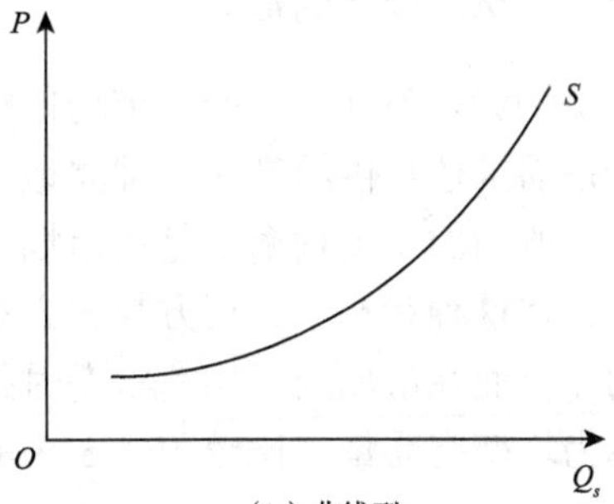

（b）曲线型

图 3-3　常见的产品供给曲线

供给曲线具有正的斜率，反映了产品供给数量的基本规律，即在影响供给量的其他因素给定不变的条件下，一种产品的供给量与其价格之间存在正方向的关系，即价格越

高，供给量越大；反之，价格越低，供给量越小。

与需求的变化相似，供给曲线仅仅说明了价格–供给量之间的关系。产品的价格变化仅仅造成供给量沿着供给曲线产生变动，这种变动称为供给量变动。而供给函数中的任何非价格因素（供给函数中的其他自变量）变化，将导致整个供给曲线或是向左上的方向、或是向右下的方向产生位移，这种曲线位置变动称为供给变动。

图 3-4 上的供给变动说明了这一点。最初的供给曲线为直线 SS'，如果最初的价格为 P_1，则供给量为 Q_1。如果价格上升到 P_2，则供给量将增加到 Q_2；如果价格下降到 P_3，则供给量将降低到 Q_3。但是，如果其他自变量发生变化，则会使整条供给曲线发生位移。例如，成本下降，其中包括了材料价格的下降、劳动力价格的下降和利率的下降等，供给曲线就会向右下方产生位移，新的供给曲线可能会变为 S_1S_1'，在供给曲线任意一个给定的价格上，供给量将比最初供给曲线相同价格上的供给量都要有所增加；反之，成本上升，供给曲线就会向左上方产生位移，新的供给曲线可能会变为 S_2S_2'，在供给曲线任意一个给定的价格上，供给量将比最初供给曲线相同价格上的供给量都要有所减少。

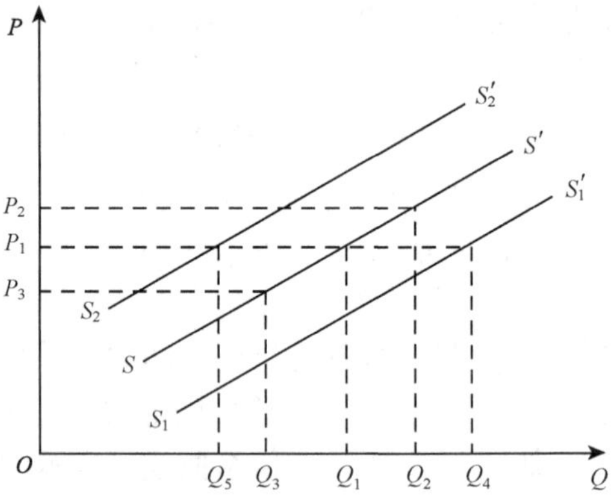

图 3-4　供给量的变化与供给的变化

3.2.3　市场均衡点的形成

市场竞争条件下，产品市场价格的形成，在很大程度上取决于市场的供需关系，但无论是需求还是供给都无法独立地决定价格，市场价格的决定依赖于需求与供给的共同作用。所谓的市场均衡，是指市场上的产品价格与买卖双方的成交数量达到一种稳定的状态，在这种状态下，买方与卖方都不再希望改变当时的价格与买卖的数量，形成了市场均衡。而在市场处于均衡状态时的价格即称为均衡价格，与均衡价格对应的成交数量即称为均衡交易量。比较图 3-5 中的三种价格 P_1、P_e 和 P_2 及相应的市场状态，容易看到，只有在价格为 P_e 时，市场才达到均衡状态，此时的均衡价格即为 P_e，均衡交易量为 Q_e。这是因为当价格为 P_e 时，消费者希望购买的数量恰好等于生产者愿意供给的数量 Q_e，从而双方都不再有改变这种状态的愿望。显然，市场均衡点是由需求曲线与供给曲线的交点决定的。

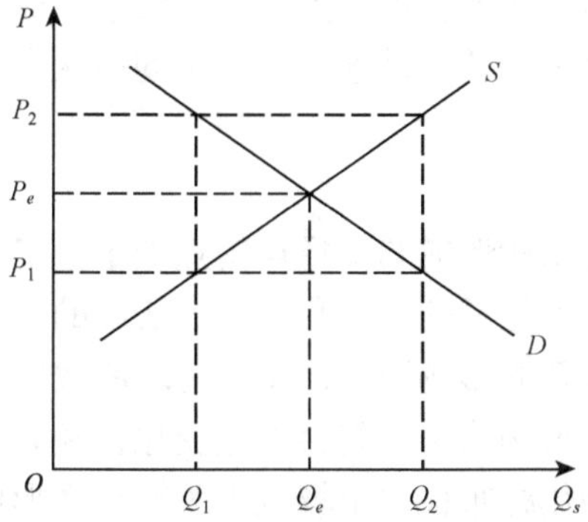

图 3-5　市场均衡

那么，产品的市场均衡价格和均衡交易量是怎样形成的呢？实际上，当一种新产品投放市场而受到消费者的青睐后，因为其他企业还未来得及组织生产，这时在价格 P_1 下就会出现需求量大于供给量的情况（$Q_{d_1} > Q_{s_1}$），如图 3-6 所示。消费者不能如期买到想要购买的产品，就会把价格从 P_1 抬高到 P_2。当价格为 P_2 时，由于该产品的价格较高，高于价值，有些消费者因购买力不足而放弃了购买；由于价格较高，产生了较大的利润，更多的生产企业因有利可图而纷纷加入该产品的生产行列，供给量会增加到 Q_{s_2}，从而在市场上出现了供给量大于需求量的情况（$Q_{s_2} > Q_{d_2}$）。生产企业找不到足够的买主，就会把价格压低到 P_3。当价格为 P_3 时，该产品的价格下降，消费就会增加；同时，对生产企业而言，导致利润减少甚至造成亏损，生产企业纷纷退出供给行列，又使市场供给量减少，再次出现需求量大于供给量的情况（$Q_{d_3} > Q_{s_3}$）。所以，当价格为非 P_e 时，会有一种促使价格趋向于 P_e 的趋势，使价格朝 P_e 的方向变动，最终变为 P_e。只有这时，需求量和供给量才相等，消费者想要买的量就等于企业想要卖的量，也正是市场需求曲线和市场供给曲线的交点，只要没有新的干扰因素影响（需求曲线和供应曲线都不发生位移），价格也就不会变动。这时，市场就达到了均衡，这一市场价格形成的理论称为蜘蛛网理论。

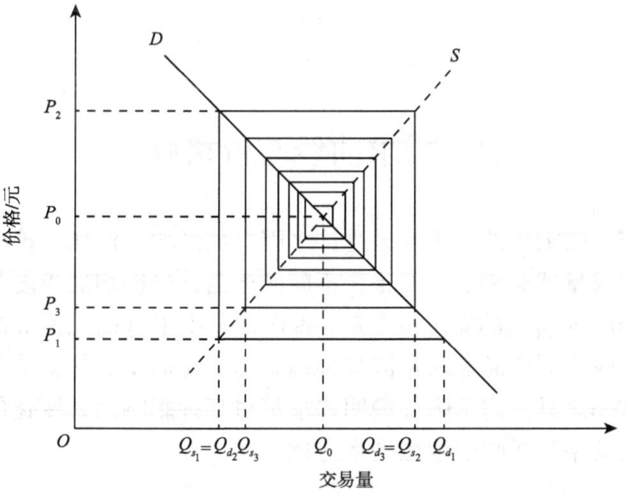

图 3-6　市场价格形成过程

在一个完全自由竞争的市场上，需求量大于供给量，或供给量大于需求量的状态都不会维持多久，市场供求总是会“自动地”趋向于均衡状态、均衡价格和均衡交易量。

3.2.4　市场均衡点的变动

由均衡价格和均衡交易量所形成的市场均衡点处于稳定状态是相对的、暂时的，而处于不稳定状态则是绝对的、经常的。这是因为在实际的产品销售市场上不可能没有新的干扰因素的影响。只要有新的影响因素出现，需求曲线或供应曲线就会发生位移，原来的均衡状态就不复存在，市场均衡点就会发生变化，随着供需关系的调整，形成了新的市场均衡点。例如，某种化纤布根据市场供需关系已经形成了一定的市场均衡点，但生产技术水平提高、生产材料成本降低等非价格因素影响使供应曲线发生了位移，原有的供需关系不再均衡，促使价格朝新的均衡点方向变动。最后，随着供需关系的不断调整，当价格由原来的每米 30 元降到每米 15 元时，需求量由原来的 2.5 亿米增加到 4.5 亿米，形成了新的市场均衡点，供需关系重新处于相对稳定的状态，其变动过程如图 3-7 所示。

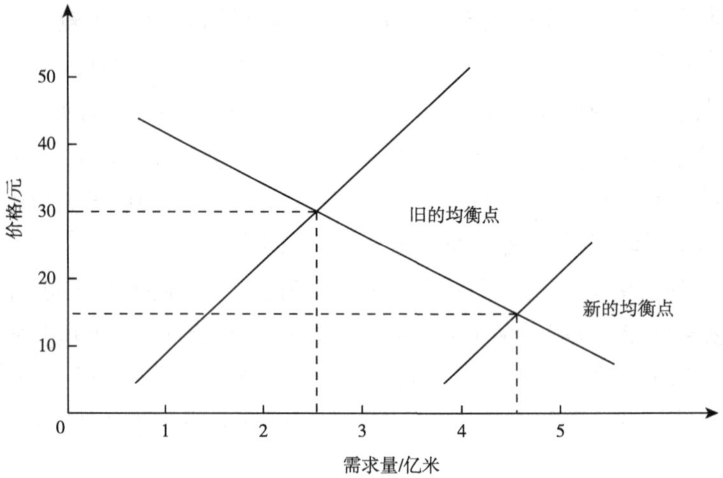

图 3-7　市场均衡点的变动

3.3　需求曲线与价格弹性

如上所述，产品需求量的大小变动受许多因素的影响。例如，价格上涨，需求量就会减少；反之，需求量就会增加。但是，不同的产品，受影响的程度是不同的。例如，打火机价格上涨 50%而引起的需求量变动，肯定远远小于电视机因价格上涨 50%而引起的需求量变动。比较不同产品需求量因某种因素的变化而受到的影响程度大小，通常使用“需求弹性”这一工具。需求弹性说明需求量对某种影响因素变化的反应程度。用公式表示为需求量变动率与影响因素变动率之比，即

$$E = \frac{Q\text{变动}\%}{X\text{变动}\%}$$

式中，E 表示需求弹性；Q 表示需求量；X 表示影响需求量的某因素。

需求弹性也可作如下理解：影响需求量的某一因素每变化百分之一，需求量将变化百分之几。例如，当将价格作为影响因素时，价格每下降 1%，需求增加 2%，则需求弹性为 2。

在产品的实际市场营销过程中，影响需求量的因素很多，包括产品价格、消费者收入和替代品价格等。所以，需求弹性又可以分为需求的价格弹性、需求的收入弹性和需求的交叉弹性等。由于价格对需求量的影响最为敏感，所以，下文主要介绍需求的价格弹性定义、点价格弹性、弧价格弹性及其与销售价格决策之间的关系。

3.3.1　价格弹性的定义

在需求函数中，除价格外的其他影响因素假定都不变化，只考虑价格变动对需求量变动所产生的影响，则给出需求的价格弹性定义式为

$$\text{价格弹性} = \frac{\text{需求变动}\%}{\text{价格变动}\%} = \frac{\Delta Q / Q}{\Delta P / P} = \frac{\Delta Q}{\Delta P} \cdot \frac{P}{Q}$$

式中，Q 表示需求量；ΔQ 表示需求量变动的绝对数量；P 表示价格；ΔP 表示价格变动的绝对数量。

因为价格和需求量之间一般都存在反比关系，所以，需求的价格弹性系数的符号应为负，价格弹性有时也用绝对值来表示。在实际应用中，按照不同的求取方式，价格弹性又分为点价格弹性和弧价格弹性。

3.3.2　点价格弹性

如果已经知道需求曲线的方程 $Q = f(P)$，计算需求曲线上某一点的弹性，则计算公式为

$$\varepsilon_P = \lim_{\Delta P \to 0} \frac{\Delta Q}{\Delta P} \cdot \frac{P}{Q} = \frac{\mathrm{d}Q}{\mathrm{d}P} \cdot \frac{P}{Q}$$

式中，ε_P 表示点价格弹性。

需求的点价格弹性计算公式的意义，如图 3-8 所示。

点价格弹性也可以用几何的方法来求取。用几何方法求取，从一定意义上来说，显得更为直观，更为简便。例如，当需求曲线为一条直线时，按几何方法求取，则 B 点上的点弹性=BC/AB，如图 3-9 所示；当需求曲线为一条曲线时，AC 为 R 点的切线，则 R 点上的点弹性=RC/AR，如图 3-10 所示。

为什么当需求曲线为直线时，B 点的点弹性就等于 BC/AB？下面予以证明。

已知价格弹性公式为

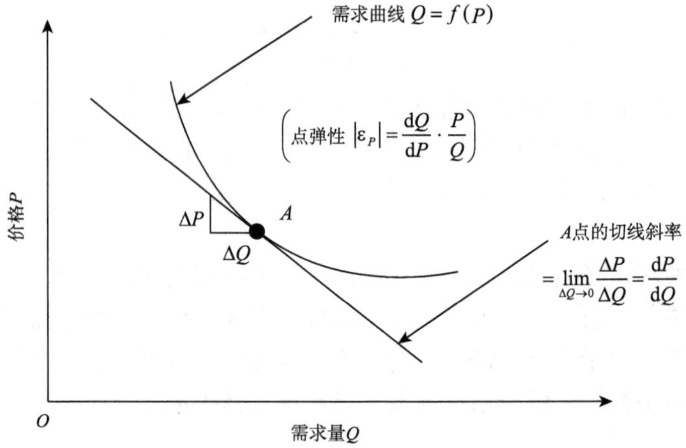

图 3-8　需求的点价格弹性计算公式的意义

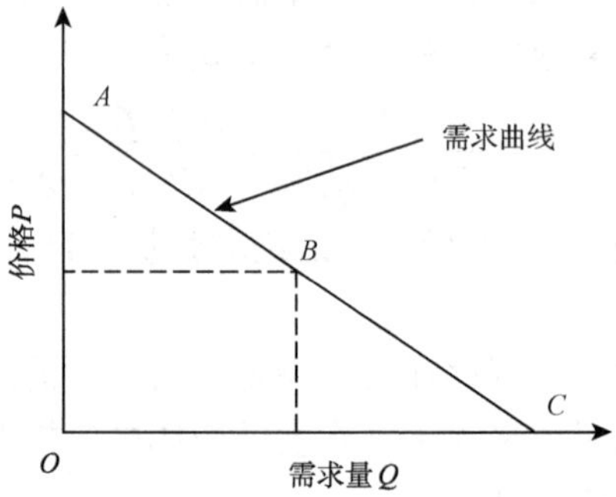

图 3-9　需求曲线为直线时的点弹性

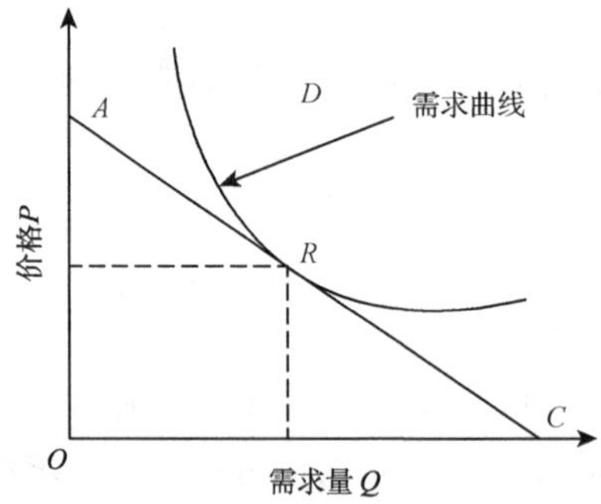

图 3-10　需求曲线为曲线时的点弹性

$$\varepsilon_P = \lim_{\Delta P \to 0} \frac{\Delta Q}{\Delta P} \cdot \frac{P}{Q} = \frac{\mathrm{d}Q}{\mathrm{d}P} \cdot \frac{P}{Q} \tag{3-1}$$

在图 3-11 中，$\Delta Q = LM = GH$，$Q = OL$，$\Delta P = EF = BG$，$P = OE$。将这些式子代入式（3-1）可得

$$\varepsilon_P = \frac{GH}{BG} \cdot \frac{OE}{OL} \tag{3-2}$$

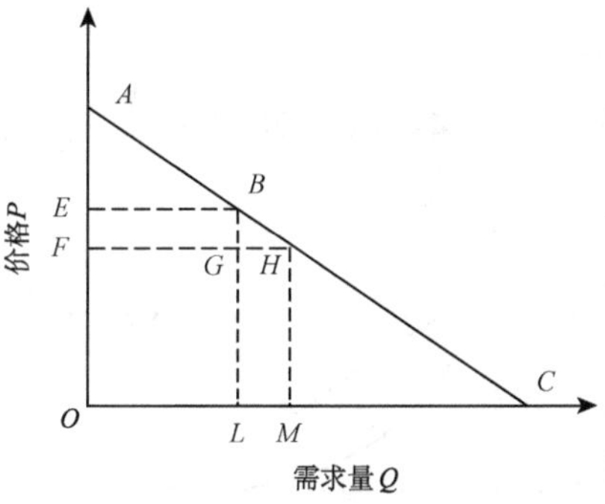

图 3-11　点价格弹性的几何求解原理

因为△BGH∽△BLC，BL=OE，所以$\dfrac{GH}{BG}=\dfrac{LC}{BL}=\dfrac{LC}{OE}$

代入式（3-2）得

$$\varepsilon_P=\frac{LC}{OE}\cdot\frac{OE}{OL}=\frac{LC}{OL}=\frac{BC}{AB}$$

用同样的方法可以证明，当需求曲线为曲线时，在 R 点的点弹性 $\varepsilon_P = RC / AR$ 。

例 3-1　假定某商品的需求曲线方程已知，为 $Q=30-5P$ ，求 $P=2$ ， $Q=20$ 处的点价格弹性。

解：$\dfrac{\mathrm{d}Q}{\mathrm{d}P}=(30-5P)'=-5$ ，则 $\varepsilon_P=\dfrac{\mathrm{d}Q}{\mathrm{d}P}\cdot\dfrac{P}{Q}=-5\times\dfrac{2}{20}=-0.5$

所以在 $P=2$ ， $Q=20$ 处的点价格弹性为 -0.5 。

3.3.3　弧价格弹性

需求的弧价格弹性是计算两个价格之间平均价格弹性的一种方法。它表示价格从 P_1 到 P_2 的变化对需求量的影响。可用下面的公式计算弧价格弹性：

$$E_D=\frac{\dfrac{(Q_2-Q_1)}{\left(\dfrac{Q_2+Q_1}{2}\right)}}{\dfrac{(P_2-P_1)}{\left(\dfrac{P_2+P_1}{2}\right)}}=\frac{Q_2-Q_1}{P_2-P_1}\cdot\frac{P_2+P_1}{Q_2+Q_1}$$

式中，Q_1 表示价格变化前的销售量；Q_2 表示价格变化后的销售量；P_1 表示原来的价格；P_2 表示变化后的价格；$\left(\dfrac{Q_2+Q_1}{2}\right)$表示在将要进行价格弹性计算范围内的平均需求量；$\left(\dfrac{P_2+P_1}{2}\right)$表示这一范围内的平均价格。弧价格弹性的公式表明该弹性指标大小取决于需求曲线上两个价格之间曲线斜率的倒数$\left(\dfrac{Q_2-Q_1}{P_2-P_1}\right)$（即需求对价格变化的敏感度）和需求曲线上弹性计算的位置（即两个价格点的定位）。需求的弧价格弹性计算公式的意义如

图 3-12 所示。

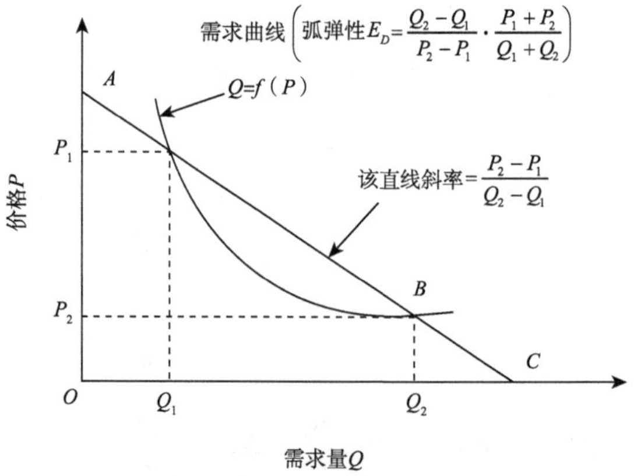

图 3-12　需求的弧价格弹性计算公式的意义

即使整个需求曲线（如假定需求曲线为线性时）的斜率保持不变，但由于价格点定位的值是变化的，所以在整个需求曲线上，弧价格弹性值一般总是变化的。

例 3-2　假定在某产品的需求曲线上，当 P=2 时，Q=20；当 P=5 时，Q=5。求价格从 2 元到 5 元之间的弧价格弹性。

解：设 Q_1=20，P_1=2 和 Q_2=5，P_2=5 分别为需求曲线上两点的坐标，则有

$$E_D=\frac{Q_2-Q_1}{P_2-P_1}\cdot\frac{P_2+P_1}{Q_2+Q_1}=\frac{5-20}{5-2}\times\frac{5+2}{5+20}=-1.4$$

所以价格从 2 元到 5 元之间的弧价格弹性为 1.4。

在计算需求的价格弹性时必须注意以下几点。

第一，由于在价格弹性公式中，分子（需求量变动的百分比）和分母（价格变动的百分比）是按相反方向变动的，即价格上升时，需求量下降；价格下降时，需求量上升。所以，计算出来的价格弹性是负值。但在实际使用过程中，通常用绝对值来比较弹性的大小。某产品的价格弹性大，是指其绝对值大。

第二，价格弹性与需求曲线的斜率是两回事，但有联系。价格弹性与需求曲线的斜率成反比，与 P/Q 的值成正比。所以，如果需求曲线是一条直线，尽管这条直线上各点的斜率不变，但由于 P/Q 的值是变动的，所以，在这条直线上价格弹性也是变动的。例如，对直线型需求曲线 Q=30−5P，dP/dQ=−5，但当 P=2 时，可以求得 $\varepsilon_P=-0.5$；而当 P=4 时，求得的 $\varepsilon_P=-2$。

第三，如果其他条件相同，那么，平坦的需求曲线富有弹性，需求量的变动弹性就较大；陡峭的需求曲线缺乏弹性，需求量的变动弹性就较小。例如，设甲产品的价格由 20 元下降到 15 元时，销售量由 2 000 件上升到 3 000 件；乙产品由 30 元下降到 10 元时，销售量由 2 000 件上升到 3 000 件，则有

$$\text{甲商品价格弹性}=\frac{3\,000-2\,000}{15-20}\times\frac{15+20}{3\,000+2\,000}=-1.4$$

$$乙商品价格弹性 = \frac{2\,500-2\,000}{10-30} \times \frac{10+30}{2\,500+2\,000} \approx -0.22$$

这两种产品的需求曲线如图 3-13 和图 3-14 所示。

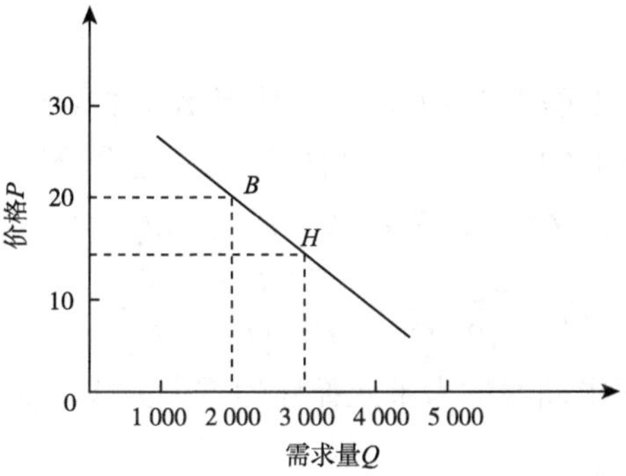

图 3-13 富有弹性的需求曲线

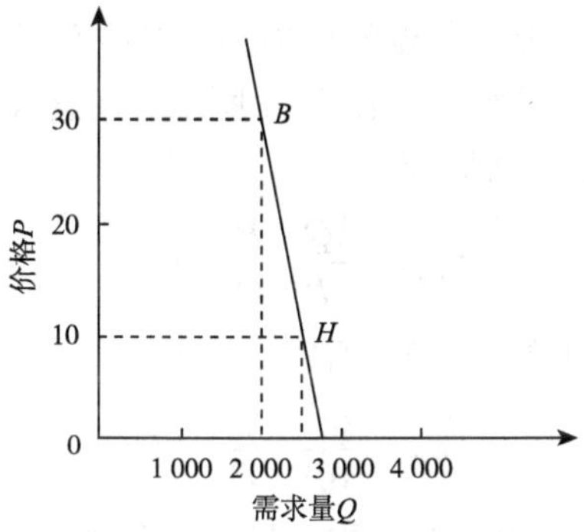

图 3-14 缺乏弹性的需求曲线

3.3.4 需求曲线分类

不同需求曲线的价格弹性不一样，按照价格弹性的不同，需求曲线大体上可以划分成四种类型。

1. 完全非弹性需求曲线

如果需求曲线是一条垂直的直线，这表明在这条需求曲线上，所有各点的价格弹性均为零（$|\varepsilon_P|=0$），即不管价格如何变动，需求量总是保持不变（需求量变动率始终为零）。这种需求曲线称为完全非弹性的需求曲线。在现实社会的生产和生活中，生产和家庭使用的自来水、电与煤气等在没有别的替代品的情况下，在一定的范围内，价格虽有变化，但需求量基本不变，就是近似这种需求曲线的例子，如图 3-15（a）所示。

2. 完全弹性需求曲线

如果需求曲线是一条水平的直线，这表明在这条需求曲线上，所有各点的价格弹性均为∞（$|\varepsilon_P|=\infty$），即只要价格稍微上升，需求量就会立刻降到零。这种需求曲线称为

完全弹性的需求曲线。在现实生活中，某一市场上进入门槛很低，数量很多，且竞争激烈的某些同类产品，由于竞争的结果，所有企业都按同一价格销售产品，若有企业稍微提价，就会卖不出去，就是近似这种需求曲线的例子，如图 3-15（b）所示。

3. 单元弹性需求曲线

如果需求曲线是一条方程为 $P\cdot Q=K$（K 为常数）的曲线，则在这条需求曲线上，所有各点的价格弹性均为 1（$|\varepsilon_P|=1$），即价格变动一定百分率，会导致需求量变动同样的百分率。这是因为：由 $P\cdot Q=K$，有 $Q=K/P$，而 $\mathrm{d}Q/\mathrm{d}P=-K/P^2$，则有

$$\varepsilon_P=\frac{\mathrm{d}Q}{\mathrm{d}P}\cdot\frac{P}{Q}=-\frac{K}{P^2}\cdot\frac{P}{Q}=-\frac{K}{PQ}=-1$$

所以 $|\varepsilon_P|=1$。这种需求曲线称为单元弹性的需求曲线，如图 3-15（c）所示。

4. 弹性变化的需求曲线

如果需求曲线是一条方程为 $Q=a+b\cdot P$ 的直线，或是其他形式的一条曲线，则在这条直线型或曲线型的需求曲线上，各点的价格弹性是变化的。为了方便叙述，以直线型的需求曲线为例，弹性变化过程如图 3-15（d）所示。在近 A 点处，因其坐标中的 $Q\to 0$，而 P 值较大，$\mathrm{d}Q/\mathrm{d}P$ 为常数，所以有

$$|\varepsilon_P|=\left|\frac{\mathrm{d}Q}{\mathrm{d}P}\cdot\frac{P}{Q}\right|\to\infty$$

在近 B 点处，因其坐标中的 $P\to 0$，所以有

$$|\varepsilon_P|=\left|\frac{\mathrm{d}Q}{\mathrm{d}P}\times\frac{P}{Q}\right|\to 0$$

而在中点 M，按式（3-2）中求取价格弹性的几何方法，则有

$$|\varepsilon_P|=\frac{MB}{AM}=1$$

所以，在直线型需求曲线的 AM 部分，$|\varepsilon_P|>1$，称为弹性需求；在直线型需求曲线的 MB 部分，$|\varepsilon_P|<1$，称为非弹性需求。现实生活中，大量碰到的产品需求曲线是弹性变化的需求曲线。

3.3.5 价格弹性与销售收入

在价格弹性与销售收入之间存在一种简单而又很有用的相互关系。这种关系可以表述如下：在需求曲线的某一区间内，如果需求是弹性的（$|E_D|>1$），那么提高产品价格会使销售收入下降；如果需求是单位弹性的（$|E_D|=1$），那么变动产品价格并不会影响销售收入；如果需求是非弹性的（$|E_D|<1$），那么提高产品价格会使销售收入增加。

之所以出现上述情况，是因为销售收入等于产品价格乘以销售数量，即 $P\cdot Q$。其中，在一般情况下价格和销售量是按反方向变动的，也就是说，如果价格 P 提高了，销

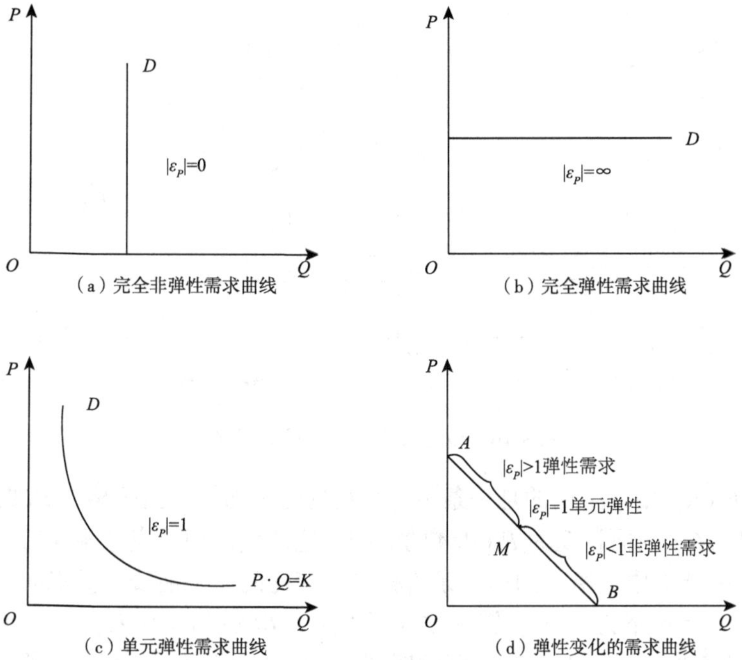

（a）完全非弹性需求曲线　（b）完全弹性需求曲线
（c）单元弹性需求曲线　（d）弹性变化的需求曲线

图 3-15　几种不同类型价格弹性的需求曲线

售量 Q 就会减少。所以，提高价格 P 不一定总能增加销售收入 $P \cdot Q$ 的值，这要视价格弹性的大小而定。如果价格 P 提高了 10%，销售量 Q 减少也是 10%（在单位弹性需求情况下），那么两者抵消，销售收入 $P \cdot Q$ 的值就保持不变。如果价格 P 提高了 10%，使销售量 Q 减少 20%（在弹性需求情况下），那么销售收入 $P \cdot Q$ 的值就会下降。如果价格 P 提高了 10%，只使销售量 Q 减少 5%（在非弹性需求情况下），那么销售收入 $P \cdot Q$ 的值就会增加。

对呈现为直线型的需求曲线 $Q = f(P)$ 来说，设其销售收入为 L，则 $L = P \cdot Q$。欲使销售收入 L 最大，可令

$$L' = (P \cdot Q)' = Q + P \cdot \frac{\mathrm{d}Q}{\mathrm{d}P} = 0$$

由此可以解得 $-\dfrac{\mathrm{d}Q}{\mathrm{d}P} = \dfrac{Q}{P}$ 和 $P = Q \cdot \left(-\dfrac{\mathrm{d}P}{\mathrm{d}Q}\right)$。

即当 $-\mathrm{d}Q/\mathrm{d}P = Q/P$ 或 $P = Q \cdot (-\mathrm{d}P/\mathrm{d}Q)$ 时，可以求得能使产品销售收入达到最大的销售价格 P 和销售量 Q。

而将此时的 $-\mathrm{d}Q/\mathrm{d}P = Q/P$ 代入价格弹性计算公式中，则所对应的点价格弹性为

$$|\varepsilon_P| = -\frac{\mathrm{d}Q}{\mathrm{d}P} \cdot \frac{P}{Q} = \frac{Q}{P} \cdot \frac{P}{Q} = 1$$

这正是需求曲线中点的价格弹性。这表明在需求曲线上的点 M 处若 $|\varepsilon_P| = 1$ 时，销售收入 L 达到最大值。

价格弹性与销售收入之间的关系，可以更直观地用图形来表示，如图 3-16 所示。

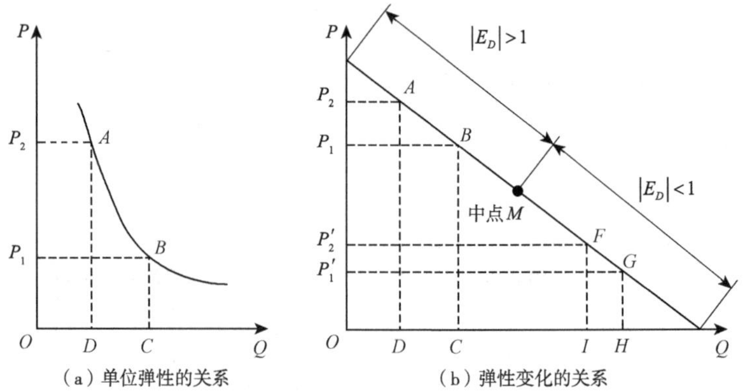

图 3-16　价格弹性与销售收入的关系

在图 3-16（a）中，给出的是一条单位弹性的需求曲线，当价格从 P_1 提高到 P_2 时，销售收入从 P_1OCB 的面积变为 P_2ODA 的面积，这两块面积是完全相等的。

在图 3-16（b）中，给出的是一条价格弹性变化的需求曲线，需求曲线的上半部分属于弹性需求。当价格为 P_1 时，销售收入可以用 P_1BCO 的面积来表示，价格如从 P_1 提高到 P_2 时，销售收入就从 P_1BCO 的面积变为 P_2ADO 的面积，显然，面积是减少了；需求曲线的下半部分属于非弹性需求。在这里，若价格从 P_1' 提高到 P_2'，销售收入就从 $P_1'GHO$ 的面积变为 $P_2'FIO$ 的面积，显然，面积是增加了。所以，价格弹性与销售收入密切相关。

归结起来，产品价格弹性与销售收入之间的相互关系如表 3-2 所示。

表 3-2　产品价格弹性与销售收入之间的相互关系

价格变动	弹性需求 $\|E_D\|>1$	单位弹性需求 $\|E_D\|=1$	非弹性需求 $\|E_D\|<1$
价格上升	销售收入下降	销售收入不变	销售收入增加
价格下降	销售收入上升	销售收入不变	销售收入下降

3.4　产品价格决策

在竞争市场上，企业为促进产品销售、扩大市场占有，在分析市场经济形势、消费者爱好及收入等情况变化，并预测出产品市场需求后，总要制定、实施一定的经营战略和营销策略，这些经营战略和营销策略可具体地表现为对市场营销手段的运用。企业用于促进产品市场销售的主要手段可归结为产品销售价格、广告费用投入、产品质量水平和销售网点数量等，企业应就这些营销手段的运用做出决策。如前所述，产品销售价格是众多营销手段中影响产品市场销售最敏感、最重要的因素，销售价格决策的正确与否对企业经营决策的成败起着重要作用。

3.4.1　价格决策步骤

价格决策是指企业根据市场条件和自身条件，对产品定价方案选择、优化的过程，产品价格决策的步骤如下。

1. 制定定价目标

企业首先必须决定，通过定价给特定的产品达到什么样的定价目标。一般情况下，企业通过它的定价，用以追求的目标主要有四个，即生存目标、当期利润最大化目标、市场份额领先地位目标和产品质量领先地位目标。对于不同的目标，不同的价格会产生完全不同的效果。对一个特定产品而言，定价的目标越清楚，影响目标实现的因素越明确，产品价格的制定也就越容易。

2. 确定市场需求

如前所述，企业每定一个价格都将导致一个不同水平的需求，以及由此而对它的定价目标产生不同的效果。价格决定需求，在一般情况下，价格上升，需求量下降，反之亦然。但有时，价格不变，需求量也发生变化，这是因为有除价格以外的非价格影响因素在起作用，使需求曲线发生了位移。为此，企业就必须预测产品市场需求、确定需求，拟合相应的需求曲线，分析产品的需求价格弹性。若市场需求增加，则在其他条件不变的情况下，企业可适当提高产品销售价格；若市场需求萎缩，则在其他条件不变的情况下，企业可适当降低产品销售价格。在确定需求的基础上，若在一定的价格范围内，需求的价格弹性大于 1，企业就可考虑降低产品价格，这时，一个较低的产品价格将会产生较高的产品销售收入；反之，需求的价格弹性小于 1，企业就可考虑提高产品价格，以较高的价格获得较高的产品销售收入。

3. 估计产品成本

产品成本是企业产品定价的基础。通常，估计产品成本有两种方法：一是根据产品的构成原理及生产工艺指标等要求，分别计算出产品的材料成本、加工成本，以及分摊到产品上的销售、研发和管理等间接费用；二是根据同类产品过去经营周期实际发生的各项成本费用数据，结合各产品成本影响因素的变化趋势，再估算出产品的各项成本费用累计。一般而言，企业的产品成本应是产品价格的底数。当然，在生产多种产品的企业经营中，某些产品的价格制定可以低于产品的完全成本，但须高于产品的变动成本，以弥补企业生产经营中的部分固定成本。

4. 分析竞争企业

在竞争市场上，竞争企业为促进产品销售、扩大市场占有也会制定一定的经营战略和营销策略，也会强化营销手段的运用。这样，竞争企业提供的产品数量、质量，竞争企业的营销手段，如价格、广告和渠道等，都会影响到本企业的产品市场销售。因此，企业在制定产品价格时，必须分析竞争企业的生产经营状况和营销手段的运用，作为一个参考依据。若企业提供的产品与某一主要竞争企业提供的产品相似，并且其他生产经营条件和营销手段运用也都相似，那么企业在制定产品价格时，必须把价格定的接近于竞争企业的价格，否则就有可能失去较大的市场份额；若企业产品性能比竞争企业优越，则产品定价就可比竞争企业高些。

5. 确定定价策略

确定定价策略是为了实现企业的经营目标，企业的经营目标可以是产品市场份额最大化或是销售利润最大化等。对于同样的目标，可以有不同的定价策略。例如，同是追求企业利润最大化，可以有两套不同的定价策略：一套是以低价格、高销量和高销售收入，即以较大的市场占有率（市场渗透）获取最大利润的策略；另一套是以高价格、低销量和高利润率（市场撇脂）获取最大利润的策略。采用哪一种策略，取决于企业的目标市场类型和生产能力等。

6. 选择定价方法

定价策略确定后，即可选用不同的定价方法进行企业产品的价格决策。价格决策的方法很多，通常指的是，企业通过长期的经营实践而形成的，同时能够适应不同市场状况、企业状况、竞争状况与社会需求的定价技术和计算方法，主要有成本导向定价法、需求导向定价法和竞争导向定价法等。

7. 选定最终价格

实际定价时，企业往往运用一定的定价方法，缩小从中选定的价格范围。但在选择最终价格时，企业还需在更大范围内考虑相关的制约因素，如替代品的市场需求趋势与价格、消费者的爱好变化与收入、企业的性质与规模、产品的性能与质量、企业的营销能力与售后服务及品牌效应等。

3.4.2 价格决策方法

企业实践中普遍采用的成本导向定价法、需求导向定价法和竞争导向定价法三种主要定价导向中，成本导向定价法主要包括成本加成定价法、盈亏平衡定价法和目标预期定价法等；需求导向定价法主要包括需求函数定价法、需求差异定价法和认知价值定价法等；竞争导向定价法则主要包括随行就市定价法和密封投标定价法等。下面介绍几种常用的价格决策方法。

1. 成本加成定价法

成本加成定价法是以产品成本为基数，再加一定比例的盈利来制定销售价格的方法。它是用单位产品的可变成本加上单位产品的固定成本及产品盈利来构成产品的价格。成本加成定价法多用于中间商和零售商的价格制定。成本加成定价法的计算公式为

$$P=\frac{F+C_V\cdot Q+Z}{Q} \quad \text{或} \quad P=C_V+\frac{F}{Q}+\frac{Z}{Q} \quad \text{或} \quad P=\left(C_V+\frac{F}{Q}\right)\cdot(1+Y)$$

式中，P 表示产品价格；F 表示固定费用总额；C_V表示单位可变费用；Q 表示预期的销售量；Z 表示期望销售盈利；Y 表示成本利税（润）率。

2. 量本利分析法

量本利分析法是通过变动成本、固定成本和预期销售量，建立价格与其之间的函数关系，求得盈亏平衡点上的保本价格，因此又称为盈亏平衡定价法。实际定价时，应在保本价格基础上再加上一定的单位产品利润值。保本价格的计算公式为

$$P^* = V + \frac{F}{Q}$$

式中，P^*表示保本价格；V 表示单位可变费用；F 表示固定费用总额；Q 表示预期的销售量。

3. 目标预期定价法

所谓目标预期定价法，是根据估计的预期销售收入和估计的预期销售量来制定价格的一种方法。目标预期定价法要使用损益平衡图这一概念。损益平衡图描述了在不同销售水平上预期的总成本和总收入。图 3-17 展示了一张假设的损益平衡图。

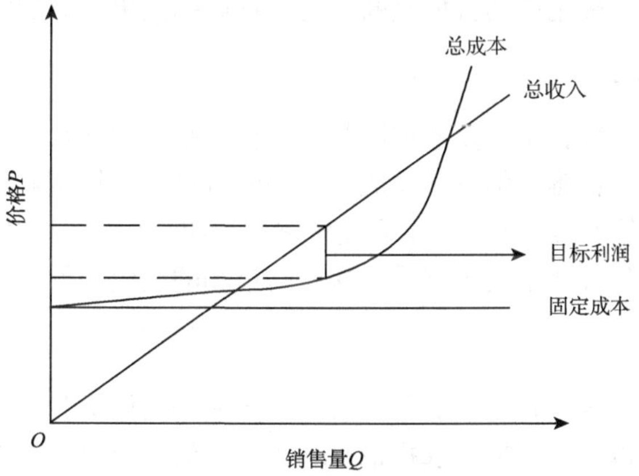

图 3-17　目标预期定价中的损益平衡图

在本假设中，不论销售量是多少，假定固定成本不变，都是 600 万元。决策的任务如下：

（1）估计不同产品产出水平的总成本曲线。总成本曲线由某一产品所承担的固定成本和变动成本两部分组成，曲线按固定的速率上升，直到最大产能为止。

（2）估计未来一期的销售水平。假定企业预期销售量为产能的 80%，即产能为 100 万件时预期销售量为 80 万件，生产这一产量的总成本为 1 000 万元。

（3）确定销售产品的目标报酬率。假定企业希望利润为成本的 20%，则利润目标即为 200 万元。因此，在产能为 80 万件时的总收入必须是 1 200 万元。

由此，以（80，1 200）为平面坐标系中的一个点，以原点（0，0）为坐标系中的另一个点，这表示销售量为零时，销售收入也为零。将点（80，1 200）与点（0，0）连成一条直线，即为销售收入曲线。求出这条销售收入曲线的斜率，则该斜率就是所要制定的产品价格。在本例中的销售收入曲线斜率为 15，表明如果产品定价为每件 15 元，且

售出 80 万件，则按此价格可实现总成本 20%的报酬率，赢得利润 200 万元。

4. 需求差异定价法

不同群体消费者需求存在普遍的差异，根据这种差异而产生的定价方法即为需求差异定价法。例如，按不同的年龄把消费者划分为不同层次，根据不同的年龄层次可制定不同的差别价格，这种价格就称为因年龄不同而采取的差异价格。另外，还可以根据消费者职业、消费水平、消费地区和消费季节等的不同而制定不同的价格。

5. 认知价值定价法

所谓认知价值定价法，是企业根据消费者对产品认知价值来制定价格的一种方法，认知价值与现代市场定位观念一致。认知价值定价法的核心是掌握消费者对产品价格（价值）的主观判断。一般来说，可采用两种方法：①被动的掌握方式，即通过邀请各方面有代表性的消费者对产品进行评议，最终得出不同消费者的价值判断；②主动的创造方式，即企业通过有目的、有针对性的广告宣传及销售环境布置等，影响消费者的判断，消费者可以产生一种定向的价值判断，进而据此确定出产品的销售价格。

6. 随行就市定价法

所谓随行就市定价法，是指企业按照行业现行的平均价格水平来定价。在以下情况往往采取这种定价方法：难以估算产品成本；企业打算与同行企业和平共处；如果另行定价，很难了解消费者和竞争企业对本企业价格的反应。不论市场结构是完全竞争市场，还是寡头竞争市场，随行就市定价都是同质产品市场的惯用定价方法。

7. 密封投标定价法

在建筑业、公共工程、政府事业单位或大宗产品购买订货时，先由买方招标，投标者以密封信函为手段报价，招标人选择最有利于自己的一家企业为中标人，与其签约。供货企业的目的在于赢得标的，所以，它的报价应尽可能地低于竞争企业（其他投标者）的报价。这种以密封信函形式定价的方法，就称为密封投标定价法。

需要注意的是，上述有些定价法有一个重要的缺陷，即是以企业估计出的销售量或企业确定的目标报酬率来制定产品的价格。殊不知价格却又恰恰是影响产品销售量的重要因素，这样制定出的价格可能偏高或偏低，造成销售量出现偏差。

3.4.3 价格优化决策

需求曲线是分析产品价格和需求量之间关系十分有用的工具，运用需求曲线，还可以非常有效地进行产品价格优化决策，价格优化决策的原理如下。

1. 需求曲线拟合

形成需求曲线的价格和需求量之间的关系成反比，如 3.2.1 小节中的图 3-1 所示。通常，需求曲线的形式可以分为直线型和曲线型两种不同的类型。

对不同类型的需求曲线，在收集到一组不同的价格与销售量数对后，可选用不同的函数形式进行拟合。常用的用以拟合需求曲线的函数形式有线性函数、抛物线函数、高次方程和指数函数等。

（1）线性函数的表达形式如下：

$$Q = a + b \cdot P$$

式中，Q 表示需求量；P 表示销售价格；a、b 表示待定常数。

对于线性函数，可以用最小二乘法来确定待定常数 a 和 b 的值。

（2）抛物线函数的表达形式如下：

$$Q = a + b \cdot P + c \cdot P^2$$

式中，Q 表示需求量；P 表示销售价格；a、b、c 表示待定常数。

对于抛物线性函数，可以用最小二乘法来确定待定常数 a、b 和 c 的值。

（3）高次方程的表达形式如下：

$$Q = a_0 + a_1 \cdot P^1 + \cdots + a_n \cdot P^n$$

式中，a_0，a_1，…，a_n 为待定常数。

对于高次方程，可令 $x_1 = P^1$，$x_2 = P^2$，…，$x_n = P^n$。

则方程转化成如下形式：

$$Q = a_0 + a_1 \cdot x_1 + \cdots + a_n \cdot x_n$$

的线性函数形式，运用最小二乘法来确定待定常数 a_0，a_1，…，a_n 的值后，原高次方程的关系也就完全确定了。

（4）指数函数的表达形式为

$$Q = a \cdot \mathrm{e}^{\left[-(P^2/b)\right]}$$

式中，a 和 b 为待定常数。

对于指数函数，可先对等式两边求自然对数，则原函数形式变为

$$\ln Q = \ln a - 1/b \cdot P^2$$

再令 $Y = \ln Q$，$A = \ln a$，$B = -1/b$ 和 $X = P^2$。

则上式又能转化成线性函数形式：

$$Y = A + BX$$

用最小二乘法求得 A 和 B 的值，再由 $a=\mathrm{e}^A$ 和 $b=-1/B$ 求得 a 及 b 的值，代入原式，则指数函数的关系也就完全确定了。

用最小二乘法来确定上述各种函数形式中待定常数的原理、方法和过程，在市场需求预测中已有详尽的叙述，这里不再赘述。

必须指出，用于需求曲线拟合所收集的价格和需求量之间的关系数对必须是在同一时期的，而不能是跨越不同时期的。例如，拟合的需求曲线是用来说明 2008 年某种产品价格与销售量之间关系的话，那么，所有收集的价格和需求量之间的关系数对，应该能说明同一年不同价格与销售量之间的关系。

然而，在实际工作中，人们往往采取这样的做法：收集一组不同时期的价格与销售量之间的关系数对，然后根据这些数对来寻找一条与之拟合的函数曲线作为需求曲线。例如，某企业已知前五年的价格与销售量之间的关系数对，然后根据这些关系数对做出

了与之拟合的需求曲线 $T—T'$，如图 3-18 所示。

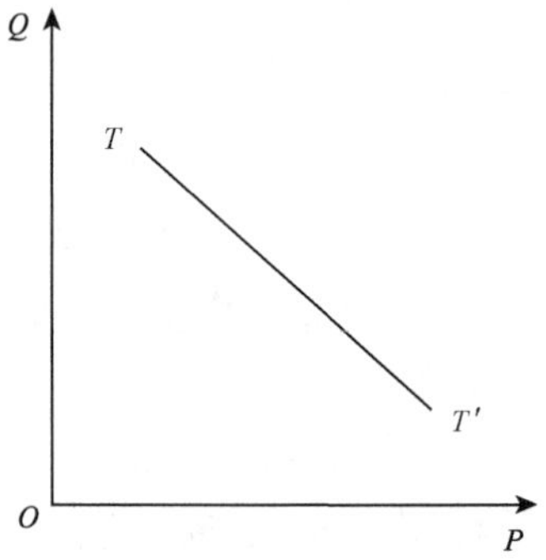

图 3-18　不同时期数据拟合的需求曲线

显然，这样求出的需求曲线很可能是不符合实际的需求曲线。实际的、不同时期的需求曲线可能如图 3-19 所示：前第五年中的需求曲线为 $A—A'$，前第四年中的需求曲线为 $B—B'$，最后一年中的需求曲线为 $E—E'$，等等，即实际的需求曲线斜率较小（就其绝对值来说），随着时间的推移，由于非价格因素也在变化，需求曲线发生了位移。而跨越不同时期的需求曲线 $T—T'$ 的斜率比实际的需求曲线的斜率要大得多，弹性也要大得多（就其绝对值来说）。如果把需求曲线 $T—T'$ 当做实际的需求曲线来进行价格决策，就会导致决策上的严重错误。由此可见，需求曲线的拟合必须十分小心，曲线拟合所用的数对必须是同一时间的，而且还应考虑随着时间推移所产生的曲线位移。不然，即使做了大量的曲线拟合运算，但得到的结果却可能是根本错误的。

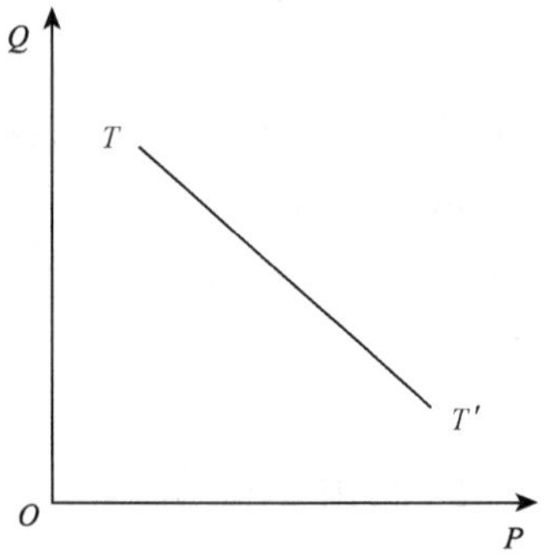

图 3-19　实际的需求曲线

2. 最大销售收入的价格决策

需求曲线拟合后，就可利用所得到的需求曲线函数，进行使产品销售收入能够达到最大的价格决策，以保证企业产品销售能够获得较大的销售收入和市场占有率，使企业在激烈的市场竞争中占据主动，提高竞争力。

如果需求曲线是直线型，在 3.3.2 小节中已经证明：在直线型需求曲线中点 M 的点弹性 $|\varepsilon_P|=1$，由这一点所确定的价格 P^* 和由销售收入函数 $L=P\cdot Q$ 的一阶导数为零所确

定的，使销售收入 L 值达到最大的价格 P^* 是相同的。这表明，也可由 $|\varepsilon_P|=\left|\dfrac{\mathrm{d}Q}{\mathrm{d}P}\cdot\dfrac{P}{Q}\right|=1$ 解得 $P^*=Q\Big/\left|\dfrac{\mathrm{d}Q}{\mathrm{d}P}\right|$，使 L 达到最大值。

同样可以证明，如果拟定的需求曲线是曲线型，也可由 $|\varepsilon_P|=\left|\dfrac{\mathrm{d}Q}{\mathrm{d}P}\cdot\dfrac{P}{Q}\right|=1$ 和 $L'=(P\cdot Q)'=0$ 解得相同的 P^* 值，使销售收入 L 达到最大值。这是因为：当 $Q=f(P)$ 为任意曲线函数时，则由点弹性等于 1 时的方程式为

$$|\varepsilon_P|=\left|\frac{\mathrm{d}Q}{\mathrm{d}P}\cdot\frac{P}{Q}\right|=|f'(P)\cdot P/Q|=1$$

变形为

$$|f'(P)\cdot P/Q|-1=0\text{，即}|f'(P)|\cdot P-Q=0 \tag{3-3}$$

而由销售收入函数的一阶导数为零，即 $L'=0$ 时有

$$L'=(P\cdot Q)'=[P\cdot f(P)]'=f(P)+P\cdot f'(P)=f'(P)\cdot P+Q=0$$

因为有 $f'(P)<0$，所以，$f'(P)\cdot P+Q=|f'(P)|\cdot P-Q=0$。

这与式（3-3）完全一致。所以解得的 P^* 值也必然相同。再由 $Q=f(P)$，即可解得能使 L 值达到最大的销售量 Q^*，如图 3-20 所示。

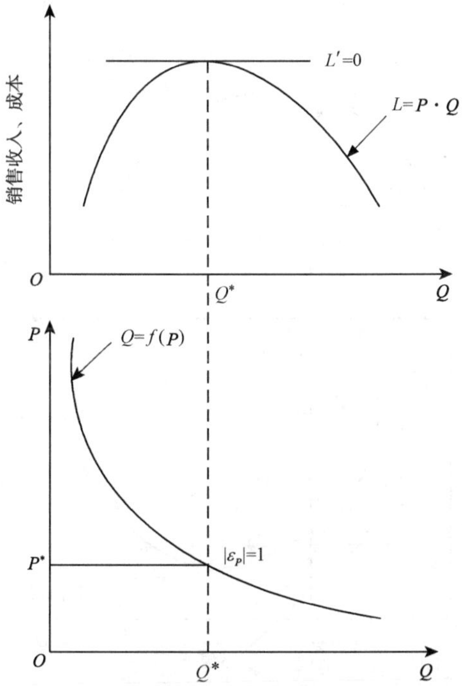

图 3-20　最大销售收入的价格决策

3. 最大销售利润的价格决策

在市场经济条件下，获取最大销售利润、提高企业经济效益是现代企业决策的主要目标。能否获得较大的销售利润，很大程度上取决于产品的价格决策。价格定得高些，单位产品销售利润相应增加，但销售量却有可能下降，从而影响总的产品销售利润；反之，价格定得低些，销售量会有较大幅度的增加，但单位产品的销售利润却会因此而降低，也有可能会影响到总的产品销售利润。

通常，在确定出产品销售价格和销售量之间的关系数对，并拟合出相应的产品需求曲线后，求最大销售利润，可再设：

$$\text{销售收入} L = P \cdot Q = P \cdot f(P)$$

$$\text{总成本} C = F + V \cdot Q = F + V \cdot f(P)$$

式中，F 表示固定费用总额；V 表示单位可变费用。

$$\text{销售利润} R = L - C = P \cdot f(P) - [F + V \cdot f(P)]$$

令 $R' = 0$，则有

$$R' = (L - C)' = \{P \cdot f(P) - [F + V \cdot f(P)]\}' = [P \cdot f(P)]' - [V \cdot f(P)]' = 0$$

再设上式中的 $[P \cdot f(P)]' = MR$，$[V \cdot f(P)]' = MC$ 和 $MR = MC$，即由方程式 $[P \cdot f(P)]' = [V \cdot f(P)]'$，就能解得使销售利润 R 值达到最大的 P^*，进而可以求得 $Q^* = f(P^*)$，如图 3-21 所示。

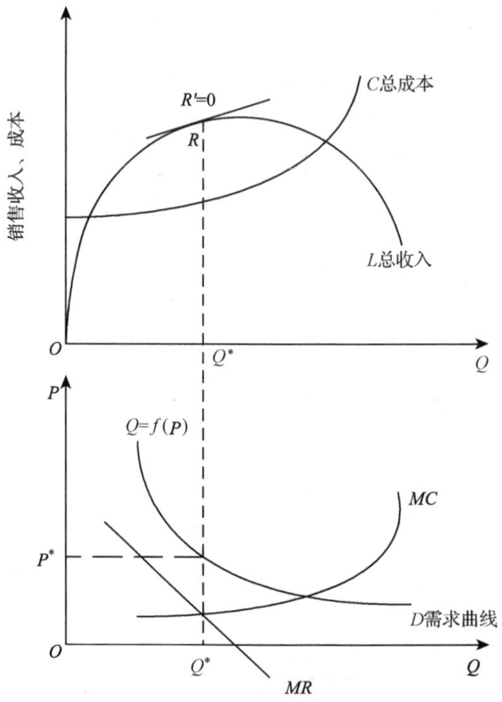

图 3-21 最大销售利润的价格决策

4. 价格优化决策应用举例

例 3-3　设某企业生产某种产品，全年生产能力为 13 万件，全年固定成本为 30 万元，每件产品变动成本为 5 元。根据市场形势变化和预测，不同价格与销售量之间的关系变化数对如表 3-3 所示。

表 3-3　不同价格与销售量之间的关系变化数对

项目	数值						
价格 P/元	40	35	30	25	20	15	10
预测销量 Q/万件	1	3	5	7	9	11	13

试对能使销售收入和销售利润达到最大值的价格做出决策。

解：由表 3-3 关系数对所作的价格与销售量的关系曲线如图 3-22 所示。

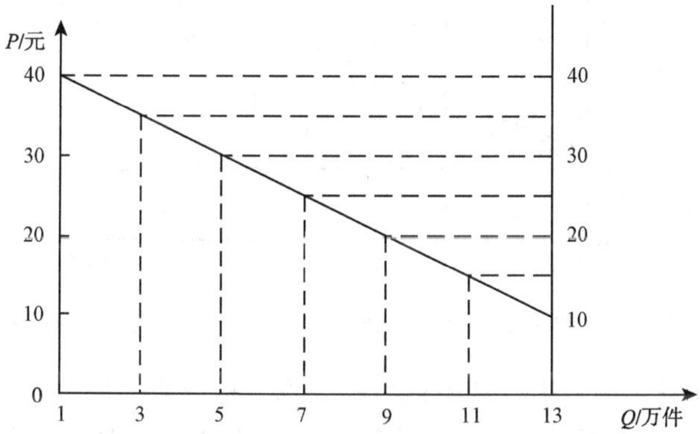

图 3-22　价格与销售量之间的关系

根据该企业全年固定成本及每件产品的变动成本数据，结合以销定产的计划产量，则不同产量的产品总成本计算公式为

$$C = F + V \cdot Q \tag{3-4}$$

由式（3-4）可以求得不同计划产量的总成本，进而计算出不同产量的平均单位成本、不同定价所获得的不同产品销售利润，列入表 3-4 中，即可从中选择最大收入点和最大利润点，将与其对应的价格作为最优的决策价格，对应的销售量作为最优的决策销售量。有关数据计算结果如表 3-4 所示。

表 3-4　销售价格、销售量、销售额、成本和利润的关系变化

项目	数值						
销售价格 P/元	40	35	30	25*	20*	15	10
销售量 Q/万件	1	3	5	7	9	11	13
总销售额 L/万元	40	105	150	175	180*	165	130
总成本 C/万元	35	45	55	65	75	85	95
平均单位成本 d/元	35	15	11	9.29	8.33	7.73	7.3
产品总利润 R/万元	5	60	95	110*	105	80	35

从表 3-4 中可以看出，就销售收入而言，最优的决策价格应为 P^*=20 元，这时的产品市场销售量为 Q^*=9 万件、销售额为 180 万元；就销售利润而言，最优的决策价格应为 P^*=25 元，对应的产品市场销售量为 Q^*=7 万件、销售额为 175 万元、总成本为 65 万元，而产品销售总利润可达 110 万元，是利润的最大值。再以图形进行描述，同样可做出相应决策，所作图形如图 3-23 所示。

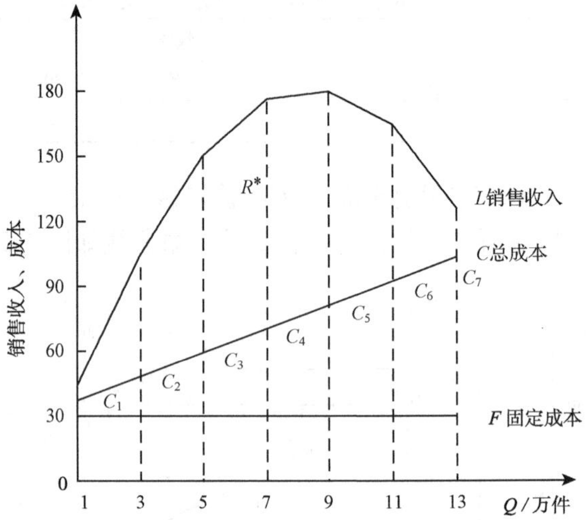

图 3-23　价格、销售量、销售额、成本和利润之间的关系

从图 3-23 可以看出，当销售利润最大时，既不是价格的最低点，也不是价格的最高点；既不是单位成本的最低点，也不是销售收入的最高点。所以，只有综合分析，才能确定出使销售利润达到最大的价格、产量和单位成本等。

结合本例，拟合需求曲线，进而运用需求曲线进行能使销售收入和销售利润达到最大值的价格决策，则完整的决策过程如下。

1）拟合需求曲线

根据表 3-4 中所列的价格与销售量之间的关系数对，其呈现出的是线性关系，运用最小二乘法可以拟合得到相应的需求曲线为

$$Q = -0.4P + 17$$

2）收入最大的价格决策

依据需求曲线，建立销售收入函数。由 $L = P \cdot Q$，则具体的销售收入函数为

$$L = P \cdot Q = P \cdot \left(-0.4P + 17\right) = -0.4P^2 + 17P$$

由 $L' = 0$，即

$$L' = (P \cdot Q)' = \left[P \cdot \left(-0.4P + 17\right)\right]' = \left(-0.4P^2 + 17P\right)' = -0.8P + 17 = 0$$

可以解得 $P^* = 17/0.8 = 21.25$（元）。将 $P^* = 21.25$ 代入 $Q = -0.4P + 17$，进而可以解得 $Q^* = -0.4 \times 21.25 + 17 = 8.5$（万件）。则与之相对应的最大销售收入为

$$L = P^* \cdot Q^* = 21.25 \times 8.5 = 180.625 \text{（万元）}$$

显然，通过拟合需求曲线模型，进而运用模型进行销售收入最大的价格决策，其效果要好于由表 3-4 和图 3-23 确定出的最大销售收入值。

3）利润最大的价格决策

依据需求曲线，建立销售利润函数。由 $R = L - F - V \cdot Q$，则具体的销售利润函数为

$$R = L - C = P \cdot Q - (F + V \cdot Q) = \left(-0.4P^2 + 17P\right) - \left[F + V \times \left(-0.4 \times P + 17\right)\right]$$

由 $R' = 0$，即

$$R' = \left(-0.4P^2 + 17P\right) - \left[F + V \times \left(-0.4 \times P + 17\right)\right]' = \left(-0.8P + 17\right) - \left[V \times \left(-0.4\right)\right] = 0$$

令 $MR = \left(-0.8P + 17\right)$ 和 $MC = \left[V \times \left(-0.4\right)\right]$，且 $MR = MC$，并将产品单位变动成本 $V = 5$ 代入，可以解得 $P^* = 19 / 0.8 = 23.75$（元）。将 $P^* = 23.75$ 代入 $Q = -0.4P + 17$，进而可以解得 $Q^* = -0.4 \times 23.75 + 17 = 7.5$（万件）。则与之相对应的最大销售利润为

$$R = L - C = \left(23.75 \times 7.5\right) - \left(30 + 5 \times 7.5\right) = 110.625 \text{（万元）}$$

同样，这一结果比由表 3-4 和图 3-23 确定出的最大利润值更为精确、更为有效并且更符合实际。上述计算过程中，在求取 $R' = 0$ 时，固定成本 F 因其为常数而为零，这表明产品最大销售利润的价格决策实际上与固定费用无关。

3.5 广告投入决策

在企业产品市场营销中，除产品销售价格外，4P 中非价格营销手段的主要内容，如广告费用投入、产品质量水平和销售网点配置等运用的决策，对促进产品销售也有极其重要的影响。依据非价格营销手段运用和其效应之间的关系变化趋势，相应的效应关系变化通常可以用线性函数、二次函数、高次方程和指数函数四种函数形式来描述。以广告费用投入为例，不同函数所对应的几何形状如图 3-24 所示。

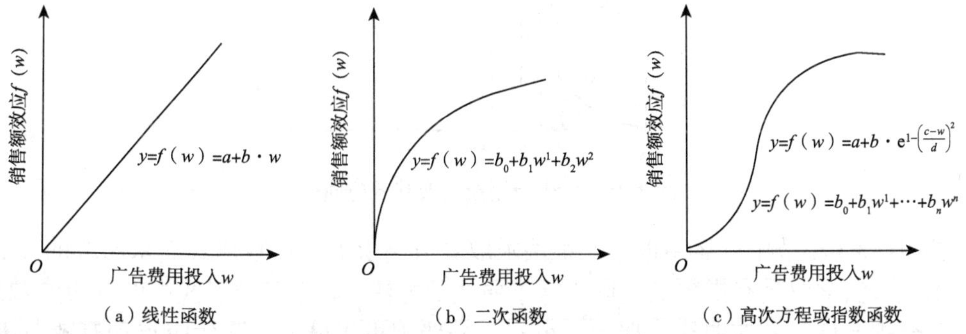

图 3-24 非价格营销手段效应曲线的不同形状

3.5.1 广告效应曲线拟合

最常用的广告费用投入，是根据过去或将来的销售额的一定比例来确定的。设 w 为所投入的广告费用，$Y = f(w)$ 为广告投入所产生的销售额效应曲线，依据与需求曲线拟

合的相同原理，在收集到一组不同的广告费用投入与销售额效应数对后，求出选定效应曲线中的待定常数后，即可完全确定出广告效应曲线模型。在上述四种效应曲线的几何形状中，随着广告费用的增加，其效应先递增、后递减，再趋于饱和是最符合实际的。这是因为当广告费用投入很少时，大部分消费者还察觉不到广告的影响，所以，这时广告投入产生的效应很小。但随着广告费用的增加，广告的规模经济性就会发生作用。例如，用 1 000 元在拥有读者 10 000 人的地方报纸上登广告，每 1 元的投入可影响 10 人。但如果用 50 000 元可在拥有读者 500 万人的全国性报纸上登广告，则每 1 元的投入可影响 100 人。所以，随着广告费用投入规模的增加，广告的效应就会递增；但当广告费用投入，继续增加超过一定的数额后，广告的效应又会递减（虽然销售额仍然在增加，但增加幅度越来越小）。这是因为广告的效应越来越接近饱和，容易接受广告宣传的消费者已经购买了这种产品，剩下的是那些不太愿意购买这种产品的人，广告对这些人就较难起作用了。

高次方程和指数函数模型与这种实际的广告投入效应变化趋势最相吻合，模型基本特征表示：一般情况下，当广告费用投入较少时，因尚未形成规模效应，故而会出现单位广告费用投入所产生的边际收益小于支出，即 $\Delta y<\Delta w$（或 $\Delta y/\Delta w<1$）；当广告费用投入达到一定规模时，收益与支出平衡，即 $\Delta y=\Delta w$（或 $\Delta y/\Delta w=1$）；而后，随着广告费用投入的增加，规模效应凸现，收益大于支出，即 $\Delta y>\Delta w$（或 $\Delta y/\Delta w>1$）；当广告费用投入继续增加所产生的效应趋于饱和时，其效应就会越过平衡点 $\Delta y=\Delta w$（或 $\Delta y/\Delta w=1$）后再度出现 $\Delta y<\Delta w$（或 $\Delta y/\Delta w<1$），这与广告费用投入现实情况基本一致，如图 3-25 所示。

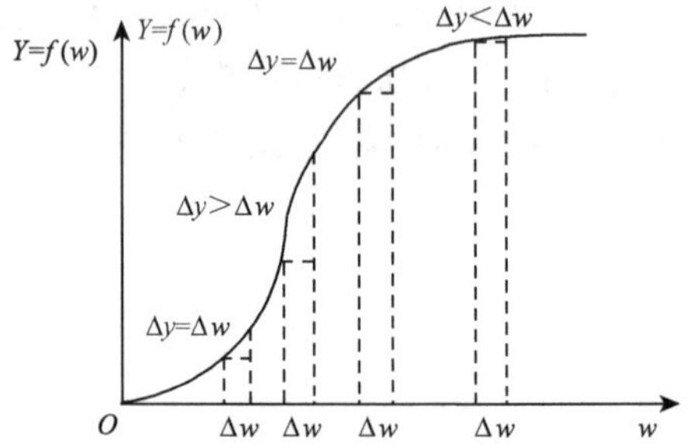

图 3-25　广告费用投入及其效应曲线

参照 3.3.3 小节中，运用最小二乘法求取具有高次方程函数形式需求曲线的方法，或运用代入法求取具有指数函数形式需求曲线的方法，确定函数形式中的待定常数后，即可完全拟合广告效应曲线。据此，可对广告费用投入最大边际效应点和有效范围做出决策。

3.5.2　最大边际效应决策

在广告效应曲线上，当 Δw 趋于充分小时，即有 $\lim\limits_{\Delta w\to 0}\dfrac{\Delta y}{\Delta w}=\dfrac{\mathrm{d}y}{\mathrm{d}w}=y'$。由此，$y'$ 反映

的是广告费用投入所产生的边际效应变动率。欲求广告费用投入所产生的最大边际效应点 w^*，可通过 $y''=0$ 解得。例如，设已求得具有指数函数形式的广告效应曲线为

$$y=f(w)=a+b\cdot \mathrm{e}^{1-\left(\frac{c-w}{d}\right)^2}$$

则只要令 $y=f(w)$ 的二阶导数为零，即

$$y''=f''(w)=b\cdot \mathrm{e}^{1-\left(\frac{w-c}{d}\right)^2}\left[4\left(\frac{w-c}{d^2}\right)^2-\frac{2}{d^2}\right]=0 \tag{3-5}$$

解得 w^* 值即可。

在式（3-5）中，$b\cdot \mathrm{e}^{1-\left(\frac{w-c}{d}\right)^2}$ 不可为零，只有当 $\left[4\left(\frac{w-c}{d^2}\right)^2-\frac{2}{d^2}\right]=0$ 时等式成立，据此即可解得 w^* 值，即由 $\left[4\left(\frac{w-c}{d^2}\right)^2-\frac{2}{d^2}\right]=0$，得 $(w-c)^2=\frac{d^2}{2}$，进而可以解得 $w^*=c\pm\frac{d}{\sqrt{2}}$。

3.5.3　有效投入范围决策

再进行广告费用投入增加能使 $\Delta y \geqslant \Delta w$ 的广告费用投入有效范围 $\left(w_1^*, w_2^*\right)$ 的决策。显然，在 w_1^* 和 w_2^* 处应有 $\Delta y/\Delta w=1$，即当 Δw 趋于充分小时，有

$$\lim_{\Delta w\to 0}\frac{\Delta y}{\Delta w}=\frac{\mathrm{d}y}{\mathrm{d}w}=y'=1$$

其几何意义如图 3-26 所示。仍以具有指数函数形式的广告效应曲线为例，则有

$$y'=f'(w)=b\cdot \mathrm{e}^{1-\left(\frac{w-c}{d}\right)^2}\left\{\frac{-2(w-c)}{d^2}\right\}=1$$

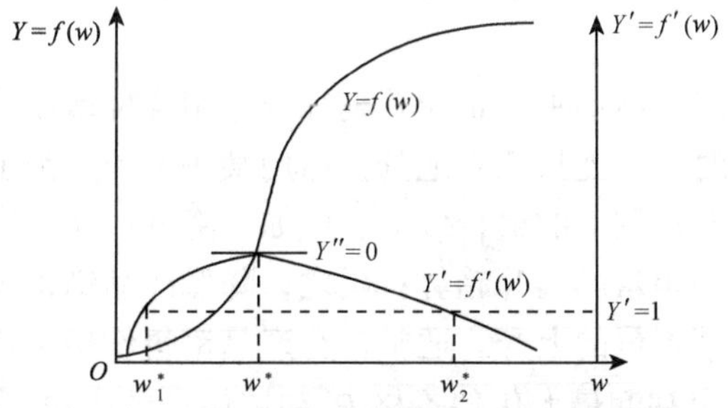

图 3-26　广告费用投入有效范围

为简化算法，令 $F(w)=y'-1$，运用数值解法——弦位法求解，计算公式为

$$w_1=w^*-\frac{(w_n-w^*)\cdot F(w^*)}{F(w_n)-F(w^*)},\quad i=1$$

$$w_i = w_{i-1} - \frac{(w_n - w_{i-1}) \cdot F(w_{i-1})}{F(w_n) - F(w_{i-1})},\quad i = 2,3,\cdots$$

当求得 w_i 使 $F(w_i) = y' - 1$ 足够小，如当 $F(w_i) \leqslant 10^{-5}$ 时，即可令 $w_2^* = w_i$ ；运用同样的方法，可以求得 $w_1^* = w_i$ ，弦位法求解过程如图 3-27 所示。

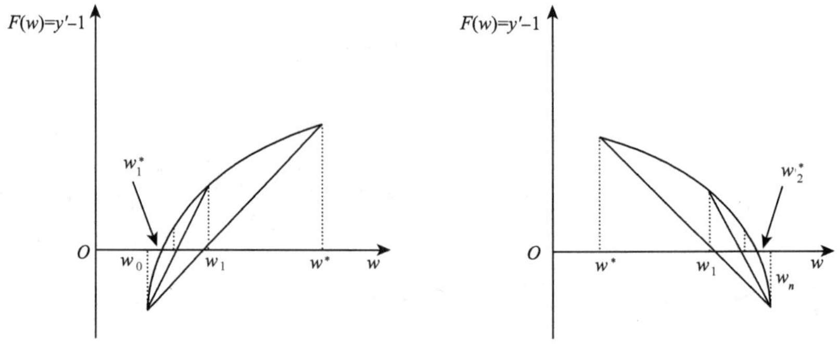

（a）w_1^*的弦位法求解过程　（b）w_2^*的弦位法求解过程

图 3-27　运用弦位法确定广告费用投入有效范围

由此，可以确定出广告费用投入应控制在 $\left(w_1^*, w_2^*\right)$。和广告费用投入所产生的效应一样，产品质量水平的提高和销售网点数量的增加，也能促进企业产品的市场销售，引起需求曲线的外移。产品质量水平和销售网点数量营销手段的运用都可转化为提高产品质量和增加销售网点所投入的费用，其效应曲线原理与广告效应曲线原理类似，通常可用高次方程或指数函数进行拟合。拟合出相应的效应曲线后，即可确定出为提高产品质量水平和增加销售网点数量单位费用投入增加所能产生最大边际效应的 u^* 、v^* 值及其费用的有效投入控制范围 $\left(u_1^*, u_2^*\right)$ 与 $\left(v_1^*, v_2^*\right)$。

3.6　营销手段组合决策

在实际的现代企业经营活动中，企业总是综合运用各种市场营销手段。所以，在具体的营销手段运用决策时，不能只孤立地分析运用某一市场营销手段的作用与影响，而应考虑各种营销手段综合作用下的组合效应。例如，降低产品销售价格，同时提高广告费用投入，可强化产品销售量的上升趋势；反之，降低产品销售价格，同时降低广告费用投入，则会淡化产品销售量的上升。通常，在产品销售价格优化决策中运用需求曲线模型确定出能使产品销售利润最大化的价格 P^* 和销售量效应 Q^* 后，增加非价格营销手段费用的投入，将会引起需求曲线的外移，在价格 P^* 不变的情况下，可提高产品市场销售量与销售额；反之，则会引起需求曲线的内移，在价格 P^* 不变的情况下，降低产品市场销售量与销售额，如图 3-28 所示。不同广告费用投入对需求曲线位移产生的影响及其与销售价格所形成的组合效应，如图 3-29 所示。

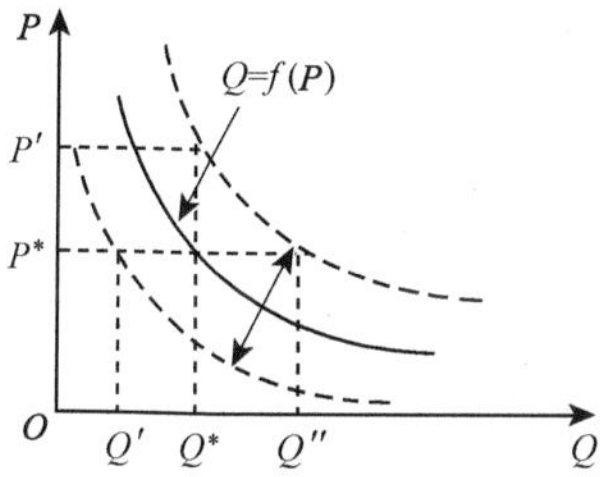

图 3-28　非价格促销手段的影响

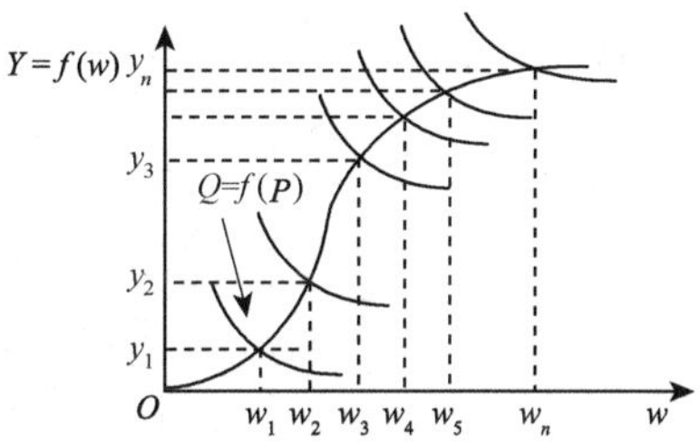

图 3-29　价格与非价格促销手段组合效应

3.6.1　需求曲线外移决策

组合决策时，设定各营销手段运用初值为 P^*、w^*、u^*和v^*，测算出产品市场销售量Q的值很有可能不再等于Q^*。此时，可将Q与能使产品销售利润达到最大的销售量Q^*相比较。若$Q<Q^*$，表明企业非价格营销手段运用尚不够强有力，此时，企业可依次增加广告费用投入、提高产品质量水平和扩大销售网点数量，以使需求曲线外移，直至$Q=Q^*$或$w=w_2^*$、$u=u_2^*$、$v=v_2^*$时为止，如图 3-30 所示。

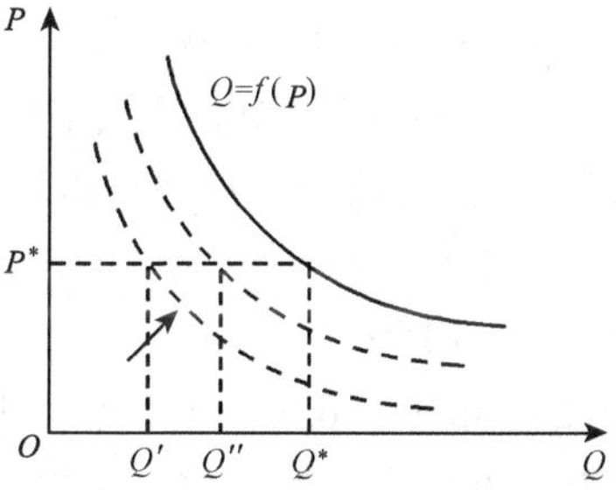

图 3-30　需求曲线的外移过程

3.6.2　需求曲线内移决策

反之，若$Q>Q^*$，表明企业非价格营销手段运用较强有力，需求曲线已向外产生了位移，同样的价格P^*时，企业可获得更多的产品市场销售量和销售额，在企业生产能力和其他经营条件许可的情况下，可以生产更多的产品投放市场。例如，受企业生产能力或其他经营条件限制，无法生产更多产品，则可依次减少广告费用、产品质量改进费用和网点配置费用的投入，降低企业经营费用，使需求曲线内移，直至$Q=Q^*$或$w=w_1^*$、$u=u_1^*$、$v=v_1^*$时为止。如果已经出现$w=w_1^*$、$u=u_1^*$、$v=v_1^*$时，仍有$Q>Q^*$，则可提高产品价格至P'，以提高单位产品的销售利润，如图 3-31 所示。

3.6.3　价格与广告组合决策

在 3.6.1 小节和 3.6.2 小节中，已经从图形上分析了非价格营销手段运用强度对需求曲线内移或外移产生的影响，根据分析原理，可进一步转化为模型的表述。

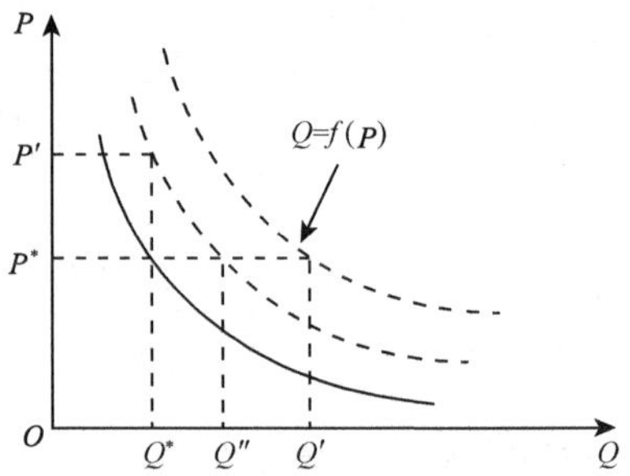

图 3-31　需求曲线的内移过程

假定已经以一定方法预测出了某一产品在某一经营周期的市场需求容量为 $x_{t*}=2\,300$ 万元。由价格与销售量效应关系数对可取需求曲线效应函数形式为

$$y=f(P)=a+b\cdot \mathrm{e}^{-\left(\frac{P}{c}\right)^2}$$

将价格与销售量效应关系数对（950，200%）、（1 150，100%）和（1 350，50%）代入上式，两边取对数后，确定式中的待定常数，可得具体表达形式为

$$y=f(P)=1\,120\times \mathrm{e}^{-\left(\frac{P}{740}\right)^2}$$

如果将价格 $P=1\,100$ 代入，可得相应的销售收入效应值为 122.9%。结合产品的市场需求容量预测值 $x_{t*}=2\,300$ 万元，代入计算即可得产品市场销售量为

$$Q=\frac{x_{t*}}{p_0}\cdot\frac{y}{y_0}=\frac{23\,000\,000}{1\,150}\times\frac{122.9}{100}=24\,580(\text{单位})$$

这时的销售收入 $L=1\,100\times 24\,580=27\,038\,000$（元），即 2 703.8 万元。同理，由广告费用投入与销售额效应关系数对可取广告投入效应函数形式为

$$f(w)=a+b\cdot \mathrm{e}^{1-\left(\frac{w}{c}\right)^2},\quad w>0$$

将广告费用投入增加占销售收入百分比与其所产生的销售收入增加占销售收入百分比效应关系数对（1%，1%）、（7%，15%）和（15%，25%）代入后有

$$f(w)=25-9.2\times \mathrm{e}^{1-\left(\frac{w}{6}\right)^2},\quad w>0$$

设周期广告费用投入增加 100 万元，约占销售收入 $L=2\,703.8$ 万元的 3.70%，即 w=3.70。代入上式计算可知相应的销售收入增加效应值为 7.90%。进而可得一定产品市场需求、一定价格水平和一定广告费用投入下的销售量计算公式为

$$Q'=\frac{x_{t*}+x_{t*}\cdot f(w)}{P_0}\cdot\frac{y}{y_0}=\frac{23\,000\,000\times(1+7.90\%)}{1\,150}\times\frac{122.9}{100}\approx 26\,522(\text{单位})$$

相应地，对应的销售收入（销售额）即为 $L=1\,100\times 26\,522\approx 29\,174\,200$（元），即 2 917.42 万元。通常，可取广告效应值 $w=w^*$ 折算成广告费用投入代入进行测算，并应将其取值变化控制在 $\left(w_1^*,w_2^*\right)$。价格与其他非价格营销手段运用组合决策原理与此相同。

3.7　竞争条件下的决策

市场经济的法则就是竞争的法则。在激烈的市场竞争条件下，除需考虑企业营销手段优化决策及组合决策外，企业产品市场营销手段综合运用所产生的组合效应还取决于竞争企业的市场促销努力程度。与竞争企业相比，只有当本企业的市场营销手段综合运用强度大于竞争企业时，才有可能获得较大的产品市场销售量和销售额。

3.7.1　对策矩阵的构建

在测算出竞争企业可能采取的各种营销手段强度后，企业应以不同的营销手段强度与之相比较。假设本企业的营销手段综合运用强度为 $a_i = \varphi(P_i, w_i, u_i, v_i)$，对应的组合效应为 $f(a_i)$，竞争企业的营销手段综合运用强度为 $b_j = \psi(P_j, w_j, u_j, v_j)$，对应的组合效应为 $f(b_j)$，则在竞争条件下，本企业组合效应比例可表示为

$$H(f(a_i), f(b_j)) = \frac{f(a_i)}{f(a_i)+f(b_j)} = \frac{f\left(\varphi\left(P_i, w_i, u_i, v_i\right)\right)}{f\left(\varphi\left(P_i, w_i, u_i, v_i\right)\right)+f\left(\psi\left(P_j, w_j, u_j, v_j\right)\right)}$$

式中，$H(f(a_i), f(b_j))$ 为连续型函数或离散型函数，也称为引力模型。

由于竞争企业营销手段运用的改变往往具有很大的突然性和不确定性，为提高企业竞争力，在激烈的竞争中处于主动地位，可采用对策论原理和方法对企业促销手段的运用做出决策。例如，在本企业的广告费用投入有效范围为 $\left(w_1^*, w_2^*\right)$，划分出若干个点，形成可供选择的 $w_1, w_2, \cdots, w_{m-1}, w_m$ 等不同策略；同样，竞争企业的广告费用投入形成为可供选择的 $y_1, y_2, \cdots, y_{n-1}, y_n$ 等不同策略。假定本企业和竞争企业除广告费用外的其他营销手段运用相同，变动成本 d 相同，且具有相同的需求曲线，则当本企业广告投入策略确定为 w_i、竞争企业广告投入策略确定为 y_j 时，本企业的广告效应比例为

$$h_i = \frac{f(w_i)}{f(w_i)+f(y_j)}$$

竞争企业的广告效应比例为

$$h_j = \frac{f(y_j)}{f(w_i)+f(y_j)}$$

而在本企业与竞争企业广告投入的共同作用下，销售额增长效应为 $h = f(w_i + y_j)$，则在产品市场需求额为 x_{t*} 条件下，广告投入所能形成的市场需求增量为 $\Delta x_{t*} = h \cdot x_{t*}$。依据引力模型计算所得的广告效应比例，以及本企业的产品销售额增加即为

$$\Delta L_i = \Delta x_{t*} \cdot h_i = \Delta x_{t*} \cdot \frac{f(w_i)}{f(w_i)+f\left(y_j\right)}$$

竞争企业的产品销售额增加为

$$\Delta L_j = \Delta x_{t*} \cdot h_j = \Delta x_{t*} \cdot \frac{f(w_i)}{f(w_i)+f(y_j)}$$

相应地，本企业销售利润增加额为

$$\Delta R_i = \Delta L_i - \frac{\Delta L_i}{P^*} \cdot d - w_i = \Delta x_{t*} \cdot \frac{f(w_i)}{f(w_i)+f(y_j)}\left(1-\frac{d}{P^*}\right) - w_i$$

同理，竞争企业销售利润增加额为

$$\Delta R_j = \Delta L_j - \frac{\Delta L_j}{P^*} \cdot d - y_j = \Delta x_{t*} \cdot \frac{f(y_j)}{f(w_i)+f(y_j)}\left(1-\frac{d}{P^*}\right) - y_j$$

以 $\Delta R_i = r(w_i, y_j)$ 作为本企业广告投入策略为 w_i、竞争企业广告投入策略为 y_j 时的对策值，则由此形成的对策矩阵即为

$$R(w_i,\ y_j) = \begin{array}{c|cccc} & y_1 & y_2 & \cdots & y_n \\ \hline w_1 & r(w_1,y_1) & r(w_1,y_2) & \cdots & r(w_1,y_n) \\ w_2 & r(w_2,y_1) & r(w_2,y_2) & \cdots & r(w_2,y_n) \\ \vdots & & & & \\ w_i & & \cdots & & \\ \vdots & & & & \\ w_m & r(w_m,y_1) & r(w_m,y_2) & \cdots & r(w_m,y_n) \end{array}$$

运用最大最小化决策准则和最小最大化决策准则求解该对策矩阵，若该决策矩阵有鞍点，即可确定出能使本企业销售利润增加额达到最大的最优广告费用投入值。若该决策矩阵不存在鞍点，则可运用最大最小化准则将对策转化成线性规划模型求解。

3.7.2 对策矩阵的求解

运用最大最小化决策准则和最小最大化决策准则即可对所构建的对策矩阵求解，确定出能使本企业收益最大的选择策略。对已构建的广告投入销售利润增加矩阵：

$$R(w_i,\ y_j) = \begin{array}{c|cccc} & y_1 & y_2 & \cdots & y_n \\ \hline w_1 & r(w_1,y_1) & r(w_1,y_2) & \cdots & r(w_1,y_n) \\ w_2 & r(w_2,y_1) & r(w_2,y_2) & \cdots & r(w_2,y_n) \\ \vdots & & & & \\ w_i & & \cdots & & \\ \vdots & & & & \\ w_m & r(w_m,y_1) & r(w_m,y_2) & \cdots & r(w_m,y_n) \end{array}$$

先求取本企业各个策略下的最小对策值和最大最小化的值，即

$$r_{w_1} = \min\left[r((w_1,y_1)), r((w_1,y_2)), \cdots, r((w_1,y_n))\right]$$

$$r_{w_2} = \min\left[r((w_2,y_1)), r((w_2,y_2)), \cdots, r((w_2,y_n))\right]$$

$$\cdots$$

$$r_{w_m} = \min\left[r((w_m,y_1)), r((w_m,y_2)), \cdots, r((w_m,y_n))\right]$$

和

$$R_w = \max\left(r_{w_1}, r_{w_2}, \cdots, r_{w_m}\right)$$

再求取竞争企业各个策略下的最大对策值和最小最大化的值，即

$$r_{y_1} = \max\left[r\left((w_1, y_1)\right), r\left((w_2, y_1)\right), \cdots, r\left((w_m, y_1)\right)\right]$$

$$r_{y_2} = \max\left[r\left((w_1, y_2)\right), r\left((w_2, y_2)\right), \cdots, r\left((w_m, y_2)\right)\right]$$

$$\cdots$$

$$r_{y_n} = \max\left[r\left((w_1, y_n)\right), r\left((w_2, y_n)\right), \cdots, r\left((w_m, y_n)\right)\right]$$

和

$$R_y = \min\left(r_{y_1}, r_{y_2}, \cdots, r_{y_n}\right)$$

如果 $R_w = R_y$，则称该对策矩阵具有鞍点，鞍点即处于 $R_w = R_y$ 值的位置上。对策问题具有最优解（最优策略），本企业的最优解即为 $R_w = w_i$ 值所对应的策略；竞争企业的最优解即为 $R_y = y_j$ 值所对应的策略，最优对策值即为 $R_w = R_y$。

如果 $R_w \neq R_y$，则称该对策矩阵没有鞍点，此时，最大最小化的值和最小最大化的值所对应的策略不是最优的。因而，本企业和竞争企业可通过选择不同的策略来改进竞争收益，在这种情况下，策略选择处于不断的变化中，对策是不稳定的。

由此，可运用混合策略的思想，即竞争中的每一方不是只确定一个策略，而是按照一组预定的概率来确定所有可供选择的策略，以求企业期望收益最大化。例如，设 $x_1, x_2, \cdots, x_{m-1}, x_m$ 为对应于本企业广告投入策略 $w_1, w_2, \cdots, w_{m-1}, w_m$ 的选择概率，显然有 $x_i \geqslant 0$ 和 $\sum_{i=1}^{m} x_i = 1$。由此，基于混合策略的企业期望收益最大化求解，仍以最大最小化决策准则为依据，则其表现形式为

$$\max_{x_i}\left\{\min\left(\sum_{i=1}^{m} r(w_i, y_1)x_i, \sum_{i=1}^{m} r(w_i, y_2)x_i, \cdots, \sum_{i=1}^{m} r(w_i, y_n)x_i\right)\right\}$$

$$\text{s.t.} \quad x_1 + x_2 + \cdots + x_m = 1$$

$$x_i \geqslant 0, i = 1, 2, \cdots, m$$

可以将该问题转化为线性规划形式，令

$$R = \min\left(\sum_{i=1}^{m} r(w_i, y_1)x_i, \sum_{i=1}^{m} r(w_i, y_2)x_i, \cdots, \sum_{i=1}^{m} r(w_i, y_n)x_i\right)$$

于是，最大最小化决策准则的问题转化成线性规划模型：

$$\max Z = R$$

$$\text{s.t.} \quad \sum_{i}^{m} r\left(w_i, y_j\right) x_i \geqslant R, \quad j = 1, 2, \cdots, n$$

$$x_1 + x_2 + \cdots + x_m = 1$$

$$x_i \geqslant 0, i = 1, 2, \cdots, m$$

为方便计算，假定 $R > 0$，用其除约束条件中的各式，有

$$r(w_1,y_1)\frac{x_1}{R}+r(w_2,y_1)\frac{x_2}{R}+\cdots+r(w_m,y_1)\frac{x_m}{R}\geqslant 1$$
$$r(w_1,y_2)\frac{x_1}{R}+r(w_2,y_2)\frac{x_2}{R}+\cdots+r(w_m,y_2)\frac{x_m}{R}\geqslant 1$$
$$\cdots$$
$$r(w_1,y_n)\frac{x_1}{R}+r(w_2,y_n)\frac{x_2}{R}+\cdots+r(w_m,y_n)\frac{x_m}{R}\geqslant 1$$
$$\frac{x_1}{R}+\frac{x_2}{R}+\cdots+\frac{x_m}{R}=\frac{1}{R}$$
$$\frac{x_i}{R}\geqslant 0, i=1,2,\cdots,m$$

再令 $X_i=\frac{x_i}{R}$，$i=1,2,\cdots,m$。因为

$$\max R\approx\min\frac{1}{R}=\min f(X)=X_1+X_2+\cdots+X_m$$

所以，转化成的线性规划模型最终形式为

$$\min f(X)=X_1+X_2+\cdots+X_m$$
$$\text{s.t.}\quad r(w_1,y_1)X_1+r(w_2,y_1)X_2+\cdots+r(w_m,y_1)X_m\geqslant 1$$
$$r(w_1,y_2)X_1+r(w_2,y_2)X_2+\cdots+r(w_m,y_2)X_m\geqslant 1$$
$$\cdots$$
$$r(w_1,y_n)X_1+r(w_2,y_n)X_2+\cdots+r(w_m,y_n)X_m\geqslant 1$$
$$X_i\geqslant 0, i=1,2,\cdots,m$$

运用单纯形法求得一组 X_i（$i=1, 2, \cdots, m$）的解后，再由式 $X_i=\frac{x_i}{R}$，即可还原得到所求策略选择的概率值为 $x_i=X_iR$，作为竞争条件下广告费用投入策略选择的依据。运用同样的原理，也可将竞争企业的策略选择构建成相应的线性规划模型，求解后即可得到各个策略选择的概率值。

思考题与习题

1. 影响企业产品市场销售的主要因素有哪些？它们相互间有怎样的联系？
2. 常用的需求曲线和非价格营销手段效应曲线拟合模型形式有哪几种类型？
3. 需求曲线大体上分为哪几种类型？价格弹性与销售收入之间有何种关系？
4. 利润最大化是企业追求的主要目标，但有时会暂时追求收入最大化，为什么？
5. 产品销售收入和销售利润最大化的价格决策与固定成本有无关系？为什么？
6. 产品市场销售量与市场容量（市场需求）有何关系，如何将两者联系起来？
7. 某种商品根据测算，其销售价格（元）和销售量效应（%）之间有如下关系数对：

（900，200），（1 100，100），（1 300，50）

试拟合出该产品需求曲线；并分别求出当该产品单位变动成本为 550 元，品种固定成本为 200 万元时，能使销售收入和销售利润达到最大的价格。

8. 以第 7 题拟合的需求曲线为基础，在已经求出可使销售利润达到最大的价格后，如果又已知市场容量为 2 500 万元，则该产品的市场销售量应为多少？

9. 某种商品广告费用投入所占销售额的百分比和销售额增加百分比数对如下：

（1%，2%），（7%，15%），（15%，25%）

试拟合出该商品的广告效应曲线。

10. 以第 9 题拟合的广告效应曲线为基础，结合第 8 题中已经求得的结果数据，确定当广告费用投入为销售额的 5%时，该产品的市场销售量应为多少？

第 4 章　生产优化决策

工业是实体经济的主体。习近平指出，工业是立国之本，我国是个大国，必须发展实体经济，不断推进工业现代化、提高制造业水平。在分析市场经济形势变化，预测企业产品市场需求，制定产品市场营销策略，运用各种市场促销手段优化决策，确定竞争条件下企业可望达到的产品市场销售量和用户批量订购量后，企业应依据以销定产的现代生产管理决策原则，生产出足够的产品投放市场和满足用户批量订购需要。然而，由于受企业内部各种现有生产资源（主要是设备生产能力）的制约和生产计划、作业计划制订的影响，在一定的决策时间范围内，企业产品数量不一定都能满足市场和用户需求，造成供货不足，形成销售损失，这对企业生产经营中的市场占有、资金运用、财务状况、企业声誉和经济效益等都会产生明显的影响。因此，企业如何充分考虑在自身生产经营条件和产品市场销售量的制约下，进行生产优化决策，加工出相应数量的产品投放市场，在满足市场和客户需求的同时，获取最大的经济收益，对提高我国工业企业现代化管理水平，做实做强做优实体经济，加快建设成为世界一流企业有着十分重要的现实意义。

4.1　单一产品的生产优化决策

为规避市场风险，提高企业的市场竞争力，除了一些生产产品比较特殊的企业外，大多数的现代企业一般均采用多产品生产，单一产品的生产并不多见。但是，单一产品的生产决策基本原理和分析方法，可以运用清晰的图形或模型简单明了地显现出来，并将其用于理解多个产品的生产决策与分析。

将竞争条件下企业可望达到的单一产品市场销售量和用户批量订购量合计设为Q，企业实际可供生产该产品的最大生产能力为b，在此生产能力下该产品的生产量为x。显而易见，当$x>Q$时，应取$x=Q$，这是因为市场对该产品的需求量为Q，若取$x>Q$，意味着供大于求，将会出现产销之间的不平衡而造成产品库存积压；若取$x<Q$，则供不应求会造成产品销售损失。例如，在最大生产能力b的限制下，必有$x<Q$时，则会出现生产能力无法满足生产量的需要，也会造成销售损失。在$x<Q$的情况下，甚至有可能会因生产批量太小而出现亏损。因此，必须运用单一产品的盈亏分析原理与方法，对$x<Q$时单一产品的生产与否等做出决策。

4.1.1　单一产品盈亏分析原理

边际贡献是运用盈亏分析原理，进行产品生产决策的一个十分重要的指标。通常，边际贡献又称为“边际利润”或“贡献毛益”等。

所谓边际贡献是指产品销售收入超过变动成本部分的金额。边际贡献通常有两种表现形式：一是单位产品的边际贡献（简称单位边际贡献），它是产品的单位销售价格减去该产品的单位变动成本；二是产品的品种边际贡献总额（简称品种边际贡献），它是某一产品的销售收入总额减去该产品的变动成本总额。计算公式分别为

单位边际贡献=单位产品售价−单位变动成本

品种边际贡献=销售收入总额−变动成本总额

或

品种边际贡献=单位边际贡献 × 产品销售量

例 4-1　某企业甲产品的销售价格为 30 元，单位产品的变动成本为 21 元，若已知该产品的产销量均为 1 000 件，求该产品的单位边际贡献和品种边际贡献各为多少？

解：（1）单位边际贡献=30−21=9（元）

（2）品种边际贡献=9 × 1 000=9 000（元）

从边际贡献的计算公式可以看出，单位边际贡献实际上包含两部分基本内容：一部分是单位产品中应当包含的固定成本；另一部分则是单位产品所能提供的利润，品种边际贡献也是如此。因此，在产品销售过程中，一定量的品种边际贡献首先用来弥补企业生产经营活动过程中所发生的固定成本总额，在弥补了企业所发生的所有固定成本后，如果有多余，才能构成企业的利润。这就有可能出现以下三种情况：

（1）当销售产品所提供的品种边际贡献刚好等于所发生的固定成本总额时，企业只能做到保本，即做到不盈不亏。

（2）当销售产品所提供的品种边际贡献小于所发生的固定成本总额时，不足以弥补固定成本总额，企业将会亏损。

（3）当销售产品所提供的品种边际贡献大于所发生的固定成本总额时，弥补固定成本后尚有盈余，企业将会盈利。

因此，品种边际贡献的实质所反映的就是产品为企业盈利所能做出的贡献大小，只有当产品销售达到一定的数量，并取得足够的产品销售收入后，所得的品种边际贡献才有可能弥补企业所发生的固定成本总额，为企业的盈利作贡献。产品盈亏、品种边际贡献与产品销售量之间的关系，如图 4-1 所示。

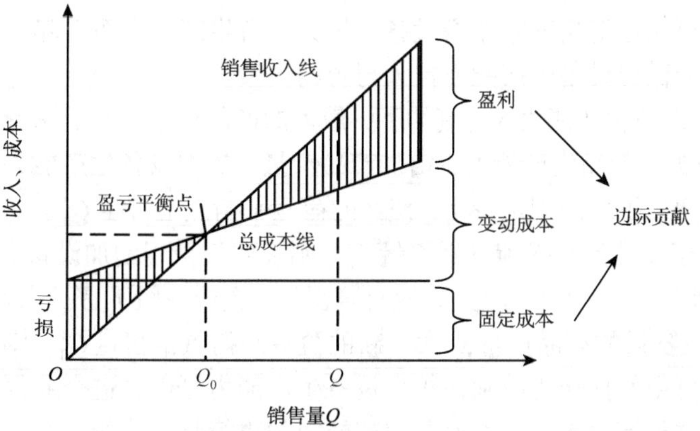

图 4-1　产品盈亏、品种边际贡献与产品销售量之间的关系

4.1.2　设备生产能力扩大决策

由图 4-1 可以看出，在一定的产品销售价格和单位变动成本下，当销售量较小时，产品销售出现亏损，但随着产品销售量的增加，亏损逐渐减少。当产品销售量达到 Q_0 时，销售收入和产品总成本持平，边际贡献等于固定成本，这时的产品销售不盈不亏，对应于 Q_0 的点就称为盈亏平衡点。再扩大产品销售量，产品销售开始出现盈利，且随着销售量的增加，盈利也将增加。所以，若产品生产量 x 小于可望达到的产品市场销售量 Q 时，应尽量增加产品产量至 Q，至少要大于盈亏平衡点的销售量 Q_0。企业影响产品生产量的因素很多，其中，生产设备是最主要的影响因素之一。如果因设备生产能力的限制而无法再增加产品生产量时，则应考虑扩大设备生产能力的可能性。

通常，可以设 Δb 为新增设备的生产能力，k 为设备负荷系数，k 的取值范围通常为 0~1，具体取值根据决策人员对设备的负荷要求而定。若 $Q-x \geqslant k \cdot \Delta b$，则认为新增设备可以得到充分利用，从设备负荷要求考虑，可以增加设备生产能力至 $b+\Delta b$。但在增添新设备后，必然会因此而发生新的设备折旧费用及其他一些相关的固定费用，引起产品总成本额的增加，使盈亏平衡点上升，如图 4-2 所示。

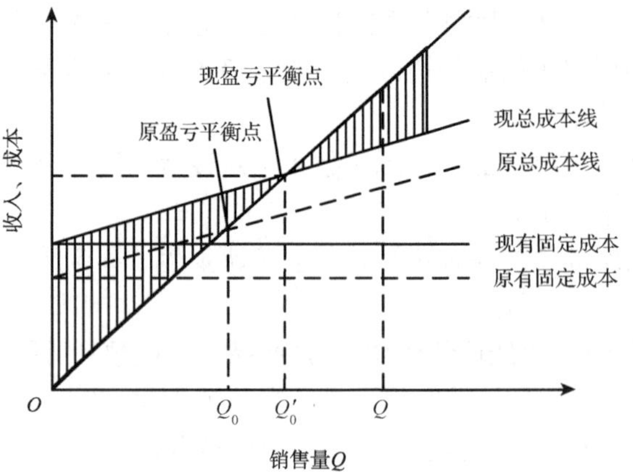

图 4-2　新增设备对盈亏平衡点的变化影响

所以，必须再从经济角度对新增设备、扩大设备生产能力而引起的盈亏变化情况进行具体分析，进而做出设备生产能力扩大与否的决策。

（1）若在原设备生产能力 b 的制约下，最大的产品产量 x 小于原盈亏平衡点销售量 Q_0，则必须考虑扩大产品生产能力，增加产品产量。扩大设备生产能力，在扩大产品产量至 x' 的同时，增加了新的固定费用，使新的盈亏平衡点上升至 Q_0'。如果新增设备后的产品产量 x' 仍小于新的盈亏平衡点销售量 Q_0'，则表明仅采用增加设备、扩大设备生产能力的措施无济于该产品的扭亏为盈，在这种情况下，企业一般不宜扩大设备的生产能力；但是，如果新增设备后的产品产量 x' 大于新的盈亏平衡点销售量 Q_0'，则表明增加产品产量后，产品销售可由亏损转为盈利，扩大设备生产能力可以改进企业经营状况、提高企业经济效益，在这种情况下，扩大设备生产能力的决策是可取的。

（2）若在原设备生产能力 b 的制约下，最大的产品产量 x 已经大于原盈亏平衡点销售量Q_0，但仍小于可望达到的产品市场销售量Q，则应将增加设备、扩大设备生产能力后的产品产量x'销售后所得的利润R'与原产量x销售后所得的利润R相比较。若$R'>R$，则可认为增加设备、扩大产品产量至x'是可取的，在获得较大产品销售利润的同时，还可尽可能地扩大产品销售量，提高市场占有率；反之，若$R'\leqslant R$，则认为增加设备无益于企业效益的提高，应维持企业原有的设备生产能力。

产品营销决策过程中，是在确定出以利润最大化为目标的最优价格P^*时，并结合其他非价格促销手段的运用，确定出了可望达到的产品市场销售量Q，对应的产品品种边际贡献为$(P^*-d)\cdot Q$，如图 4-3 中的矩形面积P^*bed。基于设备生产能力扩大与否决策，在维持企业原有设备生产能力不变、产品产量$x<Q$的情况下，若仍以价格P^*销售产品，将供不应求，导致产品的品种边际贡献损失为$(P^*-d)\cdot(Q-x)$，如图 4-3 中的矩形面积$abec$。所以，这时应依据需求曲线的反函数$P=\varphi(Q)$，提高产品销售价格至$P'=\varphi(x)$，提高单位产品边际贡献，使品种边际贡献由原来的P^*acd增加到$P'fcd$，对应的产品品种边际贡献为$(P'-d)\cdot x$，最大限度地减少品种边际贡献损失。提高产品销售价格，将会增大产品销售收入曲线的斜率，在企业成本不变的情况下，可降低产品销售盈亏平衡点。价格变动对盈亏平衡点的变化影响如图 4-4 所示。

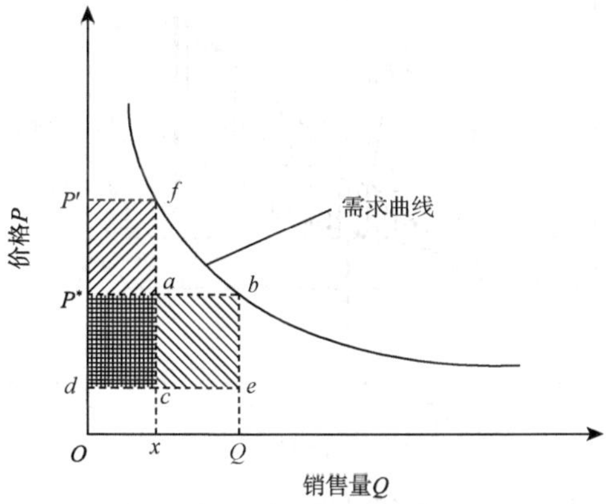

图 4-3　价格变动对边际贡献的影响

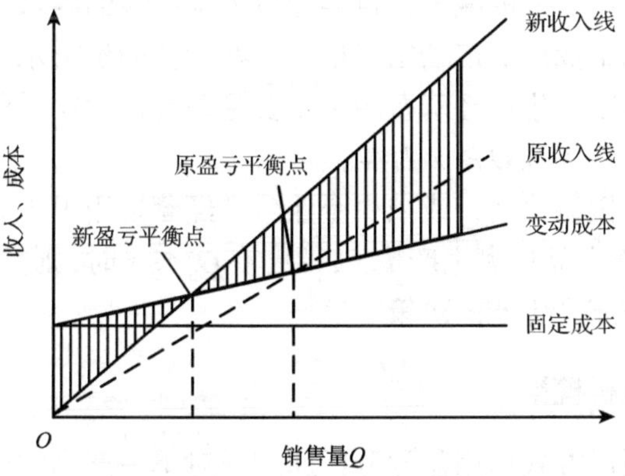

图 4-4　价格变动对盈亏平衡点的变化影响

4.1.3 产品生产与否确定决策

因受设备生产能力限制，产品最大产量 x 小于盈亏平衡点销售量 Q_0 时，产品销售将出现亏损。如果增加设备、扩大设备生产能力，产品最大产量增加至 x'，但因新的固定费用增加，导致盈亏平衡点变为 Q_0' 后，仍有新的产品产量 x' 小于新的盈亏平衡点 Q_0'，则依据盈亏平衡分析原理，扩大设备能力是不可取的。这时，可以考虑采用提高企业单位产品的销售价格，降低盈亏平衡点，或减少生产经营费用投入等措施，然后运用盈亏分析原理，对该产品的生产与否做出决策。

（1）提高单位产品价格的作用在于增大单位产品边际贡献，提高收入曲线斜率，降低产品销售盈亏平衡点。这样，销售同样的产品产量 x 就有可能转亏为盈，改善企业的经营状况。然而，销售价格的提高会影响到企业产品的市场销售量 Q，所以，价格提高的幅度不宜太大，应以保证 $Q \geqslant x$ 为准。

（2）减少生产经营费用（包括市场营销手段费用）的投入可使总成本线下移，在销售价格和销售收入不变的情况下，降低产品销售盈亏平衡点。从而，销售同样的产品产量 x 也有可能转亏为盈，如图 4-5 所示。

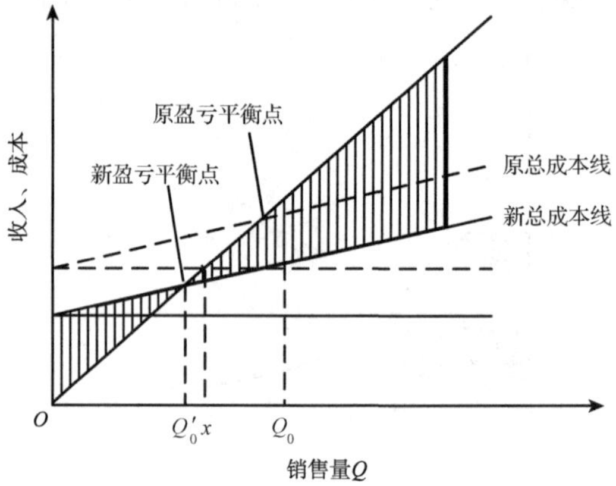

图 4-5　减少费用对盈亏平衡点的变化影响

但是，生产经营费用投入的减少，也会导致需求曲线的内移，降低企业产品的市场竞争能力，进而影响到企业产品市场销售量 Q，在同样的价格水平下，会降低产品销售量，如图 4-6 所示。所以，生产经营费用（主要是非价格营销手段费用）投入的减少幅度也不宜太大，同样应以保证 $Q \geqslant x$ 为准。

通过提高单位产品销售价格，或减少企业生产经营费用投入后，如果得到的新的盈亏平衡点销售量 Q_0' 小于产品最大生产量 x，即已有 $Q_0' \leqslant x$ 时，则生产这一产品是可取的。否则，就应做出停止该产品生产的决策。

4.1.4 单一产品盈亏分析模型

上面各小节通过图形方式运用盈亏分析原理，对单一产品的生产优化决策进行了介绍，但仅借助于图形方式，很难进行精确的量化分析。事实上，根据盈亏分析原理，可

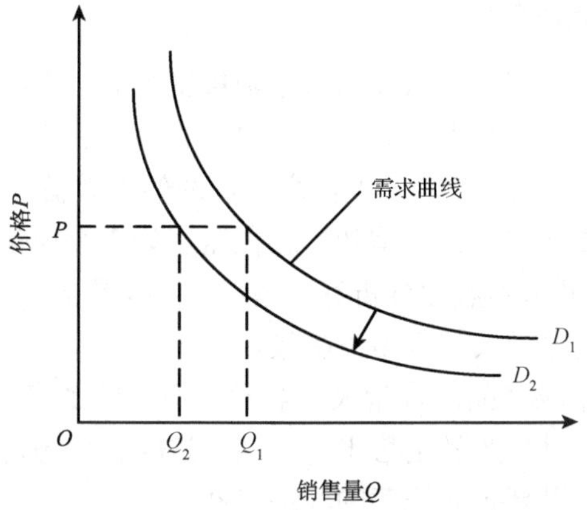

图 4-6　减少费用对产品销售量的影响

直接建立适合于计算机编程的单一产品盈亏分析模型，对单一产品生产过程中的设备能力扩大与否、产品生产停止与否等做出优化决策。

由有关计算公式可知：

销售收入=销售价格×销售量

即

$$L = P \cdot Q$$

总成本=固定成本+品种变动成本=固定成本+单位变动成本×销售量

即

$$c = F + d \cdot Q$$

销售利润=销售收入–总成本

即

$$R = L - c = P \cdot Q - F - d \cdot Q = (P - d) \cdot Q - F$$

据此即可建立盈亏分析模型，并进行相应的决策分析。

1. 盈亏平衡分析基本模型

所谓盈亏平衡就是指产品销售的不盈不亏，即产品利润为零的状态。令

$$R = (P - d) \cdot Q - F = 0$$

则有

$$Q = F/(P - d)$$

该式即为单一产品盈亏平衡分析基本模型。式中，Q 为盈亏平衡点销售量，通常记为 Q_0，上式也可用文字表达为

$$盈亏平衡点销售量 = \frac{固定成本}{单位边际贡献}$$

当实际产品销售量大于盈亏平衡点销售量 Q_0 时，产品销售将会盈利；而当实际产品销售量小于 Q_0 时，就会出现亏损。

2. 设备生产能力扩大决策

设企业产品在竞争条件下可望达到的市场销售量为 Q，盈亏平衡点销售量为 Q_0。如果 $Q < Q_0$，则该产品亏损，无须生产。反之，如果 $Q > Q_0$，则在企业拥有足够的设备生产能力情况下，应尽可能地增加产量，以提高企业的经济效益。当然，产品产量的增加，不能超越 Q，否则，将会造成产大于销和产品积压。如果企业设备生产能力不足，导致产品最大产量 $x < Q$ 时，可运用盈亏分析基本模型，依据是 $x< Q_0<Q$ 还是 $Q_0< x <Q$ 两种不同情况，对设备生产能力扩大与否做出决策。

若 $x< Q_0 < Q$，即当市场产品需求量大于盈亏平衡点的销售量，而实际产品最大产量小于盈亏平衡点的销售量时，产品销售出现亏损。这时，应考虑通过增加设备、扩大设备生产能力来弥补亏损，提高企业经营的经济效益。

例 4-2　某企业生产 A 产品，每件销售价格为 5 万元，单位变动成本为 3 万元，固定成本为 220 万元，市场销售量预计为 150 件，但产品最大产量为 100 件。若增加设备，可将设备生产能力扩大到 150 件，但固定成本将增加 50 万元。问是否应扩大设备生产能力？

解：本例中，市场销售量 $Q = 150$ 件，$P = 5$ 万元，$d = 3$ 万元，产品最大产量 $x = 100$ 件，$F = 220$ 万元，增加设备后的最大产量 $x' = 150$件，$\Delta F = 50$ 万元。代入盈亏平衡点销售量计算公式：

$$Q_0 = \frac{F}{P-d} = \frac{220}{5-3} = 110\text{（件）}$$

显然，由于 $x < Q_0$，所以，产品销售将出现亏损。又由于 $Q_0 < Q$，所以，可以考虑增加设备，扩大设备的生产能力。

增加设备后，新的盈亏平衡点销售量为

$$Q_0' = \frac{F+\Delta F}{P-d} = \frac{220+50}{5-3} = 135\text{（件）}$$

由于 $x' > Q_0'$，所以，扩大设备生产能力，增加产品产量，销售将转亏为盈，扩大设备生产能力是可取的。

若 $Q_0 < x < Q$，即当市场产品需求量大于盈亏平衡点的销售量，同时实际产品最大产量也大于盈亏平衡点的销售量，但小于可望达到的市场销售量时，产品产量 x 的销售已经获利。在这种情况下，仍可运用盈亏分析模型，通过增加设备、扩大设备生产能力前后的销售利润比较，做出是否扩大设备生产能力的决策。

例 4-3　在例 4-2 中，假定原有最大产品产量为 150 件，增加设备后可使最大产品产量达到 200 件，固定成本增加 120 万元，市场销售量预计为 200 件，其他条件不变，问是否应扩大设备生产能力？

解：本例中，市场销售量为 $Q = 200$ 件，$x = 150$ 件，$F = 220$ 万元，$P = 5$ 万元，$d = 3$ 万元，增加设备后的最大产量为 $x' = 200$ 件，$\Delta F = 120$ 万元。代入分析模型后，有

$$Q_0 = \frac{F}{P-d} = \frac{220}{5-3} = 110\text{（件）}$$

显然，由于 $x > Q_0$，所以，产品销售已经可以盈利，利润额为

$$R=(P-d)\cdot(x-Q_0)=(5-3)\times(150-110)=80\text{（万元）}$$

但又由于$Q_0<x<Q$，所以可以考虑增加设备，扩大设备生产能力，比较增加设备前后的产品销售效益。

增加设备后的各有关数据为$x'=200$件，$F'=220+120=340$（万元），$P=5$万元，$d=3$万元，代入分析模型后有

$$Q_0'=\frac{F'}{P-d}=\frac{340}{5-3}=170\text{（件）}$$

利润额为

$$R'=(P-d)\cdot(x'-Q_0')=(5-3)\times(200-170)=60\text{（万元）}$$

由于$R>R'$，显然，扩大设备生产能力是不合时宜的，企业效益反而会下降。

3. 提高产品销售价格决策

增加设备、扩大设备生产能力会增加相应的固定成本，影响产品销售利润的增加。在$x<Q$，而扩大设备生产能力又不足以提高企业经济效益的情况下，产品生产会出现供不应求，产品销售量Q无法实现，在这种情况下，可以考虑提高产品销售价格P。由分析模型可以看出，销售价格P值增大，将使盈亏平衡点销售量Q_0值变小，同样的产品产量x，将会获得更多的利润。但是，提高产品销售价格将会影响产品市场销售量，所以，产品销售价格P值的提高，应控制在使$Q\geqslant x$的范围内。

例 4-4　某企业生产 A 产品，最大产量为 500 台，单位变动成本为 20 元，固定成本为 6 000 元，如果销售价格由 40 元提高到 50 元，产品仍能全部售出，试计算提价后的利润增加额。

解：由分析模型可以计算出提价前的盈亏平衡点销售量为

$$Q_0=\frac{F}{P-d}=\frac{6\,000}{40-20}=300\text{（台）}$$

提价后的盈亏平衡点销售量为

$$Q_0'=\frac{F}{P'-d}=\frac{6\,000}{50-20}=200\text{（台）}$$

则提价前的利润额为

$$R=(P-d)\cdot(x-Q_0)=(40-20)\times(500-300)=4\,000\text{（元）}$$

提价后的利润额为

$$R'=(P'-d)\cdot(x-Q_0')=(50-20)\times(500-200)=9\,000\text{（元）}$$

提价后的利润净增额为

$$\Delta R=R'-R=9\,000-4\,000=5\,000\text{（元）}$$

由于$R'>R$，显然，提高销售价格后，降低了盈亏平衡点销售量，提高了企业效益。

4. 压缩固定成本总额决策

从分析模型中可以看出，压缩固定成本F值，也可降低盈亏平衡点，使盈亏平衡点销售量变小，以同样的产品产量x，获得较大的利润额。但是，压缩固定成本（包括市

场营销手段费用）会引起需求曲线内移，在价格不变的情况下，降低产品销售量。所以，压缩固定成本幅度，也应控制在能使 $Q \geqslant x$ 的范围内。

例 4-5 某企业生产 A 产品，最大产量为 500 台，单位销售价格为 60 元，单位变动成本为 40 元，固定成本由 8 000 元压缩为 6 000 元。试计算固定成本压缩后的利润增加额。

解：压缩固定成本前后盈亏平衡点的销售量和利润额分别计算如下：

压缩前盈亏平衡点销售量为

$$Q_0 = \frac{F}{P-d} = \frac{8\,000}{60-40} = 400 \text{（台）}$$

压缩后盈亏平衡点销售量为

$$Q_0' = \frac{F'}{P-d} = \frac{6\,000}{60-40} = 300 \text{（台）}$$

则压缩前的销售利润额为

$$R = (P-d)\cdot(x-Q_0) = (60-40)\times(500-400) = 2\,000 \text{（元）}$$

压缩后的销售利润额为

$$R' = (P-d)\cdot(x-Q_0') = (60-40)\times(500-300) = 4\,000 \text{（元）}$$

压缩后的利润净增额为

$$\Delta R = R' - R = 4\,000 - 2\,000 = 2\,000 \text{（元）}$$

由此可见，在产品产量不变的条件下，固定成本由 8 000 元压缩到 6 000 元，使盈亏平衡点销售量由原来的 400 台降低到 300 台，从而使利润额由原来的 2 000 元提高到 4 000 元。

综上所述，根据单一产品盈亏分析模型，计算出扩大设备生产能力、提高产品销售价格、压缩固定成本总额前后的产品销售利润变化，就可对企业产品生产做出优化决策。

4.2 多种产品的组合优化决策

在现代企业的实际生产经营活动中，由于市场竞争日趋激烈，消费需求变化加快，产品寿命周期缩短，所以，大多数企业都实行多品种生产，以适应市场快速变化的需要。这些产品的生产也会受到市场需求量、竞争企业数、设备生产能力、人员生产能力、经营资金数量等多种因素制约。本节将探讨如何运用线性规划和目标规划决策模型，在市场竞争条件下最有效地利用企业现有资源，拟定多品种产品生产组合备选方案，结合产品市场销售量，确定出企业最佳的产品生产组合方案，并为产品生产作业计划的科学制订奠定基础。

4.2.1 多产品组合优化决策模型

已被广泛应用于现代企业单一目标多品种产品生产组合备选方案的决策模型，称为线性规划模型，主要由目标函数、约束条件和变量的非负性组成，具体表现形式为

$$
\begin{aligned}
&\max\ f(x)=c_1x_1+c_2x_2+\cdots+c_nx_n\\
\text{s.t.}\quad &a_{11}x_1+a_{12}x_2+\cdots+a_{1n}x_n\leqslant(=,\geqslant)b_1\\
&a_{12}x_1+a_{22}x_2+\cdots+a_{2n}x_n\leqslant(=,\geqslant)b_2\\
&\cdots\\
&a_{i1}x_1+a_{i2}x_2+\cdots+a_{in}x_n\leqslant(=,\geqslant)b_3\\
&x_1\leqslant Q_1\\
&x_2\leqslant Q_2\\
&\cdots\\
&x_n\leqslant Q_n\\
&x_j\geqslant 0,(j=1,2,\cdots,n)
\end{aligned}
$$

上述模型中，各有关表达式的经济意义如下。

1. 目标函数

目标函数 $\max\ f(x)=c_1x_1+c_2x_2+\cdots+c_nx_n$，即要求在一定的条件下，求各类产品生产并被销售后边际贡献之和的最大值。其中，x_j 为决策变量，即为所要确定的各类产品的生产量；c_j 为价值系数，即各类产品的单位边际贡献。在目标函数中，价值系数之所以不取产品单位销售利润，是因为以产品单位销售利润为目标函数进行产品组合决策，以此确定产品取舍决策，决定往往会得出错误的结论。

例如，某企业产销甲、乙、丙三种不同产品，甲产品年盈利额为 5 000 元，乙产品亏损额为 2 000 元，丙产品盈利额为 1 000 元，合计后企业共盈利 4 000 元。这三种产品的销售量、销售价格和单位变动成本等有关资料，如表 4-1 所示。

表 4-1　三种产品的销售量、销售价格及成本资料　　单位：元

产品名称	甲产品	乙产品	丙产品
销售量	1 000	500	400
销售价格	20	60	25
单位变动成本	9	46	15
固定成本总额	18 000　（按各类产品销售额比例分摊）		

根据上述资料对各类产品进行销售收入总额、边际贡献总额、固定成本分摊总额及品种销售利润等的计算，计算结果如表 4-2 所示。

表 4-2　不同产品的固定成本分摊与销售利润计算　　单位：元

产品名称	甲产品	乙产品	丙产品	合计
销售收入总额	20 000	30 000	10 000	60 000
变动成本总额	9 000	23 000	6 000	38 000
边际贡献总额	11 000	7 000	4 000	22 000
固定成本分摊	6 000	9 000	3 000	18 000
品种销售利润	5 000	−2 000	1 000	4 000

从表 4-2 中可以看出，如果依照产品销售利润决定产品生产与否，根据计算结果将会做出取消乙产品生产的决策。然而，由于企业固定成本总额为 18 000 元，不论乙产品生产与否，总是要发生的。如果决定乙产品停产，则原来由它所负担的固定成本 9 000 元，将转由甲、丙两产品分别承担，重新计算后的结果如表 4-3 所示。

表 4-3　生产产品种减少对企业经营成果的影响　　单位：元

产品名称	甲产品	丙产品	合计
销售收入总额	20 000	10 000	30 000
变动成本总额	9 000	6 000	15 000
边际贡献总额	11 000	4 000	15 000
固定成本分摊	12 000	6 000	18 000
品种销售利润	−1 000	−2 000	−3 000

新的计算结果表明，把原来有 7 000 元边际贡献的乙产品停产，不但失去了可以补偿固定成本的部分边际贡献，而且把由乙产品负担的固定成本转嫁给了甲、乙两产品承担，其结果反而造成整个企业的全面亏损。所以，在多品种产品生产组合决策时，不是只看产品产销是否亏损，而是要对亏损产品进行深入分析，要看亏损产品是否能够提供边际贡献，若还能提供边际贡献，企业生产能力足够，就不应停产。实际上，企业固定成本总额在相对产品数量、相对决策时间范围内通常是不变的，在产品生产组合优化决策中属无关成本，无须加以考虑。因此，在多品种产品生产组合备选方案决策模型中，其目标函数的价值系数 c_j 应为单位产品的边际贡献，以此作为产品生产取舍决策的依据。

2. 约束条件

$$
\text{s.t.}\quad \begin{aligned}
&a_{11}x_1 + a_{12}x_2 + \cdots + a_{1n}x_n \leqslant (=,\geqslant) b_1\\
&a_{12}x_1 + a_{22}x_2 + \cdots + a_{2n}x_n \leqslant (=,\geqslant) b_2\\
&\cdots\\
&a_{i1}x_1 + a_{i2}x_2 + \cdots + a_{in}x_n \leqslant (=,\geqslant) b_3
\end{aligned}
$$

约束条件为

$$
\begin{aligned}
x_1 \quad\quad\quad &\leqslant Q_1\\
x_2 \quad\quad &\leqslant Q_2\\
\cdots\quad &\\
x_n &\leqslant Q_n
\end{aligned}
$$

$$
x_j \geqslant 0,\ (j = 1,2,\cdots,n)
$$

为求取目标函数 $f(x)$ 最大时给定的各种制约条件，通常分为两大部分：第一部分属于企业内部的各种条件限制，如设备生产能力、人员生产能力、流动资金数量和计划达到的优质产品率、出口创汇率、工业总产值和销售利税率等，各约束条件右端用 b_i 表示；第二部分属于企业外部的限制，主要是综合考虑市场需求变化、竞争企业促销手段运用和本企业促销手段运用等条件影响下企业可望达到的产品市场销售量，在模型中通常用

Q_j 表示。第二部分的制约条件也是以销定产这一重要现代管理决策理念的体现。

3. 非负性约束

$x_j \geqslant 0$ 称为非负性约束，表示各类产品生产量最小为零。

4.2.2　两种产品的生产优化决策

如果企业仅生产两种产品，则可以用图解法或计算法进行产品生产组合方案优化决策。只生产两种产品的企业也并不多见，但两种产品生产组合方案优化决策的图解法，可将生产组合方案优化决策内涵、原理及其过程直观地显现出来，这将有助于对超过两种产品的企业生产组合方案优化决策的求解过程——单纯形法的理解。

例 4-6　某企业准备用甲、乙两台设备生产 A、B 两种产品。据测算，生产一件 A 产品在甲、乙两台设备上的加工时间分别为 2 小时和 3 小时，生产一件 B 产品在甲、乙两台设备上的加工时间分别为 4 小时和 2 小时。甲、乙两台设备每月可分别开动 180 小时和 150 小时，市场销售量没有限制。如果 A 产品的单位边际贡献为 40 元，B 产品的单位边际贡献为 50 元，固定成本总额为 1 000 元。试问该企业应如何安排这两种产品的生产方案才能获得最大的利润，其最大利润值为多少？

解：由题意，建立该问题的决策模型为

$$
\begin{aligned}
\max\quad & f(x) = 40x_1 + 50x_2 \\
\text{s.t.}\quad & 2x_1 + 4x_2 \leqslant 180 \\
& 3x_1 + 2x_2 \leqslant 150 \\
& x_1, x_2 \geqslant 0
\end{aligned}
$$

对于这个问题，图解法和计算法的求解过程分别介绍如下。

1. 图解法

首先，根据各约束条件确定两种产品生产组合的可行域。形成的可行域如图 4-7 所示。

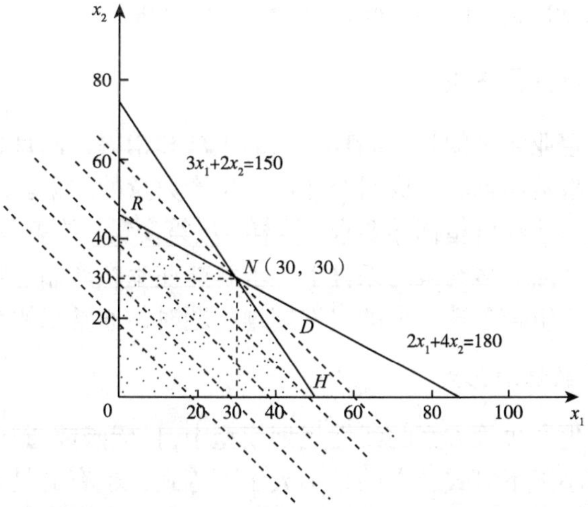

图 4-7　两种产品生产组合的优化决策

其次，可令目标函数等于某一设定的常数，$f(x)=40x_1+50x_2=c$（c 即为设定的常数），在图形的可行域中确定目标函数所对应的直线 D。

最后，将目标函数直线 D 向背离原点方向平行推出，直至推进到可行域的顶点 N，此顶点即为 A、B 两产品生产的最佳组合点，从图 4-7 中可以看出对应点的 $x_1=30$（件），$x_2=30$（件）。这时，A、B 两产品生产所耗用时间既不超过甲、乙两台设备规定的生产时间，又可使利润值最大，达到 $R=40\times30+50\times30-1\,000=1\,700$（元）。

2. 计算法

首先，求 $2x_1+4x_2=180$ 与 $3x_1+2x_2=150$ 两条直线的交点。具体求法是将两式联立成方程组后，求方程组的解。本例交点即为 $x_1=30$ 和 $x_2=30$。

其次，判断最佳组合点，设两个约束方程的一般表达式为

$$a_{11}x_1+a_{12}x_2\leqslant b_1$$

$$a_{21}x_1+a_{22}x_2\leqslant b_2$$

若以上两式化成等式方程并联立后，求得的解如果满足 $x_1\geqslant0$，$x_2\geqslant0$，则两条直线的交点必定在第一象限。这时，最佳产品生产组合点的判断方法如下：

（1）若目标函数中的价值系数比值 c_1/c_2，在两个约束方程中对应约束系数比值 a_{11}/a_{12} 和 a_{21}/a_{22} 之间，则求得的联立方程组的解即为两产品最佳组合点。

（2）若目标函数中的价值系数比值 c_1/c_2，存在 $c_1/c_2>a_{11}/a_{12}>a_{21}/a_{22}$，则其最佳组合点必在 x_1 轴上，组合点为 $H(b_1/a_{11},0)$，即 $x_1=b_1/a_{11}$，$x_2=0$。

（3）若目标函数中的价值系数比值 c_1/c_2，存在 $c_1/c_2<a_{21}/a_{22}<a_{11}/a_{12}$，则其最佳组合点必在 x_2 轴上，组合点为 $R(0,b_2/a_{21})$，即 $x_1=0$，$x_2=b_2/a_{21}$。

在例 4-6 中，因为 $c_1/c_2=40/50=4/5, a_{11}/a_{12}=2/4=1/2, a_{21}/a_{22}=3/2$，比较可得 $a_{11}/a_{12}<c_1/c_2<a_{21}/a_{22}$，即价值系数比值 c_1/c_2 在两个约束系数比值之间，又因为两直线的交点坐标满足 $x_1\geqslant0,x_2\geqslant0$，所以，该交点即为最佳的组合点。

最后，再求最大利润值。将最佳组合点 $x_1=30$ 和 $x_2=30$ 代入求取利润值的计算公式即可，即 $R=40\times x_1+50\times x_1-1\,000=40\times30+50\times30-1\,000=1\,700$（元）。

4.2.3　多种产品的生产优化决策

由于大多数现代企业实施的是多品种产品的生产和销售，而且企业各种资源大多都是有限的，每一种有限资源都将形成对企业产品生产数量的约束。另外，还要考虑市场需求量的限制及其他一些经济指标的要求。这样，决策变量、约束条件都将不只是两个，而是多个。在这种多产品、多约束的条件下，求解能使生产产品边际贡献最大或生产产品成本最小的最佳生产组合备选方案的线性规划问题时，通常采用单纯形法。

1. 线性规划模型的标准形式

在一个确定企业生产决策方案的线性规划模型中，目标函数通常是要求实现最大化，约束条件中有的是不小于不等式，有的是不大于不等式，也有的是等式。为了便于求解和分析，先要把各约束条件中的不等式约束转化成等式约束的标准形式，具体方法如下：

在“≤”号约束的方程左边引进一个虚拟的、非负的松弛变量 x_{n+i}，或在“≥”号约束的方程左边减去一个虚拟的、非负的剩余变量 x_{n+i}，就可把不等式变成等式。这样，对不等式约束的线性规划模型的求解，就可变成对下面标准形式的线性规划模型的求解。

$$\max\ f(x)=c_1x_1+c_2x_2+\cdots+c_nx_n+0\cdot x_{n+1}+\cdots+0\cdot x_{n+i}+\cdots+0\cdot x_{n+m+n}$$

$$\text{s.t.}\ \begin{cases} a_{11}x_1+a_{12}x_2+\cdots+a_{1n}x_n\pm x_{n+1}=b_1 \\ a_{21}x_1+a_{22}x_2+\cdots+a_{2n}x_n\pm x_{n+2}=b_2 \\ \cdots \\ a_{m1}x_1+a_{m2}x_2+\cdots+a_{mn}x_n\pm x_{n+m}=b_i \\ x_1+x_{n+m+1}=Q_1 \\ \cdots \\ x_n+x_{n+m+n}=Q_n \end{cases}$$

$$x_j\geqslant 0,(j=1,2,\cdots,n+m+n)$$

求解上述已经转化成标准形式线性规划问题的基本思路如下：

（1）问题的解首先应满足约束方程组。在约束方程组线性无关的前提下，如果决策变量数等于或小于约束方程数，则约束方程组只有唯一解或无解。否则，满足约束方程组的解有无穷多个。在所有这些解中，满足目标函数最大化的解，即为线性规划问题的解。

（2）约束方程组中 x_j 的系数组成系数列向量，其分量数为 $m+n$，即系数列向量是 $m+n$ 维向量。因此，选定 $m+n$ 个线性无关的决策变量系数向量可作为 $m+n$ 维空间的基向量，相应的 $m+n$ 个决策变量称为基变量，其余的决策变量称为非基变量。当非基变量赋以零值时，这组基变量有唯一解，若各分量均大于或等于零，则称为基本可行解。

（3）基本可行解并不能都保证目标函数最大化，若将某一非基变量从目前的零值改为大于零的值，这组基变量的值将起变化。将这一非基变量转化为基变量，而原有基变量中的某一个将转化为取值等于零的非基变量，目标函数值也随之改变。非基变量的取值每增加一个单位，各基变量的取值将相应减少，这将会引起目标函数值的变化。如果该非基变量增加一个单位所引起的目标函数值（边际贡献）的变化大于其他基变量减少所引起的目标函数值（边际贡献）的变化，则表示将此非基变量作为基变量对提高效益是有利的。

（4）由于非基变量增加而引起的其他各基变量的减少是不一样的，为了保证基变量取值不小于零，随着非基变量值增大而首先等于零的基变量，可以换出成为非基变量。

（5）经过基变量与非基变量的换进换出变化后，目标函数值（边际贡献）会有所增加。按此过程循序调整，一直进行到所有非基变量从零增加一个单位后，都将会使目标函数值减小或不再增加时，就得到了线性规划问题的最大化解，即产品生产组合的最佳方案。

2. 线性规划模型的初始基本可行解

如上所述，在求解线性规划模型时必须选定一组基变量，这组基变量的系数列向量是线性无关的，且当非基变量取零值时，选定的这组基变量的值必须不小于零，方可作为基本可行解。然后通过基变量的换出换进，逐步逼近最优解。要确定一组初始基变量，可以考虑选取每个约束方程中引入的虚变量作为基变量。具体地，对“≤”的约束方程，为使其标准化而引入了松弛变量，其系数为+1，即该松弛变量的系数列向量是单位向量，可以选定为初始基变量；对已是“=”的标准化约束方程，直接加上一个人工变量，其系数也为+1，即该人工变量的系数列向量是单位向量，可以选定为基变量，在求取目标函数最大化的表达式中，给定此变量的系数是一个充分小的数 $-M$（ M 为一充分大的正值），这样，人工变量目标函数的负效应贡献使它不可能进入最优解；对“≥”的约束方程，为使其标准化而引入了剩余变量，其系数为–1，不能满足可行性约束条件，所以，可以考虑再加上一个系数为+1 的人工变量，作为基变量，在目标函数中作与“=”约束时的处理方法一样，给定一个充分小的 $-M$ 作为这一人工变量的系数。这样，可以很容易地得到一个由 $m+n$ 个单位列向量构成的 $m+n$ 维空间矩阵，与各系数+1 对应的决策变量即为初始基变量。

生产组合决策模型的约束方程经过上述处理后，不失一般性，可写成下列形式：

$$
\begin{aligned}
&a_{11}x_1 + a_{12}x_2 + \cdots + a_{1n'}x_{n'} + x_{n'+1} &&= b_1 \\
&a_{21}x_1 + a_{22}x_2 + \cdots + a_{2n'}x_{n'} \qquad + x_{n'+2} &&= b_2 \\
&\cdots \\
&a_{m1}x_1 + a_{m2}x_2 + \cdots + a_{mn'}x_{n'} \qquad\qquad + x_{n'+m} &&= b_m \\
&\quad x_1 \qquad\qquad\qquad\qquad\qquad\qquad + x_{n'+m+1} &&= Q_1 \\
&\cdots \\
&\qquad\qquad\qquad\quad x_{n'} \qquad\qquad\quad + x_{n'+m+n} &&= Q_n \\
&x_j \geqslant 0 (j = 1, 2, \cdots, n'+m+n)
\end{aligned}
$$

式中，$x_{n'+1}, x_{n'+2}, \cdots, x_{n'+m+n}$ 即为初始基变量，它们的取值分别为

$$x_{n'+1} = b_1,\ x_{n'+2} = b_2, \cdots, x_{n'+i} = b_i, \cdots, x_{n'+m+n} = Q_n$$

即为初始基本可行解。

例 4-7　设有线性规划模型如下：

$$
\begin{aligned}
\max\ & f(x) = 4x_1 + x_2 \\
\text{s.t.}\ & 3x_1 + x_2 = 3 \\
& 4x_1 + 3x_2 \geqslant 6 \\
& x_1 + 2x_2 \leqslant 3 \\
& x_1,\ x_2 \geqslant 0
\end{aligned}
$$

试确定该线性规划模型的初始基本可行解。

解：对“≥”的约束方程引进剩余变量 x_3，对“≤”的约束方程引进松弛变量 x_4，首先将约束条件转化成均为“=”约束的标准形式，即

$$
\begin{aligned}
3x_1 + x_2 \qquad\qquad &= 3 \\
4x_1 + 3x_2 - x_3 \quad &= 6 \\
x_1 + 2x_2 \qquad - x_4 &= 3 \\
x_1, x_2, x_3, x_4 &\geqslant 0
\end{aligned}
$$

其次在第一个方程中加入人工变量 x_5，在第二个方程中加入人工变量 x_6，而在第三个方程中，因 x_4 是引入的松弛变量，系数已经为+1，所以，不必再加入其他新变量。由此，约束条件方程组转化为

$$
\begin{aligned}
3x_1 + x_2 + x_5 &= 3 \\
4x_1 + 3x_2 - x_3 + x_6 &= 6 \\
x_1 + 2x_2 - x_4 &= 3 \\
x_1, x_2, x_3, x_4, x_5, x_6 &\geqslant 0
\end{aligned}
$$

式中，x_4、x_5、x_6 即为初始基变量，它们的取值分别为 $x_4 = 3$、$x_5 = 3$ 和 $x_6 = 6$，即为初始基本可行解。初始基变量对应的系数列向量构成一个三维空间矩阵。通常，为了分析方便，可将 x_4 改为 x_7。引入剩余变量、松弛变量和人工变量后，目标函数也要作相应的修改。修改后的标准形式为

$$
\begin{aligned}
\max f(x) &= 4x_1 + x_2 + 0 \cdot x_3 - Mx_5 - Mx_6 + 0 \cdot x_7 \\
\text{s.t.}\quad 3x_1 + x_2 + x_5 &= 3 \\
4x_1 + 3x_2 - x_3 + x_6 &= 6 \\
x_1 + 2x_2 + x_7 &= 3 \\
x_1, x_2, x_3, x_5, x_6, x_7 &\geqslant 0
\end{aligned}
$$

3. 线性规划模型最优解的求解方法

运用单纯形法求取线性规划模型最优解的原理：先列出初始单纯形表，然后根据解题的基本思路，用最优性条件判断目标函数是否还有改进的可能。如果还能改进，则选取能使目标函数有最大改进的非基变量作为换入变量，再用可行性条件，选出被替换后能使各 x_j 都不小于 0 的基变量作为换出变量，并使换入变量列与换出变量行交叉处的系数为+1，进而通过迭代消去单纯形表中除换入变量列与换出变量行交叉处的系数外这一列的其他所有系数，即使这些系数均为零。这样，一次迭代变换即算完成，此时已经求得了使目标函数有所改进的另一个基本可行解。

按照上述方法，依次下去，一直进行到目标函数 $f(x)$ 中不再有能改进其函数值的非基变量为止，这时的基本可行解即为最优解。将此最优解代入目标函数 $f(x)$，即可求得最优值，具体的求解过程如下。

1）列出初始单纯形表

例 4-7 中的线性规划模型，已经转化成含有初始基变量的形式，以此为基础，形成单纯形初始解表的格式如表 4-4 所示。

表 4-4　求解线性规划模型的单纯形初始解表

基变量	$f(x)$	x_1	x_2	x_3	x_5	x_6	x_7	解
$f(x)$	(0)	−4	−1	0	M	M	0	0
x_5	0	3	1	0	1	0	0	3
x_6	0	4	3	−1	0	1	0	6
x_7	0	1	2	0	0	0	1	3

表 4-4 中，目标函数中各变量的价值系数都改变了符号，这相当于将原目标函数等号右边的方程移到了左边，即 $f(x)-4x_1-x_2+0\cdot x_3+Mx_5+Mx_6+0\cdot x_7=0$。这样，在单纯形表的迭代过程中，当基变量为某一确定的值，同时要消去该变量所在列的 $f(x)$ 方程中的系数时，右端解的值即为此时的目标函数值。例如，在初始单纯形表中，x_5、x_6、x_7 为基变量，这时应消去 $f(x)$ 方程中 x_5 和 x_6 的系数 M，使对应于 x_5、x_6 的列中除行列交叉处的系数为+1 外其余均为零。为此，只要把对应于 x_5 的第一个约束方程和对应于 x_6 的第二个约束方程各乘以（$-M$）加到目标函数行即可。迭代后的结果如表 4-5 所示。

表 4-5 基变量在 $f(x)$ 中的系数消为零后的初始解表

基变量	$f(x)$	x_1	x_2	x_3	x_5	x_6	x_7	解
$f(x)$	(0)	$-4-7M$	$-1-4M$	$+M$	0	0	0	$-9M$
x_5	0	3	1	0	1	0	0	3
x_6	0	4	3	−1	0	1	0	6
x_7	0	1	2	0	0	0	1	3

当基变量 $x_5=3$、$x_6=6$、$x_7=3$ 时，$f(x)=-9M$。由于表 4-5 仅仅是对 $f(x)$ 方程中基变量 x_5 和 x_6 的系数 M 进行了消除处理，尚未应用最优性条件和可行性条件对换入变量、换出变量进行选择，也尚未对整张单纯形表格进行迭代运算，所以，表 4-5 仍仅为初始单纯形表，为求解目标函数最大化的单纯形运算做好了准备。

2）确定换入变量

初始单纯形表列出后，可根据最优性条件从非基变量中确定出一个换入变量。对求最大化（最小化）的线性规划模型而言，最优性条件是指从单纯形表的 $f(x)$ 方程中选取一个具有负（正）的最多的系数的变量作为换入变量，这相当于在原目标函数 $f(x)$ 方程中选取一个具有正（负）的最多的系数的非基变量作为换入变量。若有几个非基变量的系数相同且为负（正）的最多时，则可任选其中的一个。如果在 $f(x)$ 方程中再也找不出具有负（正）的系数的变量时，即已取得了最优解，求解过程结束。在本例中是求最大值，初始单纯形表内 $f(x)$ 方程中 x_1 的系数（$-4-7M$）负的最多，所以，x_1 作为换入变量。

3）确定换出变量

换入变量确定后，可再根据可行性条件从基变量中确定出一个换出变量。无论是求最大化的线性规划模型还是最小化的线性规划模型，可行性条件都是先求出单纯形表中解的列向量的各个分量与换入变量的约束系数列向量中大于零的对应分量比值，然后通过比较，再将对应于最小比值的基变量作为换出变量；若有几个比值相同且均为最小时，则可任选其中的一个。在上述单纯形表中，基变量 x_5、x_6 和 x_7 解的列向量的各个分量分别为 3、6 与 3，与换入变量 x_1 的约束系数列向量中大于零的对应分量 3、4 和 1 之比值分别为 1、1.5 与 3，比较这些比值，其中对应于基变量 x_5 的比值最小，所以，x_5 作为换出变量。

4）单纯形表的迭代

换入换出变量确定后，则在单纯形表中对应于换出变量的方程称为主方程。主方程中对应于换入变量的系数称为主元。若主元不等于 1 时，可将主方程中的各个变量系数及解列中的值除以主元，使主元转化为 1。然后使用消元法消去换入变量系数列向量中除主元外的所有其他元素，使它们变为零。这样，也就完成了一次完整的迭代。

5）确定最优解

一次迭代完成后，可用最优性条件对单纯形表中 $f(x)$ 方程进行检验。如果在 $f(x)$ 方程中，仍存在负（正）的系数，则可重复从"2）"开始的计算过程，直到 $f(x)$ 方程中所有的系数都不小于（不大于）零时为止。这时，即已取得了线性规划模型的最优解，整个求解过程结束。运用单纯形法求解例 4-7 模型的全部运算过程如表 4-6 所示。

表 4-6　单纯形法的运算过程

基变量	$f(x)$	x_1	x_2	x_3	x_5	x_6	x_7	解
$f(x)$	(0)	$-4-7M$	$-1-4M$	$+M$	0	0	0	$-9M$
x_5	0	[3]	1	0	1	0	0	$3(\div 3=1)$
x_6	0	4	3	-1	0	1	0	$6(\div 4=1.5)$
x_7	0	1	2	0	0	0	1	$3(\div 1=3)$
$f(x)$	(1)	0	$(1-5M)/3$	M	$(4+7M)/3$	0	0	$4-2M$
x_1	0	1	$1/3$	0	$1/3$	0	0	$1(\div 1/3=3)$
x_6	0	0	$[5/3]$	-1	$-4/3$	1	0	$2(\div 5/3=6/5)$
x_7	0	0	$5/3$	0	$-1/3$	0	1	$2(\div 5/3=6/5)$
$f(x)$	(2)	0	0	$1/5$	$8/5+M$	$-1/5+M$	0	$18/5$
x_1	0	1	0	$1/5$	$3/5$	$-1/5$	0	$3/5$
x_2	0	0	1	$-3/5$	$-4/5$	$3/5$	0	$6/5$
x_7	0	0	0	1	1	-1	1	0

经过两次迭代后，单纯形表中 $f(x)$ 方程的所有变量系数均已不小于零，所以，此时的线性规划模型已经取得最优解，组成了一个最佳产品生产组合方案，其值分别为 $x_1^*=3/5$ 和 $x_2^*=6/5$，对应于最佳产品生产组合方案的最优值即为 $f^*(x)=18/5$。

含有更多决策变量和约束条件的线性规划模型的求解过程与此相同。

4.2.4　多产品生产设备调整决策

用单纯形法确定的多品种产品生产组合决策方案是在一定的企业生产能力，尤其是设备生产能力制约下形成的。与单一产品的生产决策一样，在很多情况下，即使市场对本企业的产品需求量很大，但没有足够的设备生产能力可供使用，会造成企业产品的供不应求，致使企业产品销售遭受损失。因此，在产品最佳生产组合方案确定后，还应结合企业产品可望达到的市场销售量，及时地对设备生产能力扩大与否等进行调整决策。

1. 设备生产能力扩大与否决策

当用于生产某类产品的设备 i 生产能力不足时，可以考虑扩大设备生产能力。设 Δb_i 为设备 i 的新增生产能力，k 为期望负荷系数，由决策人员确定，将由决策模型求得，且用设备 i 生产的产品最优解 x_j^* 与该产品可望达到的市场销售量 Q_j 相比较，对所有 $x_j^* < Q_j$，且当 $\sum a_{ij} \cdot (Q_j - x_j^*) \geqslant k \cdot \Delta b_j$ 时，即可认为新增设备 i 的生产能力 Δb_i 可以得到充分利用，从设备利用率的角度来看，扩大设备 i 生产能力至 $b_i' = b_i + \Delta b_i$ 是可取的。

进而，还需从对企业经济效益影响变化的角度，对扩大设备生产能力与否进行更为深入的分析，求出新的最优解，再进行效益间的比较。运用最优化后的灵敏度分析原理，不失一般性，重行确定设备生产能力增加后最优解 x'^* 值的模型计算形式表示为

$$x'^* = \begin{bmatrix} a'_{11} & a'_{12} & \cdots & a'_{1m} \\ \cdots & & & \\ a'_{i1} & a'_{i2} & \cdots & a'_{im} \\ \cdots & & & \\ a'_{m1} & a'_{m2} & \cdots & a'_{mm} \end{bmatrix} \begin{bmatrix} b_1 \\ \vdots \\ b'_i \\ \vdots \\ b_m \end{bmatrix} = \begin{bmatrix} x'^*_1 \\ \vdots \\ x'^*_i \\ \vdots \\ x'^*_m \end{bmatrix}$$

式中，矩阵为对应于单纯形初始解表中基变量，在最优解表中的系数矩阵。将增加设备前后求得的最优解 x^* 和 x'^* 分别代入目标函数，求得对应的 $f(x^*)$ 和 $f(x'^*)$，并从 $f(x'^*)$ 中扣除设备增加费用。若增加设备后的企业效益大于增加前的企业效益，则可认为增加设备 i 的生产能力是可取的。否则，可做出不增加设备 i 的生产能力的决策。

2. 设备不变时的价格调整决策

与此相反，当 $\sum a_{ij} \cdot (Q_j - x_j^*) < k \cdot \Delta b_i$ 时，表明新增设备 i 的生产能力 Δb_i 无法得到充分利用，设备利用率低于预期的负荷系数，增加设备 i 将是不适宜的。或是尽管已有 $\sum a_{ij} \cdot (Q_j - x_j^*) \geqslant k \cdot \Delta b_j$，但重新确定新的最优解 x'^* 后，企业效益反而下降了，此时将会做出不再增加设备 i 的生产能力的决策。在这种情况下，若仍以价格 P_j^* 销售产品，每种产品品种的边际贡献将由原来的 $(P_j^* - d_j) \cdot Q_j$ 减少为 $(P_j^* - d_j) \cdot x_j^*$，造成边际贡献损失为 $(P_j^* - d_j) \cdot (Q_j - x_j^*)$，所以，应依次提高各个产品的销售价格。依据不同产品各自的需求曲线，将产品销售价格从 P_j^* 提高至 P_j'，使边际贡献提高为 $(P_j' - d_j) \cdot x_j^*$，弥补了边际贡献 $(P_j' - P_j^*) \cdot x_j^*$，可最大限度地减少边际贡献损失，如图 4-8 所示。

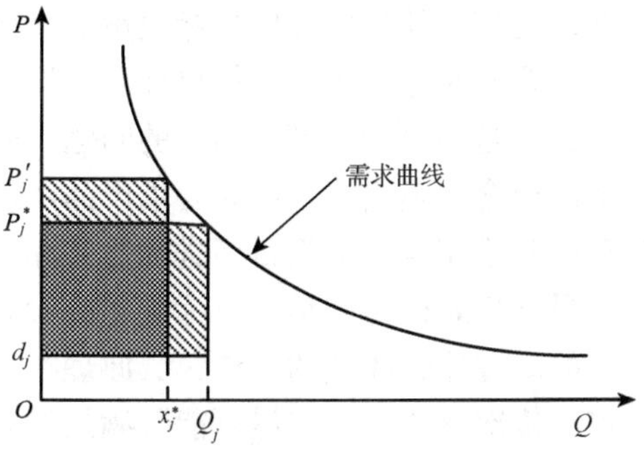

图 4-8　价格和销售量变动对边际贡献的影响

在做出增加设备、扩大设备生产能力决策时，由于设备生产能力变化属紧密性变化，即约束条件右端可供资源变化的约束，由线性规划模型固有的性质可知，会影响到最优解的可行性。所以，应确定出使解的可行性保持不变时 Δb_i 的变化范围。可以证明，由

$$\begin{bmatrix} x_1^* \\ \vdots \\ x_i^* \\ \vdots \\ x_m^* \end{bmatrix} = \begin{bmatrix} a'_{11} & a'_{12} & \cdots & a'_{1m} \\ \cdots & & & \\ a'_{i1} & a'_{i2} & \cdots & a'_{im} \\ \cdots & & & \\ a'_{m1} & a'_{m2} & \cdots & a'_{mm} \end{bmatrix} \begin{bmatrix} b_1 \\ \vdots \\ b'_i \\ \vdots \\ b_m \end{bmatrix} = \begin{bmatrix} a'_{11} & a'_{12} & \cdots & a'_{1m} \\ \cdots & & & \\ a'_{i1} & a'_{i2} & \cdots & a'_{im} \\ \cdots & & & \\ a'_{m1} & a'_{m2} & \cdots & a'_{mm} \end{bmatrix} \begin{bmatrix} b_1 \\ \vdots \\ b_i + \Delta b_i \\ \vdots \\ b_m \end{bmatrix} \geqslant \begin{bmatrix} 0 \\ \vdots \\ 0 \\ \vdots \\ 0 \end{bmatrix}$$

解出 Δb_i 变化范围即可。式中，$b'_i = b_i + \Delta b_i$。

另外，决策模型的建立是以产品单位边际贡献为目标函数中的价值系数、固定成本在相对产品生产数量范围内保持不变等为条件的。生产设备的增加，必然会引起相应的固定成本增加。在确定新增设备负荷 k 值时，实际上就已经考虑到了对这部分新增固定成本支出的补偿。在 $\sum a_{ij} \cdot (Q_j - x_j^*) \geqslant k \cdot \Delta b_j$ 的情况下，进而对增加设备前后的企业效益进行比较分析，可做出更加准确的判断。通常，也可将新增设备所取得的产品边际贡献增量 ΔG 和新增设备所引起的固定成本增量 ΔF 相比较。若 $\Delta G > \Delta F$，表明在决策期内新增设备取得的收益就已大于支出，设备的增加提高了企业的整体效益，增加设备是有利的；反之，则表明在决策期内的收益只能部分地补偿新增设备所引起的固定成本增加，但不能因此而简单地做出否定扩大设备生产能力的决策。这是因为设备的投入将作用于以后若干个经营周期，企业经营成本核算，也并不是将增加设备的固定成本一次性地计入产品成本的，而是以折旧的方式在以后的各个经营期内逐期摊入的。所以，正确的决策应是将决策期内的收益、摊入成本的折旧及以后若干个经营周期内的市场需求形势变化等结合起来进行考虑的。

4.3　多目标产品组合优化决策

线性规划模型应用于现代管理决策科学，研究最早，发展最成熟，应用最广泛。在现代企业生产经营活动和工程项目设计中，经常会面临一些需要决策的问题，当只考虑

单个主要决策目标时，线性规划模型就是处理单目标决策优化行之有效的方法。但在现实生活中，一些决策问题往往要同时考虑多个决策目标，而这些目标之间又常常是不协调的，甚至是相互矛盾的，这就是多目标决策所面临的问题。而其中又以多目标线性规划较为普遍。例如，企业生产组合方案决策中同时要求产品产量高、消耗低和质量好等多个目标。由于同时要对多个互不相容的决策目标进行优化和分析，所以用传统的线性规划模型很难解决问题，而目标规划模型则是多目标优化决策分析的一种有效方法，也是解决多目标线性规划问题的一种比较成熟的方法，其原理在于依据各个不同决策目标的重要性，赋予不同的权重，依次寻找一个“尽可能”满足所有决策目标的解，而不是绝对满足这些决策目标的值。

4.3.1　目标规划模型的表达形式

为了圆满地解决实际中遇到的相互矛盾的多目标优化决策问题，需要引入目标偏差变量 d_i^+ 、d_i^- 和优先等级因子，在通常的线性规划模型基础上，建立起以相关偏差变量之和最小为目标的新的目标函数，从而得到目标规划的模型，进而应用单纯形法求解。

例 4-8　设有两种产品都要经过两道工序的加工，有关资料如表 4-7 所示。

表 4-7　两种产品的有关资料

边际贡献/（元/单位）		甲产品	乙产品	工序能提供的能力
		6	4	小时
产品加工需要的工序能力/（小时/单位）	工序 1	2	1	100
	工序 2	1	1	80
市场销售量限值（单位）		不限	70	

现要求确定这两种产品的最佳生产组合方案，即生产数量 x_1 和 x_2 ，使总的边际贡献有最大值。

若把上述问题归结为线性规划模型，则其模型表达形式为

$$
\begin{aligned}
\max\ & f(x) = 6x_1 + 4x_2 \\
\text{s.t.}\ & 2x_1 + x_2 \leqslant 100 \\
& x_1 + x_2 \leqslant 80 \\
& x_2 \leqslant 70 \\
& x_1, x_2 \geqslant 0
\end{aligned}
$$

用单纯形法求解，可以求得最优解为 $x_1^* = 20$，$x_2^* = 60$ ，而 $f^*(x) = 360$ 。

如果将该问题改为多目标决策问题，并用多目标规划来处理这个问题，则必须引入目标偏差变量 d_i^+ 、d_i^- 和优先等级因子，建立起以偏差变量之和最小的新的目标函数。

首先，把边际贡献目标函数改为约束条件，并取某一适当大的数 b_1（在本例中，可取 $b_1 = 1000$）作为边际贡献的目标值，取 d_1^+ 作为实际边际贡献目标值超过 b_1 的正偏差，取 d_1^- 作为实际边际贡献目标值低于 b_1 的负偏差，即实际边际贡献 $-d_1^+ = b_1$ ，或 $d_1^+ =$

实际边际贡献 $-b_1$；而实际边际贡献 $+d_1^- = b_1$，或 $d_1^- = b_1 -$ 实际边际贡献。显然，应有 d_1^+，$d_1^- \geqslant 0$，但不能同时有 d_1^+，$d_1^- > 0$。由此，原来的边际贡献目标函数被改为约束条件 $6x_1 + 4x_2 + d_1^- - d_1^+ = 1\,000$，同时把 $w = d_1^-$ 要求有最小值作为新的目标函数，即要求实际边际贡献低于 b_1 的偏差 d_1^- 有最小值，这实际上等价于要求边际贡献有最大值。综上所述，虽仅对目标函数进行了转化，但已具有目标规划模型特征，具体表达形式如下：

$$
\begin{aligned}
&\min w = d_1^- \\
&\text{s.t.}\quad 6x_1 + 4x_2 + d_1^- - d_1^+ = 1\,000 \\
&\qquad\quad 2x_1 + x_2 + x_3 = 100 \\
&\qquad\quad x_1 + x_2 + x_4 = 80 \\
&\qquad\quad x_2 + x_5 = 70 \\
&\qquad\quad x_1, x_2, x_3, x_4, x_5, d_1^-, d_1^+ \geqslant 0
\end{aligned}
$$

用单纯形法求解，可以解得最优解为 $x_1^* = 20$，$x_2^* = 60$，$w = d_1^- = 640$，即实际边际贡献 $= b_1 - d_1^- = 1\,000 - 640 = 360$，其结果与用一般线性规划模型得到的解完全一致。

例 4-9　在例 4-8 中，假定已知第一工序在正常情况下能够提供的加工小时数为 100。如果这一工序允许加班，并设加班小时数应尽可能的小，则可取 d_2^+ 为这一工序的加班工时数，d_2^- 为这一工序的剩余工时数。于是第一工序的能力约束可改为 $2x_1 + x_2 + d_2^- - d_2^+ = 100$。要求加班时数 d_2^+ 尽可能小，并将其加入新的目标函数中，则目标规划模型变为

$$
\begin{aligned}
&\min w = d_1^- + d_2^+ \\
&\text{s.t.}\quad 6x_1 + 4x_2 + d_1^- - d_1^+ = 1\,000 \\
&\qquad\quad 2x_1 + x_2 + d_2^- - d_2^+ = 100 \\
&\qquad\quad x_1 + x_2 + x_4 = 80 \\
&\qquad\quad x_2 + x_5 = 70 \\
&\qquad\quad x_1, x_2, x_4, x_5, d_1^-, d_1^+, d_2^-, d_2^+ \geqslant 0
\end{aligned}
$$

用单纯形法求解，可以解得最优解为 $x_1^* = 80$，$x_2^* = 0$，$d_1^- = 520$，$d_2^+ = 60$，即第一工序加班工时数为 $d_2^+ = 60$ 时，产品甲生产量为 $x_1^* = 80$，产品乙生产量为 $x_1^* = 80$，实际边际贡献 $= b_1 - d_1^- = 1\,000 - 520 = 480$。此时，目标函数的值为 $w^* = d_1^- + d_2^+ = 580$。

例 4-10　在例 4-9 中，若假定第二工序也可加班，但两道工序的加班工时数之和不得超过 160，则可取 d_3^+ 为第二工序的加班工时数，d_3^- 为第二工序的剩余工时数，于是第二工序的能力约束可改为 $x_1 + x_2 + d_3^- - d_3^+ = 80$；取 d_4^+ 与 d_4^- 分别为第一、第二工序加班工时数之和超过与低于 160 的工时数，于是增加的两工序加班之和约束为 $d_2^+ + d_3^+ + d_4^- - d_4^+ = 160$；又若乙产品因受市场销售量的限制，必须严格控制在 70 单位以内，并尽可能接近 70 单位，则可取 d_5^- 为实际数不到 70 单位的偏差，而 $d_5^+ = 0$ 可以不计，这是因为正偏差是不允许的，则应有 $x_2 + d_5^- = 70$。集合上述偏差变量含义，目标是下列各值都有最小值：①边际贡献的负偏差 d_1^-；②第一、第二工序加班工时的正偏差 d_2^+ 和 d_3^+；③ 加

班工时数之和超过 160 的正偏差 d_4^+；④产量未能达到 70 单位的负偏差 d_5^-。由此，原有的单目标生产组合优化决策模型，变为具有多个目标的生产组合优化决策模型，具体的模型形式为

$$\begin{aligned}&\min w = d_1^- + d_2^+ + d_3^+ + d_4^+ + d_5^- \\ &\text{s.t.}\ \ 6x_1 + 4x_2 + d_1^- - d_1^+ = 1000 \\ &\qquad 2x_1 + x_2 + d_2^- - d_2^+ = 100 \\ &\qquad x_1 + x_2 + d_3^- - d_3^+ = 80 \\ &\qquad d_2^+ + d_3^+ + d_4^- - d_4^+ = 160 \\ &\qquad x_2 + d_5^- = 70 \\ &\qquad x_1, x_2, d_1^-, d_1^+, d_2^-, d_2^+, d_3^-, d_3^+, d_4^-, d_4^+, d_5^- \geqslant 0\end{aligned}$$

用单纯形法求解，即可解得最优解。但在实际问题中，各个目标偏差的重要性通常并不相等。例如，在本例中，可能首先要求能控制两道工序加班工时数之和不超过 160 最为重要，即要求 d_4^+ 尽可能的小；其次要求乙产品的产量不能超过市场销售量，即要求 d_5^- 尽可能小；依次类推，d_1^- 又次之；最后 d_2^+，d_3^+。则可按各目标的轻重缓急，将各目标分成不同的优先考虑等级，对最重要一级的目标要优先予以优化，当它们已无法继续改进目标函数时，才转而考虑次重要一级的目标优化。次重要一级目标的优化，以不破坏比它更重要的各级目标的最优性条件为前提。这样，次重要一级的目标就有可能无法获得最优化的解。为区分轻重缓急，可引入优先等级因子 $p_j(j=1,2,\cdots,s)$，它们之间有下列关系：

$$p_1 > p_2 > \cdots > p_j > p_{j+1} > \cdots > p_s$$

在本例中，引进优先等级因子后，形成等级目标规划后的目标函数形式可改写为

$$\min w = p_1 d_4^+ + p_2 d_5^- + p_3 d_1^- + p_4(d_2^+ + d_3^+)$$

所有约束条件均保持不变。

4.3.2 两变量目标规划的图解法

传统的线性规划的图解法，是从诸多可行域的极点（顶点）中选择一个能使目标函数值取得最大（或最小）的极点。而只含有两个变量的等级目标规划的图解法，则是按照优先等级的次序求得一个可行解的区域，并且逐步将区域缩小到一个点。若在可行区域内首先找到了一个能使 p_1 级各目标均能满足的区域 R_1，则再在 R_1 中寻找一个能使 p_2 级各目标均能满足的区域 R_2（显然 $R_1 > R_2$），如此继续下去，直到找到一个区域 R_s 能满足 p_s 级的各目标，这个 R_s 即为问题的解。其中，R_j 称为第 j 级的解空间。若某一个 $R_j(1 \leqslant j \leqslant s)$ 已缩小到一个点，则计算应终止，这一点即为最优解，它只能满足 p_1，p_2,…，p_j 级目标，而无法进一步改善以满足 $p_{j+1},\cdots,p_s$ 各级目标。目标规划图解法的具体计算步骤如下：

（1）根据给定的所有目标与约束条件，在平面直角坐标系中做出相应的直线图形。

（2）根据各偏差变量指定的变化方向，确定第一优先级 p_1 级各目标的解空间 R_1。

（3）进而转到下一个优先级 p_j 级各目标，在已确定的解空间 R_{j-1} 的范围内，根据约束条件确定新的“最佳”解空间 R_j，这里“最佳”的含义是指这个解空间的确定，不允许影响已得到的较高级别目标的最优性，并满足 $R_{j-1} \supseteq R_j (j = 2,3,\cdots,s)$。

（4）在求解过程中，若解空间 R_j 已缩小为一点，则求解过程已经结束，因为在不影响较高级别目标的最优性条件下，目标函数已经没有进一步改进的可能。

（5）若解空间 R_j 尚未能缩小为一点，则重复第 3 步和第 4 步，直到解空间缩小为一点，或解空间 R_j 虽未缩小为一点，但所有 s 个优先级都已搜索过为止。

例 4-11　用图解法求解例 4-10 中引进优先等级因子后的目标规划模型。

解：例 4-10 中引进优先等级因子后的目标规划模型为

$$
\begin{aligned}
&\min\ w = p_1 d_4^+ + p_2 d_5^- + p_3 d_1^- + p_4 (d_2^+ + d_3^+) \\
&\text{s.t.}\ G_1:\ 6x_1 + 4x_2 + d_1^- - d_1^+ = 1000 \\
&\qquad G_2:\ 2x_1 + x_2 + d_2^- - d_2^+ = 100 \\
&\qquad G_3:\ x_1 + x_2 + d_3^- - d_3^+ = 80 \\
&\qquad G_4:\ d_2^+ + d_3^+ + d_4^- - d_4^+ = 160 \\
&\qquad G_5:\ x_2 + d_5^- = 70 \\
&\qquad x_1, x_2, d_1^-, d_1^+, d_2^-, d_2^+, d_3^-, d_3^+, d_4^-, d_4^+, d_5^- \geqslant 0
\end{aligned}
$$

在平面直角坐标系上依次做出上述目标规划模型中的约束条件直线图，如图 4-9（a）所示。第四个约束条件 $d_2^+ + d_3^+ + d_4^- - d_4^+ = 160$，因不含 x_1、x_2 而无法做出。

首先，确定第一优先级 p_1 目标的解空间 R_1，需要使 d_4^+ 最小，可取 $d_4^+ = 0$。同时，为增加产量，充分扩大工序生产能力，可令 $d_4^- = 0$，由此得 $d_2^+ + d_3^+ = 160$。因为第二个约束条件和第三个约束条件中的 d_2^+ 与 d_2^-、d_3^+ 与 d_3^- 不能同时大于 0，所以令第二个约束条件 G_2 和第三个约束条件 G_3 中的 d_2^- 和 d_3^- 分别为 0，将式 G_2 和 G_3 相加得 $3x_1 + 2x_2 - d_2^+ - d_3^+ = 180$，并将 $d_2^+ + d_3^+ = 160$ 代入，即有 $3x_1 + 2x_2 = 340$。这表明满足第一优先级目标的最优解空间 R_1 是直线 AB，如图 4-9（b）所示。

其次，确定第二优先级 p_2 级目标的解空间 R_2。由于在对应的约束条件 G_5 中，正偏差是不允许的，必须有 $d_5^+ = 0$；同时要求 d_5^- 最小，则在不影响 p_1 级目标最优性前提下可取 $d_5^- = 0$，实现 p_2 级的目标，从而得到第二优先级的解空间 R_2，这时的解空间正处于满足第一优先级目标的直线 AB 和直线 $x_2 = 70$ 的交点上，已经缩小为一点，这样即已得到目标规划模型的最优解为 $x_1 = 200/3$，$x_2 = 70$，$d_1^- = 320$，$d_2^+ = 310/3$ 和 $d_3^+ = 170/3$，边际贡献 $= b_1 - d_1^- = 1000 - 320 = 680$，即为图 4-9（b）中的 C 点，同时实现了两个优先级 p_1 和 p_2 的目标，但优先级 p_3 和 p_4 的目标不能完全实现，求解过程至此结束。

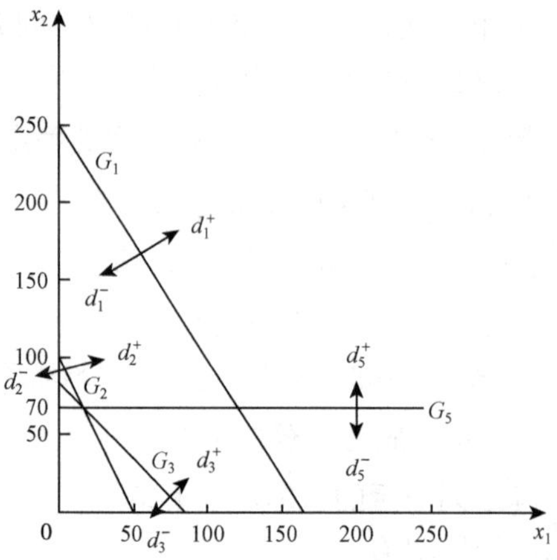

（a）目标规划图解法的约束条件直线图

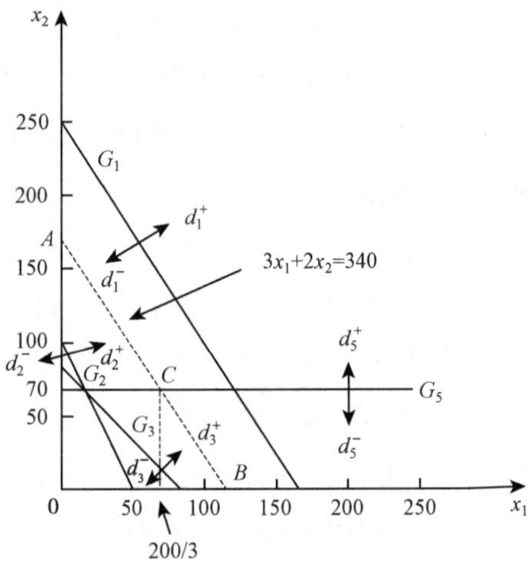

（b）各个优先级解空间的确定

图 4-9　目标规划模型的图解法（一）

例 4-12　用图解法解下列目标规划模型

$$
\begin{aligned}
&\min w = p_1(d_1^+ + d_2^+) + p_2 d_3^- + p_3 d_4^+ + p_4 d_5^+ \\
&\text{s.t.}\ G_1:\ 4x_1 + 5x_2 + d_1^- - d_1^+ = 80 \\
&\quad G_2:\ 4x_1 + 2x_2 + d_2^- - d_2^+ = 48 \\
&\quad G_3:\ 80x_1 + 100x_2 + d_3^- - d_3^+ = 800 \\
&\quad G_4:\ x_1 + d_4^- - d_4^+ = 6 \\
&\quad G_5:\ 7x_1 + 8x_2 + d_5^- - d_5^+ = 56 \\
&\quad x_1, x_2, d_i^-, d_i^+ (i = 1, 2, \cdots, 5) \geqslant 0
\end{aligned}
$$

解：在平面直角坐标系上做出上述各个约束条件的直线图。首先，考虑第一优先级 p_1 的两个目标 d_1^+ 和 d_2^+ 同时最小，即取 $d_1^+ = d_2^+ = 0$，优先级 p_1 中的目标同时实现，满足 p_1 优先级目标的解空间 R_1，如图 4-10（a）中阴影区域部分所示。

其次，考虑第二优先级 p_2 的目标，需要求 $\min d_3^-$。从图 4-10（a）可以看出，在不影响优先级 p_1 目标的前提下，可通过 $d_3^- = 0$ 确定。令 $d_3^- = 0$ 时在直线 G_3 的上方区域实现了优先级 p_2 的目标，从而得到第二优先级的解空间 R_2，如图 4-10（b）所示。

再次，考虑第三优先级 p_3 的目标，需要求 $\min d_4^+$。从图 4-10（b）可以看出，在不影响 p_1 和 p_2 级目标的前提下，可通过 $d_4^+ = 0$ 确定。只要在 R_2 中去掉 $d_4^+ > 0$ 的部分，即直线 G_4 的右边区域，进而得满足第三优先级的解空间 R_3，如图 4-10（c）所示。

最后，只剩下考虑最低优先级 p_4 了，需要求 $\min d_5^+$。考察图 4-10（c）中的解空间 R_3 及直线 G_5，可以清楚地看出直线 G_5 已经位于解空间 R_3 的下方，要使 $d_5^+ = 0$，解必须在直线 G_5 的下方，而满足较高优先级的解空间 R_3 位于 G_5 的上方，所以 d_5^+ 已不可能在不影响已确定的满足较高优先级目标解空间的情况下取零值。为了保证不影响较高优先级的

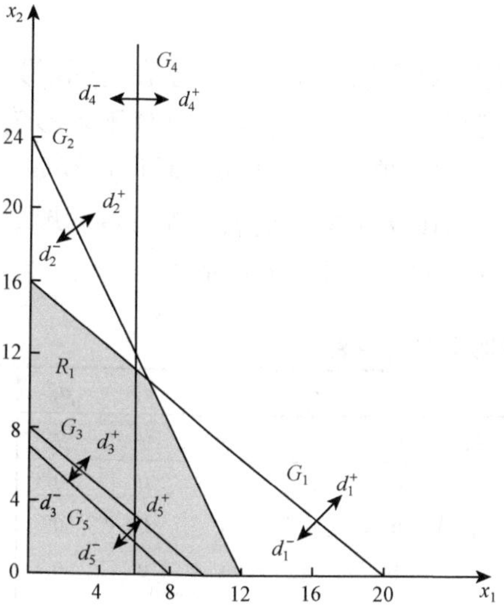

（a）图解法 p_1 级解空间 R_1 的确定

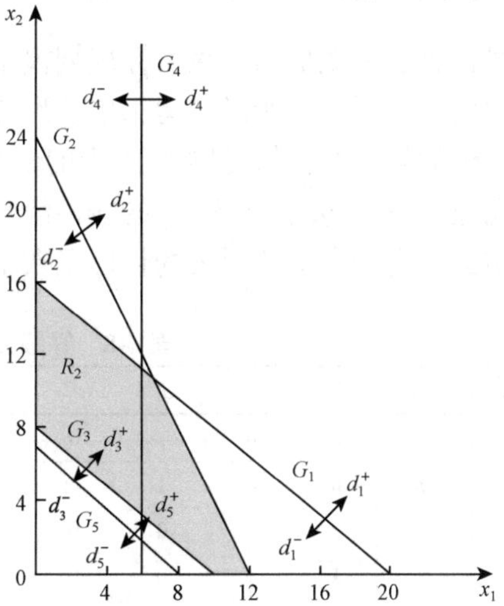

（b）图解法 p_2 级解空间 R_2 的确定

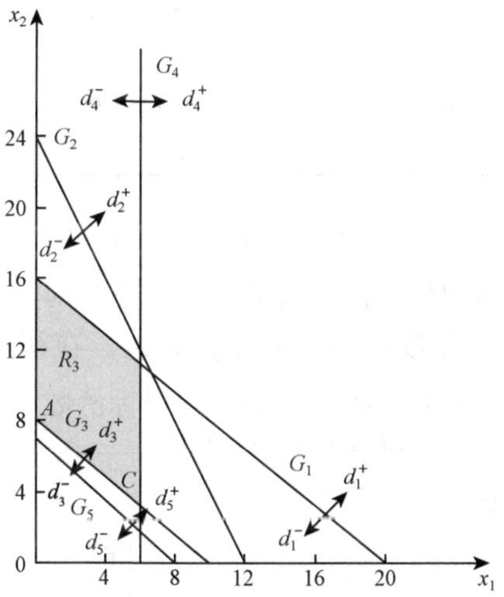

（c）图解法 p_3 级解空间 R_3 的确定

图 4-10　目标规划模型的图解法（二）

目标，同时尽可能地满足优先级 p_4，在 R_3 的边界线 AC 上选择一点，使其对应的 d_5^+ 值尽可能小。为此，先确定 A 与 C 两点的坐标，显然，点 A 的坐标为 $(0,8)$，点 C 的坐标为 $(6,3.2)$。再通过约束条件 $G_5: 7x_1+8x_2+d_5^- - d_5^+ = 56$，比较将点 $A(0,8)$ 及点 $C(6,3.2)$ 代入的 d_5^+ 值。在点 $A(0,8)$ 处有 $d_5^+ = 8$，在点 $C(6,3.2)$ 处有 $d_5^+ = 11.6$，故确定点 $A(0,8)$ 为解，因为这是 R_3 中最靠近直线 G_5 的一点。至此，解空间已缩小到一点 $A(0,8)$，从而在这一点上已得到了最优的解 $x_1^* = 0$ 和 $x_2^* = 8$。它同时实现了第一优先级 p_1，第二优先级 p_2 和第三优先级 p_3 的目标，但对最低优先级 p_4 的目标却不能完全实现，比预定的目标多出一个单位。

4.3.3　多变量目标规划的单纯形法

对含有多个变量的等级目标规划模型，要用单纯形法来求解。由于在目标函数中引进了优先等级因子，所以在运用单纯形法进行迭代时，必须注意这些迭代不得影响较高一级目标的最优性，如对例 4-11 中的目标规划模型用单纯形法求解，具体过程如下。

先通过 p_1、p_2、p_3 和 p_4 的线性组合变换，给出初始单纯形表，等级目标规划模型中各初始基变量在单纯形表的目标函数中的系数均为 0，如表 4-8 所示。

表 4-8　等级目标规划初始单纯形表

基变量	$f(x)$	x_1	x_2	d_1^-	d_1^+	d_2^-	d_2^+	d_3^-	d_3^+	d_4^-	d_4^+	d_5^-	解
$f(x)$	(0)	0	0	$-p_3$	0	0	$-p_4$	0	$-p_4$	0	$-p_1$	$-p_2$	
d_1^-	$-p_3$	6	4	1	−1	0	0	0	0	0	0	0	1 000
d_2^-	0	2	1	0	0	1	−1	0	0	0	0	0	100
d_3^-	0	1	1	0	0	0	0	1	−1	0	0	0	80
d_4^-	0	0	0	0	0	0	1	0	1	1	−1	0	160
d_5^-	$-p_2$	0	(1)	0	0	0	0	0	0	0	0	1	70
p_4		0	0	0	0	0	−1	0	−1	0	0	0	0
p_3	c_j'	6	4	0	−1	0	0	0	0	0	0	0	1 000
p_2		0	1	0	0	0	0	0	0	0	0	0	70
p_1		0	0	0	0	0	0	0	0	0	−1	0	0

表 4-8 中，(d_1^-，d_2^-，d_3^-，d_4^-，d_5^-)为初始基变量，表的上半部分为目标函数与约束条件中的变量系数，解列为约束条件的右端常数；下半部分为对应于 p_1、p_2、p_3 和 p_4 的各变量列的最优性条件检验数 c_j' 及解列中的初值，在初始解表中的数值是这样计算的：各变量在目标函数中的系数，减去基变量在目标函数中的系数向量与各变量在约束条件中的系数列向量乘积。具体计算过程如下：

对应于 x_1 的检验数，有

$$c_1 = 0 - \begin{pmatrix} -p_3 & 0 & 0 & 0 & -p_2 \end{pmatrix} \begin{bmatrix} 6 \\ 2 \\ 1 \\ 0 \\ 0 \end{bmatrix} = 6p_3 + 0p_2$$

将 $6p_3 + 0p_2$ 视作 $(0p_4 + 6p_3 + 0p_2 + 0p_1)$，将各 p_j 的系数取出，构成一个系数向量，再将其转置后有

$$c_1' = \begin{bmatrix} 0 \\ 6 \\ 0 \\ 0 \end{bmatrix}$$

同理可得

$$c_2 = 0 - \begin{pmatrix} -p_3 & 0 & 0 & 0 & -p_2 \end{pmatrix} \begin{bmatrix} 4 \\ 1 \\ 1 \\ 0 \\ 1 \end{bmatrix} = 4p_3 + 1p_2$$

$$c_2' = \begin{bmatrix} 0 \\ 4 \\ 1 \\ 0 \end{bmatrix}$$

$$\vdots$$

$$c_{11} = -p_2 - \begin{pmatrix} -p_3 & 0 & 0 & 0 & -p_2 \end{pmatrix} \begin{bmatrix} 0 \\ 0 \\ 0 \\ 0 \\ 1 \end{bmatrix} = 0p_3 + 0p_2$$

$$c_{11}' = \begin{bmatrix} 0 \\ 0 \\ 0 \\ 0 \end{bmatrix}$$

而解这一列的数值为

$$p_0 = 0 - \begin{pmatrix} -p_3 & 0 & 0 & 0 & -p_2 \end{pmatrix} \begin{bmatrix} 1\,000 \\ 100 \\ 80 \\ 160 \\ 70 \end{bmatrix} = 1\,000p_3 + 70p_2$$

$$p_0' = \begin{bmatrix} 0 \\ 1\,000 \\ 70 \\ 0 \end{bmatrix}$$

在初始解表中，检验数 c_j' 按照优先级 p_1、p_2、p_3 和 p_4 的等级分为四层。运用单纯形法进行迭代求解时，首先要求最高优先级 p_1 这一行的系数满足最优性条件，即在这一行中不再有大于零的系数，如果不满足，则应进行迭代。然后考虑次一级优先级 p_2 这一行的系数是否满足最优性条件，如果不满足，要再进行迭代，但这种迭代不得影响较高优先级 p_1 的最优性条件，即不得再对较高一级 p_1 这一行的检验数进行化零迭代，其余类推。这样依次进行下去，直到各个优先级 p_1、p_2、p_3 和 p_4 全部考虑完毕为止。

在本例中，初始解表中的最高优先级 p_1 这一行已经没有大于零的系数，满足最优性条件，而次一级优先级 p_2 还没有。由 p_2 这一行的系数可知，决策变量 x_2 应作为换入变量，它对 p_1 级的最优性条件没有影响。再由解列的数值与换入变量 x_2 正的约束系数比值可知，偏差变量 d_5^- 应作为换出变量，随后进行第一次迭代，如表 4-9 所示。

表 4-9　等级目标规划单纯形法的第一次迭代

基变量	$f(x)$	x_1	x_2	d_1^-	d_1^+	d_2^-	d_2^+	d_3^-	d_3^+	d_4^-	d_4^+	d_5^-	解
$f(x)$	(1)	0	0	$-p_3$	0	0	$-p_4$	0	$-p_4$	0	$-p_1$	$-p_2$	
d_1^-	$-p_3$	6	4	1	−1	0	0	0	0	0	0	0	1 000
d_2^-	0	2	1	0	0	1	−1	0	0	0	0	0	100
d_3^-	0	1	1	0	0	0	0	1	−1	0	0	0	80
d_4^-	0	0	0	0	0	0	1	0	1	1	−1	0	160
d_5^-	$-p_2$	0	[1]	0	0	0	0	0	0	0	0	1	70
p_4		0	0	0	0	0	−1	0	−1	0	0	0	0
p_3		6	4	0	−1	0	0	0	0	0	0	0	1 000
p_2	c_j'	0	(1)	0	0	0	0	0	0	0	0	0	70
p_1		0	0	0	0	0	0	0	0	0	−1	0	0

在第一次迭代后的单纯形表中，决策变量 x_2 取代了偏差变量 d_5^-，并使 x_2 在对应列的系数为 1 外，其余均已为零，p_1、p_2 级的检验数已满足最优性条件，而 p_3 级还没有。由优先级 p_3 这一行的系数可知，决策变量 x_1 应作为换入变量，它对 p_1、p_2 级的最优性条件没有影响，再由比值列可知，d_3^- 应作为换出变量，随后进行第二次迭代，如表 4-10 所示。

表 4-10　等级目标规划单纯形法的第二次迭代

基变量	$f(x)$	x_1	x_2	d_1^-	d_1^+	d_2^-	d_2^+	d_3^-	d_3^+	d_4^-	d_4^+	d_5^-	解
$f(x)$	(2)	0	0	$-p_3$	0	0	$-p_4$	0	$-p_4$	0	$-p_1$	$-p_2$	
d_1^-	$-p_3$	6	0	1	−1	0	0	0	0	0	0	−4	720
d_2^-	0	2	0	0	0	1	−1	0	0	0	0	−1	30
d_3^-	0	[1]	0	0	0	0	0	1	−1	0	0	−1	10
d_4^-	0	0	0	0	0	0	1	0	1	1	−1	0	160
x_2	0	0	1	0	0	0	0	0	0	0	0	1	70
p_4		0	0	0	0	0	−1	0	−1	0	0	0	0
p_3		(6)	0	0	−1	0	0	0	0	0	0	−4	720
p_2	c_j'	0	0	0	0	0	0	0	0	0	0	−1	0
p_1		0	0	0	0	0	0	0	0	0	−1	0	0

在第二次迭代后的单纯形表中，决策变量 x_1 取代了偏差变量 d_3^-，并使 x_1 在对应列的系数为 1 外，其余均已为零。然而，由于 p_3 级的检验数中还有大于零的数，说明 p_3 级的最优性条件尚未被满足。由优先级 p_3 这一行的系数可知，偏差变量 d_3^+ 应作为换入变量，它对较高级的优先级 p_1、p_2 的最优性条件没有影响，再由比值列可知，偏差变量 d_2^- 应作为换出变量，随后进行第三次迭代，如表 4-11 所示。

表 4-11　等级目标规划单纯形法的第三次迭代

基变量	$f(x)$	x_1	x_2	d_1^-	d_1^+	d_2^-	d_2^+	d_3^-	d_3^+	d_4^-	d_4^+	d_5^-	解
$f(x)$	(3)	0	0	$-p_3$	0	0	$-p_4$	0	$-p_4$	0	$-p_1$	$-p_2$	
d_1^-	$-p_3$	0	0	1	−1	0	0	−6	6	0	0	2	660
d_2^-	0	0	0	0	0	1	−1	−2	[2]	0	0	1	10
x_1	0	1	0	0	0	0	0	1	−1	0	0	−1	10
d_4^-	0	0	0	0	0	0	1	0	1	1	−1	0	160
x_2	0	0	1	0	0	0	0	0	0	0	0	1	70
p_4		0	0	0	0	0	−1	0	−1	0	0	0	0
p_3		0	0	0	−1	0	0	−6	(6)	0	0	2	660
p_2	c_j'	0	0	0	0	0	0	0	0	0	0	−1	0
p_1		0	0	0	0	0	0	0	0	0	−1	0	0

在第三次迭代后的单纯形表中，偏差变量 d_3^+ 取代了偏差变量 d_2^- ，并使 d_3^+ 在对应列的系数为 1 外，其余均已为零。然而，由于 p_3 级的检验数中还有大于零的数，说明 p_3 级的最优性条件还未被满足。由优先级 p_3 这一行的系数可知，偏差变量 d_2^+ 应作为换入变量，它对较高级的优先级 p_1 和 p_2 的最优性条件没有影响，再由比值列可知，偏差变量 d_4^- 应作为换出变量，随后进行第四次迭代，如表 4-12 所示。

表 4-12　等级目标规划单纯形法的第四次迭代

基变量	$f(x)$	x_1	x_2	d_1^-	d_1^+	d_2^-	d_2^+	d_3^-	d_3^+	d_4^-	d_4^+	d_5^-	解
$f(x)$	(4)	0	0	$-p_3$	0	0	$-p_4$	0	$-p_4$	0	$-p_1$	$-p_2$	
d_1^-	$-p_3$	0	0	1	−1	−3	3	0	0	0	0	−1	630
d_3^+	$-p_4$	0	0	0	0	1/2	−1/2	−1	1	0	0	1/2	5
x_1	0	1	0	0	0	1/2	−1/2	0	0	0	0	−1/2	15
d_4^-	0	0	0	0	0	−1/2	[3/2]	1	0	1	−1	−1/2	155
x_2	0	0	1	0	0	0	0	0	0	0	0	1	70
p_4		0	0	0	0	1/2	−3/2	−1	0	0	0	1/2	5
p_3		0	0	0	−1	−3	(3)	0	0	0	0	−1	630
p_2	c_j'	0	0	0	0	0	0	0	0	0	0	−1	0
p_1		0	0	0	0	0	0	0	0	0	−1	0	0

在第四次迭代后的单纯形表中，偏差变量 d_2^+ 取代了偏差变量 d_4^- ，并使 d_2^+ 在对应列的系数为 1 外，其余均已为零。然而，由于 p_3 级的检验数中还有大于零的数，说明 p_3 级的最优性条件还未被满足。仍由优先级 p_3 这一行的系数可知，偏差变量 d_4^+ 应作为换入变量，但它在迭代过程中会影响 p_1 级的最优性条件，因而不予考虑。再由最低优先级 p_4 这一行的系数可知 d_4^- 应作为换入变量，但它在迭代过程中会影响 p_3 级的最优性条件，因而也不予考虑。至此，p_1、p_2、p_3 和 p_4 级都已经过考虑，迭代也就结束，如表 4-13 所示。

表 4-13　等级目标规划单纯形法的迭代结束

基变量	$f(x)$	x_1	x_2	d_1^-	d_1^+	d_2^-	d_2^+	d_3^-	d_3^+	d_4^-	d_4^+	d_5^-	解
$f(x)$	(5)	0	0	$-p_3$	0	0	$-p_4$	0	$-p_4$	0	$-p_1$	$-p_2$	
d_1^-	$-p_3$	0	0	1	−1	−2	0	−2	0	−2	2	0	320
d_3^+	$-p_4$	0	0	0	0	1/3	0	−2/3	1	1/3	−1/3	1/3	170/3
x_1	0	1	0	0	0	1/3	0	1/3	0	1/3	−1/3	−2/3	200/3
d_2^+	$-p_4$	0	0	0	0	−1/3	1	2/3	0	2/3	−1/3	−1/3	310/3
x_2	0	0	1	0	0	0	0	0	0	0	0	1	70
p_4		0	0	0	0	0	0	0	0	(1)	−1	0	160
p_3		0	0	0	−1	−2	0	−2	0	−2	(2)	0	320
p_2	c_j'	0	0	0	0	0	0	0	0	0	0	−1	0
p_1		0	0	0	0	−6	0	0	0	0	−1	0	0

由此，可从单纯形法迭代结束表中取得各变量解的数值。在本例中，各变量解的数值分别为 $x_1 = 200/3$，$x_2 = 70$，$d_1^- = 320$，$d_2^+ = 310/3$，$d_3^+ = 170/3$；亦即 $x_1 = 200/3$（单位），$x_2 = 70$（单位），边际贡献 $= b_1 - d_1^- = 1\,000 - 320 = 680$，第一、第二工序的加班工时数分别为 $d_2^+ = 310/3$ 和 $d_3^+ = 170/3$，加班工时数之和共计160，这些结果与用图解法求得的结果相同。

运用目标规划求得最优解后，如果受企业设备生产能力等资源限制而使产品生产数量不能满足市场需求，则可对设备能力做出调整，这与运用线性规划求得最优解后，对设备能力进行调整的原理相同，这里不再作重复介绍。

4.4　产品生产的作业计划制订

运用产品盈亏分析模型、线性规划模型或目标规划模型，对企业单一产品或多种产品的生产方案做出决策后，确定企业不同产品不同生产数量的主生产计划已经形成。为充分使用企业资源，尤其是企业生产设备能力资源，保证产品生产能在规定时间内有序完成，并在为企业产品生产提供所需物料采购数量依据的同时，还需提供物料采购时间依据。为此，企业必须制订详尽的产品生产作业（排序）计划。

4.4.1　生产作业计划的基本概念

设有 N 种产品需要经过 M 台机器（工序）加工，不同产品在不同机器上的加工时间是不同的。如何通过合理的加工作业排序，以在最短时间内完成所有产品的加工任务，这就是产品生产作业计划制订的主要目标之一。产品生产作业计划制订有不同的分类法，最常用的是按机器、加工任务和目标函数特征的分类法。

按加工机器的种类和数量不同，产品的加工作业排序可以分为单台机器的作业排序问题和多台机器的作业排序问题。多台机器的作业排序问题，按产品加工路线的特征，又可以分成单件作业（job-shop）排序问题和流水作业（flow-shop）排序问题。不同产品的加工路线不同，是单件作业排序问题的基本特征；如果所有产品的加工路线完全相同，则是流水作业排序问题的基本特征。

按加工任务到达情况不同，可以分成静态的作业排序问题和动态的作业排序问题。当进行产品作业排序时，所有产品的加工任务都已到达，可以一次性地对它们进行排序，这是静态的作业排序问题；若产品的加工任务是陆续到达的，作业过程中要随时调整它们的加工顺序，这是动态的作业排序问题。

按目标函数的性质不同，也可划分为不同的作业排序问题。例如，同是单台机器的作业排序，目标是使平均流程时间最短的作业排序和目标是使误期完工产品数量最少的作业排序，实质上是两种不同的作业排序问题。按目标函数的情况，还可以划分为单目标作业排序问题与多目标作业排序问题等。

由加工机器、加工任务和目标函数等的不同特征以及其他因素上的差别，构成了多种多样的加工作业排序问题，但用 Conway 等提出的表示方法，只要用四个参数就可将大多数不同的作业排序问题表示出来。

四个参数表示法为 $N/M/A/B$。其中，N 为产品数；M 为机器数；A 为加工类型，在 A 的位置若标以符号“F”，则表示是流水作业排序问题，若标以符号“P”，则表示是流水作业排列排序问题，若标以符号“G”，则表示是一般单件作业排序问题。当 M=1 时，则 A 处为空白，因为对单台机器的作业排序问题来说，无所谓加工路线问题，当然也就无所谓流水作业还是单件作业的问题。B 为目标函数，通常表示加工路线总时间，并使其值最小。有了这四个符号，就可以简单明了地表示出不同的作业排序问题。例如，$N/4/P/F_{\max}$ 就表示有 N 个产品，需经过 4 台机器加工的流水作业排列排序问题，目标函数是使所有产品被加工完成的总时间 $F_{\max}$ 最短。

流水作业排序问题的基本特征是每个产品的加工路线都一致。在流水生产线上制造不同的产品，就是流水作业排序问题。这里的加工路线一致，是指产品加工过程的流向一致，并不要求每个产品必须经过加工路线上的每台机器加工。如果某些产品不经某些机器加工，则可设相应产品的加工时间为零。

如果所有产品在各台机器上的加工顺序都相同，这就又是排列排序问题。流水作业排列排序问题，通常又被称作“同顺序”的排序问题。一般情况下，排列排序问题的最优作业计划不一定是相应的流水作业排序问题的最优作业计划，但一般是比较好的解；对于在只经过两台和三台机器加工的特殊情况下，可以证明，排列排序问题下的最优作业计划一定是相应的流水作业排序问题的最优解。下面分别介绍排列排序问题最长流程的时间计算及作业计划制订最优算法的基本原理和方法。

4.4.2　最长流程时间 $F_{\max}$ 的计算

设有 $N/M/P/F_{\max}$ 的流水作业排序问题，目标函数是要使最长流程时间最短。最长流程时间又称作加工周期，它是从第一个产品在第一台机器开始加工时算起，到最后一个产品在最后一台机器上完成加工时为止所经过的时间。假定所有产品加工任务的到达时间都为零 $(r_j = 0, j = 1, 2, \cdots, N)$，所以，$F_{\max}$ 等于是排在末位加工产品在车间的停留时间，也就等于一批产品的最长完工时间。

设有 N 个产品，它们的加工顺序为 $S=(S_1,S_2,\cdots,S_N)$，其中，S_j 为排在第 j 位被加工的产品。以 P_{ij} 表示产品 S_j 在机器 $P_i \in (P_1,P_2,\cdots,P_M)$ 上加工的完工时间，PS_{ij} 表示产品 S_j 在机器 P_i 上的加工时间，这里有 $i=1,2,\cdots,M$；$j=1,2,\cdots,N$，则产品 S_j 在机器 P_i 上的加工完工时间 P_{ij} 可按以下公式计算：

$$P_{1j}=P_{1(j-1)}+PS_{1j}$$

$$P_{ij}=\max\left\{P_{(i-1)j},\ P_{i(j-1)}\right\}+PS_{ij} \quad (i=1,2,\cdots,M;\ j=1,2,\cdots,N) \tag{4-1}$$

当 $r_j=0$；$i=1,2,\cdots,M$；$j=1,2,\cdots,N$ 时有

$$F_{\max}=P_{MN} \tag{4-2}$$

式（4-1）实际上是一个递推公式。当由式（4-1）得出 P_{MN} 时，$F_{\max}$ 也就求得了。

在熟悉了以上计算公式之后，可直接在产品加工时间矩阵上，按从左向右、从上向下计算出完工时间。下面以例 4-13 说明。

例 4-13　设有一个 $6/4/P/F_{\max}$ 的排序问题，各产品加工时间矩阵如表 4-14 所示。当按顺序 $S=(6,1,5,2,4,3)$ 加工时求 $F_{\max}$。

表 4-14　加工时间矩阵

j	1	2	3	4	5	6
PS_{1j}	4	2	3	1	4	2
PS_{2j}	4	5	6	7	4	5
PS_{3j}	5	8	7	5	5	5
PS_{4j}	4	2	4	3	3	1

解：首先，按顺序 $S=(6,1,5,2,4,3)$ 列出加工时间矩阵，如表 4-15 所示。其次，按式（4-1）进行递推，从左向右，将每个产品的完工时间标在其加工时间的右上角，即对于第一行第一列，只需把加工时间的数值作为完工时间标在加工时间的右上角。对于第一行的其他元素，只需从左到右依次将前一列右上角的数字加上计算列的加工时间，将结果填在计算列加工时间的右上角。对于从第二行到第 M 行，第一列的算法相同，从上向下，只要把上一行右上角的数字和本行的加工时间相加，将结果填在本行加工时间的右上角；从第二行的第二列到第 M 行的第 N 列，按式（4-1）进行递推，即要从本行前一列右上角和本列上一行右上角的数字中取较大者，再和本产品所在机器上的加工时间相加，将结果填在本产品加工时间的右上角。依此计算下去，直至计算出最后一行的最后一列右上角的数字，即为 $F_{\max}=46$。计算结果如表 4-15 所示。

表 4-15　顺序 $S=(6,1,5,2,4,3)$ 下的加工时间矩阵及 $F_{\max}$ 的计算过程

j	6	1	5	2	4	3
PS_{1j}	2^{02}	4^{06}	4^{10}	2^{12}	1^{13}	3^{16}
PS_{2j}	5^{07}	4^{11}	4^{15}	5^{20}	7^{27}	6^{33}
PS_{3j}	5^{12}	5^{17}	5^{22}	8^{30}	5^{35}	7^{42}
PS_{4j}	1^{13}	4^{21}	3^{52}	2^{32}	3^{38}	4^{46}

4.4.3　$N/2/P/F_{\max}$ 问题的最优算法

对于 $N/2/P/F_{\max}$ 的作业排序问题，可以运用 S. M. Johnson（约翰逊）提出的一个有效算法，那就是著名的 Johnson 算法。为叙述方便，以 a_i 表示产品 S_i 在机器 P_1 上的加工时间，以 b_i 表示产品 S_i 在机器 P_2 上的加工时间，以 a_j 表示产品 S_j 在机器 P_1 上的加工时间，以 b_j 表示产品 S_j 在机器 P_2 上的加工时间，每个产品都按 $P_1 \to P_2$ 的路线加工。Johnson 算法建立在 Johnson 法则的基础之上。Johnson 法则如下：如果

$$\min(a_i, b_j) < \min(a_j, b_i) \tag{4-3}$$

则产品 S_i 应该排在 S_j 之前。如果中间为等号，则产品 S_i 既可排在产品 S_j 之前，也可以排在之后。按式（4-3）就可以确定每两个产品的相对排序位置，从而可以得到 N 个产品的完整排序。但这样做比较麻烦，工作量很大。实际上，按 Johnson 法则可以得出比较简单的求解步骤，通常，这些步骤就被称为 Johnson 算法。

Johnson 算法具体如下所述。

（1）从给出的加工时间矩阵表中，找出不同产品 S_j 在不同机器 P_i 上的最短加工时间。

（2）若最短的加工时间出现在 P_1 上，则对应的产品尽可能往前排；若最短加工时间出现在 P_2 上，则对应的产品尽可能往后排。然后，从加工时间矩阵中划去已排序的产品和该产品的加工时间。若最短的加工时间同时有多个，则可从这些最短的加工时间中任选一个。

（3）若所有产品都已排序，时间矩阵中所有产品已被划去，停止。否则，再转步骤（1）。

例 4-14　已知某 $6/2/P/F_{\max}$ 的作业排序问题加工时间矩阵如表 4-16 所示，求最优排序。

表 4-16　$6/2/P/F_{\max}$ 问题的加工时间矩阵表

j	1	2	3	4	5	6
a_i	5	1	8	5	3	4
b_i	7	2	2	4	7	4

解：应用 Johnson 算法。首先，从加工时间矩阵中找出最短的加工时间，显然，矩阵表中的 1 个时间单位是最短加工时间，它出现在 P_1 上。所以，对应的产品（产品 2）应尽可能往前排，即将产品 2 排序在第 1 位，同时划去产品 2 及其加工时间。其次，在余下产品加工时间中再找出最短的加工时间，此时，矩阵表中的 2 个时间单位是最短加工时间，它出现在 P_2 上。所以，对应的产品（产品 3）应尽可能往后排，即将产品 3 排序到最后一位，同时划去产品 3 及其加工时间。最后，继续按 Johnson 算法安排余下产品的加工顺序，直至划去所有的产品及其加工时间。求解过程可简单表示如下。

（1）将产品 2 排第 1 位：	2					
（2）将产品 3 排第 6 位：	2					3
（3）将产品 5 排第 2 位：	2	5				3

（4）将产品 6 排第 3 位：　2　5　6　　　3

（5）将产品 4 排第 5 位：　2　5　6　　4　3

（6）将产品 1 排第 4 位：　2　5　6　1　4　3

由此，求得的最优加工顺序为 $S=$（2，5，6，1，4，3），再根据最长流程时间 F_{max} 的计算方法，可以求得最优顺序下 $F_{max}=28$。

可以把 Johnson 算法作些改变，以使 $N/2/P/F_{max}$ 作业排序最优解的求解过程变得更为简便，改变后的算法可按以下步骤进行：

（1）将所有 $a_i \leqslant b_i$ 的产品按 a_i 值的递增顺序排成一个序列 A。

（2）将所有 $a_i > b_i$ 的产品按 b_i 值的递减顺序排成一个序列 B。

（3）将序列 A 放到序列 B 之前，就构成了最优的产品加工顺序。

按改进后的算法，应用于对例 4-14 的求解，求解最优解过程如表 4-17 所示。其中，序列 A 为（2，5，6，1），序列 B 为（4，3）。

表 4-17　Johnson 法的改进算法

j	1	2	3	4	5	6
a_i	⑤	①	8	5	③	④
b_i	7	2	②	④	7	4

构成最优顺序为（2，5，6，1，4，3），如表 4-18 所示，与 Johnson 算法结果一致。

表 4-18　Johnson 改进算法的结果

j	2	5	6	1	4	3
a_i	①	③	④	⑤	5	8
b_i	2	7	4	7	④	②

4.4.4　$N/M/P/F_{max}$ 问题的启发式算法

对于一般的 $N/M/P/F_{max}$ 流水作业排列排序问题，可以用分支定界法求得最优解。但对实际生产中产品品种和机器台数较多的作业排列排序问题，计算量相当大，以至于连计算机也难以在较短时间内求解。为了解决生产实际中的排序问题，人们提出了各种启发式算法。启发式算法以很小的计算量就能得到足够好的结果，因而十分实用。下面介绍几种常用的求 $N/M/P/F_{max}$ 问题近优解的启发式算法。

1. Palmer 法

1965 年，美国学者 D. S. Palmer 提出了按斜度指标排列产品的启发式算法，称为 Palmer 法。各个产品的斜度指标值可按式（4-4）计算：

$$\lambda_j = \sum_{k=1}^{M}[k-(M+1)/2]PS_{kj},\quad k=1,2,\cdots,M \tag{4-4}$$

式中，M 为机器数；PS_{kj} 为产品 S_j 在机器 P_k 上的加工时间 $(k=1,2,\cdots,M;\ j=1,2,\cdots,N)$。

按照各产品斜度指标值 λ_j 的递减顺序排列产品，可得出令人满意的产品加工作业顺序。

例 4-15 设有一个 $4/3/P/F_{\max}$ 问题，各产品加工时间如表 4-19 所示，试用 Palmer 法求解。

表 4-19 各产品加工时间矩阵

j	1	2	3	4
PS_{1j}	1	2	6	3
PS_{2j}	8	4	2	9
PS_{3j}	4	5	8	2

解：根据题意，有 $M=3$ 和 $N=4$，将 $M=3$ 代入斜度指标计算式（4-4），有

$$\lambda_j = \sum_{k=1}^{3}[k-(3+1)/2]PS_{kj}, j=1,2,3,4$$

将上式整理后为

$$\lambda_j = -PS_{1j} + PS_{3j}$$

相关数值代入有

$$\lambda_1 = -PS_{11} + PS_{31} = -1+4=3$$
$$\lambda_2 = -PS_{12} + PS_{32} = -2+5=3$$
$$\lambda_3 = -PS_{13} + PS_{33} = -6+8=2$$
$$\lambda_4 = -PS_{14} + PS_{34} = -3+2=-1$$

按 λ_j 的递减顺序排列产品，得到加工顺序为 S=（1，2，3，4）或 S=（2，1，3，4），恰好这两个顺序均为最优作业顺序，$F_{\max}=28$。

2. 关键产品法

关键产品法是我国学者陈荣秋于 1983 年提出的一个排列产品的启发式算法，步骤如下：

（1）计算每个产品在所有机器上的总加工时间 $PZ_j=\sum PS_{ij}$，找出最长的加工时间 $PZ_m=\max\limits_j\left(\sum\limits_i PS_{ij}\right)$所对应的产品，将其作为关键产品，记为 S_0。

（2）对余下的其他产品，若 $PS_{1j}\leqslant PS_{mj}$，则按 PS_{1j} 的递增顺序排成一个序列 S_a；反之，若 $PS_{1j}>PS_{mj}$，则按 PS_{mj} 的递减顺序排列成一个序列 S_b。

（3）将 S_0、S_a 和 S_b 排列成顺序(S_a,S_0,S_b)，即为所求的近优产品加工作业顺序。

下面用关键产品法求解例 4-15 的近优解。先求出各个产品在三台机器上的总加工时间 $PZ_j\ (j=1,2,3,4)$，如表 4-20 所示。由表 4-20 可知，总加工时间最长的为 3 号产品，加工时间 $PZ_m=PZ_3=6+2+8=16$。则余下的产品中，$PS_{1j}\leqslant PS_{3j}$ 的产品为 1 和 2，按递增的顺序排列为 $S_a=(1, 2)$；$PS_{1j}>PS_{3j}$ 的产品为 4，即 $S_b=(4)$。这样，得到的产品加工顺序为（S_a，S_0，S_b）=（1，2，3，4），对本例而言，即为最优顺序。

表 4-20　关键产品法的求解过程

j	1	2	3	4
PS_{1j}	1	2	6	3
PS_{2j}	8	4	2	9
PS_{3j}	4	5	8	2
PZ_j	13	11	16	14

3. CDS 法

Campbell、Dudek 和 Smith 提出了一个启发式算法，简称 CDS 法。其基本思路是把一般的 $N/M/P/F_{\max}$ 问题进行分解组合，得到 $(M-1)$ 个加工排序问题，应用 Johnson 算法得到各分解组合加工排序问题的最优解后，再通过比较，进行优中取优。

具体做法是，对各产品的 $(M-1)$ 个加工时间 $\sum_{i=1}^{l} PS_{ij}$ 和 $\sum_{i=m+1-l}^{m} PS_{ij}$ ，$l=1,2,\cdots$，$m-1$，用 Johnson 算法求取各自的最优作业排序，比较各作业排序最长流程时间 $F_{\max}$，取其中最好结果所对应的排序，作为最优作业排序。用 CDS 法求解例 4-15，过程如下。

取 l 分别为 1 和 2，求 $\sum_{i=1}^{l} PS_{ij}$ 和 $\sum_{i=m+1-l}^{m} PS_{ij}$ ，（$l=1,2$），求得的结果如表 4-21 所示。

表 4-21　CDS 法的求解过程

j		1	2	3	4
$l=1$	PS_{1j}	1	2	6	3
	PS_{3j}	4	5	8	2
$l=2$	$PS_{1j}+PS_{2j}$	9	6	8	12
	$PS_{2j}+PS_{3j}$	12	9	10	11

当 $l=1$ 时，按 Johnson 的算法得到加工顺序（1，2，3，4），相应的 $F_{\max}=28$。当 $l=2$ 时，得到加工顺序（2，3，1，4），相应的 $F_{\max}=29$。比较这两个 l 取不同值时加工顺序的 $F_{\max}$ 值，显然，应取对应 $F_{\max}=28$ 的顺序（1，2，3，4）为最优顺序。

思考题与习题

1. 什么是产品盈亏平衡点？主要有哪些因素变动内容？对盈亏平衡点影响趋势如何？
2. 试作单一产品品种的产品盈亏平衡图，并指出该盈亏平衡图中的盈利区和亏损区。
3. 受生产能力约束，某产品生产不足，出现了销售损失，可尝试考虑扩大设备生产能力，但这将会在扩大能力的同时，增加设备折旧费用，这时应做哪些比较性的决策？
4. 受生产能力约束，某产品生产不足，出现了销售损失，且已确定扩大设备能力是不经济的，不再扩大设备能力。此时，应从哪些方面考虑做出该产品生产与否的决策？

5. 某企业生产的压缩机每台售价为 5 000 元，单位变动成本为 3 000 元，固定成本总额为 400 000 元。

（1）计算当产销量分别为 150 台、1 000 台和 2 000 台时的单位成本与销售利润（或亏损）。

（2）计算该产品的盈亏平衡点，并做出该产品的盈亏平衡图，指出盈利区和亏损区。

6. 某企业计划生产两种产品，已知产品 1 的市场需求量为 180 个单位，产品 2 的市场需求量为 200 个单位，单位产品生产所需的设备台时和 A、B 两种原材料的消耗，以及生产设备资源和 A、B 两种原材料的限制如下表所示。

设备	产品 1	产品 2	资源限制
	1.2	1.5	350 台时
原料 A	2	2.5	420 千克
原料 B	0.5	1	280 千克

产品 1 每销售一单位可获边际贡献 50 元，产品 2 每销售一单位可获边际贡献 100 元。问该企业应怎样制订产品的生产组合决策方案，才可获利最多（只需建立决策模型）。

7. 三种产品要经过三种不同的工序加工。各种产品单位加工所需的工序加工能力单位数、每月不同工序的加工能力单位数和销售每一种产品的单位边际贡献如下表所示。

工序	每件需要加工能力单位			工序加工能力单位
	产品 A	产品 B	产品 C	
1	2	4	2	860
2	3	0	5	750
3	3	4	0	680
边际贡献/（元/件）	150	200	230	

需要加工能力单位为 0 的，表示产品不需要经过这道工序加工。假定所有的产品都能销售，问应怎样制订产品生产组合决策方案，才能使三种产品获得最大边际贡献？

8. 使用 Johnson 算法，求解下列排序问题的最优解，并求出所有产品的完工时间 F_{max}。

$6/2/P/F_{max}$ 问题的加工时间表

j	1	2	3	4	5	6
PS_{1j}	3	1	6	4	2	4
PS_{2j}	5	2	2	4	6	4

9. 试用 Palmer 法、关键路线法和 CDS 法分别求下表 $4/4/P/F_{max}$ 作业排序问题的近优解。

j	1	2	3	4
PS_{1j}	1	9	5	4
PS_{2j}	5	7	6	3
PS_{3j}	4	6	3	5
PS_{4j}	6	2	3	7

10. 分别用 Palmer 法、关键路线法和 CDS 法求出第 9 题的作业排序后，再试比较其优劣。

第 5 章　采购优化决策

习近平强调，现代企业经营要降低要素成本。在现代企业生产经营活动过程中，物料是企业价值链中极其重要的一环，在产品成本结构中占据了相当大的中比例。因而，物料采购决策在现代企业经营决策中占有十分重要的地位。

物料采购决策在现代企业经营决策中占有十分重要的地位。

所谓物料，是指与企业生产经营有关的原材料、附件、零件、半成品、包装材料和产品说明书等有形的物品。按需求来源不同，企业内部的物料需求可分为独立需求和相关需求两种类型。独立需求是指需求量和需求时间由企业外部需求决定的物料，如客户订购的产品、科研试制需要的样品和售后维修需要的备品备件等；相关需求是指根据物料之间的结构组成关系，由独立需求物料所产生的需求，如半成品、零部件和原材料等的需求。

为保证企业生产经营活动的连续性，物料采购决策应该考虑以下几个方面的问题。

首先，企业必须根据生产经营的需要，计算物料的需求数量和需求时间，制订物料的需求计划，采购足够数量的物料。如果物料采购数量不足，就会由于物料库存短缺而造成停工待料。这样，物料供应可能不足，产品生产不能满足市场需求而造成销售损失；或不能按照合约如期交货，造成赔偿损失，损及企业信誉。同时，物料从订购开始到进入企业仓库为止，要经过很多环节，支付多种费用，其中包括采购部门的订货费、质检部门的检验费等，这些费用一般都与物料的订购次数成呈相关关系，与物料的订购批量呈负相关关系。如果每次订购的批量较大，在一定时期内的订购次数就可减少，订购费用也就较少。一方面，对于较大批量的订购一般会有批量价格折扣，从这一角度考虑，每次物料订购的批量似乎应多一些为宜。另一方面，由于存储物料要占用一定的流动资金、存储场地，并发生一些仓库费用，物料本身也有可能会因为气候等原因而发生损坏、变质和散失等各种情况，这些都会发生一定的费用，考虑这些因素，每次订购物料的批量应少一些为好。综上，物料采购决策的基本任务之一，就是要根据企业生产经营的实际物料需求，综合批量价格折扣、订货费用和存储费用，确定合适的物料订购批量，以降低企业的生产经营成本。

其次，除要确定物料的订购批量外，另一重要问题是物料订货应在何时进行。由于从发出订单订货到能够进货需要有一段时间，如果在订货时的实际物料库存量过多地超过了这段时间的需要量，或者反过来，需要量超过了实际物料库存量，显然都是不经济的。另外，在实际情况中，任一时刻对某种物料的需求量可能是确定的，也可能会受到不可控的随机因素的影响，需求量是不确定的，所以，还必须备一定的储备量。因此，物料采购决策的另一基本任务就在于根据不同情况，找出在订货时物料应具有的最为合理的库存水平。

最后，要考虑的决策问题是供应商的选择。在目前大部分物料供应都处于买方市场的环境下，选择恰当的供应商有利于降低最终产品成本，有利于确保最终产品及时供应市场，有利于保证产品质量。事实上，大多数企业现在处于一个或多个供应链中，任何企业都是供应链中的一环，市场竞争也由原来的企业之间的竞争，延伸到不同供应链之间的竞争。因此，能否合理地选择供应商，也将影响到企业所在供应链的总体竞争力。

综上所述，优化物料采购决策，无论从微观的业务操作层面上说，还是从企业的高层战略规划层面考虑，对降低企业产品成本，提高企业竞争力，都具有十分重要的意义。

5.1 物料需求计划

在成熟、稳定的市场条件下，理性的企业决策者总是力争在“正确时间”采购“正确数量”的物料，供企业生产加工使用。既要满足生产的需要，以达到准时完成订单和及时供应市场的目的，又要尽量降低物料的采购成本、存储成本和资金占用成本。因而，如何计算所需物料采购的“正确数量”和“正确时间”，就成为物料采购决策的重要一环。下面介绍物料需求计划原理，首先介绍物料需求计划基础和一些相关的概念。

5.1.1 物料需求计划基础

如前所述，按需求的来源不同，企业内部的物料可分为独立需求和相关需求两种类型。物料需求计算的基本任务：一是从最终产品的生产计划（独立需求）导出相关物料（原材料、零部件等）的需求量和需求时间（相关需求）；二是根据物料的需求时间和订货周期确定其开始订货的时间。

在采购决策中，物料需求计算的基本内容是编制物料（包括零部件和原材料）采购计划（为简化问题这里不考虑生产自制，假定所有的物料都是进行采购的）。要正确编制物料采购计划，首先必须落实最终产品的产出计划（包括进度计划），即产品主生产计划和作业排序计划，这是物料需求计算展开的依据；另外，还需要知道产品的零部件和原材料结构文件，即物料清单（bill of material，BOM），才能把产品产出计划展开成物料需求计划；同时，还必须知道已有产品和物料的库存数量。只有这样，才能准确地计算出各种零部件和原材料的实际需要与采购数量。因此，物料需求计算的依据是产品产出计划、产品结构文件和库存状态文件，进而构成物料需求计划，其关系如图 5-1 所示。

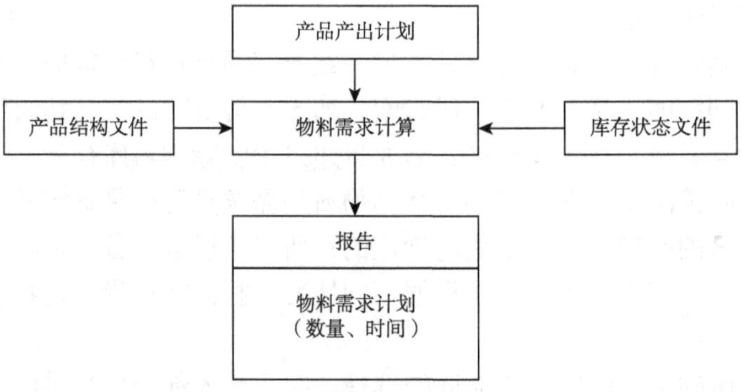

图 5-1 物料需求计划原理框架

1. 产品产出计划

产品产出计划包括产品主生产计划和作业排序计划，是确定每一具体的最终产品在每一具体时间段内生产数量的计划。最终产品是指企业已经最终加工完成、要出企业的成品，通常要具体到产品的品种和型号。具体时间段，通常是以周为单位，在有些情况下，也可以是日、旬、月。产品产出计划详细地规定了生产什么、什么时段应该产出，它是独立需求计划。产品产出计划根据客户订单和市场预测，起到了从综合计划向具体计划过渡的作用。表 5-1 是产品产出计划的一个样表，可以看出，产品 A 第 5 周需要 100 台，第 8 周需要 120 台；产品 B 第 4 周需要 120 台；产品 C 第 1 周需要 15 台，第 7 周需要 18 台，第 10 周需要 45 台。

表 5-1　产品产出计划　　单位：台

周次	1	2	3	4	5	6	7	8	9	10
产品 A					100			120		
产品 B				120						
产品 C	15						18			45

2. 产品结构文件

产品结构文件又称物料清单。要正确计算出物料需求的数量和时间，特别是相关需求物料的数量和时间，首先要知道企业所制造的产品结构和所有要使用到的物料。产品结构树列出构成成品或装配件的所有部件、组件、零件等的组成与装配关系和数量要求。举例来说，图 5-2 是一个简化了的自行车产品结构树图，它大体上反映了自行车的构成。由结构树图可以看出，1 辆自行车由 1 个车架、两个车轮和 1 套车把组成，其中 1 个车轮又由 1 个轮圈、1 个轮胎和 42 根辐条组成。物料名称旁边括号中的数字表示组装或生产一个单位上层组件所需要的物料单位数量。

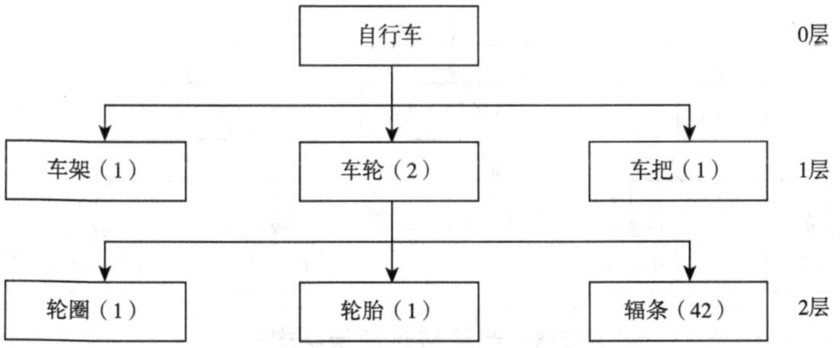

图 5-2　自行车结构示意图

为了便于识别和保存，必须把产品结构图转换成规范的数据格式，这种用规范的数据格式来描述产品结构的文件就是物料清单，它必须说明组件（部件）中各种物料需求的数量和相互之间的组成结构关系。表 5-2 就是一张简单地与自行车产品结构相对应的物料清单。除了图 5-2 中给出的信息外，表 5-2 中还有一些信息，其中物料编号唯一地标示一种物料。成品率最大为 1，表示没有任何浪费，成品率越小表示浪费越大。生效日期和失效日期是为便于产品设计与维护而记录的信息，在有效期内，此结构文件可以使用，超过有效期此结构文件需要重新审核，否则不能继续使用。提前期表示加工、装配或采购所花费的时间。例如，表 5-2 中自行车的提前期为两周，表示自行车从开始装配到完工需要两周时间；轮胎的提前期为七周，表示采购周期（从发出订单到订货进库）为七周；等等。

表 5-2　自行车物料清单

层次	物料编号	物料名称	单位	数量	成品率	生效日期	失效日期	提前期/周
0	GB950	自行车	辆	1	1.0	040801	060801	2
1	GB120	车架	个	1	1.0	040801	060801	3
1	CL120	车轮	个	2	1.0	040801	060801	2
1	113000	车把	套	1	1.0	040801	060801	4
2	LG300	轮圈	个	1	1.0	040801	060801	5
2	GB890	轮胎	条	1	1.0	040801	060801	7
2	GBA30	辐条	根	42	0.9	040801	060801	4

表 5-2 中，“层次”一列称为物料的层次码，是分配给物料清单中每种物料的一个从 0 至 N 的数字码。在产品结构中，最上层的层次码为 0，而下一层部件的层次码为 1，依此类推。一种物料只能有一个层次码，当一种物料在多个产品中所处的结构层次不同，或即使处于同一产品结构中，但却处于不同结构层次时，则应取处在最低层的层次码作为该种物料的层次码，即取层次码数字最大的作为该种物料的层次码，这样在应用计算机处理时，每一层次码元素只需检索一次，节省了计算机的处理时间。例如，设某产品 M 直接由 A、B、C 三种部件组成，而 B 部件又是 A 部件的组成元素，如图 5-3 所示。

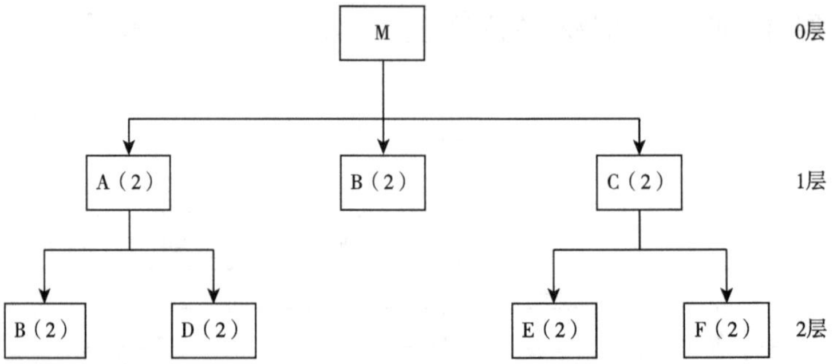

图 5-3　产品 M 的三层结构图

那么 B 部件究竟应该属于哪一层次呢？是属于第 1 层次还是第 2 层次？或者是既属于第 1 层次又属于第 2 层次？按照层次码的概念就应该是属于第 2 层次。这样设置层次码的作用主要与物料需求的计算有关。因为物料需求计算是按产品结构自上而下展开的，如果某种物料处于不同的层次，就要被重复展开，增加计算的复杂度。所以，最好的方法是一种物料所处的层数是唯一的，而且应该以它的最低层代码作为该物料的层次码。调整后的产品 M 三层结构图如图 5-4 所示。

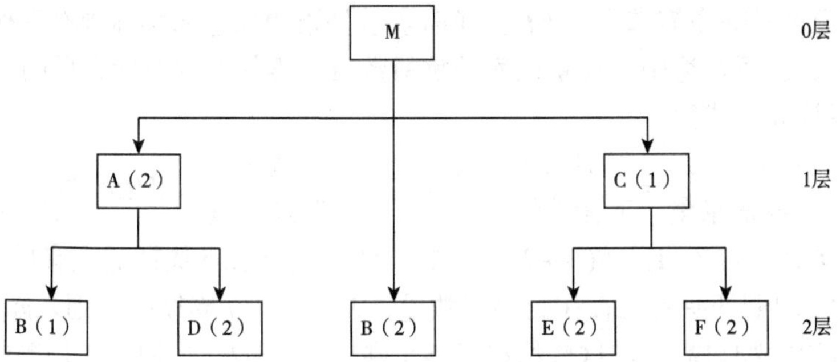

图 5-4　调整后的产品 M 三层结构图

3. 库存状态文件

产品结构文件是相对稳定的，库存状态文件却处于不断变化之中，每进行一次物料需求计算，它就会发生一次变化。库存状态文件中保存了所有产品、零部件、在制品和原材料等物料的库存状态信息，主要包括以下内容：

（1）当前库存量，是指企业仓库中实际存放的可用产成品库存量和物料库存量。

（2）计划入库量（在途量），是根据正在执行的采购订单，在未来某个决策周期的入库量，这些物料在入库的周期内，被视为库存可用量。

（3）订货提前期，是指从向供应商发出物料订单到订货入库所需要的时间。

（4）订货批量，是指在某一周期向供应商订购某种物料的数量。关于订购批量决策的方法等问题研究将在 5.3 节中叙述，本小节暂且不作详述。

（5）安全库存量，是为了降低周期内因需求或供应出现波动而可能产生的损失，在仓库中保持的最低库存数量。将在 5.3 节进行详细的叙述。

有了产品产出计划、产品结构文件和库存状态文件，就可以进行物料需求计算，制订物料需求计划，下面将结合实例介绍物料需求计划原理。

5.1.2　物料需求计划原理

物料需求计划主要按照反工艺路线（成品—组装件—零部件）的原理，按照产品产出计划规定的产品生产数量和期限要求，利用产品结构文件和库存信息文件等数据资料，反工艺顺序计算出各种物料的需求数量与需求时间，进而，根据企业实际，确定自制和采购的物料数量和时间。

物料需求计算主要用到五种库存状态数据，即毛需求量 $G(t)$、计划到货量 $S(t)$、现有库存量 $H(t)$、净需求量 $N(t)$ 和计划发出订货量 $R(t-L)$。其中，t 表示周期，是变量；L 表示提前期，是提前发出物料订单的时间。

下面以第 i 层次物料为例，介绍其在第 t 周期的需求数量和需求时间的计算步骤，这里应有 $0<i<N$ 。

（1）确定物料的毛需求量 $G(t)$。毛需求量是指生产中实际需要的物料量，0 层实际是指产品生产量，由产品产出计划确定，其余各层次物料的毛需求量，根据产品结构文件，逐层展开计算所得。

（2）确定物料的净需求量 $N(t)$。净需求量是指扣除仓库实际现有库存量，并扣除已经发出订单，但还在途中、计划入库的物料数量，再加上安全库存后的实际需要增加量，净需求量计算公式为

$$\begin{matrix}\text{第}t\text{周期}\\\text{净需求量}\end{matrix}=\begin{matrix}\text{第}t\text{周期}\\\text{毛需求量}\end{matrix}-\text{现有量}-\begin{matrix}\text{第}t\text{周期}\\\text{计划入库量}\end{matrix}+\text{安全库存}$$

即 $N(t)=G(t)-H(t-1)-S(t)+B$。其中，$H(t-1)$ 为第 t 周期的现有量，是第 t–1 周期留存，在第 t 周期开始就已存在的物料数量；$S(t)$ 为第 t 周期的计划入库量，即在第 t 周期内将要入库的物料数量，这些物料可能是在 t–1，t–2，…周期所订购的；B 为第 t 周期设定的安全库存量。若计算得 $N(t)\leqslant 0$，表明第 t 周期不需订货就可满足本周期的需求，这时应取 $N(t)=0$。

（3）确定物料计划下单量 $R(t–L)$。根据计算所得净需求量 $N(t)$，确定第 $t–L$ 周期的计划订单下达数量 $R(t–L)$（它是目前尚未下达，而计划将要下达的订单数量。注意，这里的订单可以是需要企业自制的生产计划单，也可以是需要企业外购的采购订货单）。计划订单下达数量，通常还要考虑结合价格折扣批量值 Q 进行修订。一般情况下，当净需求量 $N(t)\geqslant Q$ 时，取数量 $R(t–L)=N(t)$；当 $0<N(t)<Q$ 时，取 $R(t–L)=Q$；而当 $N(t)=0$ 时，则取 $R(t–L)=0$。

（4）确定下层物料的需求量。第 i 层第 t 周期的计划订单下达数量 R（$t–L$），即为第 i+1 层物料在第$(t–L)$周期的毛需求量。由毛需求量开始，重复上述步骤，确定净需求量和下单量，周而复始，直至最低层物料。

经过上述物料需求计算的四个步骤，确定各个物料层次的净需要量和订货时间后，即可形成完整的物料需求计划。物料需求计划制订原理如图 5-5 所示。

例 5-1 某企业计划生产两种产品，产品结构如图 5-6 所示。按产品生产计划，产品 X 在第 10 周需求 150 件，产品 Y 在第 7 周需求 300 件。当前产品与物料库存量分别如下：产品 X 有 18 件，产品 Y 有 20 件；物料 C 有 30 单位，物料 D 有 10 单位，物料 E 有 50 单位。不考虑安全库存，X 的当前库存中有 8 件已经分配，第 5 周期将有 20 个单位的物料 B 入库，不考虑批量价格折扣问题，求各种物料的订货量和计划订单下达时间。

解：根据物料需求计划制订原理和计算步骤，其计算结果如表 5-3 所示。具体地，以计算 0 层产品 X、Y（物料）的相关数据为例，计算过程简述如下。

1）计算毛需求量

由例 5-1 可知，产品 X 的毛需求量在第 10 周期为 150 件，即 $G_x(10)=150$；产品 Y 的毛需求量在第 7 周期为 300 件，即 $G_y(7)=300$。

2）计算净需求量

由例 5-1 可知，产品 X 和 Y 的计划入库量均为 0，即 $S_x(t)=0,\ S_y(t)=0,\ (t=1,2,\cdots,10)$；产品 X 的现有量 $H_x(1)=\text{上周期库存}-\text{已分配数}=18-8=10$，且有 $H_x(t)=10, t=2,3,\cdots,9$ 和 $H_x(10)=0$；同理 $H_y(t)=20, t=1,3,\cdots,6$；不考虑安全库存。由净需求量计算公式 $N(t)=G(t)-S(t)-H(t-1)$，得

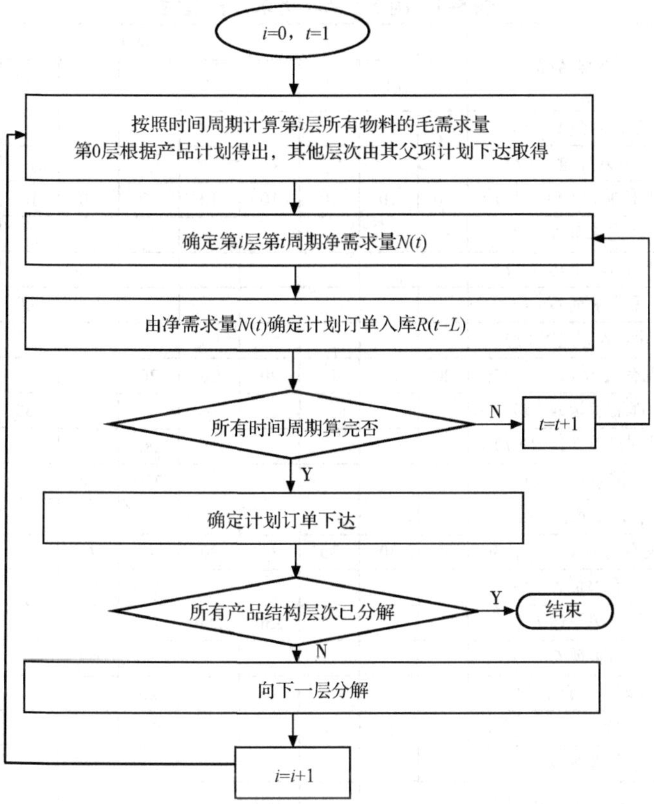

图 5-5　物料需求计划制订原理

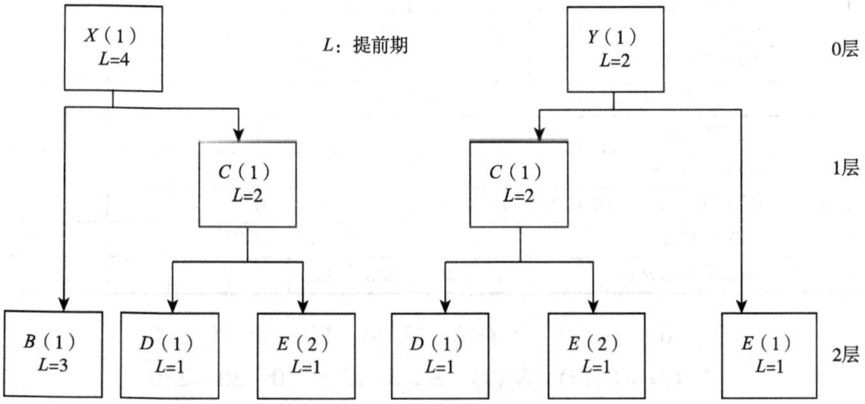

图 5-6　产品 X 与 Y 的结构图

括号内数字表示该物料在其上层单位物料中的需求数量，如 E（2）表一个单位的物料 C 需要两个单位的物料 E

表 5-3　例 5-1 物料需求计算过程

当前库存	已分配数	物料名称	变量名称		周期										
					0	1	2	3	4	5	6	7	8	9	10
18	8	X	毛需求量 $G(t)$												150
			计划入库量 $S(t)$												
			现有量 $H(t)$	10	10	10	10	10	10	10	10	10	10	10	0
			净需求量 $N(t)$												140
			计划订单下达 $R(t)$								140				
20	0	Y	毛需求量 $G(t)$									300			
			计划入库量 $S(t)$												
			现有量 $H(t)$	20	20	20	20	20	20	20	20	0			
			净需求量 $N(t)$									280			
			计划订单下达 $R(t)$							280					
30	0	C	毛需求量 $G(t)$							280	280				
			计划入库量 $S(t)$												
			现有量 $H(t)$	30	30	30	30	30	30	0	0				
			净需求量 $N(t)$							250	280				
			计划订单下达 $R(t)$					250	280						
0	0	B	毛需求量 $G(t)$								140				
			计划入库量 $S(t)$							20					
			现有量 $H(t)$	0	0	0	0	0	0	20	0				
			净需求量 $N(t)$								120				
			计划订单下达 $R(t)$					120							
50	0	D	毛需求量 $G(t)$					250	280						
			计划入库量 $S(t)$												
			现有量 $H(t)$	50	50	50	50	0	0						
			净需求量 $N(t)$					200	280						
			计划订单下达 $R(t)$				200	280							
10	0	E	毛需求量 $G(t)$					500	560	280					
			计划入库量 $S(t)$												
			现有量 $H(t)$	10	10	10	10	0	0	0					
			净需求量 $N(t)$					490	560	280					
			计划订单下达 $R(t)$				490	560	280						

$$N_x(10) = G_x(10) - S_x(10) - H_x(9) = 150 - 0 - 10 = 140$$
$$N_y(7) = G_y(7) - S_y(7) - H_7(6) = 300 - 0 - 20 = 280$$

3）计算计划下单量

由例 5-1 可知，暂不考虑批量价格折扣（或可认为批量价格折扣系数为 1），则第 $t-L$ 周期的计划订单下达数量等于第 t 周期的净需求量，即 $R(t-L)=N(t)$。由例 5-1 可知：产品 X 的提前期为 $L_x = 4$ 个周期，产品 Y 的提前期为 $L_y = 2$ 个周期，所以有

$$R_x(10-4) = R_x(6) = N_x(10) = 140$$
$$R_y(7-2) = R_y(5) = N_y(7) = 28$$

计算结果表明，为了满足第 10 周期时 140 件产品 X 的净需求，需在第 6 周期下达数量为 140 件的产品 X 的订单；为了满足第 7 周期时 280 件产品 Y 的净需求，需在第 5 周期下达数量为 280 件产品 Y 的订单。依此类推，所有其余各层物料的计算过程如表 5-3 所示。

5.2　供应商选择

运用物料需求计划制订原理，解决了物料需求数量和需求时间的问题，供应商选择决策解决向谁采购的问题。

市场经济条件下，企业已经成为产业供应链上的一个节点。供应链上各个节点企业的准时交货、产品质量、库存水平、产品设计、环境保护和订货提前期等诸多方面因素都影响相关企业的成功与否，尤其是上游企业——供应商对下游企业——采购商的经营成果影响越来越大。现代企业为了实现低成本、高质量、柔性生产、快速反应和优质服务等目标，选择“正确的”的供应商，建立长期战略合作伙伴关系，也就显得十分重要。本节将主要介绍供应商选择原理、供应商选择方法及供应商选择步骤。

5.2.1　供应商选择原理

1. 供应商选择的特点

供应商选择属多目标的决策问题，它有两个显著特点。

一是目标间的不可公度性。目标间的不可公度性是指各个目标之间没有统一的标准，因而难以进行直接比较。例如，物料的价格用货币数字表示；物料的质量可用“合格”“不合格”，或用“一等品”、“二等品”、“三等品”和“等外品”等来进行描述。从而，价格与质量之间就具有不可公度性。对于某种物料，一家供应商提供的“一等品，120 元/单位”与另一家供应商提供的“二等品，80 元/单位”，哪一家更适合于采购企业？难以直接给出答案。

二是目标间的矛盾性。目标间的矛盾性是指如果采用一种方案改进某一目标的值，可能会使另一个目标的值变差。例如，采购物料时都希望价廉物美，且交货及时、售后服务良好等，但这些目标相互之间有时是矛盾的。价廉往往物不美（质量不好）、售后服务较差；反之，物美、售后服务良好往往需要支付较高的价格。其他目标之间也会出现类似的情况。

多目标决策自 20 世纪 70~80 年代已经成为应用数学的一个重要分支，人们已经研究和设计出了不少解决多目标决策问题的处理方法，应用于决策的范围也在不断扩大。

2. 供应商选择的指标体系

由于供应商选择是一个多目标的决策问题，决策过程要比单目标决策问题复杂得多，由于决策目标不止一个，每个决策目标的决策准则也将不止一个，所以，这就涉及建立供应商选择指标体系的问题。

一般来说，在多目标决策问题中，目标经过逐层分解，或依据决策主体要求和实际情况需要，形成多层次结构的子目标系统，对最低层的子目标可用单一的决策准则进行评价，由此形成了目标准则体系。

目标准则体系类型主要分为两类：一类称为序列型。其基本特点是各个目标均可以按其序列分解为若干个低一层次的子目标，各子目标可以继续分解，这样，按类别进行有序的层层分解，直到最低一层子目标可以按某个准则给出数量评价时为止，不同类别的目标之间不发生关系，其结构如图 5-7 所示。

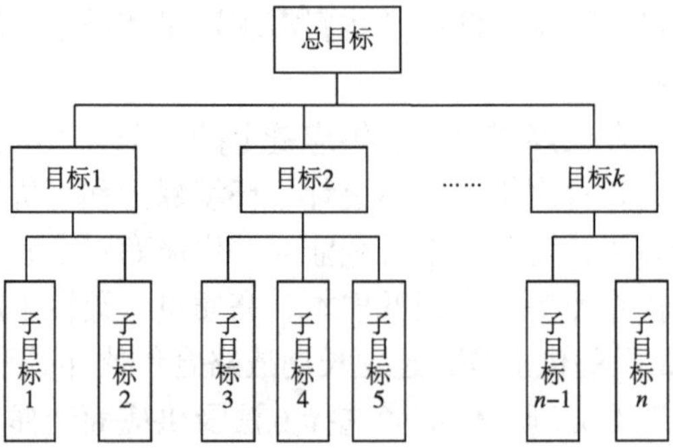

图 5-7　序列型多层次目标体系结构图

另一类称为非序列型。其基本特点是某一层次的各个子目标，一般不是仅由相邻的上一层次的某个子目标分解而成，而是可以由相邻的上一层次的多个子目标分解而成，可以分属各类子目标。相邻的两层次子目标之间可按自身的属性建立联系，相互之间可形成一定的交叉关系，其结构如图 5-8 所示。

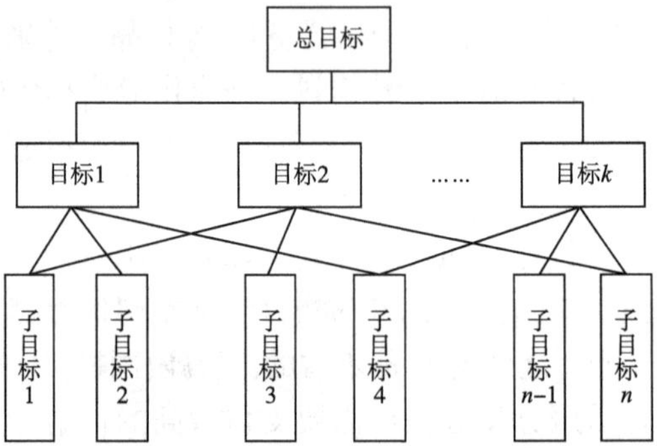

图 5-8　非序列型多层次目标体系结构图

在供应商选择决策中，以上两种结构都有使用，究竟应用哪一种，要根据企业决策问题的性质和结构做出判断。一般情况下，使用非序列型多层次目标体系结构的居多。

考虑到评价体系的公平、准确和高效，在建立供应商选择指标体系时必须遵循以下原则。

1）系统全面性原则

供应商选择的指标体系必须全面反映供应商企业目前的综合水平。例如，所供物料成本水平、质量水平、生产能力水平和售后服务水平等，包括供应商企业的发展前景。

2）简明科学性原则

供应商选择的指标体系大小必须适宜，应有一定的简明性和科学性。例如，指标体系过大，层次过多、过细，势必将评价的注意力吸引到了细节问题上；而指标体系过小，层次过少、过粗，又不能充分反映供应商的实际水平。

3）灵活可操作性原则

供应商选择指标体系应具有足够的灵活性和可操作性，以使企业能根据自己的特点以及不同环境、不同时间阶段实际情况的变化，对各指标灵活运用。各指标的定义需明确，便于进行打分评价，并且具有很强的可操作性。

3. 供应商选择的评价准则

在多目标决策中，不同的指标体系可用不同的评价准则来衡量。例如，对供应商选择指标体系的评价中，物料价格用货币衡量，一般是越低越好；物料质量用事先约定标准，一般是越高越好；交货时间用时间衡量，一般是越及时越好，过早过晚都不经济；等等。这些评价准则和度量单位各异，价值取向不同，因而，如何从总体上给出可行方案，是解决供应商选择决策问题的关键。下面介绍一种在供应商选择决策中运用较多的多目标决策方法——层次分析法。

5.2.2　层次分析法应用原理

1. 主要特点

层次分析法是美国匹兹堡大学教授 Saaty 于 20 世纪 70 年代提出的一种能将定量计算与定性分析相结合的系统分析方法。层次分析法具有思路清晰、方法简便、适用面广和系统性强等特点，便于普及推广，最适宜解决那些难以完全用定量方法进行分析的决策问题，因此，它是解决多目标、多准则复杂大系统决策问题的有力工具。

2. 基本原理

应用层次分析法解决问题的基本原理如下：首先，把要解决的问题分层系列化，即根据问题的性质和要达到的目标，将问题分解为不同的组成因素，按因素之间的相互影响和隶属关系将其分层聚类组合，形成一个有序的层次结构模型。其次，对模型中每一层次因素的相对重要性，依据人们对客观现实的判断给予定量表示。再次，利用数学方法确定每一层次全部因素相对重要性次序的权值。最后，通过综合计算各层因素相对重要性的权值，得到最低层（方案层）相对于最高层（总目标）相对重要性次序的组合权值，并以此作为评价和选择决策方案的依据。

为了说明层次分析法的应用基本原理，下面举例说明。假定有 n 个物体，它们的重量分别为 W_1，W_2，…，W_n，并且假定它们的重量和为 $\sum_{i=1}^{n} W_i = 1$ 个单位，两两比较它们之间的重量，很容易得出判断矩阵：

$$A=\begin{bmatrix} \frac{W_1}{W_1} & \frac{W_1}{W_2} & \cdots & \frac{W_1}{W_n} \\ \frac{W_2}{W_1} & \frac{W_2}{W_2} & \cdots & \frac{W_2}{W_n} \\ \vdots & \vdots & & \vdots \\ \frac{W_n}{W_1} & \frac{W_n}{W_2} & \cdots & \frac{W_n}{W_n} \end{bmatrix}=\left(a_{ij}\right)_{n\times n}$$

显然 $a_{ii}=1$，$a_{ij}=W_i/W_j=\dfrac{W_i}{W_i\cdot(W_j/W_i)}=1/a_{ji}$，$a_{ij}=a_{ik}/a_{jk}$；$i, j, k=1,2,\cdots, n$

用重量向量 $\boldsymbol{W}=[W_1,W_2,\cdots,W_n]^{\mathrm{T}}$ 右乘 $\boldsymbol{A}$ 矩阵，其结果为

$$\boldsymbol{AW}=\begin{bmatrix} \frac{W_1}{W_1} & \frac{W_1}{W_2} & \cdots & \frac{W_1}{W_n} \\ \frac{W_2}{W_1} & \frac{W_2}{W_2} & \cdots & \frac{W_2}{W_n} \\ \vdots & \vdots & & \vdots \\ \frac{W_n}{W_1} & \frac{W_n}{W_2} & \cdots & \frac{W_n}{W_n} \end{bmatrix}\begin{bmatrix} W_1 \\ W_2 \\ \vdots \\ W_n \end{bmatrix}=\begin{bmatrix} nW_1 \\ nW_2 \\ \vdots \\ nW_n \end{bmatrix}=n\boldsymbol{W}$$

从上式不难看出，以 n 个物体重量为分量的向量 $\boldsymbol{W}$ 是判断矩阵 $\boldsymbol{A}$ 的特征向量。根据矩阵理论，n 为上述 $\boldsymbol{A}$ 矩阵的唯一非零，同时是最大的特征值，而 $\boldsymbol{W}$ 是该特征值所对应的特征向量。

上述例子的含义为，如果有一组物体需要估算它们的相对重量，而又没有称重仪器，那么，可以通过两两比较这组物体相对重量的方法，得出每对物体的重量比值，从而形成判断矩阵。通过求解判断矩阵的最大特征值和所对应的特征向量，就可以计算出这组物体的相对重量。同样，对于供应商选择决策的问题，通过建立层次分析模型，构造两两因素重要性的判断矩阵，就可应用求解最大特征值和特征向量的方法，确定出相应的最低层指标对于最高层指标（总目标）的相对重要性次序的组合权值，作为供应商选择决策的依据。

3. 一致性判断

应用层次分析法保持判断思维的一致性是非常重要的，所谓一致性，是指判断矩阵 $\boldsymbol{A}$ 在理论上应具有如下关系：

$$a_{ij}=a_{ik}/a_{jk},\quad i,j,k=1,2,\cdots,n$$

判断矩阵如果满足这个关系，则称此判断矩阵具有完全一致性。根据矩阵理论，判断矩阵在满足上述完全一致性的条件下，应具有唯一非零的特征值 n，即 $\lambda_{\max}=n$，这里 n 为判断矩阵的阶数。但是，在一般决策问题中，专家或决策者不可能给出精确的 W_i/W_j 度量，只能通过判断估计给出一个估计值。这样，实际给出的 a_{ij} 判断与理想的 W_i/W_j 就会存在一定的偏差，不能保证判断矩阵具有完全的一致性。这种偏差在一定范围内还是可以的，如

果差异超出了一定的界限，决策结果就没有什么意义了。因此，为了保证应用层次分析法得到的结论基本合理，还需要对构造的判断矩阵进行一致性检验，使判断矩阵的构造具有满意的一致性，即将偏差限制在一定的范围之内，如果超出这个范围，则应结合评价专家的意见，调整判断矩阵的取值，直到判断矩阵能达到满意的一致性时为止。

如何进行一致性检验呢？还是要用到一些矩阵知识。如果$\lambda_1,\lambda_2,\cdots,\lambda_n$，满足 $\boldsymbol{Ax}=\lambda\boldsymbol{x}$，即$\lambda_1$，$\lambda_2$，…，$\lambda_n$是矩阵 $\boldsymbol{A}$ 的特征值，并且对所有 $a_{ii}=1$，有 $\sum_{i=1}^{n}\lambda_i=n$，则当矩阵 $\boldsymbol{A}$ 具有完全一致性时，应有 $\lambda_{\max}=n$，其余的特征值都应为零。而当矩阵 $\boldsymbol{A}$ 不具有完全一致性时，有$\lambda_1=\lambda_{\max}>n$，其余的特征值$\lambda_2,\lambda_3,\cdots,\lambda_n$有如下关系：$\sum_{i=2}^{n}\lambda_i=n-\lambda_{\max}$ 或 $\lambda_{\max}-n=-\sum_{i=2}^{n}\lambda_i$。

当矩阵 $\boldsymbol{A}$ 具有满意一致性时，$\lambda_{\max}$ 稍大于 n，也就是 $\lambda_{\max}$ 越接近 n，则一致性越好；反之，一致性越差。因此，可以用判断矩阵最大特征值以外的其余特征值的平均值作为判断矩阵一致性的指标，用 CI 表示，即

$$\mathrm{CI}=\frac{\lambda_{\max}-n}{n-1}$$

用 CI 的值检测决策者判断思维的一致性，CI 值越小，判断矩阵 $\boldsymbol{A}$ 的一致性程度也就越好。那么 CI 到底小到什么样的程度，就可以认为具有满意一致性了呢？为度量不同判断矩阵是否具有满意一致性，根据经验，还需引入判断矩阵的平均随机一致性指标 RI 值。对于 1~9 阶的判断矩阵，对应的平均随机一致性指标 RI 的值如表 5-4 所示。

表 5-4　平均随机一致性指标

判断矩阵阶数 n	1	2	3	4	5	6	7	8	9
一致性指标 RI	0.00	0.00	0.58	0.90	1.12	1.24	1.32	1.41	1.45

当判断矩阵的阶数大于 2 时，判断矩阵的一致性指标 CI 与同阶平均随机一致性指标 RI 之比称为随机一致性比率，记为 CR。一般情况下，当$\mathrm{CR}=\frac{\mathrm{CI}}{\mathrm{RI}}<0.1$时，即认为判断矩阵具有满意一致性，否则就需要请专家或决策者重新决策，调整判断矩阵，直至使之具有满意一致性时为止。

5.2.3　供应商选择步骤

依据层次分析法应用原理，具体的供应商选择过程，可按如下步骤进行。

1. 设定指标体系

供应商选择评价涉及因素众多，评价指标多种多样，既有定性的，又有定量的，而且指标权重各不相同。因此，有必要建立一套通用的、可扩展的供应商评价指标体系，指标体系的建立应符合系统全面性、简明科学性、稳定可比性和灵活可操作性等原则。

不同行业、不同企业、不同物料和不同环境下的选择评价体系应该是不一样的。一般主要包括供应商的物料价格、设备管理、人力资源、质量水平、成本控制、技术开发、

交货周期、用户满意度、遵守国家法律、环境保护及经营业绩等诸多方面。不同企业应结合自身经营特点和处于供应链管理的不同时期确定供应商的选择评价指标体系。

2. 选择判断标度

层次分析法中构造判断矩阵的关键，在于设计一种特定的比较、判断两元素相对重要性标度的法则，使比较任意两元素的相对重要程度有一定的数量标准。层次分析法创始人 Saaty 教授引用了 1~9 标度方法，该标度法中各级标度的含义如表 5-5 所示。

表 5-5 各级标度的含义

标度	定义	含义
1	同样重要	两元素对某属性同样重要
3	稍微重要	两元素对某属性，一元素比另一元素稍微重要
5	明显重要	两元素对某属性，一元素比另一元素明显重要
7	强烈重要	两元素对某属性，一元素比另一元素强烈重要
9	极端重要	两元素对某属性，一元素比另一元素极端重要
2、4、6、8	相邻标度中值	表示相邻两标度之间折中时的标度
上列标度倒数	反比较	元素 i 对元素 j 的标度为 a_{ij}，反之为 $1/a_{ij}$

由于 1~9 标度法符合人们的认识规律，所以具有一定的科学依据。从人的知觉判断能力来看，在区分事务的数量差别时，总是习惯使用相同、较强、强、很强和极强等判断语言。根据大量心理学实验和大量模拟证明，1~9 标度法是可行的，与其他标度法相比，能更有效地将思维判断数量化。

3. 构造判断矩阵

由相关领域的专家运用 1~9 标度法分别对各个层次的指标进行两两比较打分，得到判断矩阵。注意要尽量保证 $a_{ii}=1$，$a_{ij}=1/a_{ji}$，即与评价指标自身相比，重要性相同，与矩阵主对角线相对称的数值互为倒数。

4. 层次单排序及其一致性检验

求解判断矩阵最大特征值所对应的特征向量，经过归一化处理，即得层次单排序权重向量。对每一个判断矩阵都需进行一致性检验。当随机一致性比率满足 $\mathrm{CR}=\dfrac{\mathrm{CI}}{\mathrm{RI}}<0.1$ 时，即认为层次单排序的结果具有满意一致性。否则，需要请专家调整判断矩阵的元素取值。求解判断矩阵并不要求过高的精度，一般使用近似法进行计算，常用的有根法、和法及幂法等。

5. 层次总排序及其一致性检验

即使所有单个层次的判断矩阵都达到了满意一致性，但多个判断矩阵偏差的累积效应也必须引起注意，当这种累积超过一定界限时，由此而形成的供应商选择决策结果的可靠性是很值得怀疑的。所以，还必须控制总体的积累偏差，即还必须对整个选择评价指标体系的总体一致性进行检验，并计算层次总排序，只有当层次总排序的随机一致性比率也满足 $CR = \frac{CI}{RI} < 0.1$ 时，才能最终确定结果具有满意一致性。

计算同一层次所有因素对最高层（总目标）相对性的排序权值，称为层次总排序。这一过程是由最高层次到最低层次逐层进行的。若上一层次 A 包含 n 个因素，$A_1, A_2, \cdots, A_n$，其层次总排序权值分别为 w_1，w_2，…，w_n；下一层次 B 包含有 m 个元素 B_1，B_2，…，B_m，它们对于因素 A_j 的层次单排序权值分别为 b_{1j}，b_{2j}，…，b_{mj}（当 B_k 与 A_j 无联系时，$b_{kj}=0$）。则 B 层次总排序权值由 $\sum_{j=1}^{n} w_j b_{ij}$ 给出，如表 5-6 所示。

表 5-6　层次总排序计算

下层因素	A_1	A_2	…	A_n	B 层次总排序权值
	w_1	w_2	…	w_n	
B_1	b_{11}	b_{12}	…	b_{1n}	$\sum_{j=1}^{n} w_j b_{1j}$
B_2	b_{21}	b_{22}	…	b_{2n}	$\sum_{j=1}^{n} w_j b_{2j}$
⋮	⋮	⋮		⋮	⋮
B_m	b_{m1}	b_{m2}	…	b_{mn}	$\sum_{j=1}^{n} w_j b_{mj}$

积累效应的一致性检验也是由最高层次到最低层次逐层进行的。如果 B 层次某些因素对于 A_j 单排序的一致性指标为 CI_j，相应的平均随机一致性指标为 CR_j，则当 B 层次总排序随机一致性比率：

$$CR = \frac{\sum_{j=1}^{n} w_j CI_j}{\sum_{j=1}^{n} w_j CR_j} < 0.10$$

即可认为层次总排序结果具有满意的一致性，并可依此结果选择供应商。否则，需重新调整判断矩阵的元素取值，重新进行层次总排序及其一致性检验。

综上所述，确定供应商选择评价体系和评价指标后，应用层次分析法进行供应商选择的计算步骤如图 5-9 所示，图中 n 表示评价体系中判断矩阵的数量。

5.2.4　供应商选择实例

例 5-2　某企业计划采购生产打印机的某种物料，假设有甲、乙、丙、丁四家供应商可供选择，设定的评价指标体系为价格水平、质量水平、交货周期和售后服务。建立的供应商评价指标体系如图 5-10 所示。各指标两两比较判断矩阵如表 5-7~表 5-11 所示。试用层次分析法求解供应商甲、乙、丙、丁的优劣排序。

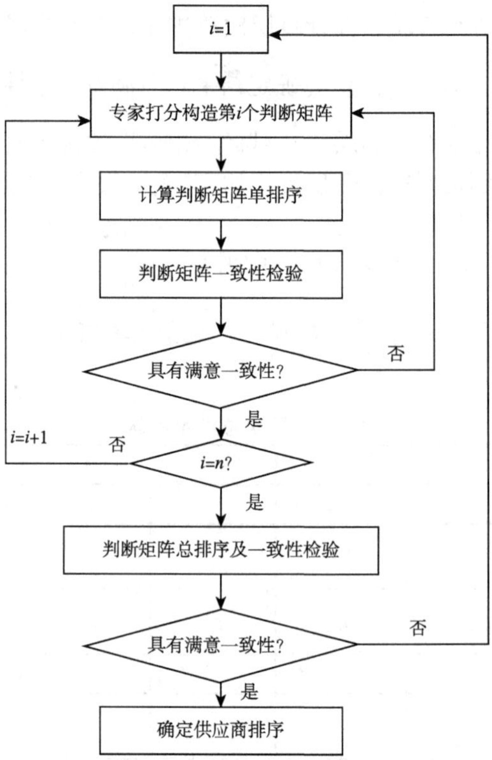

图 5-9　应用层次分析法选择供应商的步骤

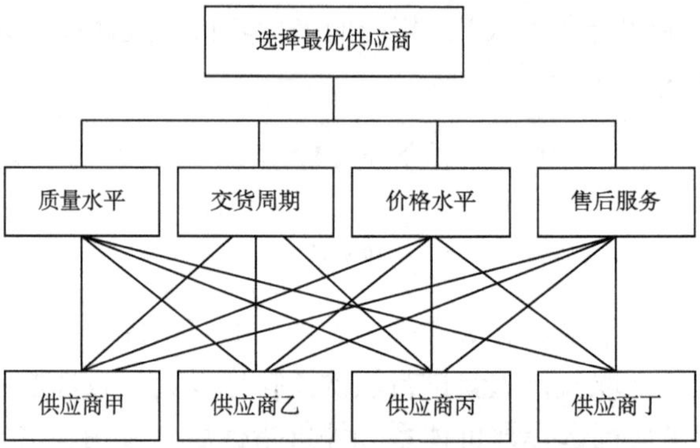

图 5-10　供应商选择评价指标体系

表 5-7　评价指标两两比较判断矩阵

初始矩阵 评价指标——两两比较				
评价指标	价格水平	质量水平	交货周期	售后服务
价格水平	1	1/2	3	5
质量水平	2	1	3	2
评价指标	价格水平	质量水平	交货周期	售后服务
交货周期	1/3	1/3	1	1/4
售后服务	1/5	1/2	4	1

表 5-8　价格水平供应商两两比较判断矩阵

价格水平	甲	乙	丙	丁
甲	1	1	1/2	6
乙	1	1	1/2	6
丙	2	2	1	7
丁	1/6	1/6	1/7	1

表 5-9　质量水平供应商两两比较判断矩阵

质量水平	甲	乙	丙	丁
甲	1	3	5	5
乙	1/3	1	2	2
丙	1/5	1/2	1	1
丁	1/5	1/2	1	1

表 5-10　交货周期供应商两两比较判断矩阵

交货周期	甲	乙	丙	丁
甲	1	1	1/2	1/2
乙	1	1	1/2	1/2
丙	2	2	1	2
丁	2	2	1/2	1

表 5-11　售后服务供应商两两比较判断矩阵

售后服务	甲	乙	丙	丁
甲	1	3	5	5
乙	1/3	1	3	3
丙	1/5	1/3	1	1
丁	1/5	1/3	1	1

解：依据 5.2.3 小节的介绍内容，本例假设指标体系设定、判断标度选择和判断矩阵构造已经完成，在此基础上继续进行层次单排序及其一致性检验和层次总排序及其一致性检验，求解过程如下。

1. *层次单排序及其一致性检验*

常用的层次单排序及其一致性检验有根法、和法及幂法等，本例用根法求解表 5-7 判断矩阵的特征值和特征向量，具体步骤如下。

（1）计算判断矩阵每一行元素的乘积（M_i 表示第 i 行的乘积）：

$$M_1=1\times 1/2\times 3\times 5=7.5$$

$$M_2=2\times 1\times 3\times 2=12$$

$$M_3=1/3\times 1/3\times 1\times 1/4=0.027\ 8$$

$$M_4=1/5\times 1/2\times 4\times 1=0.4$$

（2）计算 M_i 的 n 次方根 W_i：

$$W_1 = \sqrt[4]{M_1} = \sqrt[4]{7.5} = 1.654\,9$$
$$W_2 = \sqrt[4]{M_2} = \sqrt[4]{12} = 1.861\,2$$
$$W_3 = \sqrt[4]{M_3} = \sqrt[4]{0.02778} = 0.408\,2$$
$$W_4 = \sqrt[4]{M_4} = \sqrt[4]{0.4} = 0.795\,3$$

（3）将上述所求得的各个方根值构成一个向量，并对其进行归一化处理，以求得特征向量，即对向量 $\boldsymbol{W} = [W_1, W_2, W_3, W_4]^{\mathrm{T}} = [1.654\,9, 1.861\,2, 0.408\,2, 0.795\,3]^{\mathrm{T}}$ 进行归一化处理：

$$\sum_{j=1}^{n} W_j = 1.654\,9 + 1.861\,2 + 0.408\,2 + 0.795\,3 = 4.719\,6$$

$$\bar{W}_1 = \frac{W_1}{\sum_{j=1}^{n} W_j} = \frac{1.654\,9}{4.719\,6} = 0.350\,6$$

$$\bar{W}_2 = \frac{W_2}{\sum_{j=1}^{n} W_j} = \frac{1.861\,2}{4.719\,6} = 0.394\,4$$

$$\bar{W}_3 = \frac{W_3}{\sum_{j=1}^{n} W_j} = \frac{0.408\,2}{4.719\,6} = 0.086\,5$$

$$\bar{W}_4 = \frac{W_4}{\sum_{j=1}^{n} W_j} = \frac{0.795\,3}{4.719\,6} = 0.168\,5$$

则所求得的特征向量 $\bar{\boldsymbol{W}} = [0.350\,6, 0.394\,4, 0.086\,5, 0.168\,5]^{\mathrm{T}}$

（4）计算判断矩阵的最大特征值 $\lambda_{\max}$：

$$\boldsymbol{A}\bar{\boldsymbol{W}} = \begin{bmatrix} 1 & 1/2 & 3 & 5 \\ 2 & 1 & 3 & 2 \\ 1/3 & 1/3 & 1 & 1/4 \\ 1/5 & 1/2 & 4 & 1 \end{bmatrix} \begin{bmatrix} 0.350\,6 \\ 0.394\,4 \\ 0.086\,5 \\ 0.168\,5 \end{bmatrix} = \begin{bmatrix} 1.649\,8 \\ 1.692\,1 \\ 0.377\,0 \\ 0.781\,8 \end{bmatrix}$$

则

$$\lambda_{\max} = \sum_{i=1}^{n} \frac{(A\bar{W})_i}{n\bar{W}_i} = \frac{(A\bar{W})_1}{4\bar{W}_1} + \frac{(A\bar{W})_2}{4\bar{W}_2} + \frac{(A\bar{W})_3}{4\bar{W}_3} + \frac{(A\bar{W})_4}{4\bar{W}_4}$$
$$= \frac{1.649\,8}{4 \times 0.350\,6} + \frac{1.692\,1}{4 \times 0.394\,4} + \frac{0.377\,0}{4 \times 0.086\,5} + \frac{0.781\,8}{4 \times 0.168\,5} = 4.498\,4$$

（5）进行满意一致性判断：

$$\mathrm{CI} = \frac{\lambda_{\max} - n}{n - 1} = \frac{4.498\,4 - 4}{4 - 1} = 0.166\,1$$

由表 5-4 可知，当 n=4 时，RI=0.9。则

$$CR=\frac{CI}{RI}=\frac{0.166\,1}{0.9}=0.184\,6>0.1$$

由于 $CR=0.184\,6>0.1$，所以未能达到满意的一致性。修正对应的表 5-7 的判断矩阵后，重复上述计算过程，直到通过满意一致性检验。修正后的评价指标判断矩阵和计算结果如表 5-12 所示。

表 5-12　修正后的评价指标判断矩阵及其计算结果

评价指标	价格水平	质量水平	交货周期	售后服务	权重
价格水平	1	2	3	3	0.427 5
质量水平	1/2	1	5	2	0.310 4
交货周期	1/3	1/5	1	1/4	0.074 6
售后服务	1/3	1/2	4	1	0.187 5

CI=0.078 3，RI=0.9，CR=0.087 0

表 5-12 中的“权重”一列，即为满足一致性检验判断矩阵的最大特征值所对应的特征向量。

依据上述求解表 5-7 判断矩阵特征值和特征向量的计算原理，再分别对价格水平、质量水平、交货周期和售后服务四个评价指标判断矩阵进行单排序计算与一致性检验，计算结果如表 5-13~表 5-16 所示。

表 5-13　价格水平的供应商选择单排序计算

供应商层次单排序					
价格水平指标排序					
供应商	甲	乙	丙	丁	权重
甲	1	1	1/2	6	0.253 9
乙	1	1	1/2	6	0.253 9
丙	2	2	1	7	0.443 8
丁	1/6	1/6	1/7	1	0.048 4

λ_{max}=4.036 5，CI=0.012 2，RI=0.9，CR=0.013 5

表 5-14　质量水平的供应商选择单排序计算

供应商层次单排序					
质量水平指标排序					
供应商	甲	乙	丙	丁	权重
甲	1	3	5	5	0.572 3
乙	1/3	1	2	2	0.209 0
丙	1/5	1/2	1	1	0.109 4
丁	1/5	1/2	1	1	0.109 4

λ_{max}=4.004 2，CI=0.001 4，RI=0.9，CR=0.001 5

表 5-15 交货周期的供应商选择单排序计算

供应商层次单排序					
交货周期指标排序					
供应商	甲	乙	丙	丁	权重
甲	1	1	1/2	1/2	0.165 0
乙	1	1	1/2	1/2	0.165 0
丙	2	2	1	2	0.392 5
丁	2	2	1/2	1	0.277 5

λ_{max}=4.060 4，CI=0.020 1，RI=0.9，CR=0.022 4

表 5-16 售后服务的供应商选择单排序计算

供应商层次单排序					
售后服务指标排序					
供应商	甲	乙	丙	丁	权重
甲	1	3	5	5	0.557 9
乙	1/3	1	3	3	0.249 4
丙	1/5	1/3	1	1	0.096 3
丁	1/5	1/3	1	1	0.096 3

λ_{max} =4.043 4，CI=0.014 5，RI=0.9，CR=0.016 1

2. *层次总排序计算及一致性检验*

层次总排序计算方法参照表 5-6 中的计算公式，结合表 5-12~表 5-16 中的层次单排序结果数据，甲、乙、丙、丁四个供应商各自综合价格水平、质量水平、交货周期和售后服务四项指标的层次总排序计算结果如表 5-17 所示。

表 5-17 供应商选择总排序计算结果

供应商	价格水平（0.427 5）	质量水平（0.310 4）	交货周期（0.074 6）	售后服务（0.187 5）	层次总排序
甲	0.253 9	0.572 3	0.165 0	0.557 9	0.403 1
乙	0.253 9	0.209 0	0.165 0	0.249 4	0.232 5
丙	0.443 8	0.109 4	0.392 5	0.096 3	0.271 0
丁	0.048 4	0.109 4	0.277 5	0.096 3	0.093 4

1）汇总单层次排序数据

表 5-17 中第 1 行中数字分别对应于四种评价指标的权重（价格水平 0.427 5，质量

水平 0.310 4，交货周期 0.074 6，售后服务 0.187 5），这些数字是表 5-12 的计算结果。价格水平与四个供应商甲、乙、丙、丁交叉处的数据是各供应商在价格水平这一指标上的单排序，是表 5-13 的计算结果。其他的对应于质量水平、交货周期和售货服务三列的数据含义类似，分别由表 5-14~表 5-16 而得。

2）进行层次总排序计算

供应商甲的总排序权重=0.427 5 × 0.253 9+0.310 4 × 0.572 3+0.074 6 × 0.165 0 + 0.187 5 × 0.557 9=0.403 1

供应商乙的总排序权重=0.427 5 × 0.253 9+0.310 4 × 0.209 0+0.074 6 × 0.165 0 + 0.187 5 × 0.249 4=0.232 5

供应商丙的总排序权重=0.427 5 × 0.443 8+0.310 4 × 0.109 4+0.074 6 × 0.392 5 + 0.187 5 × 0.096 3=0.271 0

供应商丁的总排序权重=0.427 5 × 0.048 4+0.310 4 × 0.109 4+0.074 6 × 0.277 5 + 0.187 5 × 0.096 3=0.093 4

将上述计算结果汇总到表 5-17“层次总排序”一栏。最后，还应对层次总排序进行一致性检验，如果达不到满意指标，则仍需调整前面的判断矩阵。层次总排序一致性检验如下：

$$\mathrm{CI}=\sum_{i=1}^{4}W_i\mathrm{CI}_\mathrm{i}$$

$$=0.427\,5\times0.012\,2+0.310\,4\times0.001\,4+0.074\,6\times0.020\,1+0.187\,5\times0.014\,5=0.009\,9$$

$$\mathrm{RI}=\sum_{i=1}^{4}W_i\mathrm{RI}_i=0.427\,5\times0.9+0.310\,4\times0.9+0.074\,6\times0.9+0.187\,5\times0.9=0.9$$

$$\mathrm{CR}=\frac{\mathrm{CI}}{\mathrm{RI}}=\frac{0.009\,9}{0.9}=0.011\,0<0.1\text{，符合一致性检验}$$

上式中 W_i 即为四种评价指标的权重，CI_i 是各项评价指标下构造的判断矩阵一致性检验值，分别由表 5-13~表 5-16 的计算结果数据中获得。

依据层次总排序权重，甲、乙、丙、丁四家供应商选择的先后排序为甲、丙、乙、丁。这一排序结果为企业的供应商选择决策提供了可靠的参考依据。

5.3　订货优化决策

在本章前两节的物料需求计划制订和供应商选择决策中，分别解决了物料需求数量、需求时间和向谁采购的问题。供应商选择确定后，如何在满足生产需求、保证质量和及时交货的前提下，确定每次物料的最佳订购批量、订购周期，以使物料的订货成本和存储成本最低，这涉及更为具体的决策问题。此外，由于在发出订单到订货入库的提前期内，物料的实际需求存在一定的不确定性，企业应保持一定的库存备用量。本节将以成本最小化为目标，着重讨论订货优化决策和安全库存量的问题。

5.3.1　物料采购费用分析

物料订购优化决策通常是建立在费用分析基础上的，通过建立订货模型，寻求使总费用最小的订货策略。订购过程到底包括哪些费用，不能一概而论，要结合企业自身的经营状况和实际的决策环境予以考虑。通常，主要物料购买过程中有价格费用、订货费用和存储费用等，分述如下。

1. 价格费用

每次订货都会形成一定的购买费用，这一费用通常称为价格费用。一般情况下，价格费用与购买数量成正比。在市场经济条件下，供应商为了促进自身企业的物料销售，通常会设定批量价格折扣，在一次购买较大批量的情况下，虽然物料购买总费用会有所上升，但单位物料购买费用却会有所下降。有时订货不足，在物料需要时仓库已无存货，必须通过紧急订货得到补充，紧急订货通常会导致价格费用的增加。

2. 订货费用

每次订货会形成一定的与订货次数相关的费用，这一费用通常称为订货费用。订货费用的构成要素主要有填写请购单、制造订单、记录订单、追踪订单、质量检验、处理发票及付款准备等办公材料费用和人工工作费用等。订货费用与订货批量成反比，每次订货批量越大，在一定经营周期内的订货次数就越少，总的订货费用也就越低；反之，每次订货批量越小，订货次数越多，总的订货费用也就越高。此外，有时会把价格费用也包括在内，一起进行分析。

3. 存储费用

为保证企业生产经营活动过程能正常进行，企业都会存储一定的物料量，物料存储会形成一定的费用，这一费用通常称为存储费用。存储费用的构成要素主要有处理与保管费用、损坏与过时费用、利息费用或机会成本、保险与短缺费用等。

（1）处理与保管费用。处理费用主要包括物料搬运、物料清点和物料出入库管理等所形成的人员费用，通常与物料库存水平有关；保管费用主要包括存储空间占用费用，如仓库费用、设备费用和供暖照明费用等。若现成的存储空间可以利用，而不再另作他用，则保管费用为固定值，不随库存水平的变动而变化。但一旦超出既定库存水平后，已有存储空间不再够用而需扩大，则保管费用就将随库存的增加而上升。

（2）损坏与过时费用。许多物料在存储过程中，随着时间的推移会发生变质，从而使物料价值减损；另外，物料也会因自然、人为等因素而损坏，损坏程度视物料性质不同而异。过时费用发生在用以生产的产品市场需求消失后，仓库仍有许多物料库存，同时，这些物料也无法用来生产其他的产品，从而造成过时损失。

（3）利息费用或机会成本。库存物料需要资金的投入，形成资金积压，如果资金是通过贷款方式获得的，就会形成一定的利息费用；或即使是自有资金，但一旦这些资金用于购买物料，并形成库存后，就无法再作他用，形成一定的机会成本。机会成本取决于该项资金用于其他备选方案时的投资回报率。

（4）保险与短缺费用。物料库存也是企业的一种投资，为防意外，常常需要投保而发生保险费用。因物料短缺造成停工待料所发生的各种损失费用，如加班费、违约罚款、特殊处理费和信誉损失费等。通常发生在物料需要时仓库已无库存，且无法立即得到补充的情况下。这种缺货会造成失去销售机会，形成销售损失。而销售损失又会造成利益的损失，也可能是一种信誉的损失，可能面临失去客户的严重后果。

此外，物料运输过程中，还会产生运输费用。随着市场竞争的加剧和供应链管理的兴起，运输费用的降低近年来被认为是能有效降低企业经营费用的最后一个环节。随着市场上第三方物流企业的不断发展壮大，越来越多的生产企业把物料的运输业务等外包给了第三方物流企业。但是，物料运输费用是由供应商承担，还是由订货方承担，不同行业、不同企业有不同的做法，所以，这要根据具体情况区别确定。

5.3.2　经济批量订货决策

经济批量法（economic order quantity，EOQ）是指订购某种物料过程中，使各种相关费用之和最低的一种批量订购法，这里的各种相关费用主要包括订货费用和存储费用。经济批量法一般适用于需求为常量且已知的、成本和提前期也是常量且已知的、库存能立即补充的情况，即主要适用于需求连续、消耗稳定的场合。通常要求满足以下一些假设条件：

（1）物料需求是固定的，且在整个时期内保持一致。

（2）提前期（从物料订购到入库的时间）是固定的。

（3）单位物料的价格是固定的，与订购的批量无关。

（4）每次订货费用和单位物料存储费用都是固定的。

（5）所有的物料需求都能满足，且不允许延期交货。

从这些条件可以看出，在现实中要满足所有这些条件几乎是不可能的，但这些假设条件为物料采购优化决策研究提供了一个良好的起点和基础。经济批量订货模型如图 5-11 所示，该模型实际上反映了物料库存量和时间之间的关系。

由图 5-11 可以看出，订购批量为 Q_{opt}，也就是库存量的最大值，订货点为 Q^*，平均库存量为 $Q/2$，订货提前期为 L 个单位时间，d 为单位时间需求量，即平均使用率，根据假设提前期是固定的，所以每次订购的再订货点为 $Q^* = d \cdot L$。

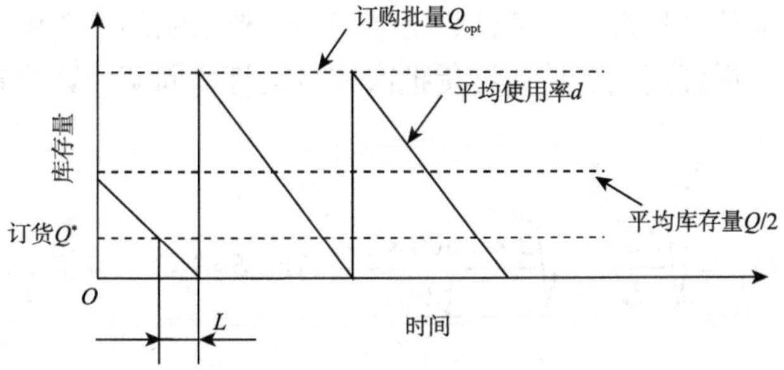

图 5-11　经济批量订货模型

为使采购费用最低，通常先列出决策期内物料采购的总费用表达式，即

决策期内物料采购的总费用=价格费用+订货费用+存储费用

式中，价格费用=物料订购单价×订购批量；订货费用=每次订货费用×订货次数；存储费用=单位存储费用×平均库存量。

设 D 为决策期内的需求量，K 为单位物料价格费用，H 为决策期内单位物料存货的存储费用，S 为每次的订货费用，则决策期的物料订购次数可以用决策期的需求量除以每次订购批量得到，即为 D/Q。由此可以计算得到每个决策期的存储成本为 $\frac{Q}{2}H$，每个决策期的订货费用为 $\frac{D}{Q}S$，决策期的总费用以 TC 表示，则 TC 为

$$\mathrm{TC}=KD+\frac{D}{Q}S+\frac{Q}{2}H$$

欲确定使总费用最小的订购批量，可对上式中的自变量 Q 求一阶导数，并令该一阶导函数为零，就可解得能使总费用达到最小的订购批量，即

$$\frac{\mathrm{dTC}}{\mathrm{d}Q}=0+\frac{-D}{Q^2}S+\frac{H}{2}=0$$

可以解得

$$Q_{\mathrm{opt}}=\sqrt{\frac{2DS}{H}}$$

这一可使总费用达到最小的最佳订购批量 Q_{opt}，通常也称为经济批量。

进而，可以算得

最佳订货批次为

$$n=\frac{D}{Q_{\mathrm{opt}}}=\sqrt{\frac{DH}{2S}}\quad（取近似整数）$$

最佳订货周期为

$$t=\frac{决策周期}{n}=决策周期\times\sqrt{\frac{2S}{DH}}$$

例 5-3　某生产企业对物料 A 的年需求量为 D=2 500 单位，订货费用 S=80 元/次，存储费用 H=12 元/（单位·年），提前期 L=7 天，价格费用 C=120 元/单位，求订货经济批量、再订货点、最佳订货批次、最佳订货周期和物料采购的总费用。

解：经济批量、再订货点、最佳订货批次和最佳订货周期计算公式，相关内容计算如下。

订货经济批量为

$$Q_{\mathrm{opt}}=\sqrt{\frac{2DS}{H}}=\sqrt{\frac{2\times 2\,500\times 80}{12}}=182.6\approx 183\ （单位）$$

再订货点为

$$Q^{*}=d\cdot L=（2\,500/365）\times 7=47.9\approx 48\ （单位）$$

最佳订货批次为

$$n_{\text{opt}}=\frac{D}{Q_{\text{opt}}}=\sqrt{\frac{DH}{2S}}=\sqrt{\frac{2\,500\times 12}{2\times 80}}\approx 14(\text{次})$$

最佳订货周期为

$$t_{\text{opt}}=\frac{365}{n_{\text{opt}}}=365\times\sqrt{\frac{2S}{DH}}=\frac{365}{14}\approx 26(\text{天})$$

采购的总费用为

$$\text{TC}=KD+\frac{D}{Q}S+\frac{Q}{2}H=2\,500\times 120+\frac{2\,500}{183}\times 80+\frac{183}{2}\times 12=302\,190.9\ (\text{元})$$

5.3.3　缓冲量的订货决策

在经济批量采购模型中假设需求固定且已知。然而在大多数情况下，需求并非是常数，单位时间内都会些有变化。在这种情况下，为避免订货送达之前供应不足的情况发生，订货决策时考虑一定的安全缓冲量或安全库存量，这样才能有效地避免在订货提前期内出现缺货的风险，降低缺货造成的损失，即短缺费用。为此，必须对经济批量模型所确定的再订货点进行修正，如图 5-12 所示。

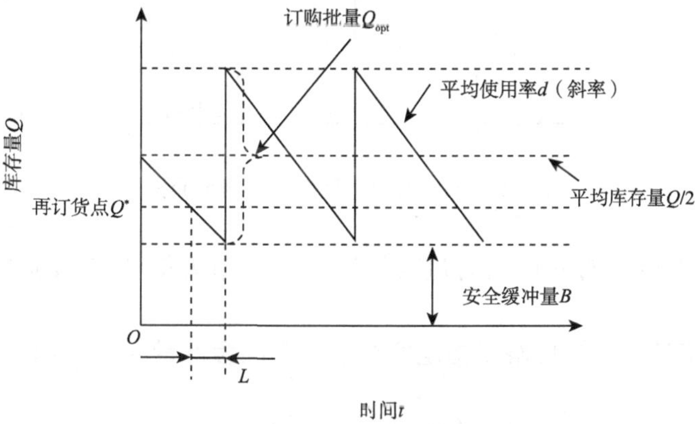

图 5-12　带有缓冲量的经济批量模型

安全缓冲量的大小取决于企业设定的安全水平。所谓的安全水平，是指存货可以满足需求的概率。也就是说安全水平=1–缺货风险。换言之，缺货风险=1–安全水平。考虑安全缓冲量的订货决策，应注意以下因素：

（1）安全缓冲存货量越大，缺货风险越低，但存储费用越高；而且随着用于缓冲存货的资金投入不断加大，其对安全水平的提高出现边际效应递减现象。

（2）对于安全缓冲量的订货决策，取决于企业期待的安全水平。例如，对维系产品正常生产影响较大的物料，安全水平可设得高些，反之，可设得低些。

（3）安全水平、安全缓冲量和订货批量之间是相互影响的。安全水平设得越高，安全缓冲量就会要求越多，显而易见，这会影响到整个一次性订货批量。

在一个相对稳定的区间，随机因素引起的需求量变动通常服从正态分布，设单位时间需求量的平均值为 d，标准差为 σ，缺货风险为 α，如图 5-13 中的阴影部分面积所示。

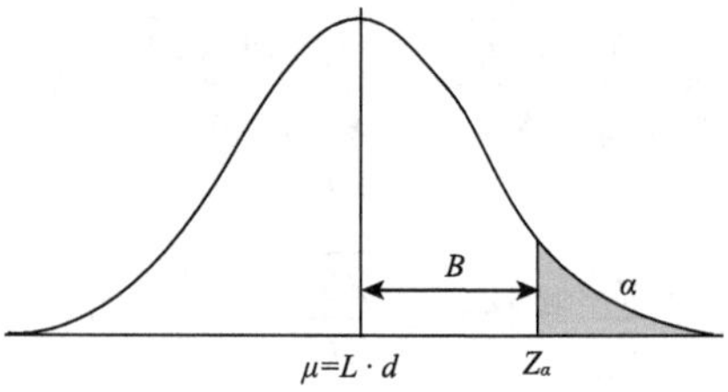

图 5-13　$N(\mu_L,\sigma_L)$ 正态分布

由于缺货风险为 α，则安全水平即为 $1-\alpha$。当提前期为 L 时，提前期内的需求量 y 将服从期望值为 $\mu_L = L\cdot d$，标准差为 $\sigma_L=\sqrt{L\cdot\sigma^2}$ 的正态分布，缺货风险概率可以定义为 $P\{X_L \geqslant B+L\cdot d\}\leqslant\alpha$。将上式变形后转化为标准化正态分布，即得

$$P\left\{\frac{X_L-\mu_L}{\sigma_L}\geqslant\frac{B}{\sigma_L}\right\}\leqslant\alpha$$

转化后的标准正态分布服从 N（0，1）分布，如图 5-14 所示。

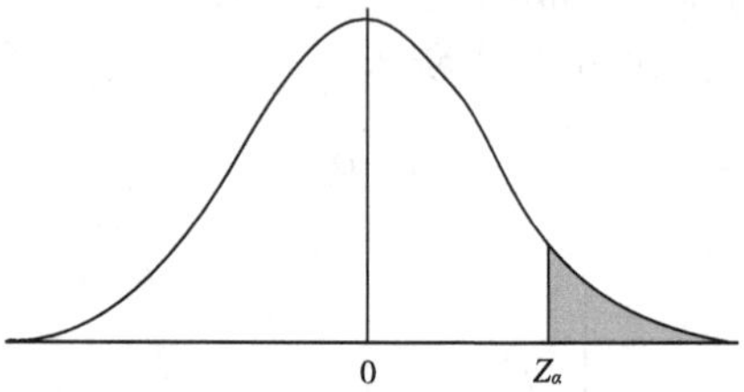

图 5-14　N（0，1）标准化正态分布图

转化后，对于给定的 α 可以通过查标准正态分布表得到 Z_α 的值。由 $\frac{X_L-\mu_L}{\sigma_L}\geqslant\frac{B}{\sigma_L}\geqslant Z_\alpha$，进一步计算，即可解得指定安全水平下的缓冲量 $B=Z_\alpha\cdot\sigma_L$。再订货点即为

$$Q^*=L\cdot d+B=L\cdot d+Z_\alpha\cdot\sigma_L$$

例 5-4　某种物料在订货提前期内的需求量服从平均数 $\mu_L=45$ 个单位，标准差 $\sigma_L=15$ 个单位的正态分布，若安全水平设定为 95%，求其再订货点。

解：安全水平设定为 95%，则 α=1−95%=5%，查标准化正态分布表，确定 α=5%所对应的 Z_α 值，得 Z_α=1.645，则安全缓冲量即为

$$B=Z_\alpha\cdot\sigma_L=1.645\times15=24.675\approx25\text{（单位）}$$

再订货点即为

$$Q^*=L\cdot d+B=45+25=70\text{（单位）}$$

例 5-5　某种物料平均每周的需求量为 60 个单位，标准差为 10 个单位，订货提前期为 5 周，设定安全水平为 99%，求其再订货点。

解：安全水平设定为 99%，则 α=1−99%=1%，查标准化正态分布表，确定 α=1%所对应的 Z_α 值，得 Z_α=2.33。进而计算得

$$\mu_L = 60 \times 5 = 300 \text{（单位）}$$

$$\sigma_L = \sqrt{L \cdot \sigma^2} = \sqrt{5 \times 10^2} = 22.36 \text{（单位）}$$

则安全缓冲量即为

$$B = 2.33 \times 22.36 = 52.10 \approx 52 \text{（单位）}$$

再订货点即为

$$Q^* = L \cdot d + B = 5 \times 60 + 52 = 352 \text{（单位）}$$

从例 5-4 和例 5-5 可以看出，在需求符合一定规律的情况下（即需求变量具有确定的概率分布），安全缓冲量 B 的大小只与标准差 σ_L 及安全水平有关，而与提前期内的平均需求数量无关，这是可以理解的。如果标准差 σ_L=0，说明单位时间的需求是稳定的、不变的，在提前期内的需求量也就可以完全确定，因而不需要有缓冲量。

5.3.4　按需批量订货决策

按需批量订货法是指物料订购的批量等于净需求量，也称直接需求法。这种确定批量的计算方法往往适用于订购数量和时间基本上能够给予保证的物料，或者所需物料的价值较高，不允许过多地生产或保存的物料。它的基本特点如下：

（1）每个单位时间的订货批量，恰好与单位时间的净需求量相匹配。

（2）订货量恰好就是单位时间需求量，不会产生剩余转到未来时区。

（3）由于没有剩余转到未来时区，所以，期末库存和存储费用为 0。

例 5-6　已知某种物料的净需求量如表 5-18 所示，已知每次订货的订货费用为 100 元，试用按需批量订货法确定订货批量和订货费用。

表 5-18　例 5-6 的物料需求数据

周次	1	2	3	4	5	6	7	8
净需求量	60	100	75	90	70	90	85	70

解：表 5-19 列出了按需批量订货法的求解过程。

表 5-19　按需确定批量法

周次	净需求量	订货量	期末库存	存储费用/元	订货费用/元	总费用/元
1	60	60	0	0	100	100
2	100	100	0	0	100	200
3	75	75	0	0	100	300
4	90	90	0	0	100	400
5	70	70	0	0	100	500
6	90	90	0	0	100	600
7	85	85	0	0	100	700
8	70	70	0	0	100	800

如表 5-19 所示，第 1 周的订货量就是第 1 周的需求量，期末没有剩余转入第 2 周，

所以存储费用为 0。而每周都有订货，所以每周都有一次订货费用产生，因此使用这种方法往往会使订货费用较高（总费用中不包括物料的价格费用，因为这里假定单位物料的价格是固定不变的）。

5.3.5 最小总费用订货决策

最小总费用订货决策是一种动态确定订货批量的方法，其原理是比较不同的订货批量所对应的订货费用和存储费用，当两个费用值越是接近时，所对应的订货方案总费用就越小，从中选择使二者尽可能接近的订货批量，就是所要求的解。

例 5-7 承例 5-6，并已知单位物料单位周期的存储费用为 0.1 元，试用最小总费用订货法确定订货批量和订货费用。

解：表 5-20 列出了最小总费用订货法的计算过程。

表 5-20 最小总费用订货法的计算过程

周次	订货量	存储费用/元	订货费用/元	总费用/元
1	60	0	100	100
1~2	160	10	100	110
1~3	235	25	100	125
1~4	325	52	100	152
1~5	395	80	100	180（总费用最小）
1~6	485	125	100	225
1~7	570	176	100	276
1~8	640	225	100	325
6	90	0	100	100
6~7	175	8.5	100	118.5
6~8	245	22.5	100	122.5（总费用最小）

表 5-20 中第 2 行表示第 1 周发生了一次订货，订货量为 60 单位，由于订货量等于第 1 周的需求量，所以没有库存，存储费用为零，即

总费用=存储费用+订货费用=0+100=100（元）

表 5-20 中第 3 行表示第 1 周发生了一次订货，订货量为 160 单位（同时满足第 1、第 2 周的需求量之和），第 1 周周末库存为 100 单位，存储费用=100 × 0.1 × 1（周期）=10（元），订货费用仍是 100（元），即

总费用=存储费用+订货费用=10+100=110（元）

表 5-20 中第 4 行表示第 1 周发生了一次订货，订货量为 235 单位（同时满足第 1~第 3 周的需求量之和），第 1 周周末库存为 175 单位，第 2 周周末库存为 75 单位，存储费用=175 × 0.1 × 1（周期）+75 × 0.1 × 1（周期）=25（元），订货费用仍是 100（元），即

总费用=存储费用+订货费用=25+100=125（元）

第 5~第 9 行分别表示在第 1 周的订货量分别是前 4~8 周需求量之和时，所对应的存储费用、订货费用及总费用。当订货量为前 5 周的净需求量，即 395 个单位时，存储费

用为 80，订货费用为 100，在所有订货方案的存储费用和订货费用中，这两个数字最接近。所以，可以确定第一次订货量为前 5 周的需求量之和，即 395 个单位，订货时间为第 1 周初。用同样的方法计算第 6 周的订货量，表 5-20 的最后 3 行显示了这一计算结果，由于 22.5 比 8.5 和 0 都更接近 100，所以，可以得出第 6 周的订货量应为 245 单位（同时满足第 6~第 8 周的需求量之和）。

因为本例的计划周期只有 8 周，所以订货量只满足到第 8 周，如果计划周期大于 8 周，则订货量还可能满足以后数个周的需求，可以由此类推下去。

为验证上述计算结果，表 5-21 列出了决策方案的最终计算结果，订货发生在第 1 周和第 6 周，订货批量分别为 395 单位和 245 单位，整个计划期的总费用为 302.5 元，单位费用［=总费用/（存储费用+订货费用）=302.5/（395+245）］为 0.473，如果采用任何其他的方案，在需求量不变的情况下，其总费用将高于 302.5 元。

表 5-21　最小总费用法计算结果验算

周次	净需求量	订货量	期末库存	存储费用/元	订货费用/元	总费用/元
1	60	395	335	33.5	100	133.5
2	100	0	235	23.5	0	157
3	75	0	160	16	0	173
4	90	0	70	7	0	180
5	70	0	0	0	0	180
6	90	245	155	15.5	100	295.5
7	85	0	70	7	0	302.5
8	70	0	0	0	0	302.5

需要注意的是，最小总费用法适用于动态连续滚动周期的采购决策。否则，使用这一方法的决策方案不一定是最优的。例如，在本例中如果计划周期为 6 周（前面 6 周），按照最小总费用法得到的决策方案如下：第 1 周采购 395 个单位（前 5 周的需求量之和），第 6 周采购 90 单位（第 6 周的需求量），总费用=第 5 周末的总费用+第 6 周的总费用，即

$$总费用=180+(100+0)=280（元）$$

如果将决策方案改成：在第 1 周一次性订购 6 周所有的需求量，即 485 单位，则

$$总费用=180+90\times 0.1\times 5=225（元）$$

显然，在第 1 周一次性订购批量满足 6 周所有的需求量，比第 1 周订购批量满足前 5 周的需求量再订购一次仅满足第 6 周需求量的方案要好。

5.3.6　最小单位费用订货决策

最小单位费用订货决策和最小总费用订货决策一样，也是一种动态确定订货批量的方法。这种方法的算法是将不同订货批量的单位费用（订货费用和存储费用相加，再除以订货批量）进行比较，选择单位费用最小的订货批量作为最优订货批量，其结果与最小总费用得到的结果相同。

表 5-22 列出了例 5-7 应用最小单位费用订货法的计算内容，当第 1 周的订货量为 395 单位时，单位费用最小，订货批量可以满足前 5 周的需求。然后从第 6 周开始计算，如表 5-22 所示，第 6 周的订货批量为 245 单位时，单位费用最小。最小单位费用订货法和最小总费用订货法都受到计划期长短的影响，如果计划期更长，那么第 6 周的订货量可能会发生变化。

表 5-22　最小单位费用订货法的计算过程

周次	订货量	存储费用/元	订货费用/元	总费用/元	单位费用/元
1	60	0	100	100	1.667
1~2	160	10	100	110	0.687 5
1~3	235	25	100	125	0.532
1~4	325	52	100	152	0.468
1~5	395	80	100	180	0.456（最小）
1~6	485	125	100	225	0.464
1~7	570	176	100	276	0.484
1~8	640	225	100	325	0.508
6	90	0	100	100	1.111
6~7	175	8.5	100	118.5	0.677
6~8	245	22.5	100	122.5	0.5 （最小）

表 5-23 列出了最小单位费用订货法决策方案的最终计算结果，第 1、第 6 周各发生一次订货，订货批量分别为 395 单位和 245 单位，整个计划期的总费用为 302.5 元，这与表 5-21 中的数据完全相同。

表 5-23　最小单位费用订货法计算结果验算

周次	净需求量	订货量	期末库存	存储费用/元	订货费用/元	总费用/元
1	60	395	335	33.5	100	133.5
2	100	0	235	23.5	0	157
3	75	0	160	16	0	173
4	90	0	70	7	0	180
5	70	0	0	0	0	180
6	90	245	155	15.5	100	295.5
7	85	0	70	7	0	302.5
8	70	0	0	0	0	302.5

5.3.7　批量价格折扣订货决策

在上述各种订货决策分析过程中，都假定单位物料的价格费用是固定不变的，所以，不影响订货决策。在实际中，为促进物料销售、扩大市场占有率，供应商常常会对不同的订货批量制定不同的单位价格，一般情况下，订货批量越大，单价越低；同时，单位物料的存储费用也会因批量不同而有所变化，一般批量越大，单位存储费用会有所降低

（也可以理解为随着单位价格的降低，单位物料的资金占用成本降低），但总的存储费用会随着订货批量的增大而有所提高。少数情况下，由于物料短缺，物料限量供应，超过限量单价反而要被提高。在这种情况下，可以应用批量价格折扣模型进行决策。

批量价格折扣模型和经济批量订货模型本质上原理是相同的，都是通过确定订货批量来促使一定周期内采购总费用最低，要求需求是连续分布的；不同点在于批量价格折扣订货模型适用于周期内物料价格是随批量大小不同而变动的，而经济批量订货模型则假定周期内物料价格是固定不变的。因此，批量价格折扣模型是一种价格随订货批量变动而变化的订货模型，其求解的基本思想是根据供应商提供的批量价格折扣，再计算出不同价格水平下的经济订货批量及其对应的总费用，总费用最小的订货批量就是最优订货批量。

设在一个瞬时进货、不允许缺货的订货问题中，如图 5-15 所示，当订货批量 Q 小于某一常量 Q_1 时，即当 $0<Q<Q_1$，订货单位价格为 K_1 元；当订货量介于 Q_1 和 Q_2 之间时，即 $Q_1\leqslant Q<Q_2$，订货单位价格为 K_2 元；依次类推，而当 $Q_{i-1}\leqslant Q<Q_i$ 时，订货单位价格为 K_i 元……其中，Q_i 为价格折扣的分界点，且满足 $K_1>K_2>\cdots>K_n$，则在决策期内的物料订购总费用，如图 5-16 所示。

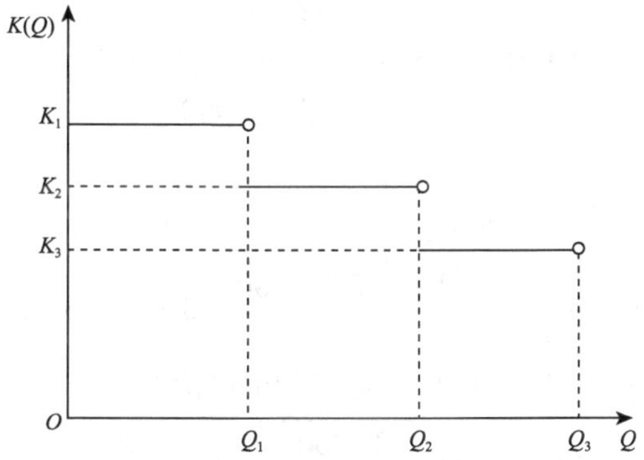

图 5-15　批量价格折扣订货模型

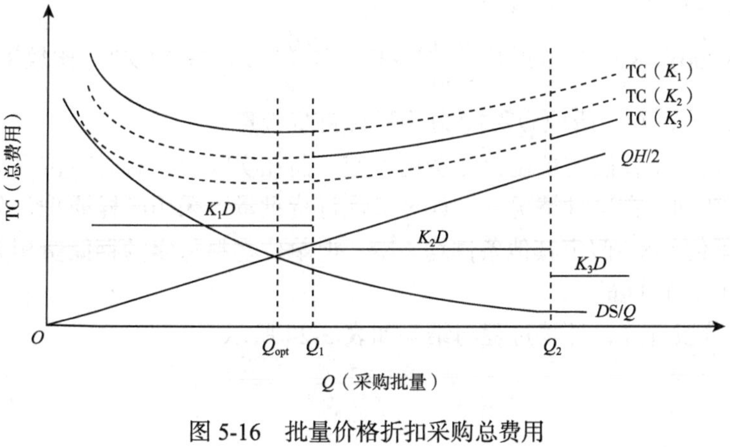

图 5-16　批量价格折扣采购总费用

批量价格折扣订货优化决策的计算步骤如下：

（1）不考虑批量价格折扣影响，求出经济订货批量 $Q_{opt}=\sqrt{\dfrac{2DS}{H}}$（其中，$D$ 为决策期需求量，S 为每次订货费用，H 为决策期单位物料的存储费用），并确定 Q_{opt} 落在哪个区间内，假定落在 (Q_i,Q_{i+1}) 内，此时的总费用即为

$$\mathrm{TC}=K_iD+\frac{D}{Q_{opt}}S+\frac{Q_{opt}}{2}H$$

（2）取 Q 分别等于 $Q_{i+1},Q_{i+2},\cdots,Q_n$，并取相应的折扣价格，依次代入总费用函数，计算出总费用数值 $\left\{\mathrm{TC}(Q_{opt}),\mathrm{TC}(Q_{i+1}),\mathrm{TC}(Q_{i+2}),\cdots,\mathrm{TC}(Q_n)\right\}$。

（3）选取能使总费用最小的 Q_i 值作为最优订货批量，即取与式

$$\min\left\{\mathrm{TC}(Q_{opt}),\mathrm{TC}(Q_{i+1}),\mathrm{TC}(Q_{i+2}),\cdots,\mathrm{TC}(Q_n)\right\}$$

所对应的 Q_i 值作为最优订货批量。

例 5-8　某企业每年需要某种附件 20 000 单位，每次订货费用为 180 元，单位存储费用为 0.5 元/年，单价 K 随订货批量不同而变化，即

$$K(Q)=\begin{cases}4.0\text{ 元}， & Q<2\,500\\ 3.8\text{ 元}， & 2\,500\leqslant Q<5\,000\\ 3.5\text{ 元}， & Q\geqslant 5\,000\end{cases}$$

求最优订货批量。

解：首先，求出经济订货批量 Q_{opt}。

$$Q_{opt}=\sqrt{\frac{2DS}{H}}=\sqrt{\frac{2\times 20\,000\times 180}{0.5}}=3\,794.733\approx 3\,795$$

由于 Q_{opt} 正好落在（2 500，5 000），对应的单位价格为 3.8 元，代入总费用公式，即

$$\mathrm{TC}(Q_{opt})=3.8\times 20\,000+\frac{20\,000}{3\,795}\times 180+\frac{3\,795}{2}\times 0.5\approx 77\,897$$

再将 Q=5 000 和 K=3.5 代入总费用公式，即

$\mathrm{TC}(Q=5\,000)=3.5\times 20\,000+\dfrac{20\,000}{5\,000}\times 180+\dfrac{5\,000}{2}\times 0.5=71\,970$，比较 $\mathrm{TC}(Q_{opt})$ 和 TC（Q=5 000）的值可知，应取 $Q=5\,000$ 为最优订货批量。

上面计算过程中，假定单位存储费用不变。而在实际中，有时单位存储费用会随订货批量变化而变动，在这种情况下，计算最优订货批量可采用同样原理，分段计算。

例 5-9　承例 5-8，假定其他条件均不变，但单位物料每年的存储费用为采购单价的 20%，试求最优订货批量。

解：采用分段计算，计算过程与结果如表 5-24 所示。

表 5-24　批量价格折扣下的采购决策计算

批量（Q_i~Q_{i+1}）	单价/元	存储成本/元（$H_i=K_i\times 20\%$）	最佳订货量 Q_{opt} /单位	决策周期内总费用 TC/元
（0，2 500）	4.0	0.80	$Q=\sqrt{\frac{2DS}{H}}=\sqrt{\frac{2\times 20\,000\times 180}{0.8}}$ =30 00 已经超出了（0，2 500），取 Q_{opt} =2 500	存储费用=1 000[1)] 订货费用=1 440[2)] 总费用=20 000×4+1 000+1 440=82 440
[2 500，5 000）	3.8	0.76	$Q=\sqrt{\frac{2DS}{H}}=\sqrt{\frac{2\times 20\,000\times 180}{0.76}}$ =3 078 正好位于[2 500，5 000），取 Q_{opt} =3 078	存储费用=1 170[3)] 订货费用=1 170[4)] 总费用=20 000×3.8+1 170+1 170=78 340
[5 000，+∞）	3.5	0.70	$Q=\sqrt{\frac{2DS}{H}}=\sqrt{\frac{2\times 20\,000\times 180}{0.70}}$ =3 207 不在[5 000，+∞），取 Q_{opt} =5 000	存储费用=1 750[5)] 订货费用=720[6)] 总费用=20 000×3.5+1 750+720=72 470

1）$=H_1\cdot Q_{opt}/2=0.8\times 2\,500/2=1\,000$；2）$=DS/Q_{opt}=20\,000\times 180/2\,500=1\,440$；3）$=H_2\cdot Q_{opt}/2=0.76\times 3\,078/2=1\,170$；4）$=DS/Q_{opt}=20\,000\times 180/3\,078=1\,170$；5）$=H_3\times Q_{opt}/2=0.7\times 5\,000/2=1\,750$；6）$=DS/Q_{opt}=20\,000\times 180/5\,000=720$

比较表 5-24 中三种批量价格下决策周期内的各项数据可知，总费用 72 470 元为最小值，相对应的订货批量为 5 000 单位，周期内共需订货 4 次，订货费用合计为 720 元，存储费用为 1 750 元。

思考题与习题

1. 物料需求计算的依据是什么？物料需求计划主要包含物料的哪两项内容？
2. 物料清单在物料需求计算中起什么作用，如何确定物料在物料清单的层次码？
3. 目标准则体系通常有哪两种类型？供应商选择的评价指标有何基本特点？
4. 供应商选择分为哪几个主要步骤，各评价指标的判断矩阵是如何产生的？
5. 层次分析法中，判断矩阵的一致性指标有何内涵，如何计算？
6. 某公司选定用三个指标从潜在的供应商 S1、S2、S3 中选择供应商。三个指标分别是售后服务、生产能力和产品质量。下面分别给出了各个指标的两两比较判断矩阵和供应商两两比较判断矩阵，试用层次分析法对三个供应商的优劣进行排序。

评价指标两两比较判断矩阵

评价指标	售后服务	生产能力	产品质量
售后服务	1	0.33	0.2
生产能力	3	1	0.7
产品质量	5	1.43	1

供应商两两比较

售后服务	S1	S2	S3
S1	1	3	4

续表

售后服务	S1	S2	S3
S2	0.333 3	1	3
S3	0.25	0.333 3	1

生产能力	S1	S2	S3
S1	1	2	0.2
S2	0.5	1	0.125
S3	5	8	1

产品质量	S1	S2	S3
S1	1	0.2	0.25
S2	5	1	2
S3	4	0.5	1

7. 叙述物料采购成本的一般构成，并说明各构成费用与订货批量之间的关系。

8. 某商店产品 A 销售看好，希望确定产品 A 的订购数量。有关数据如下：年需求量为 3 000 件，平均存储费用为 100 元/单位，每次订货费用为 250 元。试用经济批量模型确定产品 A 的订购数量。

9. 向某公司订购某种原材料享有的批量价格折扣如下表所示，如果订购费用为 200 元/次，年需求量为 50 000 吨，年均存储成本为 32 元/吨。试问该原材料的最佳订购批量应为多少？

数量/吨	价格/（元/吨）
0~799	350
800~2 000	320
2 000~	300

10. 某种物料的订货费用是 150 元，每周每单位的存储费用为 1.2 元。根据下表给出的净需求量，分别按照按需订货法、最小总费用订货法确定各自的订货批量和总费用。

周	净需求/周
1	100
2	90
3	95
4	60
5	120
6	100
7	90
8	80

第 6 章　决策全面预算

为提高企业经济效益，应对激烈的市场竞争，跻身于世界一流企业，企业需对拟定的经营决策方案先期进行全面的预算。在某一确定的决策时期内，运用前面各章已经介绍过的产品市场需求预测、产品营销决策、产品生产决策和物料采购决策等基本原理与方法，一定的企业未来生产经营决策方案已经基本形成，企业经营的主要目标和任务也已基本确定。其中，提高企业经济效益、获取最大经营利润是现代企业生产经营决策最主要的目标之一。生产经营决策方案所确定的各项具体目标能否实现，必须在决策方案正式实施前，对各有关数据的测算，运用管理会计学中的全面预算原理与方法，集中而有系统地反映出来，这就是决策的全面预算。通过全面预算，将预算结果数据与预期目标数据进行比较。若预算结果数据表明，已经实现了企业经营的各主要预期目标，则整个企业生产经营决策方案也就可以确定了；若预算结果不佳或不能满足预期期望，与预期目标存有较大的差异，则可通过对预算的中间数据、结果数据进行深入的分析，找出存在的问题，调整原有决策方案，重新预算调整方案。经过不断的再预算、再分析和再调整，直至得到较为满意的决策方案为止。

企业生产经营决策方案全面预算也称为“总预算”，主要内容包括营销预算、生产预算、采购预算、成本预算、损益预算、现金收支预算和资产负债预算等，这些预算内容形成一个完整的预算体系，现代企业决策全面预算体系如图 6-1 所示。

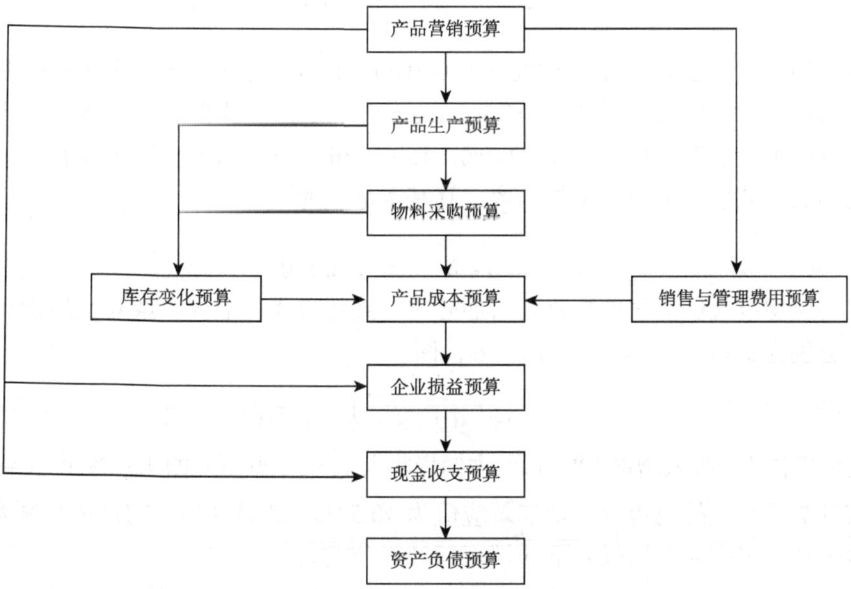

图 6-1　现代企业决策全面预算体系

由图 6-1 可以看出，整个企业生产经营决策方案全面预算以产品市场需求的研究和预测为基础，以产品营销预算为主导，进而包括生产、采购、成本、损益、现金收支和资产负债预算等各个方面，并特别重视生产经营决策方案对企业经营成果的预期影响。方案全面预算构成体系是以预计的企业财务报表作为其表现形式的。

6.1　产品营销预算

如前所述，全面预算是以产品市场需求预测和营销预算为主导的。营销预算是进行全面预算的出发点，几乎所有其他项目的预算都是以营销预算作为基础的，营销预算主要包括销售量预算、销售收入预算、销售现金收入和营销费用预算等。

假定已经以一定的方法预测出了某一企业产品在某一经营周期的市场需求（容量）为 x_{t^*} =2 300 万元。由价格与销售量效应关系数对（950，200%）、（1 150，100%）和（1 350，50%），可以确定拟合出的产品需求曲线效应函数形式应为指数函数：

$$y = f(P) = a + b \cdot e^{-\left(\frac{P}{c}\right)^2}$$

将价格与销售量效应关系数对代入上式，两边取对数后，进一步求得式中的待定常数分别为 $a = 0$ 、b=1 120 和 $c = 740$ ，具体表达形式为

$$y = f(P) = 1\,120 \times e^{-\left(\frac{P}{740}\right)^2}$$

若将价格 P=1 150 代入，恰得相应的销售收入效应值为 100%。结合产品市场需求预测值 x_{t^*} =2 300 万元，计算可得产品市场销售量为

$$Q = \frac{x_{t^*}}{P_0} \cdot \frac{y}{y_0} = \frac{23\,000\,000}{1150} \times \frac{100}{100} = 20\,000 \text{（单位）}$$

这时的销售收入 $L = 1\,150 \times 20\,000 = 23\,000\,000$ 元，即 2 300 万元，正是当期的产品市场容量。再由广告费用投入增加占销售收入百分比与其所产生的销售收入增加占销售收入百分比效应关系数对（1%，1%）、（7%，15%）和（15%，25%），可以看出拟合出的广告效应曲线函数形式也应为指数函数，其基本形式为

$$f(w) = a + b \cdot e^{1-\left(\frac{w}{c}\right)^2}，\ w > 0$$

将广告费用投入增加与销售收入增加效应关系数对代入上式，取对数后求得式中的待定常数分别为 $a = 25$ 、$b = -9.2$ 和 $c = 6$ ，即

$$f(w) = 25 - 9.2 \times e^{1-\left(\frac{w}{6}\right)^2}，\ w > 0$$

设周期广告费用投入增加 100 万元，占销售收入 x_{t^*} =2 300 万元的 4.35%，即 $w = 4.35\%$ 。代入上式计算得相应的销售收入增加效应值为 10.53%。进而可知一定产品市场需求、一定价格水平和一定广告费用投入下的销售量计算公式为

$$Q' = \frac{x_{t^*} + x_{t^*} \cdot f(w)}{P_0} \cdot \frac{y}{y_0} = \frac{23\,000\,000 \times (1 + 10.53\%)}{1150} \times \frac{100}{100} = 22\,105 \text{（单位）}$$

相应地，对应的销售收入（销售额）即为 $L = 1\,150 \times 2\,2105 = 2\,542.075$万元。

据此，可分别预算同一周期内各类产品的销售收入和企业产品销售总收入，计算公式为

$$\text{产品}\,i\,\text{销售收入} = \text{产品}\,i\,\text{销售单价} \times \text{产品}\,i\,\text{销售量}$$

$$\begin{aligned}\text{企业销售总收入} &= \sum_i \text{产品}\,i\,\text{销售收入} \\ &= \sum_i \left(\text{产品}\,i\,\text{销售单价} \times \text{产品}\,i\,\text{销售量}\right)\end{aligned}$$

产品销售收入预算是产品现金收入预算的基础,也是用于企业生产经营损益预算的基础。

产品销售后所得的销售收入在本期内不一定都能全部收回，有一部分将转入下一经营周期才能收回。同样，上期销售收入中也将有部分转到本期才能收到。所以，在产品销售预算中，还应对预期的现金收入进行计算。经营周期内的产品现金收入应包括上期销售产品本期现金收入和本期销售产品本期现金收入两部分。现金收入预算主要用于以后的现金收支预算，如果入不敷出，企业就必须考虑通过银行等筹措资金或重新调整生产经营决策方案。

综上所述，产品营销预算主要内容及其过程如图 6-2 所示。

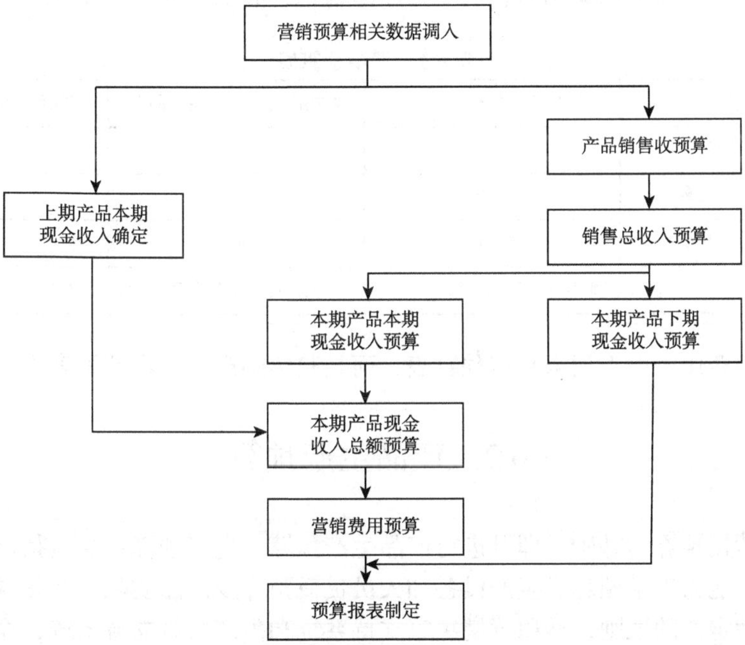

图 6-2 产品营销预算主要内容及其过程

例 6-1 由营销决策分析可知，某企业某一周期在主要竞争市场上销售 E 型产品的价格为每台 1 150 元，在附加市场 I 上销售 E 型产品的价格为每台 1 000 元；在附加市场 II 上销售 B 型产品的价格为每台 850 元。运用产品市场需求预测支持系统和营销决策支持系统测算后，预计在主要竞争市场上 E 型产品的销售量为 22 105 台，在附加市场 I 上 E 型产品的销售量为 0，在附加市场 II 上 B 型产品的销售量为 2 000 台。预计所有产品销

售收入的 80%可于本期收回，其余 20%将于下一经营周期收回，上期销售收入转入本期的现金为 570 万元。试对该企业进行经营周期的产品营销预算。

解：由计算公式可得下列内容。

（1）销售收入预算：

竞争市场上 E 型产品销售收入=1 150×22 105=25 420 750（元）≈2 542（万元）

附加市场Ⅰ E 型产品销售收入=1 000×0=0（万元）

附加市场Ⅱ B 型产品销售收入=850×2 000=1 700 000 元=170（万元）

则有

企业销售收入总额=2 542+0+170=2 712（万元）

（2）现金收入预算：

上期销售产品本期现金收入=570（万元）

本期销售产品本期现金收入=2 712×80%=2 169.6（万元）

本期销售产品下期现金收入=2 712×20%=542.4（万元）

则有

本期现金收入总额=570+2 169.6=2 739.6（万元）

根据预算出的各项数据结果，制定的产品营销预算表如表 6-1 所示。

表 6-1　营销预算表

销售产品类型	竞争市场（E 型产品）	附加市场Ⅰ（E 型产品）	附加市场Ⅱ（B 型产品）
预计产品销售量/台	22 105	1 500	2 000
产品销售价格/（元/台）	1 150	0	850
产品销售收入/万元	2 542.075	0	170
销售收入总额/万元：2 542.075		本期现金收入总额/万元：2 739.6	

产品营销费用一般不列入营销预算表，而是归集到产品成本预算表中。

6.2　产品生产预算

以产品营销预算为基础，即可进行产品生产预算。生产预算主要包括产品计划生产量预算、生产能力需求预算、生产设备和人员负荷预算及产品实际生产量预算等。

依据以销定产的原则，运用营销决策支持系统和生产决策支持系统，企业产品计划生产量也已可以确定，这一产品计划生产量是在产品市场销售量和企业生产设备等条件制约下确定的。生产优化决策过程表明，在诸多约束中如果是销售量起主导制约作用，那么，产品计划生产量将和预计市场销售量保持一致；如果是其他约束条件起主导制约作用，对市场促销手段进行调整（如提高产品销售价格、减少广告费用投入等），也可使产品计划生产量与预计销售量基本保持一致。但是，如果市场形势发生了较大的变化，预计决策周期的期初将有产品库存积压；或根据情况需要，期望期末备有一定数量的库存，则周期产品 i 计划生产量预算应按下式计算：

产品 i 计划生产量=预计销售量+期望期末库存量–预计期初库存量

产品计划生产量确定后，即可进行企业生产能力需求预算。企业生产能力主要分为设备生产能力和人员生产能力，依据产品计划生产量和单位产品需要耗用的设备与人员生产能力数，总的设备生产能力需求数和人员生产能力需求数的预算分别按下式计算：

$$\text{总的设备生产能力需求数} = \sum_{i}(\text{单位产品}\,i\,\text{耗用设备生产能力数} \times \text{产品}\,i\,\text{计划生产量})$$

$$\text{总的人员生产能力需求数} = \sum_{i}(\text{单位产品}\,i\,\text{耗用人员生产能力数} \times \text{产品}\,i\,\text{计划生产量})$$

将预算出的设备、人员生产能力需求数与计算出的企业已有实际设备、人员生产能力数相比较，若两者不相等，出现已有生产能力不足或过剩，可以考虑采取适当的措施予以调整。在已有设备、人员生产能力不足的情况下，可以考虑通过增加设备、招收新的生产人员或加班来提高设备、人员生产能力；在已有设备、人员生产能力过剩的情况下，则可考虑通过报废变卖设备、辞退生产人员等措施来压缩设备和人员生产能力。调整后的设备和人员生产能力，即为企业实际可供使用的设备和人员生产能力，作为最后确定企业产品实际生产量的主要依据之一。

预算出生产能力需求数和经过调整的实际可供使用的生产能力数后，生产设备和人员负荷预算可分别按下式计算：

生产设备负荷（%）=总的设备生产能力需求数÷实际可供使用设备生产能力数 × 100%

生产人员负荷（%）=总的人员生产能力需求数÷实际可供使用人员生产能力数 × 100%

在生产预算过程中，通常还要求测算出产品的加工费用。产品加工费用由直接加工费用和间接加工费用两部分组成。其中，直接加工费用主要是指生产人员的工资费用和社会福利费用等；间接加工费用主要是指生产厂房、生产设备的折旧费用、车间照明费用和车间管理人员的工资、福利费用等。

综上所述，产品生产预算主要内容及过程如图 6-3 所示。

例 6-2　承例 6-1，该企业生产设备为 4 条自动生产线，每条生产线每个经营周期的设计生产能力为 6 500 单位，维修保养系数为 0.9，则这 4 条生产线总的可供使用生产能力为 $6\,500 \times 4 \times 0.9 = 23\,400$（单位）。每生产 1 台 E 型产品需耗用 1 单位的生产能力，每生产 1 台 B 型产品需耗用 0.9 单位的生产能力。该企业共有 94 个生产人员，每人每个经营周期可生产 250 台 E 型产品或 280 台 B 型产品。如果该企业 E 型产品的期初库存预计为 1 000 台，期末期望库存量为 495 台，B 型产品的期初库存量和期末库存量预计都为 0，在经营周期内每个生产人员的工资为 3 万元，社会福利费用为工资的 80%，间接加工费用合计为 244 万元。试对该企业进行经营周期的产品生产预算。

解：由计算公式可得以下内容。

（1）E 型产品计划生产量=（22 105+0+495）–1 000=21 600（台）

B 型产品计划生产量=2 000（台）

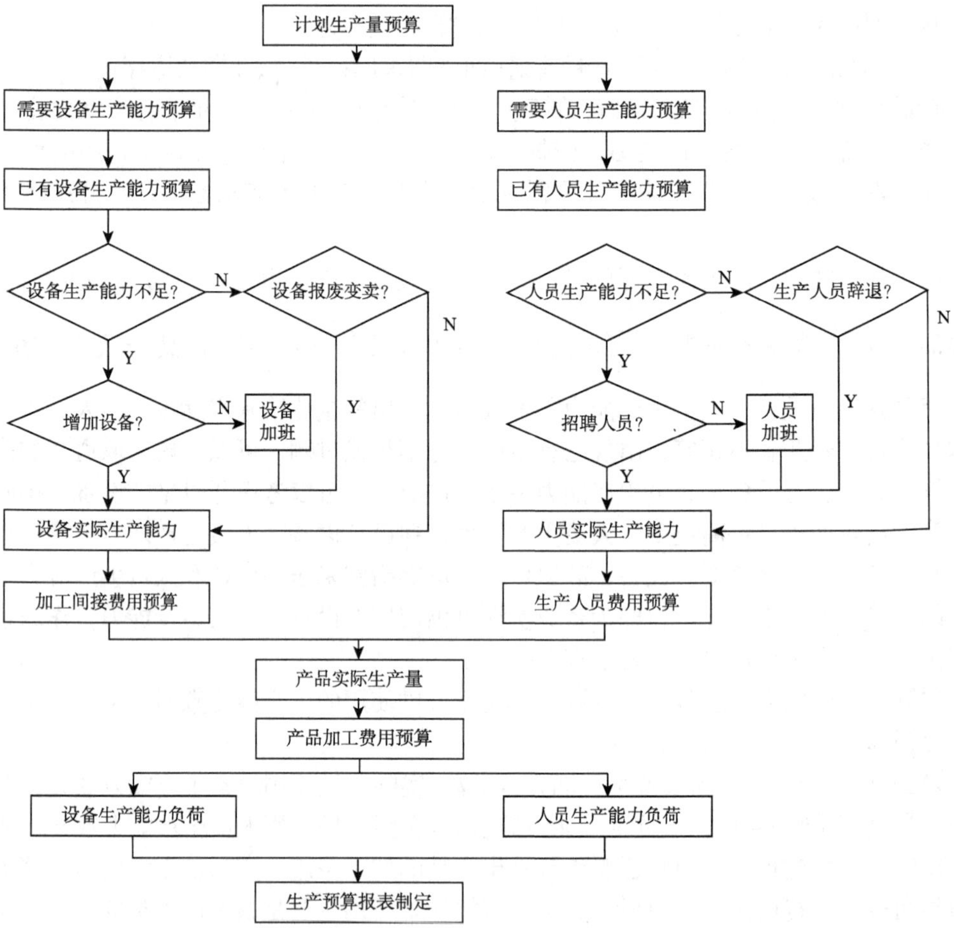

图 6-3　产品生产预算主要内容及过程

（2）总的设备生产能力需求数=21 600×1+2 000×0.9=23 400（单位）

总的人员生产能力需求数=21 600/250+2 000/280=93.54≈94（人）

（3）生产设备负荷（%）=23 400/23 400×100%=100%

生产人员负荷（%）=94/94×100%=100%

（4）所有产品直接加工费=3×（1+80%）×94=507.6（万元）

$$\text{E 型产品直接加工费}=\frac{507.6\times(21\,600/250)}{(21\,600/250)+(2\,000/280)}=468.854\text{（万元）}$$

$$\text{B 型产品直接加工费}=\frac{507.6\times(21\,600/250)}{(21\,600/250)+(2\,000/280)}=38.761\text{（万元）}$$

（5）产品加工费用=507.6+244=751.6（万元）

在上述直接加工费用预算中，产品加工需要生产人员数为 93.54 人，而该企业实有生产人员数为 94 人。因此，这 94 个生产人员所形成的 507.6 万元工资及社会福利费用，仍应由只需 93.54 个生产人员就能生产出的 E 型产品和 B 型产品按比例予以承担。

根据预算出的各项数据结果，制定的产品生产预算表如表 6-2 所示。

表 6-2　产品生产预算表

生产产品类型	E 型产品	B 型产品
预计产品期初库存/台	1 000	0
期望产品期末库存/台	495	0
预计产品销售量/台	22 105	2 000
产品计划生产量/台	21 600	2 000
产品实际生产量/台	21 600	2 000
需要设备生产能力/单位	21 600	1 800
需要人员生产能力/人	86.4	7.14
实际设备生产能力：23 400 单位	生产设备负荷：100%	
实际人员生产能力：94 人	生产人员负荷：100%	

产品加工费用一般不列入生产预算表，而是归集到产品成本预算表中。

6.3　材料采购预算

材料采购预算主要包括材料需要量、材料采购量和材料采购现金支出预算等。在产品生产预算中的实际产品生产数量确定后，依据生产单位产品所需的各种材料数量，品种产品的材料需求量也就可以通过计算精确地确定了。通常，在预计出某一材料的期初库存量和期望期末库存量后，结合产品生产，预计采购量可按下式计算：

预计采购数量=（生产上的需求量+期望期末库存量）−预计期初库存量

例 6-3　承例 6-2，设该企业每生产一台 E 型产品需要原材料 1 单位，每单位原材料的采购价格为 100 元，需要附件 1 单位，每单位附件的采购价格为 200 元，其他辅助材料 30 元；每生产一台 B 型产品需要原材料 1 单位，其他辅助材料 28 元，不需要附件。预计经营周期内原材料期初库存为 2 000 单位，附件期初库存为 1 000 单位，期望期末附件库存量为 200 单位，试对该企业的原材料和附件进行周期采购预算。

解：依据预计采购数量计算公式，该企业原材料和附件的周期采购预算如下：

（1）原材料采购预算为

生产上需要量=1×（E 型产品生产量+B 型产品生产量）

=1×（21 600+2 000）

=23 600（单位）

则有

预计采购数量=（原材料需要量+期望期末库存量）−预计期末库存量

=（23 600+0）−2 000

=21 600（单位）

购买原材料现金支出=100×21 600

=2 160 000（元）

（2）附件采购预算为

生产上需要量=1×E 型产品生产量

=1×21 600

=21 600（单位）

则有

预计采购数量=（附件需要量+期望期末库存量）−预计期初库存量

=（21 600+200）−1 000

=20 800（单位）

购买附件现金支出=200×20 800

=4 160 000（元）

（3）辅助材料预算，用于E型产品和B型产品生产的辅助材料购买现金支出合计为

辅助材料支出=30×21 600+28×2 000

=704 000（元）

这里计算出的预计采购数量是指整个经营周期内的材料采购数量，至于在整个经营周期内对这些采购量的分批采购次数、经济批量和订货周期等，则应根据采购优化决策的基本原理，结合单位时间需求比率、采购价格、价格批量折扣、存储费用和进货方式等运用采购决策支持系统做出决策，并以加权平均计算出周期单位材料的平均采购费用支出，作为单位材料成本费用计入产品成本，并作为材料库存价值变化预算的基础。

6.4 库存变化预算

以产品生产预算和材料采购预算为基础，可进行库存数量和库存价值变化预算。库存变化预算分为两部分，即材料库存变化预算和产品库存变化预算。

1. 材料库存变化预算

材料库存变化预算主要是指经营周期期末材料库存数量和材料库存价值变化预算。材料期末库存数量根据预计的期初库存数量、购买数量和消耗数量进行计算，计算公式为

$$\begin{matrix}\text{本期期末材料}\\\text{库存数量}\end{matrix}=\begin{matrix}\text{期初库存}\\\text{材料数量}\end{matrix}+\begin{matrix}\text{本期购买}\\\text{材料数量}\end{matrix}-\begin{matrix}\text{本期消耗}\\\text{材料数量}\end{matrix}$$

材料库存价值变化预算是根据材料的预计期初库存价值、预计材料采购价值，以加权平均求得平均价值后，作为经营周期消耗材料和期末库存材料单位价值，计算公式为

$$\begin{matrix}\text{期末库存材料}\\\text{单位价值}\end{matrix}=\frac{\begin{matrix}\text{期初库存单位}\\\text{材料价值}\end{matrix}\times\begin{matrix}\text{期初材料}\\\text{库存量}\end{matrix}+\frac{\text{本期购买单位}}{\text{材料价值}}\times\frac{\text{本期购买}}{\text{材料数量}}}{\text{期初材料库存量}+\text{本期材料购买量}}$$

本期库存材料价值变化是根据期初和期末库存材料价值进行计算的，计算公式为

$$\begin{aligned}\text{本期库存材料价值变化}&=\text{期末库存材料价值}-\text{期初库存材料价值}\\&=\text{期末库存单位材料价值}\times\text{期末材料库存量}-\text{期初库存单位材料价值}\times\text{期初材料库存量}\end{aligned}$$

式中，“材料价值”是指材料采购过程中所形成的购买价格费用，经营周期内以加权平均价值作为产品直接材料成本，为经营周期内的产品成本预算提供必要的基础数据。

2. 产品库存变化预算

产品库存变化预算主要是指产品库存数量预算和产品库存价值变化预算。为正确进行企业生产经营成本预算、损益预算和资产负债预算，还必须对库存产品的存储费用变化等进行预算。产品的存储费用与产品库存数量有关，如当产品库存达到一定数量后就必须扩大或租用新的库存场地、增加库存管理人员等，由此而产生的存储费用必须摊入产品成本。本期的产品期末库存根据预计的期初库存数量、生产数量和销售数量进行计算，计算公式为

$$\text{本期期末库存产品数量}=\text{期初库存产品数量}+\text{本期生产产品价值}-\text{本期销售产品数量}$$

产品库存价值变化预算是根据期初库存产品单位价值、新增产品单位价值，以加权平均求得平均价值后，作为经营周期内销售产品和期末库存产品单位价值的，计算公式为

$$\text{期末库存产品单位价值}=\frac{\text{期初库存单位产品价值}\times\text{期初产品库存量}+\text{本期生产单位产品价值}\times\text{本期生产产品数量}}{\text{期初产品库存量}+\text{本期产品生产量}}$$

本期库存产品价值变化是根据期初和期末库存产品价值进行计算的，计算公式为

$$\begin{aligned}\text{本期库存产品价值变化}&=\text{期末库存产品价值}-\text{期初库存产品价值}\\&=\text{期末库存产品单位价值}\times\text{期末产品库存量}-\text{期初库存产品单位价值}\times\text{期初产品库存量}\end{aligned}$$

式中，“产品价值”是指单位产品制造成本，由单位产品材料成本和加工成本两部分组成，作为将营销费用、研发费用和管理费用等计入产品成本的分摊基础，计算公式为

$$\begin{aligned}\text{单位产品制造成本}&=\text{单位产品材料成本}+\text{单位产品加工成本}\\&=\left(\text{单位产品直接材料费用}+\text{单位产品间接材料费用}\right)+\left(\text{单位产品直接加工费用}+\text{单位产品间接加工费用}\right)\end{aligned}$$

本期库存产品价值变化可以大于 0，也可以小于 0。库存产品价值变化大于 0，表明期末库存产品价值较之于期初有所增加，一般而言，说明库存产品的积压数量增多，本周期生产产品中的部分未能销售；反之，则表示库存产品的积压数量有所减少，上周期

生产产品中未能销售的部分，在本周期予以销售。库存变化预算主要内容及过程如图 6-4 所示。

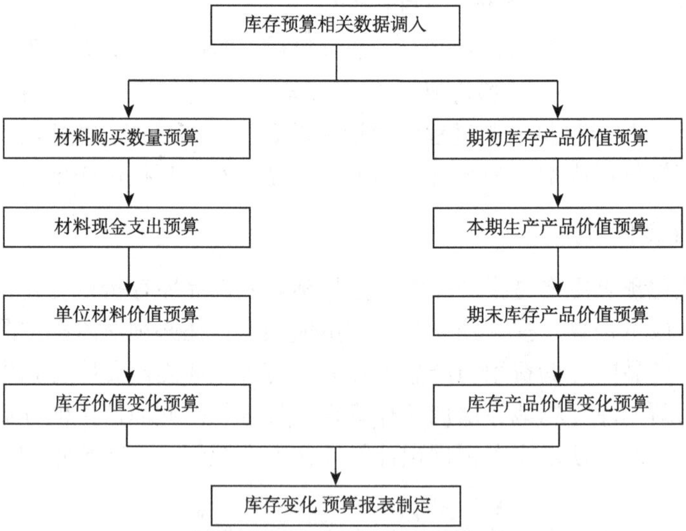

图 6-4　库存变化预算主要内容及过程

例 6-4　承例 6-3，设该企业期初原材料库存为 2 000 单位，单位价值为 100 元，附件库存为 1 000 单位，单位价值为 200 元；本周期购买原材料 21 600 单位，购买价格为 100 元，产品生产上的消耗为 23 600 单位，购买附件 20 800 单位，购买价格为 200 元，产品生产上的消耗为 21 600 单位。试对该企业进行经营周期的期末材料库存数量和库存价值变化预算。

解：根据经营周期期末材料库存数量、材料单位价值和库存价值变化计算公式，即有

（1）原材料库存变化预算

$$\text{期末原材料库存数量} = 2\,000 + 21\,600 - 23\,600 = 0$$

$$\text{期末原材料单位价值} = \frac{100 \times 2\,000 + 100 \times 21\,600}{2\,000 + 21\,600} = 100\ (\text{元})$$

$$\text{原材料库存价值变化} = 100 \times 0 - 100 \times 2\,000 = -200\,000\ (\text{元})$$

（2）附件库存变化预算

$$\text{期末附件库存数量} = 1\,000 + 20\,800 - 21\,600 = 200$$

$$\text{期末附件单位价值} = \frac{200 \times 1\,000 + 200 \times 20\,800}{1\,000 + 20\,800} = 200\ (\text{元})$$

$$\text{附件库存价值变化} = 200 \times 200 - 200 \times 1\,000 = -160\,000\ (\text{元})$$

在上述各式的计算中，由于期初库存材料单位价值与材料购买价格相同，所以本期材料单位价值没有发生变化。

例 6-5　承例 6-2~例 6-4，设该企业 E 型产品期初库存为 1 000 台，单位产品价值为 667.78 元，周期生产 E 型产品 21 600 台，销售 22 105 台，B 型产品期初库存为 0，单位产品价值为 420 元，周期生产 B 型产品 2 000 台，销售 2 000 台。产品生产所需材料

采购、运输和管理等间接费用为材料直接费用的 6.15%；产品生产厂房折旧、设备折旧、维修保养和生产管理等间接费用为加工直接费用的 48.15%。试对 E 型产品和 B 型产品进行经营周期的库存变化预算。

解：根据产品生产预算、材料采购预算相关内容及产品库存价值变化公式进行计算。

E 型产品库存变化如下：

（1）E 型产品期初库存价值为

E 型产品期初库存价值=667.78×1 000=667 780（元）≈66.78（万元）

（2）E 型产品期末单位价值为

单位材料直接费用=原材料单位价值+附件单位价值+单位辅助材料费用
=100+200+30
=330（元）

单位产品材料成本=单位材料直接费用+材料间接费用分摊
=330+330×6.15%
=350.3（元）

单位加工直接费用 = E型产品加工直接费用 / E型产品加工数量
= 4 688 540/21 600
= 217.06（元）

单位产品加工成本 = 单位加工直接费用 + 加工间接费用分摊
= 217.06 + 217.06 × 48.15%
= 321.57（元）

本期单位产品价值 = 单位产品材料成本 + 单位产品加工成本
= 350.3 + 321.57
= 671.87（元）

期末产品库存数量=期初库存数量+本期生产数量−本期销售数量
=1 000+21 600−22 105
=495（台）

$$\text{期末单位产品价值}=\frac{\text{期初单位产品价值}\times\text{期初产品库存量}+\text{本期单位产品价值}\times\text{本期生产产品数量}}{\text{期初产品库存量}+\text{本期产品生产量}}$$

$$=\frac{667.78\times 1\,000+671.87\times 21\,600}{1\,000+21\,600}$$

= 671.69（元）

（3）E 型产品库存价值变化为

产品库存价值变化 = 期末库存价值 − 期初库存价值
= 671.144 × 495 − 667.78 × 1 000
= −335 564（元）
≈ −34（万元）

B 型产品库存变化如下：

（1）B 型产品期初库存价值为

B型产品期初库存价值 $= 420 \times 0 = 0$（万元）

（2）B 型产品期末单位价值为

单位直接材料费用=原材料单位价值+附件单位价值+单位辅助材料费用
=100+0+28
=128（元）

单位产品材料成本=单位材料直接费用+材料间接费用分摊
=128+128×6.15%
=135.87（元）

单位直接加工费用=B 型产品直接加工费用/B 型产品加工数量
=387 610/2 000
=193.8（元）

单位产品加工成本=单位直接加工费用+间接加工费用分摊
=193.8+193.8×48.15%
=287.11（元）

本期单位产品价值=单位产品材料成本+单位产品加工成本
=135.78+287.11
=422.98（元）

期末产品库存数量=期初库存数量+本期生产数量–本期销售数量
=0+2 000–2 000
=0（台）

$$期末单位产品价值 = \frac{\text{期初单位产品价值} \times \text{期初产品库存量} + \text{本期单位产品价值} \times \text{本期生产产品数量}}{\text{期初产品库存量} + \text{本期产品生产量}}$$

$$= \frac{420 \times 0 + 422.98 \times 2\,000}{0 + 2\,000}$$

$= 422.98$（元）

（3）B 型产品库存价值变化为

产品库存价值变化=期末库存价值–期初库存价值
=422.98×0–420×0
=0（万元）

根据预算出的各项数据，可以制定出相应的库存变化预算表。同样可对 B 型产品库存价值变化进行预算，这里不再赘述。由此，附件和 E 型产品的库存变化预算表如表 6-3 所示。

表 6-3　库存变化预算表

品名 附件	量	价值		品名 E 型产品	量/台	制造成本	库存价值
		元/单位	万元			元/台	万元
期初库存	1 000	200	20	期初库存	1 000	667.78	66.7
+增加	20 800	200	416	+增加	21 600	671.30	1 442.0
–减少	21 600	200	432	–减少	22 105	671.14	1 470.0
期末库存	200	200	4	期末库存	495	671.14	33.2

E 型产品库存价值变化（–34）万元，将归集到产品承担单元预算表中。

6.5　销售与管理费用预算

销售与管理费用预算，是指经营周期内将发生的除制造成本以外的各项费用预算。销售费用预算主要包括广告投入费用、市场调研费用、销售网点设置费用、销售部门办公用房折旧费用以及因产品销售而发生的其他费用预算等。其中，广告投入费用及销售网点设置费用在产品销售优化决策过程中就已确定，不同产品的费用投入范围分别为 $v_i^* \leqslant v \leqslant v_i^{**}$ 和 $w_i^* \leqslant w \leqslant w_i^{**}$，具体的取值应和市场形势变化、竞争企业促销手段运用、产品销售价格决策及企业生产能力调整等结合起来，运用营销决策支持系统予以确定。设例 6-1 中所确定的广告投入费用为 100 万元，市场调研费用为 20 万元，销售网点设置费用主要表现为销售人员工资费用，在经营周期内共聘用 40 名销售人员，每名销售人员工资费用为 3.5 万元，B 型产品销售时还将发生固定的销售人员费用 1 万元，办公厂房折旧费用为 2 万元，其他固定费用为 10 万元，则有

销售人员费用=3.5×40+1=141（万元）

预计销售费用=100+20+140+1+2+10=273（万元）

管理费用预算主要包括企业经营过程中各类管理人员的工资费用、社会福利费用、管理部门办公用房折旧费用、设备折旧费用、维修保养费用及其他管理固定费用等。早期的管理费用还应包括产品研发费用等，为增强企业产品市场竞争力，提高企业产品质量水平和开发新产品的功能，现代企业通常都将这一工作从管理部门中分离出来，专门设立了产品研究开发部门，从事产品质量的研究和新产品的开发工作，从而不再将研究开发费用归集在管理费用预算中，而是单独进行研究开发费用的预算。例如，设该企业共有 25 名各类管理人员，经营周期内各类管理人员的人均工资费用为 3.5 万元，社会福利费用为工资总额的 80%，办公用房折旧费用为 2 万元，大型办公用设备等的折旧费用、维修保养费用为 5 万元，其他固定费用为 100 万元，则有

管理人员费用=3.5×（1+80%）×25=157.5（万元）

预计管理费用=157.5+2+5+100=264.5（万元）

研究开发费用预算主要包括研究人员工资费用、社会福利费用、研究部门办公用房折旧费用、其他产品研发、改进费用及固定费用等。例如，设该企业研究开发部门共有 8 名研究人员，经营周期内每名研究人员的工资费用为 5 万元，社会福利费用为工资总

额的 80%，办公用房折旧费用为 1 万元，其他产品改进费用为 39 万元，固定费用为 5 万元，则有

研发人员费用=5×（1+80%）×8=72（万元）

预计研发费用=72+1+39+5=117（万元）

预算出的销售费用、管理费用及研发费用等将被转入成本预算中，并以各类产品制造成本为基础而被摊入产品成本中。

6.6　产品成本预算

在前面各节预算中所涉及的成本费用按其经济职能可以划分成三类，即直接成本、制造费用和非制造成本。

直接成本是指在产品生产中直接用来构成产品主要实体的材料成本和直接改变材料性质或形态所耗用的人工成本。例如，产品生产所需要的原材料、配件、辅助材料费用及直接参与产品生产过程的生产人员工资费用和社会福利费用等。

制造费用是指在产品生产中所发生的，但不能归入直接成本项目的所有其他费用支出。例如，材料仓库保管人员的工资费用、社会福利费用、仓库折旧费用、生产用厂房折旧费用、生产设备折旧费用、维修保养费用及次品返修费用等。

非制造成本是指在企业生产经营活动过程中除上述两类费用以外的所有其他费用，主要包括产品销售费用、产品研究开发费用和企业管理费用等。

上述三类成本费用之间有紧密的联系。将制造费用分摊到直接成本上，就构成了制造成本；再将非制造成本分摊到制造成本上，就构成了产品完全成本，进而即可计算出企业生产经营总成本。按经济职能分类的产品成本结构如图 6-5 所示。

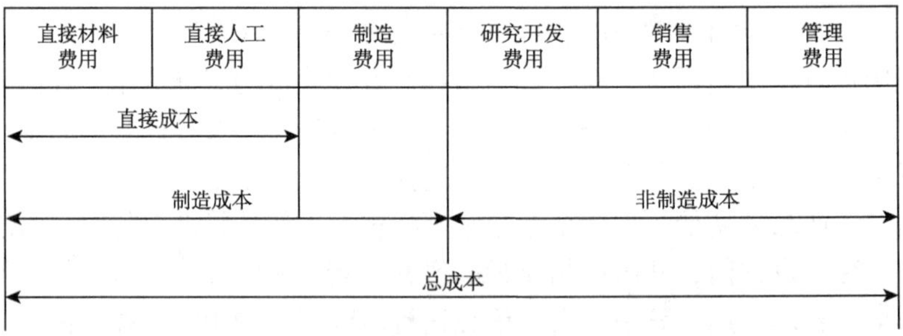

图 6-5　按经济职能分类的产品成本结构

以经济职能分类的产品成本结构为基础，产品成本预算主要包括成本类型预算、成本发生部门预算和成本承担对象预算，并以此测算出生产经营成果。

6.6.1　成本类型预算

成本类型预算是指对企业生产经营过程中所形成的所有费用按类别进行预算。成本类型预算的主要内容有材料费用预算、人员费用预算、折旧费用预算和其他经营费

用预算。

材料费用是指经营周期内预计的产品生产所耗用的原材料、附件和辅助材料费用等。

人员费用是指经营周期内预计的人员工资费用、社会福利费用及招聘或解雇费用等。

折旧费用是指经营周期内预计的经营活动用房、生产设备及其他的设备折旧费用等。

其他经营费用主要包括设备维修保养费用、产品次品返修和报废费用、库存费用、合理化投入费用、广告投入费用、市场调研费用、其他产品质量改进费用与其他固定费用等。

上述各类费用在产品营销预算、产品生产预算、材料采购预算、库存变化预算及销售与管理费用预算中大部分均已形成，产品成本类型预算的主要任务就是要将分散在各种预算中的费用按其性质类别进行归集，制定出成本类型预算表，并按各种成本费用的属性将其划分成为直接成本和间接成本两大类。成本类型预算主要内容及其过程如图 6-6 所示。

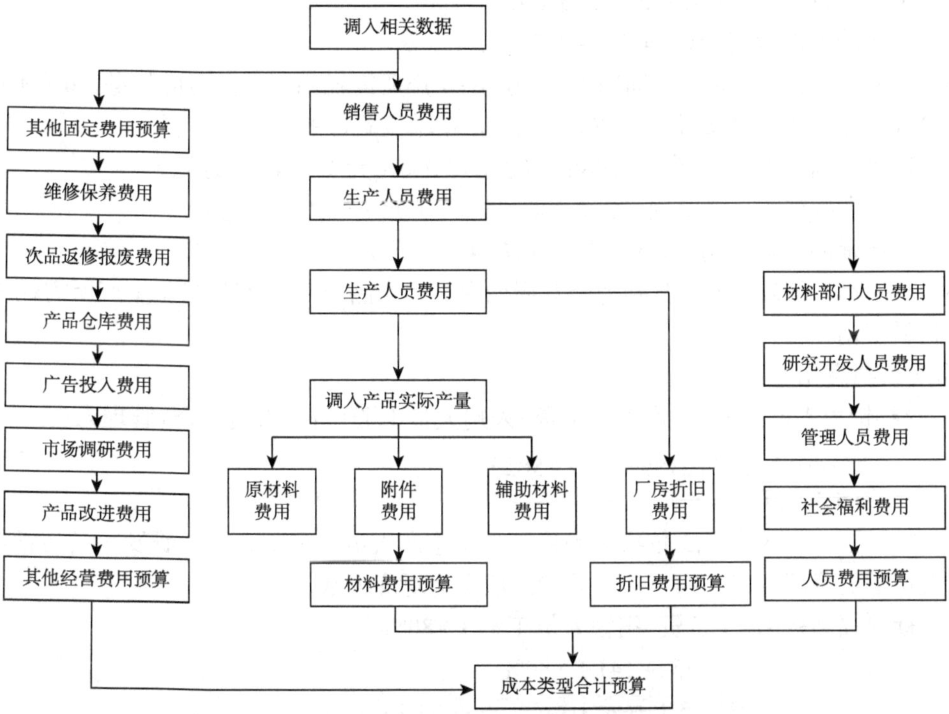

图 6-6　成本类型预算主要内容及其过程

例 6-6　在例 6-5 中，已经确定材料采购、运输、管理等间接费用为材料直接费用的 6.15%，主要是指材料采购过程中有 5 名采购人员，每名采购人员的工资为 3 万元，福利费用为工资的 80%，办公厂房折旧费用 3 万元，其他固定费用为 15 万元，总计为 45 万元。已经确定生产厂房折旧、设备折旧、维修保养和生产管理等间接费用为加工直接费用的 48.15%，主要是指产品生产过程中生产厂房折旧费用 12 万元，有 4 条生产线，每条生产线的折旧费用为 40 万元，4 条生产线的折旧费用合计为 160 万元，投入维修保养费用 10 万元，根据生产上的需要招聘生产人员 4 名，每名生产人员的招聘费用为 1

万元，返修、废品费用合计为 28 万元，其他固定费用 30 万元，总计为 244 万元。试对企业经营进行成本类型预算。

解：依据例 6-6，并汇集产品营销预算、产品生产预算、材料采购预算、库存变化预算及销售与管理费用预算中的各类数据，企业经营成本类型预算如下。

1）材料费用

E 型产品原材料费用=100×21 600=2 160 000（元）=216（万元）

B 型产品原材料费用=100×2 000=200 000（元）=20（万元）

生产原材料费用合计=216+20=236（万元）

式中，21 600（单位）和 2 000（单位）分别为经营周期内 E 型产品和 B 型产品生产所需耗用原材料的对应数量，100（元）是指单位原材料的购买价格。

E 型产品的附件费用=200×21 600=4 320 000（元）=432（万元）

B 型产品的附件费用=200×0=0（万元）

生产的附件费用合计=432+0=432（万元）

式中，21 600（单位）为经营周期内 E 型产品生产所需耗用附件的对应数量，0（单位）表明 B 型产品生产不需要附件，200（元）是指单位附件的购买价格。

E 型产品辅助材料费用=30×21 600=648 000（元）=64.8（万元）

B 型产品辅助材料费用=28×2 000=56 000（元）=5.6（万元）

生产辅助材料费用合计=64.8+5.6=70.4（万元）

式中，30（元）和 28（元）分别为经营周期内 E 型产品与 B 型产品单位生产所需耗用的辅助材料费用。

2）人员费用

工资=销售人员工资+生产人员工资+采购人员工资+研发人员工资+管理人员工资

=3.5×40+1+3×94+3×5+5×8+3.5×25

=565.5（万元）

式中，3.5、3、3、5 和 3.5 依次为销售人员、生产人员、采购人员、研发人员与管理人员的人均工资费用；40、94、5、8 和 25 依次为对应人数。

社会福利费用=（工资–销售人员工资）×80%

=（565.5–141）×80%

=339.6（万元）

式中，“工资–销售人员工资”表明企业社会福利费用计算基数不包括销售人员的工资费用，这是因为假定企业销售人员每个经营周期必须重新聘用，对销售人员不再支付社会福利费用的缘故。

招聘/辞退费用=1×4=4（万元）

3）折旧费用

厂房=销售部门+生产部门+采购部门+研发部门+管理部门

=2+12+3+1+2

=20（万元）

生产线=每条生产线折旧费用×4

=40×4

=160（万元）

4）其他经营费用

其他经营费用＝其他固定费用＋维修保养费用＋返修 / 废品费用＋仓库费用

＋广告投入费用＋市场调研费用＋产品改进费用

＝160＋15＋28＋0＋100＋20＋39

＝362（万元）

式中，其他固定费用包括销售、仓库、生产、采购、研发和管理等所有企业经营部门所发生的固定费用。

其他固定费用=10+30+15+5+100=160（万元）

将预算所得材料费用、人员费用、折旧费用和其他经营费用等汇集后，制定的成本类型预算表如表 6-4 所示。

表 6-4　成本类型预算表

成本类型	万元	
材料费用		
原材料	236	直接成本
附件	432	直接成本
辅助材料	70.4	直接成本
人员费用		
工资	564.5	其中直接成本 282
社会福利费用	339.6	其中直接成本 225.6
招聘 / 辞退	4	间接成本
折旧费用		
厂房	20	间接成本
生产线	160	间接成本
其他经营费用		
其他固定费用	160	间接成本
维修保养	15	间接成本
返修 / 废品	28	间接成本
仓库费用	0	间接成本
广告投入	100	间接成本
市场调研	20	间接成本
产品改进费用	39	间接成本
合计	2 189	

成本类型预算表中，工资行中的“其中直接成本为 282（万元）”，是指生产人员的工资费用，计算公式为

直接工资费用=生产人员人均工资×生产人员数=3（万元）×94（人）=282（万元）

同样，社会福利费用行中的“其中直接成本为 225.6（万元）”，是指生产人员的社会福利费用，计算公式为

直接社会福利费用=直接工资费用×社会福利系数=282×80%=225.6（万元）

6.6.2　成本发生部门预算

成本类型预算表按类别给出了企业生产经营活动过程中的各项费用形成，并已划分为直接成本和间接成本。直接成本可根据与生产产品的数量比例关系直接进入产品成本。但间接成本则不能直接进入产品成本，而应依据各项预算费用的类别性质就其发生部门进行汇总预算，然后按照一定的分摊方式摊入产品成本。采购、生产、研发、销售仓库及管理等各成本发生部门预算主要内容及过程如图 6-7 所示。

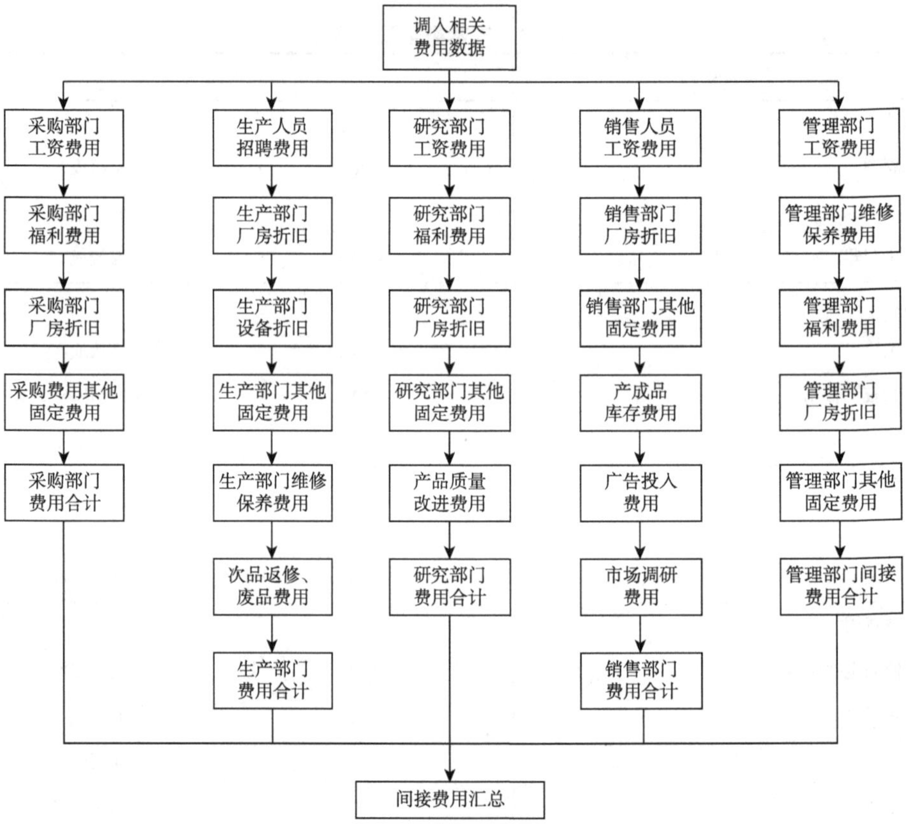

图 6-7　成本发生部门预算主要内容及过程

由此，具体的采购、生产、研发、销售仓库及管理等各成本发生部门预算如下：

（1）采购部门间接费用

采购人员工资费用=3×5=15（万元）

采购人员社会福利费用=15×80%=12（万元）
采购部门厂房折旧费用=3（万元）
采购部门其他固定费用=15（万元）
采购部门间接费用合计=15+12+3+15=45（万元）

（2）生产部门间接费用
生产人员招聘费用=1×4=4（万元）
生产厂房折旧费用=12（万元）
生产线折旧费用=40×4=160（万元）
生产部门其他固定费用=30（万元）
维修保养费用=10（万元）
返修/废品费用=28（万元）
生产部门间接费用合计=4+12+160+30+10+28=244（万元）

（3）研发部门间接费用
研发人员工资费用=5×8=40（万元）
研发人员社会福利费用=40×80%=32（万元）
研发部门厂房折旧费用=1（万元）
研发部门其他固定费用=5（万元）
其他研究开发费用=39（万元）
研发部门间接费用合计=40+32+1+5+39=117（万元）

（4）销售部门间接费用
销售人员工资费用=3.5×40+1=141（万元）
销售部门厂房折旧费用=2（万元）
销售部门其他固定费用=10（万元）
广告投入费用=100（万元）
市场研究费用=20（万元）
销售部门间接费用合计=141+2+10+100+20=273（万元）

（5）管理部门间接费用
管理人员工资费用=3.5×25=87.5（万元）
管理人员社会福利费用=87.5×80%=70（万元）
管理部门厂房折旧费用=2（万元）
管理部门其他固定费用=100（万元）
管理部门维修保养费用=5（万元）
管理部门间接费用合计=87.5+70+2+100+5=264.5（万元）

将预算所得采购、生产、研发、销售仓库及管理等成本发生部门费用汇集后，制定的成本发生部门预算如表 6-5 所示。

表 6-5　成本发生部门预算　　　　单位：万元

成本类型	成本发生部门					
	合计	采购	生产	研究开发	销售仓库	管理
人员费用						
工资	283	15	0	40	141	87
社会福利费用	114	12	0	32	0	70
招聘/解雇	4	0	4	0	0	0
折旧						
厂房	20	3	12	1	2	2
生产线	160	0	160	0	0	0
其他经营费用						
其他固定费用	160	15	30	5	10	100
维修保养	15	0	10	0	0	5
返修废品	28	0	28	0	0	0
仓库费用	0	0	0	0	0	0
广告投入	100	0	0	0	100	0
市场研究	20	0	0	0	20	0
产品改进费用	39	0	0	39	0	0
合计	943	45	244	117	273	264

6.6.3　成本承担对象预算

在成本类型预算和成本发生部门预算基础上，可进而进行成本承担对象预算，确定各类产品成本。预算时，直接成本依据与产品生产的数量关系直接计入产品成本，间接成本则按一定的分摊方式和分摊率摊入各类产品成本。常用的间接成本分摊方式有按产品销售额、产品生产量或按直接成本及制造成本等多种方式。本小节采用最通用的以直接成本及制造成本为基础的分摊方式，成本承担对象预算主要内容及过程如图 6-8 所示。

由此，具体的材料、生产、研发、销售仓库及管理等各间接费用分摊率、分摊额、产品成本和生产经营成果预算如下。

（1）材料间接费用分摊。采购和材料仓库部门发生的间接费用作为材料间接费用，以所有产品材料直接费用总和为基础计算材料间接费用分摊率，计算公式为

$$\text{材料间接费用分摊率}=\frac{\text{材料间接费用}}{\text{所有产品材料直接费用总和}}$$

则各类产品的材料间接费用分摊额计算公式为

$$\text{某产品材料间接费用分摊额}=\text{某产品材料直接费用}\times\text{材料间接费用分摊率}$$

（2）加工间接费用分摊。生产部门发生的间接费用作为产品加工间接费用，以所有产品加工直接费用总和为基础计算加工间接费用分摊率，分摊率计算公式为

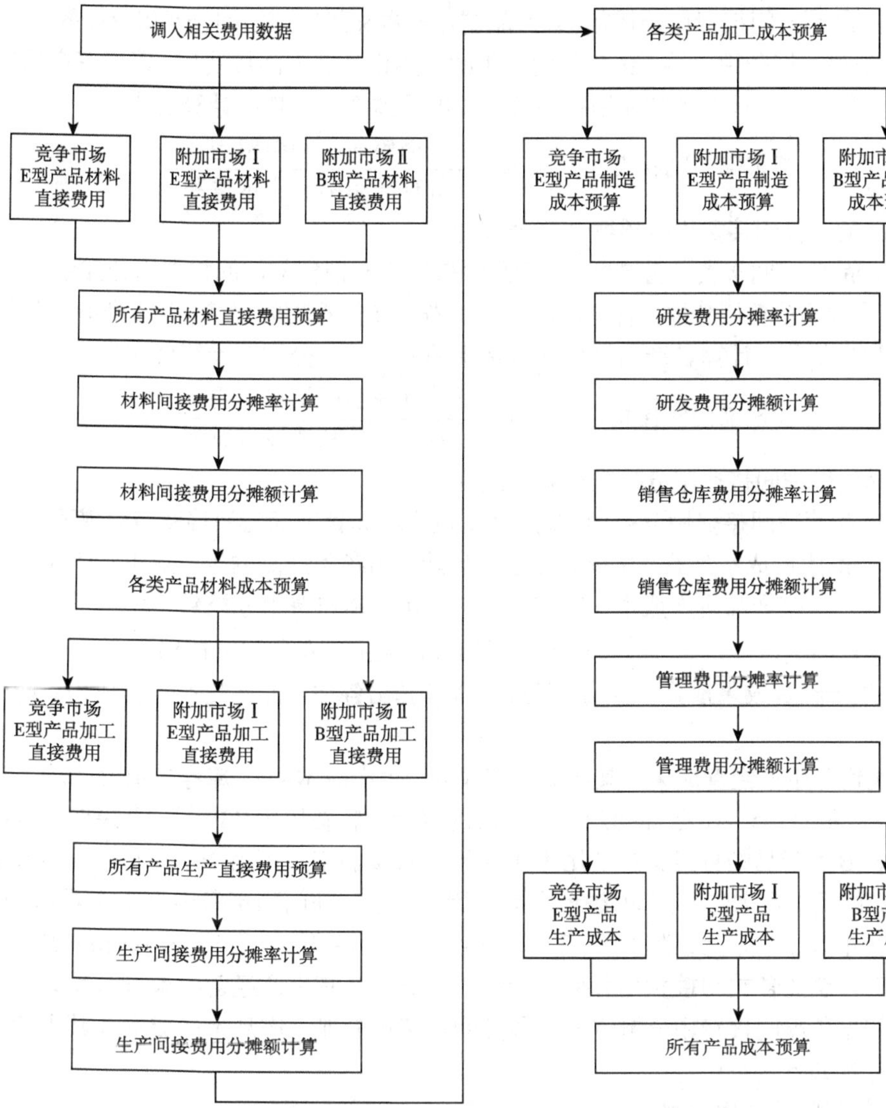

图 6-8　成本承担对象预算主要内容及过程

$$\text{加工间接费用分摊率}=\frac{\text{加工间接费用}}{\text{所有产品加工直接费用总和}}$$

则各类产品的间接加工费用分摊额计算公式为

$$\text{某产品加工间接费用分摊额}=\text{某产品加工直接费用}\times\text{加工间接费用分摊率}$$

（3）研发间接费用分摊。研发部门发生的费用作为研发间接费用，以所有产品的制造成本总和为基础，计算各产品研发间接费用的分摊率，分摊率计算公式为

$$\text{研发部门间接费用分摊率}=\frac{\text{研发部门间接费用}}{\text{所有产品制造成本总和}}$$

则各类产品的研发间接费用分摊额计算公式为

某产品研发间接费用分摊额=某产品制造成本 × 研发部门间接费用分摊率

（4）销售间接费用分摊。销售部门发生的费用作为销售间接费用，以所有产品的制造成本总和为基础，计算各产品销售间接费用的分摊率，分摊率计算公式为

$$销售部门间接费用分摊率=\frac{销售部门间接费用}{所有产品制造成本总和}$$

则各类产品的销售间接费用分摊额计算公式为

某产品销售间接费用分摊额=某产品制造成本 × 销售部门间接费用分摊率

（5）管理间接费用分摊。管理部门发生的费用作为管理间接费用，以所有产品的制造成本总和为基础，计算各产品管理间接费用的分摊率，分摊率计算公式为

$$管理部门间接费用分摊率=\frac{管理部门间接费用}{所有产品制造成本总和}$$

则各类产品的管理间接费用分摊额计算公式为

某产品管理间接费用分摊额=某产品制造成本 × 管理部门间接费用分摊率

（6）产品生产成本预算。由此，可进一步计算出各类产品的生产成本，计算公式为

$$\begin{aligned}某产品生产成本=&某产品制造成本+销售费用分摊额\\&+管理费用分摊额+研发费用分摊额\end{aligned}$$

（7）生产经营成果预算。由此，可进一步计算出各类产品的生产经营成果，计算公式为

$$某产品生产经营成果=某产品销售收入-生产成本+/-库存价值变化$$

例 6-7　在例 6-5 中，已经确定 E 型产品的直接材料费用为 330 元，直接加工费用为 217.06 元；B 型产品的直接材料费用为 128 元，直接加工费用为 193.8 元；成本发生部门预算中，已经确定采购部门间接费用为 45 万元，生产部门间接费用为 244 万元，研发部门间接费用为 117 万元，销售仓库部门间接费用为 273 万元，管理部门间接费用为 264 万元。试对该企业各类间接费用分摊、产品生产成本及其生产经营成果进行预算。

解：依据各类间接费用分摊方式，各类间接费用分摊、产品生产成本及其生产经营成果预算过程如下。

（1）材料间接费用分摊：

$$\begin{aligned}材料间接费用分摊率&=\frac{材料间接费用}{所有产品材料直接费用总和}\\&=\frac{450\,000}{330\times21\,600+128\times2\,000}\\&=0.060\,94\end{aligned}$$

$$\begin{aligned}E型产品材料间接费用分摊额&=E型产品材料直接费用\times材料间接费用分摊率\\&=330\times21\,600\times0.060\,94\\&=434\,380.32（元）\\&\approx43.438（万元）\end{aligned}$$

$$B型产品材料间接费用分摊额 = B型产品材料直接费用 \times 材料间接费用分摊率$$
$$= 128 \times 2\,000 \times 0.060\,94$$
$$= 15\,600.64（元）$$
$$\approx 1.56（万元）$$

（2）加工间接费用分摊：

$$加工间接费用分摊率 = \frac{加工间接费用}{所有产品加工直接费用总和}$$
$$= \frac{2\,440\,000}{217.06 \times 21\,600 + 193.8 \times 2\,000}$$
$$= 0.480\,68$$

$$E型产品加工间接费用分摊额 = E型产品加工直接费用 \times 加工间接费用分摊率$$
$$= 217.06 \times 21\,600 \times 0.480\,68$$
$$= 2\,253\,666（元）$$
$$\approx 225.336\,6（万元）$$

$$B型产品加工间接费用分摊额 = B型产品加工直接费用 \times 加工间接费用分摊率$$
$$= 193.8 \times 2\,000 \times 0.480\,68$$
$$= 186\,311（元）$$
$$\approx 18.631\,1（万元）$$

（3）产品制造成本：

$$E型产品材料成本 = E型产品材料直接费用 + E型产品材料间接费用分摊额$$
$$= 712.8 + 43.438$$
$$= 756.238（万元）$$

$$B型产品材料成本 = B型产品材料直接费用 + B型产品材料间接费用分摊额$$
$$= 25.6 + 1.56$$
$$= 27.16（万元）$$

$$E型产品加工成本 = E型产品加工直接费用 \times E型产品加工间接费用分摊率$$
$$= 468 + 225.366\,6$$
$$= 693.366\,6（元）$$

$$B型产品加工成本 = B型产品加工直接费用 \times B型产品加工间接费用分摊率$$
$$= 38.76 + 18.631\,1$$
$$= 57.391\,1（元）$$

$$E型产品制造成本 = E型产品材料成本 + E型产品加工成本$$
$$= 756.238 + 693.366\,6$$
$$= 1\,449.604\,6（元）$$

$$B型产品制造成本 = B型产品材料成本 + B型产品加工成本$$
$$= 27.16 + 57.391\,1$$
$$= 84.551\,1（元）$$

（4）研发间接费用分摊：

$$研发间接费用分摊率=\frac{研发间接费用}{所有产品制造成本总和}=\frac{1170\,000}{14\,496\,046+845\,511}=0.076\,263$$

$$E型产品研发间接费用分摊额=E型产品制造成本\times研发间接费用分摊率=1\,449.604\,6\times0.076\,26=110.551\,2（万元）$$

$$B型产品研发间接费用分摊额=B型产品制造成本\times研发间接费用分摊率=84.551\,1\times0.076\,26=6.448\,1（万元）$$

（5）销售间接费用分摊预算：

$$销售间接费用分摊率=\frac{销售间接费用}{所有产品制造成本总和}=\frac{2\,730\,000}{14\,496\,046+845\,511}=0.177\,95$$

$$E型产品销售间接费用分摊额=E型产品制造成本\times销售间接费用分摊率=1\,449.604\,6\times0.177\,95=257.957\,1（万元）$$

$$B型产品研发间接费用分摊额=B型产品制造成本\times研发间接费用分摊率=84.551\,1\times0.177\,95=15.045\,9（万元）$$

（6）管理间接费用分摊预算：

$$管理间接费用分摊率=\frac{管理间接费用}{所有产品制造成本总和}=\frac{2\,640\,000}{14\,496\,046+845\,511}=0.172\,08$$

$$E型产品管理间接费用分摊额=E型产品制造成本\times管理间接费用分摊率=1\,449.604\,6\times0.172\,08=249.448\,0（万元）$$

$$B型产品管理间接费用分摊额=B型产品制造成本\times管理间接费用分摊率=84.551\,1\times0.172\,08=14.549\,6（万元）$$

（7）产品生产成本预算：

E型产品生产成本 = E型产品制造成本 + 销售费用分摊额
+ 管理费用分摊额 + 研发费用分摊额
= 1 449.604 6 + 110.551 2 + 259.957 1 + 249.448 0
= 2 067.560 9（万元）

B型产品生产成本 = B型产品制造成本 + 销售费用分摊额
+ 管理费用分摊额 + 研发费用分摊额
= 84.5511 + 6.4481 + 15.045 9 + 14.549 6
= 120.594 7（万元）

（8）生产经营成果预算：

由例 6-1 可知，经营周期内竞争市场上 E 型产品销售收入预计为 2 542 万元，B 型产品销售收入预计为 170 万元，则各类产品生产经营成果预算为

E型产品生产经营成果 = E型产品销售收入 − 生产成本 +/− 库存价值变化
= 2 542 − 2 067.560 9 − 34
= 440.439 1（万元）

B型产品生产经营成果 = B型产品销售收入 − 生产成本 +/− 库存价值变化
= 170 − 120.594 7
= 49.405 3（万元）

将预算所得各类产品材料成本、加工成本、制造成本、生产成本和生产经营成果等数据汇集后，制定的成本承担对象预算表如表 6-6 所示。

表 6-6　成本承担对象预算表　　单位：万元

成本	成本承担对象			
	合计	竞争市场	附加市场 I	附加市场 II
		E 型产品	E 型产品	B 型产品
原材料	236	216	0	20
+ 附件	432	432	0	0
+ 生成材料	70	65	0	5
= 材料直接费用	738	712	0	25
+ 材料间接费用	45	43	0	1
= 材料成本	783	756	0	27
+ 加工直接费用	507	468	0	39
+ 加工间接费用	244	225	0	18
= 加工成本	751	693	0	57
= 制造成本	1 535	1 450	0	84
+ 研究开发费用	117	110	0	6
+ 销售仓库费用	273	257	0	15
+ 管理费用	264	249	0	14
= 产品生产成本	2 189	2 068	0	121

续表

成本	成本承担对象			
	合计	竞争市场	附加市场 I	附加市场 II
		E 型产品	E 型产品	B 型产品
产品销售收入	2 712	2 542	0	170
+/–产品库存变化	–34	–34	0	0
本期产品收入	2 678	2 508	0	170
生产经营成果	489	440	0	49

成本承担对象预算表中，附加市场 I 的 E 型产品栏中预算数据均为零，这表明该周期在附加市场 I 将没有产品进行销售。竞争市场 E 型产品的本期产品收入计算公式为

$$
\begin{aligned}
\text{E型产品本期产品收入} &= \text{E型产品销售收入} - \text{产品库存变化} \\
&= 2\,542 - 34 \\
&= 2\,508
\end{aligned}
$$

式中，–34 为 E 型产品库存变化价值，表明上一经营周期未销售的部分产品在本周期将予以销售，上周期曾以制造成本作为产品收入，为避免重复计算，本周期应该扣除。

6.7　企业损益预算

以产品营销预算、生产预算、采购预算、库存变化预算、销售与管理费用预算和成本预算等为基础，可进而进行企业生产经营周期的损益预算，计算公式为

产品销售收入
+/–　产品库存变化
–　本期产品成本
=　产品销售利润
+　投资净收益
+　营业外收入
–　贷款利息支出
–　营业外支出
=　企业税前利润
–　缴企业所得税
=　企业税后净利
–　计划支付股息
=　本期利润留存

同理，式中产品库存变化是指相对于产品期初库存价值、期末库存价值的增加或减少而言的，并以产品制造成本作为计算价值。如果期末库存价值大于期初库存价值，则取加号；反之，则取减号。以本周期产品销售收入加减产品库存价值变化，即为本周期生产产品的产品收入，再减去本周期生产产品成本后，即得本周期产品销售利润（生产

经营成果）；投资净收益是指企业购买有价证券等的经营周期利息收入；营业外收入是指生产设备变卖等非营业性的收入；贷款利息支出是指企业向银行进行长期贷款、中期贷款和透支贷款的经营周期利息支付；营业外支出是指生产设备变卖等造成的非营业性损失；企业所得税是指企业在经营周期生产经营有盈余的情况下，必须缴纳的所得税收；计划股息支付是指计划分给股东的红利。企业损益预算主要内容及过程如图 6-9 所示。

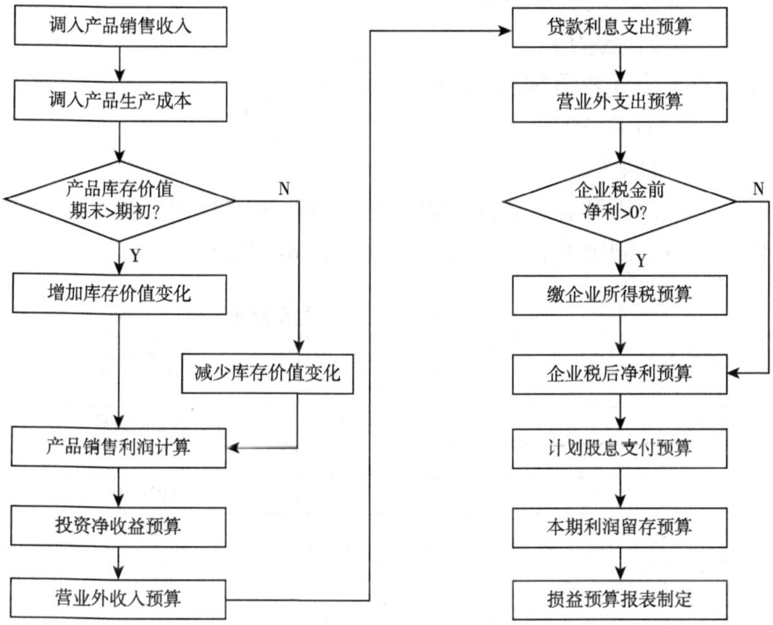

图 6-9　企业损益预算主要内容及过程

例 6-8　承例 6-1~例 6-7，并设企业购买有价证券还本付息期限为 1 个经营周期，即上周期购买的有价证券本周期可以收回，周期利率为 6%；长期贷款期限为 10 个经营周期，中期贷款和透支贷款期限为 1 个经营周期，即上周期的中期和透支贷款，本周期归还，这三种贷款的周期利率分别如下：长期贷款利率为 8.2%，中期贷款未超过自有资金部分为 9%，超过自有资金部分为 11%，透支贷款利率为 15%；企业经营盈利，所得税税率为 40%。该企业上周期没有购买有价证券；银行长期贷款为 600 万元，中期贷款为 885 万元，没有透支贷款，自有资金为 747 万元；计划支付股东股息为 30 万元。试对该企业进行周期经营损益预算。

解：依据企业生产经营周期的损益预算计算公式，企业经营周期产品销售利润、贷款利息、企业税前利润、税后净利及本期利润留存预算过程如下。

$$\begin{aligned}\text{企业销售利润} &= \text{E型产品销售利润} + \text{B型产品销售利润}\\ &= 440 + 49\\ &= 489\ (\text{万元})\end{aligned}$$

$$\begin{aligned}\text{企业贷款利息} &= \text{长期贷款利息} + \text{中期贷款利息}\\ &= 600 \times 8.2\% + 747 \times 9\% + 138 \times 11\%\end{aligned}$$

$$= 131.61（万元）$$

企业税前利润 = 企业销售利润 − 企业贷款利息

= 489 − 132

= 357（万元）

企业税后利润 = 企业税前利润 − 缴企业所得税

= 357 − 357 × 40%

= 214（万元）

本期利润留存 = 企业税后利润 − 支付股东股息

= 214 − 30

= 184（万元）

将预算所得企业销售利润、企业贷款利息、企业税前利润、企业税后利润和本期利润留存等数据汇集后，制定的企业损益预算表如表 6-7 所示。

表 6-7　企业损益预算表　　单位：万元

产品销售收入	2 740	产品销售收入	2 740
± 产品库存变化	−34		
−材料费用	738	−销售产品制造成本	1 568
−人员费用			
−工资	565	−销售费用	273
−社会福利费用	339		
−其他人员费用	4	−研究开发费用	117
−折旧	180		
−其他经营费用	362	−管理费用	264
=产品销售利润	489	=产品销售利润	489
产品销售利润	489		
+投资净收益	0		
+营业外收入	0		
−贷款利息收入	132		
−营业外支出	0		
=企业税前利润	357		
−缴企业所得税	142		
=企业税后净利	214		
−计划支付股息	30		
=本期利润留存	184		

6.8　现金收支预算

在前述各种预算基础上，可进行现金收支预算，完整的企业现金收支预算由现金收入预算、现金支出预算和期末现金预算三个部分组成。

现金收入预算是指生产经营周期内的各项现金收入预算：营销预算中所确定的本周期销售产品的部分现金收入；上周期销售产品中部分未能收回而本周期予以收回的现金

收入；上周期购买的有价证券本息归还和各种方式的银行贷款；等等。其中，本周期销售产品的部分现金收入通常是企业现金收入最主要的来源。

现金支出预算是指生产经营周期内的各项现金支出预算。除购买材料、支付工资等费用支出外，主要还包括投入广告费用、质量改进费用、购买设备、有价证券、支付股息、上缴所得税和上周期银行贷款的还本付息等费用支出。

期末现金预算是指生产经营周期末的企业现金结余预算。以本周期现金收入合计（不含银行贷款）减现金支出合计，显示出企业现金收入合计与现金支出合计之间的差额。差额为正，说明收入大于支出，本期现金有结余，可不向银行贷款或减少银行贷款或增购有价证券；差额为负，则说明支出大于收入，本期现金入不敷出，不足以弥补差额，企业应向银行贷款。否则，将会出现透支贷款。通常，企业预算总要保持一定的现金余额，以供周转之用。企业现金收支预算主要内容及过程如图 6-10 所示。

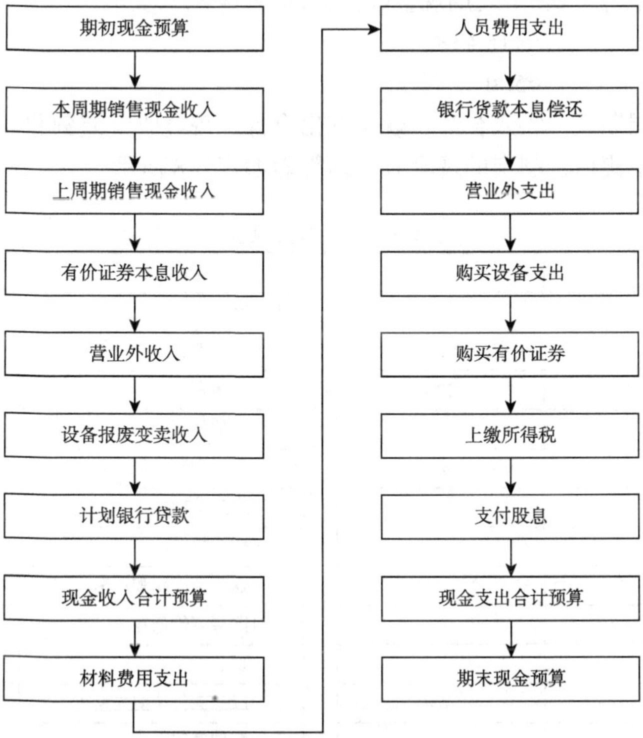

图 6-10 企业现金收支预算主要内容及过程

例 6-9 设该企业预计期初现金为 15 万元，而由营销预算等可知，本周期销售产品现金收入预计为 2 169 万元，可以收到上周期销售产品现金收入为 570 万元；购买材料费用支出预计为 702.4 万元，人员费用支出预计为 909 万元，其他经营费用支出为 362 万元，上一经营周期中期贷款归还预计为 885 万元，利息费用支出 132 万元，税收支出 142 万元，上一经营周期计划股息支付、本期实际支出共计 37 万元，期望期末现金 85 万元。试对该企业进行经营周期现金收支预算。

解：依据企业经营周期的现金收支预算主要内容及过程，企业经营周期的现金收入合计预算、现金支出合计预算、计划银行贷款预算过程如下。

本周期现金收入合计=本期销售产品现金收入+上期销售产品现金收入

=2 169+570

=2 739（万元）

本周期现金支出合计=购买材料支出+人员费用支出+其他经营费用支出

+中期贷款归还+利息费用支出+税收支出+股息支付支出

=702.4+909+362+885+132+142+37

=3 169.4（万元）

本周期现金收支差额=期初现金+本周期现金收入合计−本周期现金支出合计

=15+2 739−3 169.4

=−415.4（万元）

本周期计划银行贷款=本周期现金收支差额+期望期末现金

=415.4+84

≈500（万元）

将预算所得周期现金收入合计、现金支出合计、现金收支差额和计划银行贷款等现金收支预算数据汇集后，制定的现金收支预算表如表 6-8 所示。

表 6-8　现金收支预算表

期初现金	15 万元		
现金收入	万元	现金支出	万元
本周期产品销售收入	2 169	材料费用	702
+前周期产品销售收入	570	+人员费用	909
		+其他经营费用	362
+有价证券	0	+中期和透支贷款归还	885
+利息收入	0	+利息费用	132
		+购买机器人	0
+特别收入	0	+购买生产线和厂房	0
+生产线变卖收入	0	+购买有价证券	0
		+税收	142
+中期贷款	500	+股息支付（前周期）	37
+透支贷款	0	+特别费用	0
=现金收入合计	3 239	=现金支出合计	3 170
期末现金	84 万元		

6.9　资产负债预算

资产负债预算将完整地反映决策周期企业生产经营活动结束时，企业所拥有的全部资产总和状况、经营盈利、负债程度、还债能力和所有者权益等情况，主要包括负债预算和资产预算两个方面的内容。

负债预算实际上是指企业资金的来源预算，由自有资金和外来资金预算两部分组成。自有资金是指注册资金、盈余公积、利润留存和税后净利等，而外来资金则主要是指银行的长期贷款和中期贷款等。

资产预算实际上是指企业资金的占用预算，由固定资产和流动资产预算两部分组成。固定资产主要是指地产厂房、设备和其他生产设施的账面净值。流动资产是指原材料、附件和辅助材料的库存价值、产成品的库存价值、债权（本周期未能收回的销售收入部分）、购买的有价证券价值和现金量。负债预算合计和资产预算合计应当持平。资产负债预算主要内容及过程如图 6-11 所示。

图 6-11　资产负债预算主要内容及过程

例 6-10　承例 6-9，除前述已经提及的各项有关预算数据外，再设该企业注册资金为 400 万元，盈余公积为 100 万元，已有利润留存为 210 万元，本期经营税后净利为 214 万元，银行长期贷款为 600 万元，中期贷款为 500 万元；地产厂房账面净值为 400 万元，生产设备和其他生产设施账面净值为 960 万元，原材料和附件库存价值为 4 万元，产品库存价值为 33.22 万元，债权为 542.4 万元，没有购买有价证券，现金 84 万元。试对该企业进行经营周期资产负债预算。

解：依据企业经营周期的资产负债预算主要内容及过程，企业经营周期的自有资金预算、外来资金预算、固定资产预算、流动资产预算、负债合计和资产合计等计算如下。

（1）企业负债合计：

企业自有资金=注册资金+盈余公积+利润留存+亏损结转+本期税后净利

=400+100+210+0+214

=924（万元）

企业外来资金=长期贷款+中期贷款+透支贷款

=600+500+0

=1 100（万元）

企业负债合计=自有资金+外来资金

=924+1 100

=2 024（万元）

（2）企业资产合计：

企业固定资产=地产厂房+设备设施

=400+960

=1 360（万元）

企业流动资产=材料库存+产品库存+债权+有价证券+现金

=4+33.22+542.4+0+84

≈664（万元）

企业资产合计=固定资产+流动资产

=1 360+664

=2 024（万元）

将预算所得周期自有资金预算、外来资金预算、固定资产预算、流动资产预算、负债合计和资产合计等预算数据汇集后，制定的资产负债预算表如表 6-9 所示。

表 6-9　资产负债预算表　　单位：万元

资产		负债	
固定资产		自有资金	
实物		注册资金	400
地产和房产	400	盈余公积	100
设备和生产设施	960	利润留存	210
		前周期亏损结转	0
流动资产		本期税后净利	214
库存			
原材料和附件	4	外来资金	
成品	33.22	贷款	
债权	542.4	长期贷款	600
有价证券	0	中期贷款	500
现金	84	透支贷款	0
资产合计	2 024	负债合计	2 024

思考题与习题

1. 什么是企业决策方案全面预算？现代企业决策方案全面预算主要包括哪些内容？
2. 在一定的企业生产决策方案下，如何计算企业生产设备和生产人员的能力负荷？
3. 某物料存有期初库存，期中购买了一定的批量，则期末库存价值是如何计算的？
4. 库存产品价值通常指的是什么？经营周期内的库存产品价值变化是如何计算的？
5. 库存产品价值变化可大于零，也可小于零，则其变化值是如何影响企业效益的？
6. 成本预算主要包括哪几大部分？各自的特点是什么？相互之间有怎样的联系？
7. 材料间接费用、加工间接费用和非制造费用各按什么为分摊基础进入产品成本？
8. 销售、研发及管理费用如何摊入产品成本，分摊后的成本即称为何种成本？
9. 企业周期生产经营所需资金不足时，可以向银行提出贷款，如何确定贷款数额？
10. 某企业有设备生产能力 31 250 单位，生产人员 120 人。生产 E 型产品 27 000 台，每台需耗用设备生产能力 1 单位；生产 I 型产品 2 500 台，每台需耗用设备生产能力 1.2 单位。每个生产人员全年可生产 E 型产品 250 台，生产 I 型产品 200 台，试计算生产设备和生产人员负荷。

第 7 章　现代企业构建决策仿真

习近平指出，创新是社会进步的灵魂，创业是推动经济社会发展、改善民生的重要途径。本章将在前面各章所述的现代企业决策基本原理与优化方法的基础上，进一步对现代企业创业基本概念、创业创办流程和创业构建决策等内容进行详尽的叙述。结合虚拟仿真技术，创建经济运行环境，引进市场竞争机制，构造出由若干个相互竞争的创业企业、竞争市场、变动的市场周期经济形势及创业构建决策主要过程组成的现代企业构建决策仿真系统，并通过一个大型的虚拟仿真案例，将市场经济条件下的现代企业创业创办流程和创业构建决策中的创业形势分析、营销构建决策、生产构建决策、采购构建决策、研发构建决策及财务构建决策等有机结合起来，从而融合为一个有机的整体，以供使用者加深理解现代企业创业构建决策的基本原理、内容及其过程。与现代企业经营优化决策原理相贯通，借助于现代信息技术，形成一套完整的现代企业创业决策仿真系统，可供使用者在短时间里，就能以现代企业决策者的身份，进行市场竞争条件下的现代企业创业创办流程、构建决策及经营优化决策实践，获得在实际中需要几年才能感受到的经验和体会。

7.1　创业基本概念

现代企业创业的概念较为宽泛，其基本概念涵盖了现代企业定义、创新创业含义、创业类型区别、创业机会识别、创业企业融资、创业企业精神及创业（商业）计划书等。

7.1.1　现代企业定义

市场经济条件下，企业不再是一个孤立的、按主管部门计划指令从事生产经营活动的封闭式系统，而是一个依法成立并具备一定组织形式，与其外部环境经济体系之间有着广泛的经济往来，以营利为目的，承担社会责任，独立从事商品生产经营活动和商业服务活动的开放式系统，“面向市场、参与竞争，自主决策、自负盈亏”构成了现代企业最基本的特征，赋予了现代企业的基本定义。同时，决定了自主创业企业的主要类型大多为个人独资企业、合伙制企业和有限责任公司等，构成了市场经济环境中最具活力的元素之一。

7.1.2　创新创业含义

创新，主要是指以新思维、新创作、新发明、新技术和新描述为特征的一种概念化的过程。创新是人类特有的认识能力和实践能力，是人类主观能动性的表现形式，是推动民族进步和社会发展的不竭动力。一个民族、一个社会要走在时代的前列，就必须始终坚持牢固的意识创新、思维创新、理论创新和实践创新，将其贯穿于一切经济和社会工作之中。

创业，从广义的角度来说，是指个人充分运用自己所掌握的知识、技能、资源以及及时发现的信息与机会等，克服思维定势，以创新的思维和艰苦的努力，开辟新的工作途径，开创新的工作局面，争创新的工作业绩，促进取得新的、突破性的工作成就，从而实现某种追求或目标的过程，其实质上是一种以劳动方式，对自己、企业、社会和国家创造价值与贡献的行为；从狭义的角度来说，是指自主创业，是创业者个人或创业团队以某些资源所有者的身份，利用知识、技术、能力和社会资本，通过自筹资金、技术入股、寻求合作等方式创立新的现代企业，并为社会上更多的人创造就业机会，自主创业的主体是投资者和资产、资源及技术所有者，需要创业者拥有关键的资源或者具有整合资源的能力；大学生自主创业是指有理想、有抱负的大学生，利用自己的知识、技术和才能，以自筹资金、技术入股和寻求合作等各种方式，为自己在社会上求生存、谋发展开辟一条新的途径，创立新的现代企业。大学生创业不是现有企业岗位的竞争者、填充者，而是通过创办新的现代企业，为自己同时为社会更多的人创造就业机会，并直接为社会创造价值、做出贡献的时代开拓者，在为社会创造价值的同时，自我价值不断得到充分体现与升华，代表了一个新的发展方向，开创了一个新的工作模式，引领了一个新的就业潮流。

创新创业，则是指基于技术创新、产品创新、品牌创新、服务创新、组织创新、商业模式创新、管理创新、市场创新和渠道创新等诸多方面的某一方面或某几个方面创新而进行的现代企业创业活动。创新是创新创业的特质，创业是创新创业的目标。创新创业是基于创新基础上的创业活动，既不同于单纯的创新，也不同于单纯的创业。简而言之，创新强调的是开拓性、新颖性与原创性，而创业强调的是生存性、营利性与责任性。因而，在创新创业的概念中，创新应是创业的基础和前提，创业应是创新的体现和延伸。

7.1.3 创业类型区别

现代企业“面向市场、参与竞争，自主决策、自负盈亏”的基本特征，决定了创新的意识、思维、理论和实践应始终贯穿于现代企业在市场经济环境下的自主创业过程。现代企业的基本特征决定了其类型多为个人独资企业、合伙制企业和有限责任公司。

个人独资企业，是指由一个自然人单独投资，财产为投资者个人所有，并以其个人财产对所创企业债务承担无限责任的经营性经济实体。个人独资企业的优势在于：创业过程中的制约因素较少，开设、转让与关闭等，一般仅需向工商部门登记即可；创业者在企业管理、经营决策上有很大的自主权、自由度、自主性和灵活性；有关创业企业产品的销售数量、成本、利润、工艺和财务状况等信息均可保密，有助于企业在竞争中保持优势；开办个人独资企业，只需交纳个人所得税，无须双重课税；税后留存利润全部归创业者个人所有，不需要和别人分享。此外，对创业者来说，创业成功带来的收获，不仅仅是经济利益，更是自我价值的充分体现与肯定。个人独资企业的劣势在于：创业者个人不具备团队力量，个人经营企业，承担了无限财产责任，即当企业资产不足以清偿债务时，需要用创业者个人所拥有的其他财产来清偿债务，一旦经营失败，创业者有可能倾家荡产。

合伙制企业，是指由两个及两个以上合伙人订立合伙创业协议，共同出资，合伙经营，共享收益，共担风险，并对合伙企业债务承担无限连带责任的经营性经济组织。创业者可采用货币、实物、专利、土地使用权、知识产权或其他财务权利等方式出资，甚至可以用劳务方式出资。从实际操作情况看，合伙制企业大多都是由两三名志趣相投者组成创业团队。合伙制企业的优势在于：与个人独资企业相比，开办合伙制企业的资金来源较广，信用度也有所提高，因而较为容易筹措资金，如从银行获得贷款或从供货商那里赊购产品等；合伙创业能够集思广益，增强创业企业的管理能力、决策能力和创新能力，有利于提高创业企业的市场竞争力；等等。合伙制企业的劣势在于：合伙人也要承担无限连带责任，使其家庭财产具有一定的经营风险，因此，合伙关系必须以合伙人相互之间的信任为基础，如果合伙人之间产生意见分歧，互不信任，就会影响企业的有效经营、管理、发展和决策；此外，合伙制企业产权不易流动，我国法律规定，合伙人不能自由转让自己所拥有的企业财产份额，产权转让须经过全体合伙人同意，对创业者来说，不能进退自如。

有限责任公司，是指由两个以上、50 个以下创业者共同出资与协作设立的经营性经济组织，是创业者以其出资额为限对公司承担经营责任，公司以其全部资产对公司承担经营责任的法人组织。有限责任公司与个人独资企业及合伙制企业相比，有限责任公司的创业者数量规模明显较大。有限责任公司的优势在于：是以出资人的出资额为限承担公司的经营风险，有效地分散了创业失败的风险，使创业者能通过优化投资组合取得最佳的创业投资回报；此外，有限责任公司可以吸纳多个投资人，促进创业资本的有效集中，这种多元化的产权结构，有利于创业企业决策的科学化，有利于创业企业决策的正确性，从而促进创业企业稳定经营并逐步发展。有限责任公司的劣势在于：需要进行双重纳税，即公司盈利要上缴公司所得税，创业者作为股东还要上缴投资股息所得税或个人所得税；由于不能公开发行股票，企业筹集资金的范围和规模一般不会很大，难以适应大规模的生产经营活动需要；此外，由于产权不能充分流动，创业企业的资产运作也会受到一定的限制。

7.1.4 创业机会识别

创业机会，是指在市场经济条件下，创业者通过引入新理念、新产品、新服务、新材料和新组织，创建一定的经济组织形式，即现代企业，在市场上提供购买者或使用者用以创造价值或增加价值的商品或服务，并能以高于成本价格出售这些商品或服务的机会。这种机会具有普遍性、偶然性和消逝性，需要创业者具有敏锐的市场洞察力和把握市场机会能力，关注市场，分析趋势，抓住时机，适时识别。通常，主要划分为以下几种创业机会。

1. 现有市场机会和潜在市场机会

现有市场机会是指市场机会中那些明显的、未被满足的市场需求，这类需求往往容易被发现，发现者较多，进入者也会较多，创业者间的竞争势必会很激烈。潜在市场机会是指那些隐藏在需求背后的、不明显的、未被满足的市场需求，这类需求往往是不易被发现的，识别难度较大，发现者不多，进入者也会较少，所以，往往蕴藏着极大的商机。

2. 行业市场机会与边缘市场机会

行业市场机会是指在某一个行业内的市场机会，发现和识别的相对难度较小，但在行业内已经形成了激烈竞争，再行进入，成功的机会较低。边缘市场机会是指在不同行业交叉部分出现的市场机会，处于行业与行业的夹缝之间，难以发现，需要有丰富的想象力和大胆的开拓精神，一旦开发，成功的机会较高。

3. 目前市场机会与未来市场机会

目前市场机会是指在目前环境变化中出现的机会，涵盖了现有的易被发现的和潜在的不易被发现的市场机会。未来市场机会是指通过市场研究和预测分析将在未来某一时期内出现的市场机会。若创业者能提前预测到某种机会将会出现，就可以在这种市场机会到来之前早做好准备，从而获得领先的创业机会。

4. 全面市场机会与局部市场机会

全面市场机会是指在大范围市场上出现的未被满足的市场需求，在大市场中寻找、发现和发掘局部或细分市场机会，见缝插针，拾遗补阙，就可以集中优势资源投入目标市场，有利于增强创业主动性，减少创业盲目性，提高创业成功性。局部市场机会则是指在一个局部或细分市场上出现的未被满足的需求。

创业者应依据自己所掌握的知识、技能、资源和所发现的信息与机会等，结合自己拟创业的类型，识别机会，把握机会，适时创业，进入市场。在错综复杂的市场环境中，识别创业机会的方法具体表现在以下几个方面。

（1）变化就是机会。环境的变化，促使各行各业进行调整，透过这些变化，分析调整状态，可发现新的创业机会。变化可以包括产业结构的变化；科技进步的变化；通信技术的变化；政府管控的变化；生活形态的变化；人口结构的变化；等等。

（2）发展就是机会。社会的发展，尤其是信息技术的发展，产生了大量的、基于互联网的创业机会，是现阶段乃至今后相当长时间内的创业方向，在运输、金融、保健、饮食和流通等领域充满了“互联网+”创业机会，关键在于如何开发。

（3）需求就是机会。机会不能只从全部顾客身上去找，因为共同需求容易识别，已很难再找到机会。而实际上每个人的需求都是有差异的，因此，在寻找机会时应将顾客分类，认真研究各类顾客的需求特点，分析需求特点，就会从中发现机会。

7.1.5　创业企业融资

创业企业发展过程通常分为五个阶段，即种子阶段、创建阶段、成长阶段、扩张阶段和盈利阶段。创业企业在种子阶段、创建阶段等创业初期市场影响较小，销售产品和销售收入有限，会在一定时期内出现资金回笼不足，导致创业企业入不敷出，阻滞创业企业快速发展，因此，融资是创业企业创建初期寻求资金、快速发展壮大的重要手段，对创业企业有重要的现实意义，创业企业融资主要有以下方式。

1. 以股权转让方式快速进行融资

针对创业企业特点，股权转让是快速进行融资的首选方式，股权交易使创业企业能够在短期内得到资金的快速注入，为企业的发展奠定基础。通过在适宜的时间将股权进行拆分、交易的方式，换取企业继续发展的资金，可有效减少创业企业的融资风险及负债。股权转让方式，还能使最大股东在度过创业初期困难时期后选择股权购回的方式保障股权的控制，这种方式非常适合创业企业急需资金时进行。

2. 以信誉培养方式奠定融资基础

融资信誉培育与呵护是现代企业在创业初期及其之后的日常生产经营活动过程中所必须进行的极其重要的工作。创业企业要持续发展，就会永远与金融机构打交道，永远与客户打交道，因此，经济往来中信誉是第一位的，信誉可以帮助创业企业融资。创业企业初期由于其资产不够雄厚等因素而不易被人信服，这就需要创业企业在经营过程中注重信誉培养，以此为创业企业融资奠定良好的信誉基础。

3. 以利益共享方式获得风险投资

对创业企业而言，风险投资是企业融资中较好的方式之一。风险投资能够在对创业企业投资的同时，为创业企业带来必要的管理人才和管理经验，弥补创业企业缺乏人才和缺少经验的不足。风险投资不仅能够缓解创业企业初期资金的紧张，也能使创业企业初期在激烈的市场竞争中，就能得到风险投资带来的管理人才和管理经验，有力地促进创业企业的快速发展，使创业企业能够尽快进入盈利阶段。

4. 以自身项目优势获得政府支持

现代创业企业多属高新技术产业，许多创业企业的项目适应了市场需求，涉及国计民生，有益于提高人民生活水平，甚至还填补了国内外相关领域的空白，尤其是在“大众创业、万众创新”及鼓励大学生创新创业的背景下，政府出台了一系列鼓励创新创业的扶持政策，创业者应充分利用这些政策，积极争取政府的资金支持，能够使创业企业得到免息低息贷款等资金注入，缓解创业企业初期资金紧张的局面。

7.1.6　创业企业精神

现代企业的创业过程是一个艰苦卓绝的过程，也是一个重于创新的过程，因此，必须具备必要的创业精神，即创业的理性认识、创业的心理基础和创业的行为模式。创业的理性认识是指正确的创业思想和创业观念；创业的心理基础是指突出的创业个性和创业意志；创业的行为模式是指优良的创业作风和创业品质。创业精神可以简要地概括为梦想、决心、实干和坚持。具体地，创业精神可表述为以下方面。

1. 远大的理想

每一个成功的创业者都起源于一个伟大的梦想，是一个绝对的梦想家。如果想要创业成功，就一定要先给自己确定一个具有强烈吸引力的远大理想、远大目标，这一远大的理想、远大的目标是激发创业激情的源泉。

2. 坚强的意志

成功的创业者都必须具备坚强的意志，具有克服艰险的能力。创业过程会遇到无数困难曲折，而唯有坚持才能持续。只要坚持的方向是符合客观规律的，就一定会有成效，坚强的意志是创业成功的有力保障。

3. 进取的心态

成功的创业者都必须具备进取的心态，具有把握机会的能力。创业过程中市场形势变化莫测，发展的机会稍纵即逝，只有拥有积极的进取心态，才能从错综复杂的变化过程中取正弃负，发现机会，把握机会。

4. 敢为的气魄

成功的创业者都必须具备敢为的气魄，具有挑战风险的能力。创业过程充满风险坎坷，是一种风险与收益博弈的过程，只有拥有敢为的气魄，才能敢于藐视风险，善于规避风险，在逆境中求生存、谋发展。

5. 诚信的品质

成功的创业者都必须具备诚信的品质，具有协同合作的能力。创业过程中合作与交易无处不在，诚信是创业者的精神基石，是创业者的立身之本，没有诚信，将会充满极大的道德风险，会在市场上无法立足。

6. 超强的适应

成功的创业者都必须具备超强的适应性，具有适应变化的能力。创业过程不但要求创业者能适应艰苦的环境，同样要求能适应成功的环境，承担必需的社会责任，时刻将所有状态调整到符合新情况的状态。

7.1.7　创业（商业）计划书

创业计划书可意指为商业计划书，是创业者在初创企业成立之前，就依据某一项具有市场前景的产品或服务创立企业、创立企业之初及之后若干经营周期取得可能成功的说明文件，是创业者用来描述创办企业所有可用资源、内部条件、外部要素和竞争态势的可行性商业报告，是指导创业企业发展的文件。创业计划书的主要作用如下。

1. 自我评价，厘清思路

在创业融资之前，创业计划书首先应是给创业者自己看的。创业者应以认真的态度对自己所拥有的创业资源、已知的市场情况和初步的竞争策略做出详尽的分析，并提出一个初步的行动计划，通过创业计划做到心中有数。另外，创业计划书还是创业资金准备和风险分析的必要手段，酝酿中的创业项目内容，往往还是很模糊的，制定详尽的创业计划书，可使创业者对创业项目有更清晰的认识。

2. 凝聚人心，有效管理

完美的创业计划书可增强创业者的自信，使创业者对创业成功更具把握。创业计划书为企业提供了全部的未来发展的方向，也为企业提供了良好的效益评价体系和管理监控指标，创业计划书使创业者在创业实践中有章可循。创业计划书通过描绘创业企业发展前景和成长潜力，员工可以对未来充满信心，并明确要从事什么项目，充当什么角色，完成什么工作，达到什么目标，对提升创业自信具有重要的作用。

3. 对外宣传，获得融资

创业计划书作为一份全方位的项目计划，应做到内容翔实、数据丰富、体系完整、装订精致，对即将展开的创业项目进行可行性分析，其主要内容应含有股权结构、产品服务、管理团队、融资方案、市场营销、销售计划、生产计划、财务计划、人事计划和盈利模式等，所以，创业计划书在一定程度上也是对外进行宣传的文件，用以向潜在投资者、风险投资公司和合作伙伴等游说，以能获得各种方式的融资。

创业计划书的撰写应具有一定的基本内容和格式规范，创业计划书的主要内容应包含以下几个方面。

（1）执行总结。创业计划书中的执行总结，主要凝练了创业计划书中的基本内容，含有创业企业描述、产品概述、市场分析、竞争分析、发展战略、营销策略、运营计划、融资方案、财务分析、盈利模式及风险分析等。

（2）企业描述。创业计划书中的企业描述，主要是指描述的创业企业类型，是属个人独资企业？合伙制企业？还是有限责任公司？若属于合伙制企业或有限责任公司，则其创业人员的组成结构、股权结构及权益分配等。

（3）产品概述。创业计划书中的产品（服务）概述，主要是指应概述创业企业主要产品独特之处、产品技术特点、产品技术创新、产品工艺流程、产品技术壁垒、产品应用领域、产品推广领域及产品升级潜力及其展望等。

（4）市场分析。创业计划书中的市场分析，主要是指应分析创业企业的目标市场、市场特征、市场容量、市场细分、目标客户、客户特点、客户细分、市场潜力、影响市场容量变化的主要因素及目标市场容量变化趋势等。

（5）竞争分析。创业计划书中的竞争分析，主要是指应分析创业企业的外部环境、内部条件，进而运用 SWOT（strength、weakness、opportunity、threat）分析法，与现有的、潜在的竞争企业进行比较，分析创业企业存在的竞争优势和所处劣势及面临的发展机会与主要威胁等。

（6）发展战略。创业计划书中的发展战略，主要是指要描绘出创业企业的未来发展蓝图，制定出创业企业的近期、中期和远期发展规划，以及制定出创业企业的业务定位、企业文化、人力资源战略、组织战略和研发战略等。

（7）营销策略。创业计划书中的营销策略，主要是指为促进创业企业的产品（服务）销售，通过分析产品的市场生命周期、消费者的购买行为等，制定出一定的创业企业的价格、促销、产品和渠道等策略及其组合策略等。

（8）运营计划。创业计划书中的运营计划，主要是指要制定出创业企业的经营运作战略、生产方式，同时阐明创业企业的运作系统、主要技术、主要设备、工艺（服务）流程、质量管理、库存控制、设备管理及环境保护等。

（9）融资方案。创业计划书中的融资方案，主要是指要制定出创业企业的股本结构、资本策略、资金用途、投资估算、成本费用、现金流量表、风险投资的退出计划、公开上市计划、股权转让计划和企业破产清算方式等。

（10）财务分析。创业计划书中的财务分析，主要是指要制定出创业企业的年度损益及利润分配表、预计资产负债表、预计现金流量表，并要进行财务的比率、净现值、内部收益率、投资回收期、投资回报率和敏感性分析等。

（11）盈利模式。创业计划书中的盈利模式，主要是指要制定出创业企业获取利润的方式、方法及其手段，每个创业企业的盈利模式都应该是独特的，所以，应根据创业企业特点，突出独有的收入结构、成本结构和目标利润。

（12）风险分析。创业计划书中的风险分析，主要是指要制定出创业企业的政策风险与对策措施、技术风险与对策措施、市场风险与对策措施、经营风险与对策措施、财务风险与对策措施，以将可能的创业风险降低至最低点。

7.2　创业创办流程

在掌握了现代企业基本概念，了解了现代企业创业原理，拟定好创业计划书后，即可进行现代企业创业创办。现代企业创业创办主要内容包含企业名称登记、设立大会召开、银行入资验资、企业设立登记、企业印章刻制、企业代码登记、税务登记办理、基本账户开设、注册资金划转、领购发票申请和社保登记办理等诸多事项，循序渐进，即可完成现代企业创业创办过程，进而实施现代企业创业构建决策。创业创办流程如下。

7.2.1　企业名称登记

企业名称登记是指由创业企业发起成员共同拟定一项企业名称、两项以上备选企业名称，并在填写完成“企业名称登记表”后，若是两人以上的成员合伙创业，则可指定一名代表，或是共同委托一名代理人向工商局提交相关申请材料，由名称核准管辖权的工商行政管理机关对提交的申请材料予以审批。审批通过，即可获得由工商局颁发的“企业名称预先核准通知书”；反之，即会获得“企业名称驳回通知书”。提交的申请材料主要包含创业企业全体投资人签署的“企业名称预先核准申请书”、全体投资人签署的“指定代表或者共同委托代理人的证明”以及指定代表或者共同委托代理人的身份证件复印件。其中，应标明指定代表或者共同委托代理人的权限、授权期限等。若申请企业名称中冠以“中国”、“中华”、“国家”、“全国”和“国际”等字词，还需提交国务院批准文件的复印件。

7.2.2　设立大会召开

获得由工商局颁发的“企业名称预先核准通知书”后，如果是两人以上的合伙制创业，即可召开设立大会。设立大会是在募集创业企业所需资金过程中召开的，参会人员是参与企业设立并认购股份的人，即为创业企业（公司）股东，同时，须制定含有身份证复印件的所有股东名录，并且拟定公司章程。设立大会是创办公司的意思决定机构，其决议涉及公司设立行为、公司能否成立等有关事项。具体的议程有通过公司设立章程、选举董事会成员、选举监事会成员、重要职务任命和企业法人指定等，设立大会应服务于发起创办企业（公司）。设立大会之后，即可获得完整的“企业股东名录”、“董事、监事、经理信息表”、全体股东签署的“公司章程”以及由全体股东共同签署的“法定代表指定”文件。

7.2.3　银行入资验资

设立大会之后，创业企业即可向会计事务所领取银行征询函，以参与企业设立并认购股份的所有股东提供资金合计作为注册资金，去银行开设临时性的验资账户。办理时，需股东之一出示所有股东身份证原件，填写入资单，存入注册资金，领取入资原始进账单。注册会计师依法接受委托，按照独立审计准则要求，对创业企业注册资金实收情况进行审验，并出具验资报告。入资验资过程中，创业企业需提供下列各项：之前由工商行政管理机关出具的“企业名称预先核准通知书”原件及复印件；所有股东身份证原件及复印件；并在复印件上注明各股东的入资金额；注册资金的总额（现金或是银行的通存通兑存折）；“企业设立申请书”；入资银行开具的入资单；创立企业的“公司章程”；创业企业全体股东资格证明及创业企业注册地址材料证明；等等。验资完成后，即由注册会计事务所出具验资报告。

7.2.4　企业设立登记

创业企业完成银行入资验资后，即可进行创业企业设立登记。可按法定程序向工商行政管理机关提出登记申请，工商行政管理机关审核通过并记录在案后，即可供社会公众查阅，以保障社会交易安全，巩固创业企业信誉。创业企业申请登记时，需提交的材料如下：创业企业法人代表签署的登记申请书；全体股东指定的代表或全体股东共同委托的代理人证明；创业企业的“公司章程”；验资机构出具的“验资证明”；全体股东的资格证明；创业企业董事、监事、经理等的姓名与住所以及有关委派、选举或者聘用证明；创业企业法人代表任职文件及身份证明；创业企业“名称预先核准通知书”；创业企业注册地址材料证明；国家工商行政管理总局规定要求提交的其他文件；等等。登记完成后，由登记机关发给“企业法人营业执照”，创业企业凭“企业法人营业执照”即可刻制企业印章、开立银行账户、申请纳税登记等。由此可见，完成企业登记后，即意味着创业企业已取得了从事经营活动的合法身份。

7.2.5　企业印章刻制

创业企业设立登记完成，已经取得营业执照后，需在 30 日内办理完成企业公章、法人私章、发票专用章和合同专用章的刻制。办理时，须持《企业法人营业执照》副本原件及复印件，由法人代表本人持身份证原件及复印件，或委托相关人员（相关承办人员须持委托书、身份证原件及复印件）向当地公安机关提供相关材料并提交刻制印章申请，以备在案。之后，须到指定印章公司刻制企业公章、法人私章、合同专用章和发票专用章。企业公章：创业企业用法定主体行为名称制作的签名章，在企业所有的印章中具有最高的效力，是法人权利的象征，在现行司法实践中，是否盖有法人公章成为判断民事活动是否成立和生效的重要标准；法人私章：又称为印鉴章，法定代表个人印鉴，一般保管在创业企业的财务人员手中，用于签发支票、签发账户现金和购买支票等，对外具有一定的法律效力，可以签订合同、出示委托书等；合同专用章：创业企业对外签订合同时使用，可以在签约范围内代表创业企业，企业需承受由此而导致的权利和义务，企业公章可以代替合同专用章使用，对签订的合同和协议而言，企业公章和合同专用章具有同等法律效力；发票专用章：创业企业按税务要求刻制的印章，印章中含有创业企业单位名称、税务登记号和发票专用章等字样，是在领购发票和开具发票时需加盖的印章，在 2011 年 2 月 1 日之前可以在发票上加盖财务专用章，用以代替发票专用章，但在此之后，必须加盖发票专用章。

7.2.6　企业代码登记

创业企业印章刻制完成后，即可向创业企业设立核准登记机关所在地的质量技术监督部门申请办理组织机构代码登记，自 2015 年起各地已经陆续开始实行网上申请办理。创业企业必须自设立登记核准之日起的 30 日内办理组织机构代码登记。办理登记时，需提交组织机构代码申请表、企业法人营业执照副本复印件、企业法人身份证复印件和企业公章。登记完成，创业企业即可获得“中华人民共和国组织机构代码证”。组织机构代码证是对中华人民共和国境内依法注册、依法登记的企业颁发的一个在全国范围内唯一的、始终不变的法定代码标识，具有身份识别和验证的作用，是对企业进行现代化管理的基本制度。运用组织机构代码可以提高行政管埋部门的监管能力和工作效率；可以杜绝虚假身份、冒用身份现象，有效保障企业组织机构的合法权益；可以建立统一身份标识的企业法人基础信息库，实现政务信息资源共享与应用；还可以以企业法人基础信息库的资源为基础，进行产业分布研究，形成分析报告，为进行宏观决策、产业结构调整和经济政策制定提供依据。

7.2.7　税务登记办理

创业企业设立登记完成，已经取得企业法人营业执照后，还须在取得营业执照之日起的 30 日内，向税务机关申报办理税务登记。税务登记是指税务机关根据税法规定，对纳税人的生产、经营活动进行登记管理的一项法定制度，也是纳税人依法履行纳税义务的法定手续。办理税务登记时，需提交税务登记表、企业法人营业执照原件及复印件、组织机构代码证原件及复印件、企业用房房产证原件及复印件或是用房租赁合同原件及复印件、创业企业法人身份证原件及复印件、创业企业财务负责人身份证原件及复印件、创业企业公章及法人私章。获得税务登记证后，持税务登记证可以在银行或其他金融机构开立基本存款账户或是其他银行账户；申请减税、免税、退税；申请领购发票；申请填开外出税收征管证明；申请办理增值税发票；申请办理停业、歇业；其他有关税务的各项事项；等等。

7.2.8 三证合一登记

为方便企业、简化手续、减少审批、降低成本，鼓励投资兴业，推动大众创业、万众创新，除个体工商户外，自 2015 年起，我国所有企业开始实行三证合一的登记制度。所谓三证合一是指把前述的营业执照、税务登记号、组织机构代码证合并成全国统一的信用代码，在新的营业执照上除了载有注册号外，还加载了组织机构代码和国税、地税税务登记号。先前创办的企业必须实行三证合一的换证登记，换证工作须在 2017 年 12 月 31 日之前全部完成。同样，新创企业一律实行三证合一，创办企业手续大大简化。许多经办手续和重复递交的材料可以省略。例如，以前需要领取 3 个证，现在只要领取 1 个证；以前需要向工商、质监、国税、地税 4 个部门递交 4 份申请表、多达 20 余份材料，填写 160 余项数据，现在只要向设立的综合窗口提交一份申请表、10 余份材料，填写 70 余项数据；以前登记部门做出是否准予登记的决定至少需要一周以上的时间，现在一般只需要 3 天时间。三证合一为创办企业带来了极大便利。申请人只需向工商部门提出登记申请，工商部门会将核准登记信息、申请材料等扫描上传至综合业务平台，同时发送质监、国税和地税部门；质监部门办理组织机构代码登记后通过平台将信息发送至工商部门、国税和地税部门；国税和地税部门办理税务登记后，再通过平台将信息发送至工商部门。最后，由工商部门颁发加载组织机构代码、税务登记号（纳税人识别号）的营业执照，并告知申请者。

7.2.9 基本账户开设

基本存款账户是创业企业在银行办理转账结算和现金收付等的主办账户，经营活动的日常资金收付以及工资、奖金和现金的支取等均可通过该账户办理。一个创业企业只能在银行开设一个基本存款账户，且在该账户内应有足够的资金用于支付。基本存款账户也是开立其他银行结算账户的前提。创业企业开设基本账户时，需填写“开立单位银行结算账户申请书”，并提供创业企业营业执照正本及复印件、组织机构代码证正本及复印件、税务登记证正本及复印件、法人代表或单位负责人身份证及复印件（如果是法人代表授权他人办理，还需提供法人代表授权书和经办人的身份证及身份证正反两面的复印件）、创业企业公章和预留印鉴章（包括创业企业公章和法定代表签字或印章）。开设基本存款账户，获得开户许可证后，方可开设一般存款账户，一般存款账户可以开设多个，但只能用于办理存款人借款转存、借款归还和其他结算的资金支付，可以办理现金缴存，但不得办理现金支付。

7.2.10　注册资金划转

在创业企业基本存款账户开设后，即可提出注册资金划转申请，将创业企业所有股东实际缴付的、作为注册资金的出资数额款项，从银行的临时验资账户划入已经开设的基本存款账户。划转后，原有的临时验资账户将被注销，银行开具出注册资金已经被划转的证明。创业企业在取得企业法人营业执照后即可开展生产经营活动，如租建厂房、购买材料和投资机器设备、发放员工工资等。注册资金是国家授予创业企业法人经营管理的财产，或者是创业企业法人自有财产的数额体现。在办理注册资金划转时，除需要提出申请外，还需要提供创业企业法人营业执照正本或副本原件、组织机构代码证书原件、银行基本存款账户开户许可证原件、经办人的身份证原件，以及入资验资时的原始进账单等。

7.2.11　领购发票申请

发票是指企业在销售商品、提供服务及从事其他经营活动时，提供给对方的收款书面证明，是财务收支的法定凭证，也是税务机关执法的重要依据。发票分为普通发票和增值税专用两种发票。由于发票上载明的经济事项已经较为完整，既有填制企业印章，又有经办人签章，还有监制机关、字轨号码和发票代码等，是购货和发货的重要凭据，具有法律证明效力。发票一经开具，票面上就已载明了征税对象的名称、数量和金额，为计税基数提供了原始可靠的依据；发票还是维护社会秩序的重要工具，具有证明的作用，在一定条件下又具有合同的性质。创业企业领购发票时，需向当地税务机关提出申请，填写“纳税人领购发票票种核定申请表”，还需提供税务登记副本原件、发票专用章印模、经办人的身份证明等材料，在证件和材料齐全的情况下，税务机关将在 5 个工作日内核发“发票领购簿”，再根据“发票领购簿”上载明的发票种类、限购数量、购票方式等领购所需发票。

7.2.12　社保登记办理

社会保险是现代社会经济生活的重要方面，是一项重要的社会政策。企业为员工办理社会保险，将其收入的一部分作为社会保险税（费）上缴，形成社会保险基金，在满足一定条件的情况下，被保险人可从社会保险基金获得固定的收入或损失的补偿。保险具有的基本职能：一是分担政府社会保障职能，补充和完善社会保障制度；二是分担社会风险管理职责，提高社会防灾防损和应对公共危机有效性；三是对较低收入或失去收入者给予必要补助，在一定程度上实现社会公平分配。创业企业在注册已经完成，“三证合一”的企业法人营业执照、企业公章、银行开户许可证都已经齐全，就可到创业企业所在地的社保中心办理社保登记。办理社保登记时，需要填写“单位社会保险登记表”，提供《企业法人营业执照》（副本）原件及复印件、其他核准执业的证件。社保中心经对创业企业所填写的“单位社会保险登记表”和其他有关的证件、材料等实行即时受理，并在规定的时间内审核完毕，符合规定的，予以登记并发给《社会保险登记证》，用以为企业员工办理社保登记。

7.2.13 已办证件汇总

在经历了企业名称登记、设立大会召开、银行入资验资、企业设立登记、企业印章刻制、企业代码登记、税务登记办理、基本账户开设、注册资金划转、领购发票申请和社保登记办理等创业企业创办流程后，创业企业即可反馈获得《企业名称预先核准通知书》、《入资验资报告》、《企业法人营业执照》、《创业企业印鉴》、《组织机构代码证》、《税务登记证》、《开户许可证》、《注册资金划转证明》、《发票领购簿》及《社保登记证》等证件和证明文件。其中,《组织机构代码证》和《税务登记证》实行三证合一后不再单独颁发，组织机构代码和税务登记号均被加载到了《企业法人营业执照》上，创业企业即可启动经营活动。

7.3 创业情景设定

现代企业创业创办完成，即可进入现代企业创业构建决策阶段，进行市场环境下的现代企业初创构建尝试。在开始进行现代企业创业构建决策之前，务必详细阅读现代企业创业情景设定。创业情景设定运用虚拟仿真技术，构造出了创业企业与其外部经济体系间的关系、不同周期的市场形势、不同类型的竞争市场，以及创业企业内部的销售、生产、采购、研发、仓库、人事、管理和财务八大部门，设定出了不同部门的基本运营条件及其相互之间的关系，形成一个完整的、大型的现代企业运营仿真案例，为成功研制现代企业决策仿真系统以及开展竞争条件下的现代企业构建决策和优化决策实践尝试奠定了基础。

7.3.1 外部体系设定

市场经济条件下的现代企业不再是一个封闭式的系统，而是一个与其外部体系之间有着广泛经济联系的开放性系统。为此，创业情景设定构造出的创业企业是开放性的、生产激光打印机的有限股份制模拟企业，其与采购市场、销售市场、股东、银行、国家及劳动力市场等有密切的经济往来关系。创业企业与其外部经济体系间的关系如图 7-1 所示。

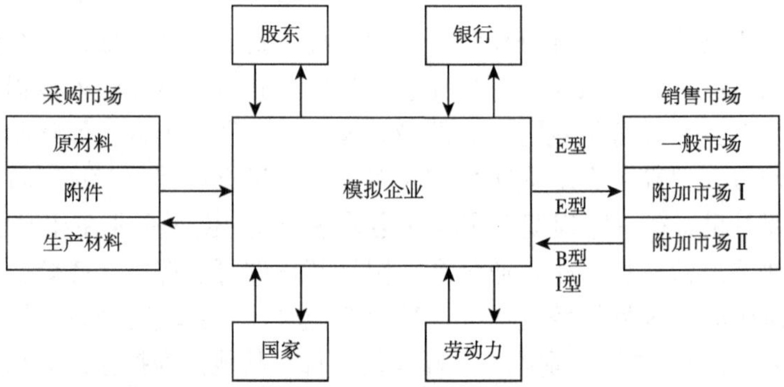

图 7-1 创业企业与其外部经济体系间的关系

创业企业与其外部经济体系间的主要经济往来关系如下。

采购市场：创业企业分别以不同的价格，从采购市场获得生产激光打印机所必需的原材料、附件和其他的辅助生产材料，并支付相应的购货款。

股东：创业企业发行股票，从社会集得资金。企业经营若有盈利，则将按企业决策支付股东应有的股息。股息的实际支付，将在下一周期进行。

银行：创业企业生产经营活动过程中，如果所需资金不足，可向银行贷款。贷款方式分为长期贷款、中期贷款和透支贷款三种。贷款期满，企业应向银行还本付息。企业如有多余资金，可向银行购买有价证券，以有价证券利息作为收入。

销售市场：创业企业产品必须在销售市场进行销售，通过销售获得的收入首先用于支付企业各项生产经营费用。若有结余，即为企业经营盈利。

国家：创业企业经营环境、经营状况在一定程度上受国家政策法令的影响。国家保证企业正常运营，企业经营若有盈利，须向国家缴纳税收。

劳动力市场：创业企业根据销售、生产和产品研发等工作需要，可向劳动力市场招聘或辞退人员。与此同时，将会形成相应的招聘或辞退费用。

7.3.2 销售部门设定

1. 销售产品与销售市场

设欲创办企业可在三种不同类型的市场上，销售三种不同型号的激光打印机产品，各种型号产品的主要功能如下。

E 型（一般产品）：具有自动定位、多种打印规格选择和带有复印功能的激光打印机。

B 型（特殊产品）：与 E 型相比，无复印功能。

I 型（特殊产品）：与 E 型相比，无复印功能，但带有读卡器。

生产产品可在三种不同类型的市场上进行销售。

一般市场：通过聘用的销售人员参与竞争，在市场上销售 E 型激光打印机。

附加市场Ⅰ：参与某一用户对 E 型激光打印机的大批量招标、投标销售活动。

附加市场Ⅱ：根据用户批量订购要求而生产的 B 型或 I 型激光打印机的销售。

具体地，各种销售产品和销售市场间的关系如图 7-2 所示。

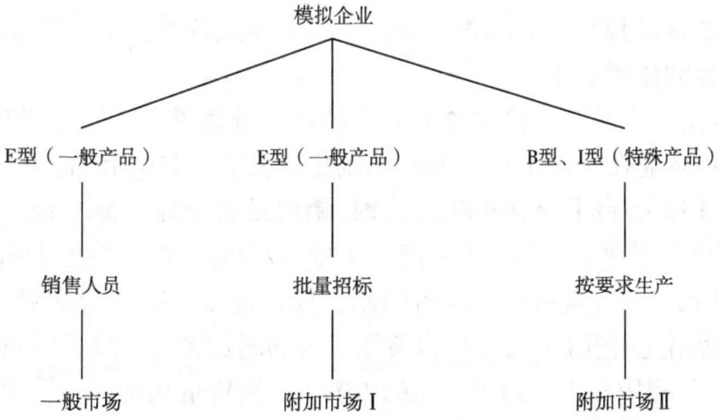

图 7-2　模拟企业的各种销售产品和销售市场间的关系

2. 营销手段的效应曲线

在一般市场上，为扩大企业产品市场销售量（额）和市场占有率，各创业企业均需制定一定的经营战略和营销策略，通常影响一般市场上产品销售量（额）和市场占有率的主要因素如下：①社会需求、社会购买力和价格指数变化；②竞争企业所使用的经营战略和营销策略；③本企业所使用的经营战略和营销策略。

创业企业所实施的经营战略和营销策略主要表现为对价格、广告、渠道和质量营销手段的运用。各创业企业可就下列营销手段做出决策：①产品销售价格；②广告费用支出；③销售人员数量；④产品质量改进费用支出（研究开发部门职工的工资、企业职工社会福利费用和改进产品质量的其他研究开发费用支出）。

由此，影响创业企业在一般市场（竞争市场）上产品销售的主要因素如图 7-3 所示。

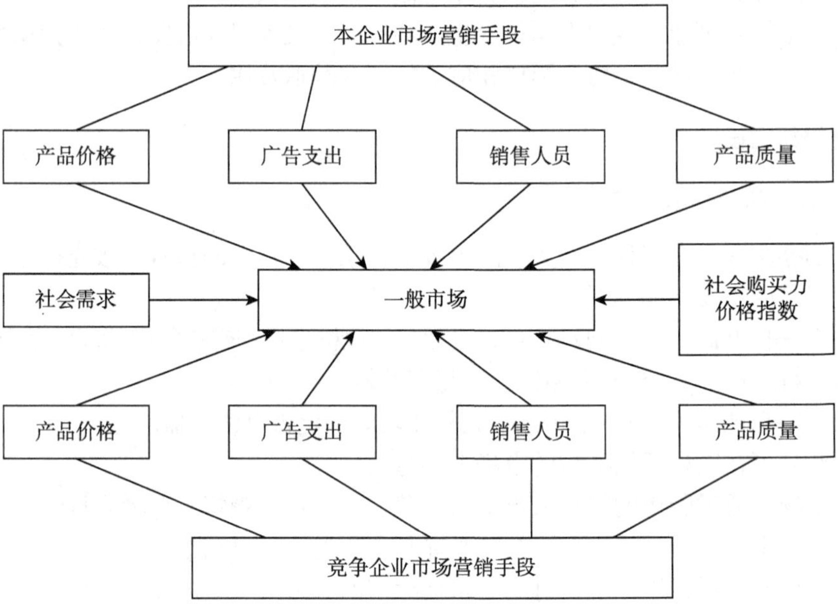

图 7-3　影响企业在一般市场上产品销售的主要因素

根据以往的销售经验和市场调查可知，一般市场上各种营销手段运用对产品市场销售量和销售额所起的作用如下：

（1）产品价格。产品销售价格越低，产品销售量就越大，反之亦然。

在创业周期各企业在一般市场上的默认销售价格为 1 150 元/台。在目前的市场形势下，如果价格从 1 150 元/台下降到 950 元/台时，销售量将会翻一番；如果价格上升到 1 350 元/台时，销售量将会减半；如果价格高于 1 600 元/台时，产品将很少有人问津。

（2）广告投入。广告费用投入没有限制，投入越多，销售量就越大。

企业的广告费用支出没有限制。广告费用投入的增加将会导致销售量和销售额等市场效应的增加。但广告费用支出多达销售额的 15%后，销售量和销售额等市场效应的增加将是微乎其微的，不会再有明显上升。在创业周期各企业的默认广告费用支出为 100 万元。

（3）销售人员。销售人员招聘没有限制，招聘越多，销售量就越大。

增加销售人员数量可增加产品销售量和销售额。但当销售人员的费用支出多达销售额的 12%后，销售量和销售额的增加将趋于平缓，不会再有明显的上升（销售人员费用是指销售人员的工资费用，计算公式为人均工资×人数）。创业周期，各企业默认为聘用了 40 名销售人员，每个销售人员的周期工资为 3.5 万元。此外，销售人员不再发生招聘费用和社会福利费用,但每年还将发生固定的销售费用 10 万元,划入其他固定费用一栏。

（4）产品质量。产品质量越好，被评等级越高，销售量就越大。

每个经营周期由商品检验局对各企业生产的产品进行测试、检验，并评出不同企业的产品质量等级。设：

等级 1 =很好
等级 2 =尚好
等级 3 =一般
等级 4 =及格
等级 5 =较差

上述产品质量等级主要是对在一般市场上销售的 E 型产品而言的。产品被评质量等级越高，市场声誉越好，产品销售量和销售额就越大。影响产品质量的因素主要有研究开发部门的职工人数、改进产品质量的其他研究开发费用投入和企业社会福利费用的投入。

综上所述，在一定的企业经营战略和营销策略下，各企业可就各种营销手段运用的默认数据做出调整。各营销手段对产品市场销售量和销售额所产生的效应如图 7-4 所示。

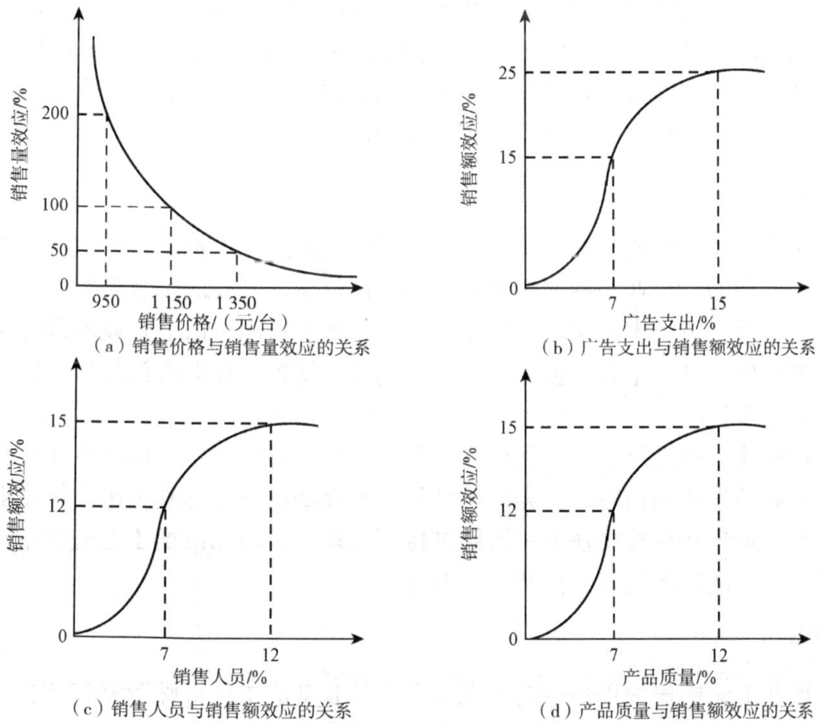

图 7-4　各种市场营销手段的产品销售量（额）效应

3. 市场营销手段组合

表现企业经营战略和营销策略的市场营销手段综合运用称为市场营销手段组合。例如，在降低产品销售价格的同时，提高广告费用投入可强化产品销售量的上升趋势。反之，降低广告费用投入则会淡化因降低销售价格而引起的销售量的上升。因此，不能只孤立地考察某一营销手段运用的作用和影响。

一定的市场营销手段组合效应还取决于企业的市场营销努力程度。与竞争企业相比，产品价格越低，广告费用越高，销售人员越多，且产品质量越好，那么企业产品的市场占有率就会越大，这一市场占有率通常称为理论市场占有率。例如，设创业周期各创业企业营销手段组合相同，则理论市场占有率均相同。

如果一个企业因其生产能力不足而无法向市场提供足够数量的产品，顾客就会转向具有最大理论市场占有率的竞争企业购买其所需要的产品。如果该企业同样无供货能力，顾客就会再转向另一个理论市场占有率较大的竞争企业，如此周而复始，直到能够购得所需产品或所有企业都无供货能力时为止。

由于某些企业供货能力不足，从而引起市场占有率的变化。供货能力不足的企业市场占有率会因此而缩小，造成销售损失；供货能力充足的企业市场占有率会因此而扩大，增加产品销售。这一变化后的市场占有率称为实际市场占有率。例如，设创业周期各创业企业理论市场占有率相同，各企业的实际生产量也相同，且出现了供大于求，则各创业企业实际市场占有率也会相同。

每个企业在每一个经营周期都可要求在周期竞争计算结束后获得一份《市场和生产研究报告》。这份报告通报了所有竞争企业对应周期所使用的市场营销手段数据以及与其有关的市场情况、生产情况和在销售市场上所取得的经营成果数据，可供分析竞争企业周期经营状况之用。这份报告的取得要花费 20 万元。

4. 附加市场Ⅰ

在附加市场Ⅰ上，E 型激光打印机以批量招标形式被用户大批量订购。每个经营周期的招标数量是变动的。企业中标的决定因素是投标价格。若有两个以上企业的投标价格最低且相同，则理论市场占有率较大的企业中标。如果这两个以上企业的理论市场占有率也相等，则招标产品数量将会被均分。设在创业周期各企业即可就投标价格这一参数做出决策，参与投标。

与一般市场相比，中标产品在附加市场Ⅰ上的销售具有优先权，即在企业生产能力不足时，中标产品的生产和销售，首先应被满足。本周期竞争计算确定出中标企业，但中标产品的生产、销售和结算均在下一周期进行。另外，在附加市场Ⅰ上进行中标产品的销售时，将会发生固定的销售人员费用 1 万元。

5. 附加市场Ⅱ

在附加市场Ⅱ上，销售按用户订购要求而生产的 B 型或 I 型特殊激光打印机。B 型或 I 型产品生产所需原材料、附件、辅助生产材料、设备生产能力和人员生产能力等的要求与 E 型产品不同。产品类型、数量及价格都将随周期形势的变化而变动，各企业均可予以生产，但生产量不得超过用户订购量。在附加市场Ⅱ上进行产品销售时，还将发生固定的销售人员费用 1 万元。

至此，各销售市场上的销售产品、主要销售特征概要，如表 7-1 所示。

表 7-1　模拟企业各销售市场特征概要

市场	特征
一般市场	（1）销售方式：通过销售人员的推销 （2）销售产品：E 型—般激光打印机 （3）销售数量：由产品市场竞争确定 （4）营销手段：①销售价格；②广告投入；③销售人员；④产品质量 （5）无供货能力时：销售损失
附加市场Ⅰ	（1）销售方式：用户大批量招标 （2）销售产品：E 型—般打印机 （3）销售数量：由模拟主持人给定 （4）生产和销售：下一周期内进行
附加市场Ⅱ	（1）销售方式：用户大批量定购 （2）销售产品：B 型或 I 型特殊打印机 （3）销售数量：销售量=生产量 （4）销售价格：由用户确定

各创业企业可根据上述各销售市场、销售产品构成原理和特征，结合周期市场经济形势变化、竞争企业可能采取的经营战略、营销策略和营销手段运用，就本企业创业周期及其后续各个周期的经营战略、营销策略和营销手段运用做出决策，制定出本企业创业周期及其后续各个周期的营销策略和营销计划。

7.3.3　生产部门设定

根据市场形势变化及营销计划，创业企业应确定产品的加工计划（该计划由 E 型、B 型和 I 型产品加工计划组成），配备必要的设备生产能力和人员生产能力。如果设备生产能力和人员生产能力无法满足生产需要或它们的配备是不经济的，企业就必须及时进行调整，以使它们和生产需要相适应。创业周期（第 1 周期）各创业企业须考虑一次性投资的生产线（生产设备）数量及招聘的生产人员数量，后续周期再考虑生产线投资的增加数或变卖数、生产人员招聘的增加数或辞退数。

1. 生产线的生产能力及其调整

设一条生产线在满负荷运行时，每个经营周期可有 6 500 个生产能力单位。在创业周期中，创业企业若一次性投资 4 条生产线，则总的生产线生产能力为 26 000 个单位。这一总的生产线生产能力，就称为生产能力Ⅰ。

创业企业总的生产线生产能力Ⅰ可通过扩大性投资（购买新的生产线）或加班而被提高，也可通过生产线的报废变卖而被降低，即通过对生产线的增加、减少决策及生产线的加班决策等，对生产线的生产能力Ⅰ产生影响。

影响生产线生产能力的具体措施如下。

1）扩大性投资

增加一条生产线可以增加生产能力 6 500 个单位。

增加一条生产线的一次性投资费用为 400 万元。

生产线的折旧期：10 个经营周期。

生产线折旧方式：线性。

新增加的生产线在经营周期初就可投入使用。

建造一座厂房最多可以容纳五条生产线。如果生产线总数多于五条，生产厂房就将不足，需扩大厂房，依此类推。厂房的建造或是扩大，由系统根据生产线数量自动进行。

扩大生产厂房的一次性投资费用为 400 万元。

厂房的折旧期：20 个经营周期。

厂房折旧方式：线性。

厂房的扩大部分最多只能再容纳 5 条生产线。

2）生产线报废

原则上由系统按决策报废最老的生产线。生产线报废时，企业可得到账面净值 30%的报废变卖收入，这也意味着将会产生报废变卖生产线账面净值 70%的资产损失。所以，不是非常必要的话，不宜轻易地报废生产线。

报废的生产线在经营周期期初就已不可再使用。

企业投入的维修保养费用多少，转化为维修保养系数，将会对生产线的实际生产能力产生影响，这一实际的生产能力称为生产能力Ⅱ。例如，当创业企业维修保养费用投入为 10 万元时，维修保养系数为 0.9，即

生产能力Ⅱ=生产能力Ⅰ×维修保养系数

=生产能力Ⅰ×0.9

3）生产线加班

当生产线的生产能力Ⅱ不能满足生产需要时，系统将自动实行加班。通过加班，生产线的生产能力Ⅱ最多将被提高 10%。但由于加班，无论加班多少，都将发生固定的加班附加费用 30 万元，划入其他固定费用一栏。

各类产品加工所耗用的生产线生产能力单位为

E 型（一般产品）：1.0 单位/台

B 型（特殊产品）：0.9 单位/台

I 型（特殊产品）：1.1 单位/台

2. 生产人员的生产能力及其调整

设一个生产人员一个经营周期可生产 250 台 E 型一般激光打印机，创业周期（第 1 周期）创业企业若一次性招聘 94 名生产人员，则一个经营周期内企业共可生产 23 500 台 E 型激光打印机。或者一个生产人员一个经营周期可生产 280 台 B 型激光打印机，或者生产 227 台 I 型激光打印机。在后续各个经营周期决策中，生产人员总的生产能力可通过招聘新的生产人员决策或现有生产人员加班决策而被提高，也可通过辞退原有生产人员决策而被降低。生产人员的招聘和辞退都会形成一定的费用。

当生产人员的生产能力不能满足生产需要时，系统将自动实行加班。通过加班，生产人员生产能力最多将被提高 10%。如果生产人员加班，无论加班多少，都将发生加班津贴费用，占所有生产人员工资总额的 25%。

3. 设备和人员加班费用的交叉影响

生产线加班和生产人员加班须协调一致。如果生产线产生加班，但生产人员并未加班，则除产生固定的生产线加班附加费用 30 万元外，生产人员的加班津贴费用也将同时发生。反之亦然。此外，当生产线的生产能力和生产人员的生产能力不足时，中标的产品和决策的特殊产品的生产具有优先权，均应被满足。

具体地，创业企业生产线和生产人员的生产能力计划及其调整过程，如图 7-5 所示。

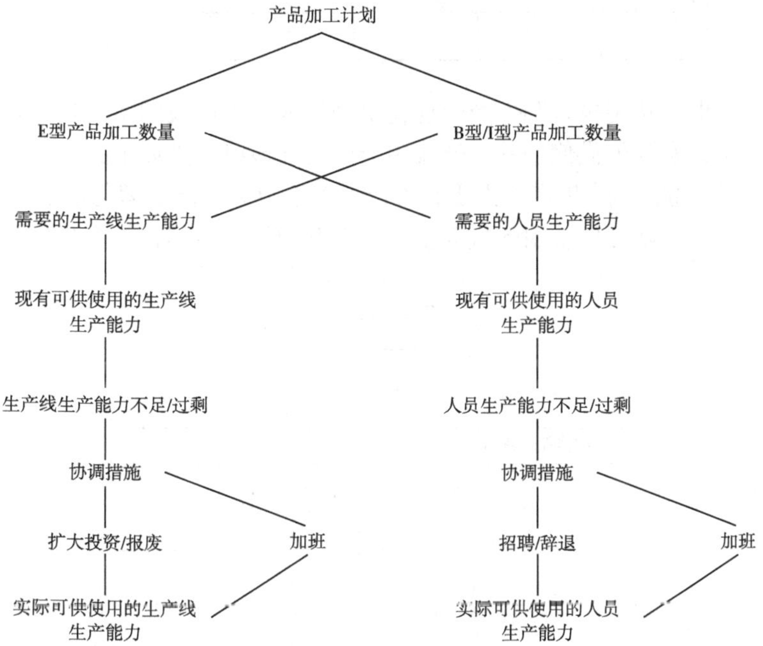

图 7-5　生产能力计划及其调整

4. 维修保养费用的投入

创业企业对生产线维修保养费用的投入可在 1 万~100 万元进行选择，投入的维修保养费用所起的作用变化用维修保养系数表示，以使生产线的生产能力 I 的可使用性达到 40%或接近 100%。维修保养费用必须在每一个经营周期重新投入。投入的维修保养费用和维修保养系数之间的关系，如表 7-2 所示。

表 7-2　维修保养费用和维修保养系数之间的关系

项目	数值						
每周期费用/万元	1	4	7	10	30	50	100
维修保养系数	0.40	0.55	0.75	0.90	0.94	0.98	0.99

5. 生产线的合理化投资

可进一步地采用合理化投资措施来影响生产线的运行效率，使生产线在可供支配的时间内能发挥出更多的生产能力单位。与维修保养费用的投入不同，合理化费用的投入不必在每一个周期重复进行，一次合理化费用的投入，将一次性进入产品成本，所实现的合理化程度将一直保持。实现的合理化程度所起的作用变化，用合理化系数表示，累积的生产合理化费用投入和合理化系数之间的关系，如表 7-3 所示。

表 7-3　累积的生产合理化费用投入和合理化系数之间的关系

项目	数值						
累积的生产合理化费用/万元	0	100	200	300	400	500	800
生产合理化系数	1.00	1.03	1.09	1.18	1.25	1.30	1.35

考虑到维修保养费用投入和生产合理化费用投入对生产线的生产能力影响，基于生产线生产能力Ⅰ，实际可供使用的生产线生产能力Ⅱ最终计算如下：

生产能力Ⅱ=生产能力Ⅰ×维修保养系数×生产合理化系数

由此，生产线实际可供使用的最大生产能力Ⅱ的计算过程，如图 7-6 所示。

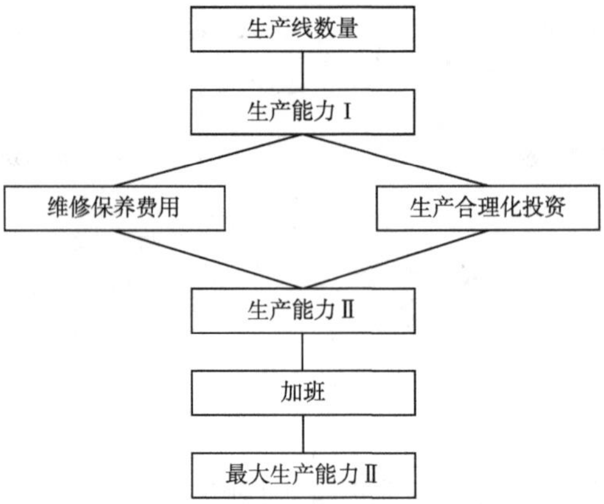

图 7-6　生产线的生产能力及其影响因素

6. 购买机器人

为提高创业企业的生产自动化程度，企业可考虑购买机器人。一个机器人代替一名生产人员。一个机器人的购买价格为 32 万元，折旧期为 8 个经营周期，折旧方式为线性。机器人不能用于加班，不得进行报废变卖。

购买的机器人在周期初就可以使用。

7. 生产材料需求

每生产一台 E 型产品需要 1 单位的原材料、1 单位的附件，30 元的辅助生产材料。

每生产一台 B 型或 I 型产品需要 1 个单位的原材料，28 元的辅助生产材料，但不需要附件。

8. 其他费用支出

1）固定费用

企业的生产部门每个经营周期还将发生其他的固定费用 30 万元，划入至其他固定费用一栏。

2）返修、次品费用

与企业所确定的职工社会福利费用成反比，与企业周期的产品生产数量成正比，随机而定。

7.3.4　研发部门设定

创业企业研究开发部门的职工人数、改进产品质量的其他研究开发费用和企业社会福利费用的投入均会影响产品质量，从而影响产品销售量和销售额。研究开发部门的职工人数影响，是以这些职工人数的工资费用来表示的，与改进产品质量的其他研究开发费用投入和企业社会福利费用投入一起形成影响产品质量的总费用。其中，社会福利费用是以其投入超过企业人员工资（不包括销售人员工资）总额的 80%部分计入的，如果不足工资总额的 80%，则不足部分会被从总费用中扣除。研究开发部门的职工人数、其他研究开发费用和企业社会福利费用投入与产品质量、销售量（额）之间的关系如图 7-7 所示。

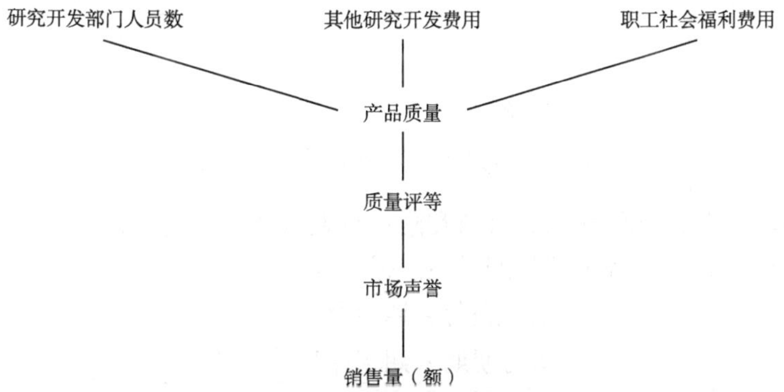

图 7-7　产品质量的作用及其影响因素

如果在创业周期（第 1 周期），创业企业所生产的、在一般市场上销售的 E 型产品数量为 21 600 台，一般市场 E 型产品销售价格为 1 150 元，聘用 8 名研发人员，且每名研发人员的工资为 5 万元，其他研究开发费用投入为 39 万元，社会福利费用为工资总额的 80%，则产品质量等级一般被评为等级 3 。如果研究开发部门职工人数少于两人，或其他研究开发费用投入少于 20 万元，将会造成产品技术性能的迅速老化，从而严重影响产品销售。如果研究开发部门的职工人员费用、其他研究开发费用和增加的社会福利费用的合计超过产品销售额的 12%以后，销售量和销售额的增加将会趋于平缓，不会再有明显的上升。

研究开发部门每一经营周期还会发生与人员数无关的固定费用 5 万元，划入其他固定费用一栏。

7.3.5　采购部门设定

设在原材料、附件和辅助生产材料采购部门，创业周期各创业企业已聘用了 5 名基础工资为 3 万元的职工，根据生产计划及时地订购和提供周期生产所需要的原材料、附件和辅助生产材料。其中，主要应就原材料和附件的订购批量做出决策。设订购的原材料和附件均为瞬时进货，订购的原材料和附件批量在周期初就已到货并可供使用。

1. 计划订购量的计算

首先应根据企业周期生产计划确定材料需求量，其次应在考虑批量价格折扣、库存费用和短缺费用等诸多因素情况下确定订购量，材料计划订购量的确立过程如图 7-8 所示。

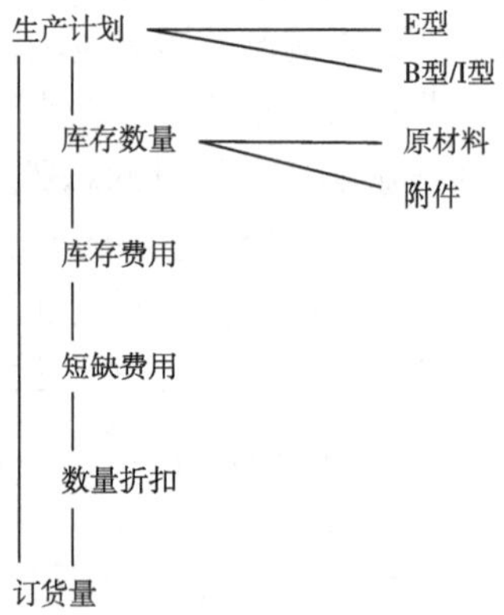

图 7-8　材料计划订购量的确立过程

进行决策时，各经营周期的原材料和附件订购批量计算公式，可简化为

周期计划产品生产量×需要单位/台
-上一经营周期库存量
+本周期期末期望库存量
= 本周期订购量

2. 较大订购量的影响

供应商为促进销售，鼓励大批量订购。系统设定的原材料和附件订购价格将随着订购批量的增大而降低，原材料、附件订购价格与订购批量间的关系如表 7-4 所示。

表 7-4　材料较大批量订购的数量折扣价格

订购量	历史平均基础价格	
	原材料	附件
0~25 000	100	200
25 001~45 000	90	170
45 001~70 000	70	150
70 001~	60	140

表 7-4 中给出的不同订购批量下的原材料和附件价格仅为历史平均基础价格，各周期均会有所变动。较大批量的订购可以降低材料成本，进而降低产品成本。但较大批量的订购又加重了企业支付能力负担。如果支付资金是用贷款方式获得的，则将会造成较大的利息费用。采购部门每个经营周期还将会发生固定费用 15 万元，划入其他固定费用一栏。

3. 订购量不足的影响

创业企业在周期内订购的原材料和附件数量，如果不能满足产品生产需要，系统将自动采取平衡措施。例如，通过特快寄送、空运等方式进行紧急供货，但价格将提高 30%。

7.3.6　仓库部门设定

1. 原材料、附件和辅助生产材料储存

设创业企业初建厂房时即有足够的仓库供原材料、附件和辅助生产材料存放，从而不形成仓库费用。

2. 产成品储存

设创业企业初建厂房即有产成品仓库场地可供储存 2 000 台激光打印机，从而不形成额外的仓库费用。

如果产品库存量再增加就必须租用仓库，一个仓库的租用费用为 4 万元。每满 1 000 台后将再增加租用费用 4 万元。企业可不受限制地租用多个仓库，仓库的租用和取消都是由系统自动进行的。

7.3.7　人事部门设定

人事部门根据企业产品的销售、生产和研究开发等工作的人员需求制订人事计划，并实施人员的招聘或辞退，确定企业职工的社会福利费用比例。当企业中的生产人员和研究开发人员不足或过剩时，可向劳动力市场招聘新的人员或辞退原有人员。与此同时，形成相应的人员招聘费用或辞退费用。

1. 招聘

每增加一个生产人员或研究开发人员，将发生 1 万元的招聘费用（不包括销售人员）。

2. 辞退

每辞退一个生产人员或研究开发人员，将发生辞退费用 0.8 万元（不包括销售人员）。

如果生产部门一次性辞退的生产人员数多达原有生产人员的 10%时，就必须为这些人员制订一个周全的社会福利计划。在这种情况下，平均每个被辞退的生产人员费用将被提高至 1.5 万元。

3. 职工社会福利费用

确定适当的社会福利费用比例。社会福利费用包括职工医疗保险费、教育培训费等（销售人员无社会福利费用）。在市场已有的企业中，给职工的社会福利费用一般为职工工资总额（不包括销售人员的工资）的 80%。它可被提高或降低，但最低不能低于工资总额的 65%，最高不宜超过 100%。

创业企业给定的职工社会福利费用多少将会影响到生产人员自行流动数、产品质量评等和次品返修、报废费用等。如前所述，其对产品的质量评等和次品返修、报废费用等的影响，具有一定的随机性。同样，对生产人员自行流动数的影响也具有一定的随机性。一般而言，与原有生产人员数成正比，与职工社会福利费用成反比。当原有生产人员数为 100 人左右、社会福利费用为工资总额的 80%时，生产人员自行流走 4~5 人；当生产人员数不变，社会福利费用降至 70%时，生产人员将自行流走 7~8 人。当社会福利费用为工资总额的 80%左右、生产人员数为 130 人时，生产人员将自行流走 7~8 人。

对职工的聘用、辞退和生产人员的自行流动在周期初就将生效。生产人员的自行流动不产生费用。

由市场调研可知，在市场已有企业中，各部门职工人数及其周期历史平均工薪水平如表 7-5 所示，各企业支付给职工的社会福利费用为工资总额的 80%，但将随各企业决策及周期形势变化而变动。具体地，各企业管理人员和采购人员不受企业决策影响而始终保持不变，但销售人员、生产人员和研发人员将随企业决策变化而变动，工资水平随周期形势变化而变动。

表 7-5　各部门的职工人数及周期薪水情况

部门	周期薪水/万元	职工人数/人
管理部门	3.5	25
销售部门	3.5	40
采购部门	3.0	5
生产部门	3.0	94
研究部门	5.0	8

由市场调研可知，在市场已有企业中，当支付给职工的社会福利费用为工资总额的 80%，E 型产品生产量约为 21 600 台时，各企业生产过程中形成的产品次品返修、报废费用约为 35 万元。

7.3.8　管理部门设定

各企业创业时就已聘用了 25 名管理人员，这些人员不受企业经营状况及决策的影响而保持稳定，即各企业不能对这些人员做出增加或减少的决策。除所产生的人员费用外，管理部门每一经营周期还将发生其他的固定费用 100 万元，划入其他固定费用一栏，以及维修保养费 5 万元。

管理部门可以通过合理化投资，即租赁计算机系统而实现管理的合理化。计算机能大幅度地提高日常管理工作的效率，使管理人员能在相同时间内完成更多工作，可转化为管理部门人员费用的节省。租赁计算机系统的合理化费用投入必须在每一周期内重新进行，以期达到合理化效果。这里的管理部门人员费用节省是指上述 25 名管理人员的工资和社会福利费用的减少。

管理的合理化投资、相应的合理化系数和人员费用节省的关系，如表 7-6 所示。

表 7-6　管理的合理化投资、相应的合理化系数和人员费用节省的关系

合理化投资/万元	合理化系数	人员费用节省/%
0	1.00	0
≥15	1.15	12
≥30	1.32	25
≥60	1.35	30

7.3.9　财务部门设定

财务部门对企业产品的市场销售收入、生产经营成本及其成果进行全面的预算和核算。除此以外，还应对以下企业活动进行实际运作。

1. 用户支付方式

周期内企业产品的销售收入（销售额）在本周期可收回 80%，其余 20%将在下周期收回。这里的销售收入是指企业在竞争市场（一般市场）、招标市场（附加市场Ⅰ）和订购市场（附加市场Ⅱ）所得的所有产品的总销售收入。例如，设在创业周期中，某企业在竞争市场上 E 型产品的销售价格为 1 150 元/台，销售量为 22 105 台，销售收入为 2 542 万元；附加市场Ⅰ上没有中标；附加市场Ⅱ上某用户以 850 元/台订购 B 型产品 2 000 台，该企业全部予以生产，销售收入为 170 万元，则在创业周期该企业销售收入总额为 2 712 万元，本期可收现金为 2 169.6 万元，下期可收现金为 542.4 万元。即在第 2 周期开始时可收回上周期收入的 20%。

2. 资金贷款条件

上周期销售收入的 20%、本周期销售收入的 80%与上周期期末现金（即本周期期初现金）的合计即为企业可用于支付本周期各种生产经营活动所需的资金。如果资金不足，不能满足企业生产经营活动需要，可向银行提出贷款。系统设置的贷款方式分为长期贷款、中期贷款和透支贷款三种。各种方式的资金贷款条件和周期需支付的利息计算如下。

1）长期贷款

各企业从创业周期起就已在使用 600 万元的长期贷款，期限为 15 年，不能提前归还，年利率为 8.2%，各企业每一经营周期须按此利率支付利息。

2）中期贷款

设中期贷款的期限为 1 年，即本周期的中期贷款在下一经营周期必须还本付息。中期贷款的利率取决于中期贷款数额超过企业自有资金的幅度（自有资金=注册资金+资金储备+利润储备−亏损结转）。设中期贷款中不超过自有资金部分的利率为 9%。中期贷款不超过自有资金 2 倍部分利率为 11%。中期贷款超过自有资金 2 倍部分的利率为 13%。

3）透资贷款

企业中期贷款应满足每个周期生产经营活动需要，且每周期期末至少要有 10 万元的现金储备。如果贷款不足，系统将自动实行透支贷款。透支贷款利率为 15%，即在下一周期企业须按 15%的利率还本付息。

例如，设某企业在某一周期应归还前周期中期贷款 885 万元。前周期自有资金为 747 万元。则在该周期该企业应付利息计算如下：

未超过自有资金部分利率为

$$747 \times 9\%=67.23\text{（万元）}$$

未超过自有资金 2 倍部分为

$$138 \times 11\%=15.18\text{（万元）}$$

不能归还的长期贷款部分为

$$600 \times 8.2\%=49.2\text{（万元）}$$

汇总可得利息总额为

$$67.23+15.18+49.2=131.61 \approx 132\text{（万元）}$$

3. 购买有价证券

企业经营如果有多余现金，可向银行购买有价证券。本周期购买的有价证券，下周期系统自动收回，并将有 6 %的利息作为购买有价证券收入。

4. 缴纳税收与支付股息

企业经营如果有盈利，将按 40%的税率纳税，并按企业决策支付股东应有的股息，股息的实际支付将在下一周期进行。如果企业经营亏损，则无须纳税。亏损将被结转，直至企业盈利后再被结算。

7.4 创业构建决策仿真

现代企业创业情景设定完成，即可进行现代企业创业构建决策尝试。现代企业创业构建决策主要内容包含创业周期形势分析、营销构建决策、生产构建决策、采购构建决策、研发构建决策和财务构建决策等。借助于已经研制成功的现代企业创业决策仿真系统，将系统可连续运行七个周期中的第一周期设置为创业周期，以系统设置的 10 个竞争企业中的第 1 企业为分析对象，依据创业情景设定给出的基本经营条件及其变化影响，仿真系统给出的创业周期市场形势，就创业周期创业企业构建决策的主要内容、原理和过程阐述如下。

7.4.1 创业形势分析

面向市场，参与竞争，自主决策，自负盈亏，构成了市场经济条件下现代企业的基本特征。在创业企业构建决策过程中，应深入分析创业周期市场形势。仿真系统设定的周期市场形势，可根据需要做动态调整。例如，设定的创业周期形势如表 7-7 所示。

表 7-7　创业周期（第一周期）形势报告

项目	描述
市场容量	经市场调研已知，创业周期各企业竞销市场容量平均为 2 500 万元
原材料	原料价格与其历史平均价格相比，将大幅度增长，增幅为 10.00%
附件	附件价格与其历史平均价格相比，将有明显下降，减幅为–5.00%
人员费用	工薪水平与其历史平均工资相比，将有明显增长，增幅为 5.00%
批量招标	周期招标产品为 E 型产品，招标批量为 3 000 台
批量订购	特殊产品订购为 B 型产品，订购批量为 5 000 台
订购价格	特殊产品单位定价已由用户给定，为 950 元/台

由表 7-7 可以看出，创业周期各企业的竞销市场容量平均为 2 500 万元，这里指的是每一企业的周期市场容量，如在该市场上有 N 家创业企业展开竞争，则整个市场容量即应为 2 500 × N（万元）。例如，假定在该组中共有 10 家创业企业，则创业周期整个市场容量即为 2 500 × 10=25 000（万元），各创业企业可通过销售价格确定、广告费用投入、销售人员聘用和产品质量改进等营销手段运用竞争，获取较大的市场份额，即市场占有率。

由表 7-7 可以看出，创业周期原材料价格、附件价格及工资水平均是与其历史平均水平相比较的，给出市场历史平均水平，是因系统给出的是创业周期形势报告，尚不存在上一周期可作比较。给出的历史平均材料价格、工资水平及创业资金等数据如表 7-8~表 7-10 所示。

表 7-8　历史平均材料价格

定购批量	单位价格/元	
	原材料	附件
0~25 000	100	200
25 001~45 000	90	170
45 001~70 000	70	150
70 001~	60	140

表 7-9　历史平均工资水平　　单位：万元

部门	年薪
管理部门	3.5
销售部门	3.5
采购部门	3.0
生产部门	3.0
研究部门	5.0

表 7-10　创业周期初始资金　单位：万元

资金类型	数额
注册资金	1 800
资金储备	100
长期贷款	600
资金合计	2 500

由表 7-7 可以看出，原材料与其历史平均价格相比，将大幅度增长，增幅为 10%，由于价格增幅较大，所以，创业周期原材料购买批量通常不宜太大；附件与其历史平均价格相比，将有明显下降，减幅为 5%，所以，在创业周期企业资金压力不大的情况下，附件购买批量可以大些；工资水平与其历史平均工资相比，将有明显增长，增幅为 5%。由创业情景设定可知，与使用机器人相比，生产人员的工资加社会福利费用高于机器人折算成的周期折旧费用，所以，在创业周期可适时考虑购买部分机器人，以降低产品的生产成本。

由表 7-7 可以看出，创业周期招标产品为 E 型产品，数量为 3 000 台。由于招标产品是同一市场上多家创业企业的竞标产品，最终仅有一家创业企业中标，所以，投标价格不宜太高；同时，中标后的生产会耗用中标创业企业一定的生产材料和生产能力等资源，所以，投标价格又不宜太低；一般情况下，如果系统给出的周期市场形势较好，市场容量较大时，可以将投标价格定得高些；反之，如果市场容量较小时，则应将投标价格定得略低些。

由表 7-7 可以看出，创业周期特殊产品为 B 型产品，用户订购最大数量为 5 000 台，定价已由用户给定，每台定价为 950 元。特殊产品用户给出的定价虽然不高，但由创业情景设定可知，特殊产品的生产不需要附件，材料成本、生产成本都会较低，所以，一般情况下可以考虑全部生产；但如果系统给出的创业周期市场形势很好，即市场容量很大，且构建决策的创业企业设备生产能力和人员生产能力不是很大，则可考虑不生产或少生产，将有限的生产能力用于生产更多的、可以定价较高的一般产品，以取得更好的企业经济效益。

由表 7-8~表 7-10 可以看出，原材料、附件订购价格的历史平均水平随订购批量的增大而大幅度下降，最大降幅可达 30%~40%。所以，尽管创业周期原材料价格涨幅较大，但在资金足够的情况下，一次性购买的原材料批量还是可以大些，以有效降低产品生产的材料成本；人员工资水平尚不包括社会福利费用（人员附加费用），当人员福利费用设定为工资的 80%时，以生产部门生产人员为例，则每个生产人员在创业周期的费用应合计为

$$3\times(1+80\%)\times(1+5\%)=5.67（万元）$$

创业构建决策时，应以此为基数，与使用机器人的折旧费用作比较；另外，创业周期初始创业企业可供使用的资金合计为 2 500 万元，用于建造厂房、投资设备、聘用人员、订购材料、发放工资和投放广告等。其中，1 800 万元为注册资金，100 万元为资金储备，600 万元为长期贷款，如果上述资金的合计数仍不能满足创业企业在创业周期构建决策及优化决策的需要，则需再向银行贷款，此类贷款在创业决策仿真系统中将被划

归为中期贷款。

特别需要指出的是，创业周期创业企业可供使用的资金合计数、创业周期及其后续各个周期的产品市场容量、原材料和附件的订购价格、各部门的周期人员工资水平、周期招标产品数量、特殊产品订购批量及其价格等数据，均由创业决策仿真主持人控制，可视使用者的学历层次和所学专业等作适时性的变化调整；人员社会福利费用占工资水平的比例也可由创业企业自主作动态性的调整，构建决策与优化决策时，务必引起足够的注意。

在上述创业周期形势分析基础上，结合仿真系统给出的创业周期创业企业构建决策表单内容，以第 1 企业为例，就创业企业营销构建决策、生产构建决策、采购构建决策、研发构建决策和财务构建决策等的原理及过程做出叙述。系统给出的创业周期创业企业构建决策表单如图 7-9 所示。

图 7-9　创业周期创业企业构建决策表单

决策表单中已有数据为系统给出的默认数据，形成一个默认的构建决策方案，以供使用者决策参考用。构建决策表单中的有些数据，如生产线投资数、生产合理化投资、生产人员招收数和科研人员招收数等，作为创业周期创业企业的基础构建决策数据，而在后续各个周期决策表单中给出的相应默认数据均为新增加数，两者之间含义不同，不能混淆。

7.4.2　营销构建决策

以销定产是现代企业经营遵循的主要原则之一。营销构建决策是现代企业创业生产构建决策、采购构建决策、研发构建决策和财务构建决策等一系列决策内容的先导。在充分分析了创业周期形势后，即可先行进行营销构建决策。由构建决策表单销售模块可知，营销决策的主要内容包括创业周期的一般市场产品（E型产品）销售价格决策、广告费用投入决策、销售人员聘用数量决策、市场和生产研究报告购买与否决策及附加市场Ⅰ招标产品（E型产品）投标价格决策和附加市场Ⅱ特殊产品（B型或I型产品）生产数量决策等。

产品销售价格决策需要考虑的主要因素为产品市场容量（产品市场需求）、主要竞争企业产品销售价格、本企业产品生产条件及其成本。由表7-7可知，创业周期各企业市场容量平均为2 500万元，为获取更多的销售收入、占据更大的市场份额，可将期望销售收入定位在平均市场容量的120%，即3 000万元；由于尚处于创业周期，竞争创业企业的经营战略、营销策略、生产经营条件及其产品成本等尚无数据可供分析，由此，可设为与本企业存在类似情况；产品生产成本主要由材料成本、加工成本以及销售、研发和管理等费用分摊组成，下面结合创业情景设定给出的基本生产经营条件，就E型产品成本进行概要测算。

由创业情景设定可知，由于生产一台E型产品需要一个单位的原材料、一个单位的附件，而原材料和附件的价格由其历史平均水平可知，在不考虑批量价格折扣的情况下，单价分别为100元和200元。每生产一台E型产品所需辅助材料费为30元。又由创业周期形势报告可知，原材料价格上涨了10%、附件价格下降了5%，故有

$$E型产品直接材料成本=100\times(1+10\%)+200\times(1-5\%)+30=330\ (元/台)$$

由创业情景设定可知，一名生产人员一个经营周期可生产250台E型产品，而由创业周期市场形势分析可知，每个生产人员的周期工资为3万元，社会福利费用为工资的80%，创业周期人员工资费用上涨了5%，已经计算出的每个生产人员费用为5.67万元。

由于一个生产人员一个经营周期可生产250台E型产品，折算到每台E型产品之后，则有

$$E型产品直接加工成本=56\ 700/250=226.8\ (元/台)$$

由创业情景设定可知，一条生产线一个周期的设计生产能力为6 500单位，实际生产能力与投入的维修保养费用有关。当维修保养费用投入10万元时，对应的维修保养系数为0.9，则一条生产线一个经营周期实际生产能力即为 $6\ 500\times0.9=5\ 850$ 单位。又由创业情景设定可知，一个生产线的能力单位可生产一台E型产品。一条生产线的投资价格为400万元，折旧期为10个周期，折旧方式为线性，由此，一条生产线的周期折旧费用即为40万元。将生产线的折旧费用分摊到E型产品上，则有

$$E型产品生产线折旧费用=400\ 000/5\ 850\approx68\ (元/台)$$

此外，形成E型产品生产成本的还有销售费用、研发费用和管理费用。销售费用主要有广告投入费用、销售人员聘用费用、市场和生产研究报告费用。依据效应曲线，设

广告投入费用、销售人员聘用费用均各占销售收入的 7%，则有

创业周期广告投入费用=3 000×7%=210（万元）

创业周期销售人员费用=3 000×7%=210（万元）

又已知，如果选择购买市场和生产研究报告，需支付费用 20 万元，如果设创业周期购买，则有

创业周期销售费用合计=210+210+20=440（万元）

研发费用主要有研发部门科研人员的工资费用、社会福利费用和其他产品质量改进投入费用。其中，科研人员在后续周期决策中可以增加聘用或辞退聘用，人员数量会有所变动。设在创业周期研发费用合计也占销售收入的 7%，则有

创业周期产品研发费用=3 000×7%=210（万元）

由创业情景设定可知，采购部门人员费用主要由采购部门采购人员的工资和社会福利费用组成，具体地，采购部门含有职工人数 5 名，历史平均工资水平为 3 万元，创业周期人员工资费用上涨 5%，则创业周期采购部门人员费用为

3×（1+5%）×（1+80%）×5=28.35（万元）

由创业情景设定可知，销售、生产、研发、采购、仓库、人事、财务及管理等部门还含有管理人员合计为 25 名，每人历史平均工资水平为 3.5 万元，创业周期工资水平上涨了 5%，则创业周期管理部门人员工资和社会福利费用的总额为

3.5×（1+5%）×（1+80%）×25=165.375（万元）

由创业情景设定可知，创业企业各管理部门各经营周期还将产生的固定费用分为采购部门 15 万元、生产部门 30 万元、研发部门 5 万元、管理部门 100 万元，创业企业固定费用合计为 150 万元。由此，创业周期创业企业除材料直接费用和人员直接费用外，形成的采购人员费用、各部门管理人员费用和固定费用合计数为

创业周期管理费用合计=28.35+165.375+150=343.725（万元）

至此，已经测算出了生产单位 E 型产品的直接成本、分摊到的生产线折旧费用、销售费用、研发费用、采购人员费用及所有管理部门的人员费用及固定费用等。显然，这一测算还是较为粗略的，有些费用尚未纳入。例如，在附加市场Ⅱ上销售批量订购产品时，将会发生固定的销售人员费用 1 万元；产品生产也会产生一定的次品返修、报废费用等，但这些费用数额不会太大。另外，有些费用在创业企业规模尚未确定之前是无法测算的。例如，生产线投资数量未定之前，生产厂房数量也就无法确定，进入产品成本的厂房折旧费用也就无法测算；生产人员数尚未确定之前，人员招聘费用也就无法测算；等等。所以，还需在以销定产的理念下，初步确定创业企业规模后，才可作进一步测算。

由于创业周期创业企业可供使用资金总计为 2 500 万元，其中已经含有 600 万元的长期贷款。又由创业企业情景设定可知，建造厂房需一次性投资 400 万元，投资一条生产线需一次性投入 400 万元，一座厂房最多可以容纳 5 条生产线。由此，如果建造一座厂房并一次性投资 4 条生产线，则投资额已需要 2 000 万元；如果建造一座厂房并一次性投资 5 条生产线，则投资额已需要 2 400 万元，所剩资金已经不足以再行订购材料、聘用人员、支付工资及社会福利费用等，需向银行再行贷款。较大的创业企业规模，可

以降低单位产品所分摊到的间接费用和期间费用，降低产品生产成本，提高市场竞争力；但较大创业企业规模又会增加贷款数额，增加企业经营利息负担。因此，是一次性投资4条生产线？还是5条生产线？或是更多生产线？由创业企业自行决策。须注意的是，创业周期一次投资生产线如果多于5条，则需建造厂房两座以上。设创业周期投资生产线5条，建造厂房一座，每一周期将有20万元的厂房折旧费用进入产品成本。

由创业情景设定可知，当维修保养费用投入10万元，维修保养系数为0.9时，一条生产线的能力为一个经营周期可生产 5 850 台E型产品，又由创业情景设定可知，一名生产人员的能力一个经营周期可生产250台E型产品。当确定生产线投资为5条时，则可根据生产线可以生产的产品数，再折算出生产人员的需求数，即

创业周期应聘生产人员数=5 850×5/250=117（名）

每招聘一名生产人员将形成招聘费用为1万元，则生产人员招聘费用合计为117万元。由上述计算可知：销售费用为440万元，研发费用为210万元，管理费用为343.725万元，生产厂房周期折旧费用为20万元，生产人员招聘费用为117万元，等等。这些费用累加后，即可得创业周期除生产线折旧外的主要间接费用合计为

创业周期间接费用合计=440+210+343.725+20+117=1 130.725（万元）

由于已经确定创业周期生产线的投资数为5条，创业周期E型产品的生产数量即为5 850 × 5=29 250台，假定由其承担所有间接费用分摊，则有

单位E型产品间接费用分摊额=11 307 250÷29 250≈386.573（元/台）

由上述计算可知：E型产品直接材料成本为 330 元/台、直接加工成本为 226.8 元/台、生产线折旧费用为68元/台，创业周期主要间接费用分摊额为386.57元/台，即可测算出E型产品的生产成本，即有

E型产品生产成本=330+226.8+68+386.57=1 011.37（元/台）

由此可见，即使计算较为粗略，忽略了特殊产品销售所发生的固定销售人员费用1万元等部分间接费用后，E型产品的单位生产成本也已达1 011.37元，如果欲获得10%的销售利润额，则E型产品在一般市场上的销售价格即可决策为

一般市场E型产品销售价格=1 011.37×（1+10%）≈1 112（元/台）

前述已设广告费用投入和销售人员费用投入各为期望销售收入3 000万元的7%，即各为210万元。依据每个销售人员的工资水平，进而可折算出：

创业周期应聘销售人员数=2 100 000/［35 000×（1+5%）］≈57（名）

为更好地分析市场及竞争企业所制定的经营战略及营销策略，确定购买市场和生产研究报告，需花费 20 万元；市场招标产品为E型产品，已测算出E型产品生产成本为1 011.37元。为了能中标，可将其期望利润确定为生产成本的5%，则有

附加市场Ⅰ的E型产品投标价格=1 011.37 ×（1+5）%≈1 061（元/台）

由创业周期（第1周期）市场形势报告可知，创业周期附加市场Ⅱ大批量订购的特殊产品为B型产品，订购批量为5 000台，每台定价为950元，由于其生产不需要附件，成本较低，故可确定为全部予以生产。由此，营销构建决策数据已经全部拟定，可将其填入创业周期构建决策数据输入表单的销售模块，如图7-10所示。

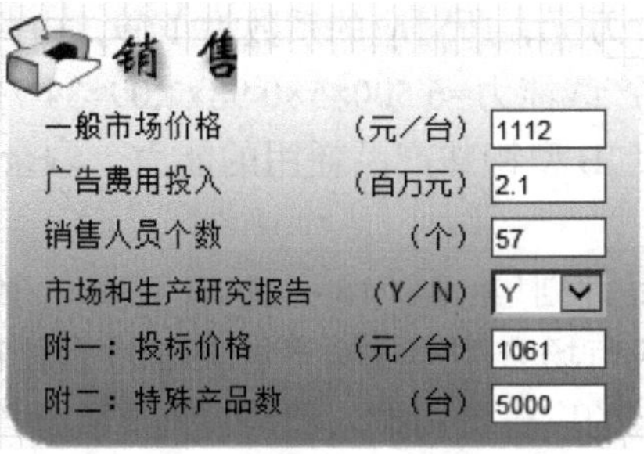

图 7-10　创业企业营销构建决策数据

需要特别指出的是，上述叙述的营销构建决策及相关产品生产成本测算过程，主要的还是提供了一种可供参考的思路，实际进行创业周期创业企业营销构建决策时，需要考虑更为详尽的过程。一是动态变化因素需充分考虑。例如，原材料与附件的价格，除与创业周期市场形势报告给出的涨降变动幅度相关外，还与每次订购的批量大小及其批量价格折扣有关。二是决策过程往往需反复进行。例如，在确定出产品销售价格后，即可进一步确定出期望销售收入下的产品销售量，但这与按生产能力折算出的产品生产量并不一致，依据以销定产的原则，必须对原有生产能力及所需材料数量等做出调整，进而又会影响到单位产品生产成本，需再对销售价格做出相应的调整等。三是间接费用分摊需全面合理。例如，创业周期间接费用合计数为 1 130.725 万元，虽绝大部分应由 E 型产品承担，但 B 型产品也应按一定的分摊方式合理地承担其中的一部分等。这些原则应贯穿整个创业企业构建决策全过程，包括后续各个周期的决策过程，此后不再赘述。

7.4.3　生产构建决策

基于营销构建决策，确定出 E 型产品和 B 型产品的预计市场销售量，即可进一步做出创业周期的生产构建决策，由创业情景设定可知，生产构建决策的主要内容包括一般市场 E 型产品计划量、生产线投资数、生产线变卖数、维修保养费用投入、生产合理化投资、生产人员招收数、生产人员辞退数和机器人购买数等。

由于在营销构建决策中已经确定，批量订购 B 型特殊产品最大数量为 5 000 台，创业企业全部予以生产；但招标产品 E 型是否中标，尚不得而知，即使中标，也应在下一经营周期才会生产并销售。所以，设定的 5 条生产线生产能力，应在扣除生产 B 型特殊产品耗用的生产能力后，剩余能力作为用于生产一般市场 E 型产品的能力。由创业情景设定可知，每生产一台 B 型产品需耗用 0.9 个生产线能力单位，由此有

$$一般市场产品计划量=29\,250-(5\,000\times0.9)=24\,750\text{（台）}$$

显然，这与在营销构建决策中的销售量数据 29 250 并不相匹配，一般市场产品计划量的生产数量不足，将会出现一般市场 E 型产品的供不应求，造成销售损失。为此，可通过维修保养费用和生产合理化费用投入进行调整。由创业情景设定给出的维修保养费用投入与维修保养系数间的关系已经可以知晓，如果投入维修保养费用为 50 万元，则所得的维修保养系数为 0.98；又由创业情景设定可知，生产合理化费用投入可提高生产线运行效率，根据创业情景设定给出的生产合理化费用投入和合理化系数之间的关系，如

果投入的合理化费用为 200 万元，所对应的系数为 1.09，由此，即可计算有

$$\text{创业周期生产线能力}=6\,500\times5\times0.98\times1.09\approx34\,716\text{（单位）}$$

扣除生产附加市场Ⅱ上 B 型特殊产品耗用的能力，剩余的全为生产 E 型产品的能力，即

$$\text{一般市场产品计划量}=34\,716-(5\,000\times0.9)=30\,216\text{（台）}$$

与营销构建决策的一般市场 E 型产品销售量 29 250 台相比，生产量多出了 966 台，考虑到营销构建决策中确定的广告费用投入和销售人员数量均要高于原有的默认数据，这都将会促进 E 型产品的销售，所以，维持已确定的销售价格不变。

确定了附加市场Ⅱ上 B 型特殊产品的生产数量，从而导致生产线生产能力的调整，进而需对生产人员需求数量或聘用数量做出调整。由创业情景设定可知，一名生产人员一个经营周期可生产 250 台 E 型产品，或可生产 280 台 B 型产品，或可生产 227 台 I 型产品，则可计算出创业周期需要生产人员数量或招聘数量为

$$\text{创业周期生产人员招聘数}=30\,216/250+5\,000/280\approx139\text{（名）}$$

由创业情景设定及创业周期形势分析可知，创业周期一名生产人员一个周期形成的工资及社会福利费用为 5.67 万元；一个机器人代替一名生产人员，一个机器人的购买价格为 32 万元，折旧期为 8 个周期，折旧方式为线性，即每一周期只有 4 万元的折旧费进入产品成本，显然，使用机器人的成本要低于使用生产人员的成本。但是，购买机器人的一次性费用投入较高，如是通过增加贷款购买，将会形成较大的利息负担，所以确定购买 10 个机器人。扣除机器人后，创业周期生产人员招聘数应调整为 129 名。

由于是创业周期，不应出现生产线变卖及生产人员辞退，所以，生产线变卖数及生产人员辞退数取值均应为 0。由此，创业企业主要生产构建决策数据已经拟定，将其填入创业周期构建决策数据输入表单的生产模块，如图 7-11 所示。

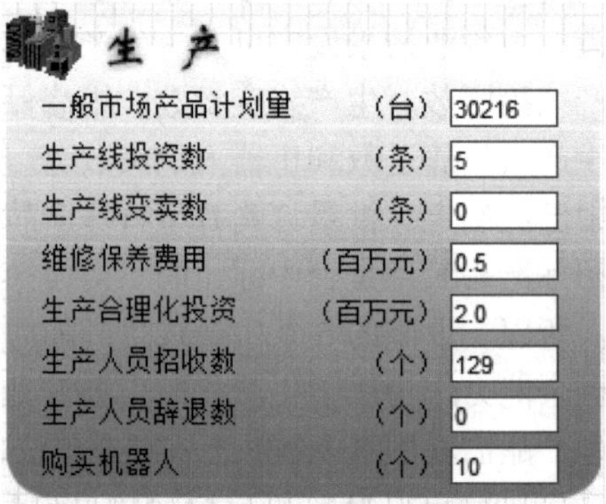

图 7-11　创业企业生产构建决策数据

由于确定了附加市场Ⅱ上 B 型特殊产品的生产量，增加了生产能力需求，扩大了生产线生产能力，进而引起了一般市场 E 型产品销售量的变动。实际上，在增加维修保养费用投入、投入生产合理化费用，扩大生产线生产能力、增加产品生产量时，产品成本费用也就已经发生了变化；加之生产人员需求的增加导致招聘费用、生产人员费用的增

加及购买机器人所形成的折旧费用增加等，均会影响到产品成本的变化。所以，应就这些变化后的创业企业决策影响再作全面深入的分析。由于本节主要是对创业企业构建决策原理及其过程进行阐述，要求能够掌握创业企业构建决策各项内容之间的平衡方法，更为全面深入地进行分析，将结合第 8 章的现代企业优化决策仿真，借助于预算支持系统展开。

7.4.4 采购构建决策

基于生产构建决策，确定出不同产品生产数量，即可以不同产品生产数量为基础，结合产品工艺结构、物料批量价格折扣和期望期末库存数量等，计算出不同物料的创业周期需求数量，并进一步做出创业周期的物料采购构建决策。由创业情景设定可知，采购构建决策的主要内容包括原材料购买批量和附件购买批量。

由生产构建决策可知，一般市场上 E 型产品的生产数量为 30 216 台，附加市场Ⅱ上 B 型特殊产品的生产数量为 5 000 台。由创业情景设定可知，一台 E 型产品生产需要一个单位的原材料、一个单位的附件和 30 元的辅助生产材料；一台 B 型产品生产需要一个单位的原材料、28 元的辅助生产材料，但不需要附件。由此即有

创业周期原材料需要量=1×30 216+1×5 000=35 216（单位）

创业周期附件的需要量=1×30 216+0×5 000=30 216（单位）

由表 7-7 创业周期形势报告可知，原材料价格上涨了 10%，附件价格下降了 5%，如果仅以满足生产上的最低物料需求数量订购，由表 7-8 历史平均物料价格可知，此时的原材料和附件订购批量价格分别为 90 元/单位和 170 元/单位，由此有

创业周期原材料订购费用=90×（1+10%）×35 216=3 486 384（元）

创业周期附件的订购费用=170×（1−5%）×30 216=4 879 884（元）

两笔费用相加，形成的原材料及附件订购费用合计为 8 366 268 元。如果按仅满足生产最低物料需求为订购批量，计算出单位产品的原材料和附件订购费用，加上辅助生产材料费用，即为创业周期进入产品生产成本的材料成本，进一步计算有

单位 E 型产品材料费用=90×（1+10%）+170×（1−5%）+30=290.5（元）

单位 B 型产品材料费用= 90×（1+10%）+ 28 = 127（元）

而仅大于 35 216 单位原材料及 30 216 单位附件的订购批量价格折扣节点均为 45 001 单位。可考虑这两种物料的订购批量均为 45 001 单位。由此，对应批量的原材料和附件历史平均价格分别为 70 元/单位和 150 元/单位，由此则有

创业周期原材料订购费用=70×（1+10%）×45 001=3 465 077（元）

创业周期附件的订购费用=150×（1−5%）×45 001=6 412 642.5（元）

两笔费用相加，形成的原材料及附件订购费用合计为 9 877 719.5 元，增加了不少。但由于用于创业周期产品生产的原材料和附件仅是其中的一部分，分别为 35 216 单位和 30 216 单位，即创业周期进入产品成本的材料成本为

创业周期原材料成本=70×（1+10%）×35 216=2 711 632（元）

创业周期附件的成本=150×（1−5%）×30 216=4 305 780（元）

两笔费用相加，形成创业周期的原材料及附件成本合计为 7 017 412 元，将其折算到

E 型产品和 B 型产品的单位成本，则有

单位 E 型产品材料费用=70×（1+10%）+150×（1–5%）+30=249.5（元）

单位 B 型产品材料费用=70×（1+10%）+28=105（元）

比较之，显然，较小批量原材料和附件的订购费用，即进入创业周期产品成本的费用合计为 8 366 268 元，远小于较大批量原材料和附件的订购费用合计为 9 877 719.5 元。但较大批量订购进入创业周期产品成本的只是其中的一部分，合计为 7 017 412 元，远小于较小批量订购的成本费用合计；折算到单位产品上，较小批量订购的单位 E 型产品材料费用为 290.5 元、单位 B 型产品材料费用为 127 元，分别大于较大批量订购的单位 E 型产品材料费用 249.5 元、单位 B 型产品材料费用 105 元。由此可见，较大批量物料订购的订货费用会高于较小批量物料订购的订货费用，会造成较大的资金压力和利息负担。但较大批量订购的单位材料费用会有较大幅度的下降，进而导致产品生产成本的较大幅度下降，提高产品市场竞争力。所以，在企业拥有足够资金或资金压力不大的情况下，应尽可能订购较大批量的原材料和附件。由此，创业周期原材料和附件决策可确定为购买批量均为 45 001 单位，填入创业周期决策数据输入表单的采购模块，如图 7-12 所示。

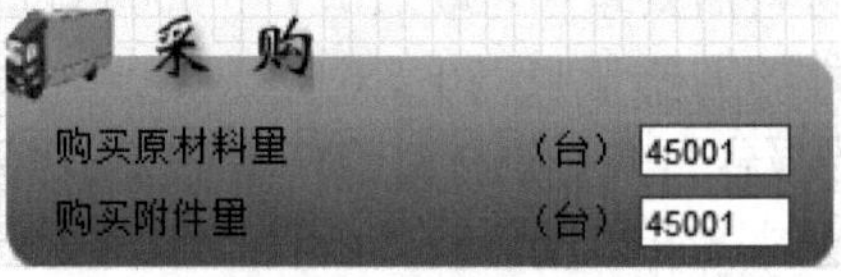

图 7-12　创业企业采购构建决策数据

与生产构建决策过程所形成的影响类似，物料采购批量大小不一，将会影响到物料的单位价格，进而将影响产品的材料成本和生产成本。所以，一旦物料采购批量确定，就应重新测算产品成本及其对价格的影响，调整产品价格。

7.4.5　研发构建决策

由创业情景设定可知，研发构建决策的主要内容包括研发人员招收数、研发人员辞退数和其他产品改进费用投入。在营销构建决策中已经确定，创业周期研发费用投入合计占该周期销售收入的 7%，即 210 万元。研发费用主要用于研发人员的工资费用、社会福利费用和其他产品改进费用的投入，用于提高创业企业产品质量水平。与销售价格、广告投入和销售人员聘用等产品营销手段效应不同，产品质量水平提高引起的品牌效应，会有 40%递延至下一经营周期。如果设定创业周期研发人员招聘数量为 10 名，由此即有

创业周期研发人员费用=50 000×（1+80%）×（1+5%）×10=945 000（元）

创业周期其他产品改进费用投入=2 100 000–945 000=1 155 000（元）

在创业决策仿真系统中，产品质量水平与其他营销手段一样，是主要市场营销手段之一，其效应主要取决于周期研发费用投入合计。系统进行各个竞争企业营销手段运用强度比较时，是将创业周期研发人员费用与其他产品改进费用投入合并进行计算的，所

以，周期研发费用投入合计一旦确定，在一定的分配范围方式内，研发人员费用与其他产品改进费用投入各占多少，对其合计效应计算不会产生影响。但须注意的是，一旦出现研发人员数量少于两人，或其他产品改进费用投入少于 20 万元，则会对产品质量及产品销售产生很大的影响。因此，这两种情况之一都不能出现。由于是创业周期，不应同时出现研发人员辞退，其取值应为 0。由此，质量决策数据已经拟定，将其填入创业周期决策数据输入表单的质量模块，如图 7-13 所示。

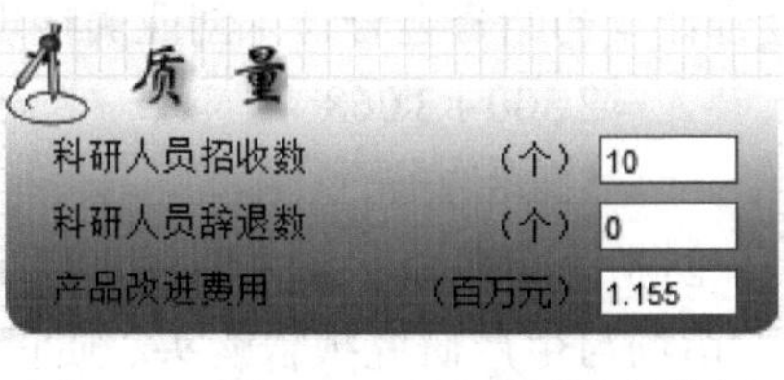

图 7-13　创业企业研发构建决策数据

7.4.6　财务构建决策

经由营销构建决策、生产构建决策、采购构建决策及研发构建决策之后，一定的创业企业销售收入、生产成本等周期经营数据已经形成，由此，可进一步进行创业企业的财务构建决策。财务构建决策的主要内容包括社会福利费用投入比例、中期贷款、购买有价证券数额、计划支付股息及管理合理化费用投入决策等。

社会福利费用投入将会影响产品质量水平、生产人员自行流动数和次品返修报废费用等。其中，产品质量水平除受周期科研人员费用和其他产品改进费用投入影响外，还与创业企业的社会福利费用投入有关，其计算以工资总额的 80%为基础，超过部分计入产品质量费用总的投入，不足部分从总投入中扣除，即有

产品质量费用总投入=研发费用投入+企业员工工资总额×（福利费用比例−80%）

上述公式表明：当所确定的社会福利费用比例大于 80%时，会提高产品质量水平；反之，则会降低产品质量水平；确定的社会福利费用比例等于 80%时，产品质量费用总投入也就等于研发费用的投入，此时，社会福利费用投入对产品质量水平没有影响。社会福利费用投入多少，还会对生产人员的自行流动数产生影响，在一定的生产人员基数上，社会福利费用投入比例越高，生产人员自行流动数越少；反之，生产人员自行流动数就会越多，具体流动多少，带有一定的随机性。社会福利费用投入多少，还对次品返修报废费用产生影响，在一定产品生产规模上，社会福利费用比例越高，返修报废费用越少。反之，返修报废费用越多，具体为多少，带有一定随机性。由于社会福利费用变动影响极大，创业周期可暂定为情景设定中的基数，为工资总额的 80%。

中期贷款期限为一个经营周期，即本周期的中期贷款，下周期必须还本付息。中期贷款数额多少可视周期现金收入及支出总额多少比较而定。由创业情景设定可知，创业周期产品销售收入的 80%，本周期可收回。由此有

$$
\begin{aligned}
\text{创业周期现金收入} &= \text{E型产品销售现金收入+B型产品销售现金收入} \\
&= (1112\times 30\,216+950\times 5\,000)\times 80\% \\
&= 30\,680\,153.6(\text{元}) \\
&\approx 3\,068(\text{万元})
\end{aligned}
$$

由创业情景设定可知，创业周期创业企业注册资金、资金储备及长期贷款等资金合计为 2 500 万元，故有

$$
\begin{aligned}
\text{创业周期创业企业现金合计} &= \text{初始资金合计} + \text{创业周期现金收入} \\
&= 2\,500+3\,068 \\
&= 5\,568(\text{万元})
\end{aligned}
$$

又由创业情景设定可知，创业周期现金支出主要用于厂房建造、生产线投资、人员聘用、材料订购、广告投入、市场与生产研究报告购买、质量改进费用投入、维修保养、生产合理化及人员工资福利等，其中有

$$
\begin{aligned}
\text{创业周期厂房设备费用} &= \text{厂房建造费用} + \text{生产线投资费用} + \text{机器人购买费用} \\
&= 400+2\,000+320 \\
&= 2\,720(\text{万元})
\end{aligned}
$$

$$
\begin{aligned}
\text{创业周期材料订购费用} &= \text{原材料订购费用} + \text{附件订购费用} + \text{辅助生产材料费用} \\
&= 347+641+104 \\
&= 1\,092(\text{万元})
\end{aligned}
$$

$$
\begin{aligned}
\text{创业周期人员支出费用} &= \text{创业企业人员工资} + \text{社会福利费用} + \text{人员招聘费用} \\
&= 847+429+139 \\
&= 1\,414(\text{万元})
\end{aligned}
$$

$$
\begin{aligned}
\text{创业周期其他经营费用} &= \text{广告投入费用} + \text{维修保养费用} + \text{合理化费用} + \text{其他研发费用} \\
&= 210+50+230+115 \\
&= 605(\text{万元})
\end{aligned}
$$

$$
\begin{aligned}
\text{创业周期其他发生费用} &= \text{其他固定费用} + \text{市场调研费用} + \text{返修废品费用} + \text{税收利息费用} \\
&= 190+20+42+83 \\
&= 335(\text{万元})
\end{aligned}
$$

上述费用数据，均可根据营销构建决策、生产构建决策、采购构建决策及研发构建决策计算汇总而得。将其累加后，则可得创业周期现金支出合计为 6 166 万元，由创业情景设定可知，还须保证期末持有 10 万元现金，以备周转使用。将现金收入总额与现金支出总额做比较，即可计算出创业周期的中期贷款数额，有

$$
\text{创业周期创业企业中期贷款应贷数额} = 6\,166-5\,568+10=605\text{（万元）}
$$

考虑到创业企业构建决策过程中的费用支出分析尚不够全面深入，如税收、股息及附加市场Ⅱ上销售产生费用等的支出尚未完整计入，尤其是在竞争条件下生产的产品未必能够全部售完，所以，在中期贷款应贷数额基础上留有余地，将中期贷款数额增加到 900 万元，以免出现透支贷款。由于创业企业在创业周期尚需贷款，所以不宜购买有价证券，即有价证券购买数额应为 0；考虑到支付股东股息在评价总分中通常均会占有较大比例，故

而确定计划支付股东股息为 60 万元；根据管理合理化费用投入与其所产生的管理人员工资福利费用节省之间的比例关系，确定管理合理化费用投入为 30 万元。由此，财务决策数据已经全部拟定，将其填入创业周期决策数据输入表单的财务模块，如图 7-14 所示。

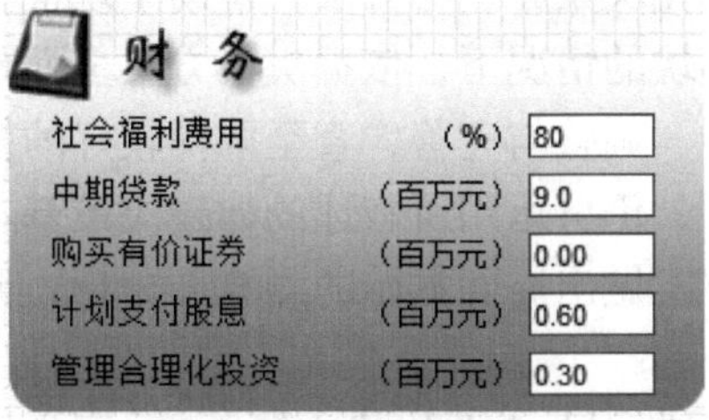

图 7-14　创业企业财务构建决策数据

经由营销、生产、采购、研发及财务构建决策，创业企业在创业周期的构建决策已全部完成，汇总的创业企业构建决策表单，如图 7-15 所示。

图 7-15　创业企业构建决策数据表单

需要强调指出的是，本章叙述的构建决策内容仅是在一定的创业周期形势下，依据创业情景设定，分析创业形势特点，把握市场动态变化，以平衡创业要素为目标，提供了创业周期创业企业构建决策的基本思路、主要内容和一般过程，更深层次的决策应是引入本书前述各个章节的优化决策原理与方法，借助于现代企业创业决策仿真系统，在主持人开启预算支持功能模块的情况下，依据决策方案全面预算原理，对构建决策方案做出周而复始的测算、分析、调整与完善，直至取得较好的构建决策方案。在主持人关闭预算支持功能模块情况下，仍可运用所叙述的构建决策基本思路，结合优化决策原理与方法，自行对构建决策方案做出周而复始的测算、分析、调整与完善，直至取得较为满意的构建决策方案。

图 7-15 所确定的创业周期创业企业构建决策方案，可应用现代企业创业决策仿真系统进行方案成果测算。测算结果表明，第 1 企业的创业构建决策方案，与其他应用系统提供的默认数据作为创业构建决策方案的竞争企业相比较，尽管这些企业在创业要素平衡上也取得了良好的效果，但由于未能与周期形势变化相结合，经营成果却要略逊一筹。创业构建决策成果测算、比较以及在此基础上的优化决策原理与方法叙述，请参考第 8 章的内容。

思考题与习题

1．何为现代企业？具有哪些基本特征？自主创业企业一般有哪几种类型？
2．识别创业机会主要有哪几种？识别创业机会方法主要表现为哪几方面？
3．创业企业分为哪几个发展阶段？融资意义何在？主要融资方式有哪些？
4．创业（商业）计划书撰写的主要作用是什么？应包含哪几方面内容？
5．现代企业创业创办流程需要经过哪些主要环节？各环节的内容是什么？
6．现代企业与其外部哪些经济体系之间有密切的经济往来关系和联系？
7．创业企业构建决策的目的是什么？需要进行哪些主要内容的构建决策？
8．现代企业内部通常分为哪些主要部门？各有哪些职能及相互之间的联系？
9．何谓理论市场占有率？何谓实际市场占有率？如果两者不一致说明了什么？
10．调整创业企业设备与人员生产能力的主要措施有哪些？如果何实现满负荷？

第 8 章　现代企业优化决策仿真

第 7 章依据创业情景设定内容，较为完整地叙述了创业构建决策的思路、内容及过程，可使创业企业在创业周期就能取得产品市场销售量、生产量、物料采购量、生产能力负荷及经营现金收支等的平衡，并能取得较好的经济效益。然而，现代企业的创业成功与否，不应仅局限于创业周期构建决策的各个要素平衡，还应力求确定出优化的构建决策方案，并将这一思想贯穿于创业周期之后的各个经营周期。为落实党的二十大提出的加快建设世界一流企业的战略举措，只有在创业周期及其之后各个经营周期中，充分运用优化决策原理与方法，确定出优化的决策方案，才能使企业在激烈的市场竞争中始终立于不败之地，才能持续发展壮大，更好地完成创业企业的使命。因此，本章将结合现代企业创业决策仿真系统的运行，运用前述各章中的营销优化决策、生产优化决策、采购优化决策及决策方案全面预算等原理与方法，更为全面和深入地阐述现代企业创业构建决策、优化决策原理，完善现代企业创业构建决策、优化决策内容及其过程。

8.1　创业决策仿真系统应用

基于创业情景设定研制成功的现代企业创业决策仿真系统含有“人机对抗版”和“群体对抗版”两个不同的版本，实验时可循序渐进，也可先行应用“人机对抗版”，进而应用“群体对抗版”。每个版本又含有“主持人系统”和“工作站系统”。通常，“主持人系统”由教师掌控，主要用于创业决策实验启动、周期形势设定、难易程度调整、竞争比较计算及评价权重调整等运行过程控制，“工作站系统”则由学生使用，主要用于周期形势分析、决策方案拟订、决策方案预算及决策成果分析等。下面就“群体对抗版”的实验做出详尽介绍。

8.1.1　仿真实验运行控制

创业决策仿真系统平台

1. 主持人系统进入

群体对抗决策实验开始时，主持人（教师）应先行启动主持人系统，以对整个创业决策实验过程进行有效的控制。输入网址 http://jctd.dhu.edu.cn，登录“决策天地”网站，再点击“创业决策”标签按钮，进入现代企业创业决策仿真系统平台首页，如图 8-1 所示。

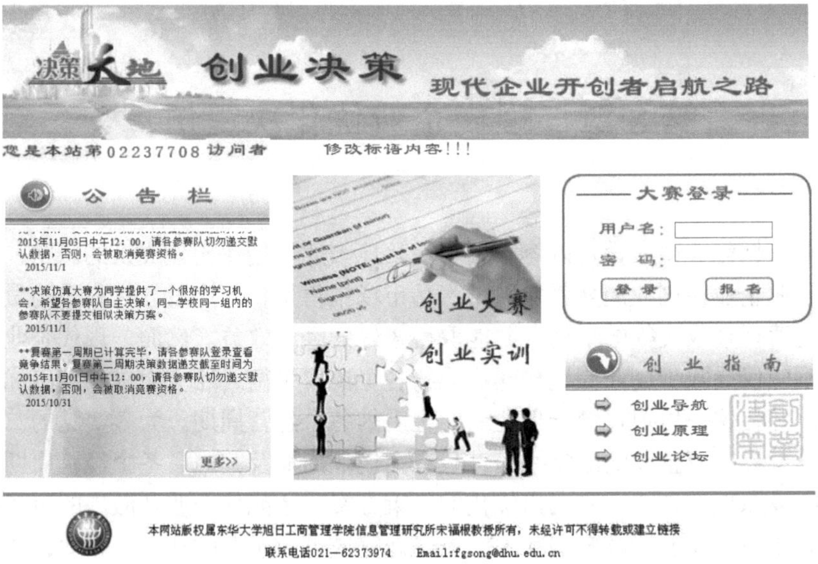

图 8-1　创业决策仿真系统平台首页

首页中有“创业大赛”和“创业实训”两个标签按钮。其中，“创业大赛”主要用于在全国范围内开展创业决策仿真大赛；“创业实训”主要可供各高等院校开展创业决策仿真实验。单击“创业实训”标签按钮，进入系统登录页面。在登录页面对应文本框内键入相应密码，进而单击“登录”按钮，按提示即可进入主持人首页。群体对抗主持人系统首页如图 8-2 所示。

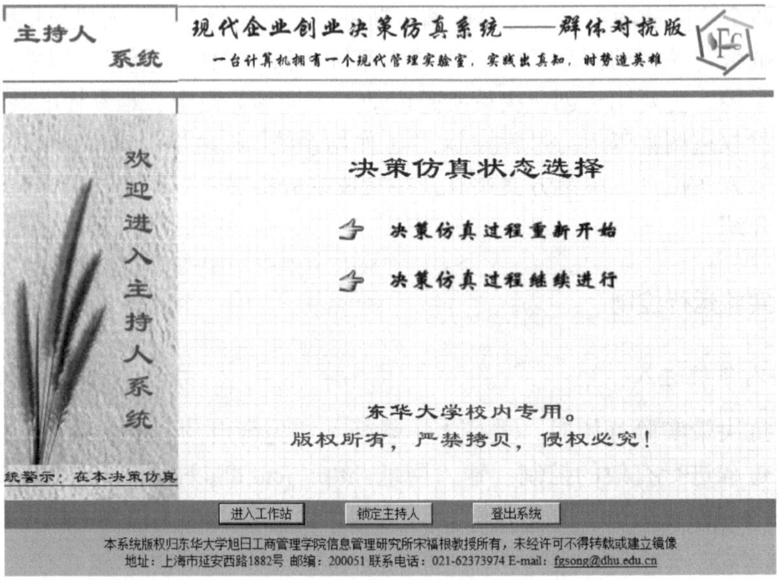

图 8-2　群体对抗主持人系统首页

如果单击图 8-2 中“决策仿真过程重新开始”选项，则所有决策实验数据都将被初始化，决策实验过程须从头重新开始，在初始化过程完成后，主持人系统进入主菜单，学生用工作站端系统即可运行，开始新一轮的群体对抗决策实验过程；如果单击“决策仿真过程继续进行”选项，则直接进入主持人系统主菜单，学生用工作站端系统即可启动运行，在原已进行的周期基础上，群体对抗决策实验过程将从下一周期开始继续进行。

如果单击“决策仿真过程重新开始”选项，系统即进入初始化界面，如图 8-3 所示。

图 8-3　群体对抗决策实验初始化步骤

按初始化步骤提示，即可快速完成实验人数设定、参加学生注册、基本信息查看、难易程度调整、实验过程分组和基础周期计算等决策实验初始化过程。其中，当主持人激活实验“开始注册”按钮后，工作站（学生）即可启动工作站系统进行注册，如图 8-4 所示。

图 8-4　进入决策仿真实验注册时段选项

学生登录“决策天地”网站，进入“创业决策”首页，再单击“创业实训”按钮后键入密码，进入工作站首页。单击页面“注册”按钮，在弹出框内完成注册，如图 8-5 所示。

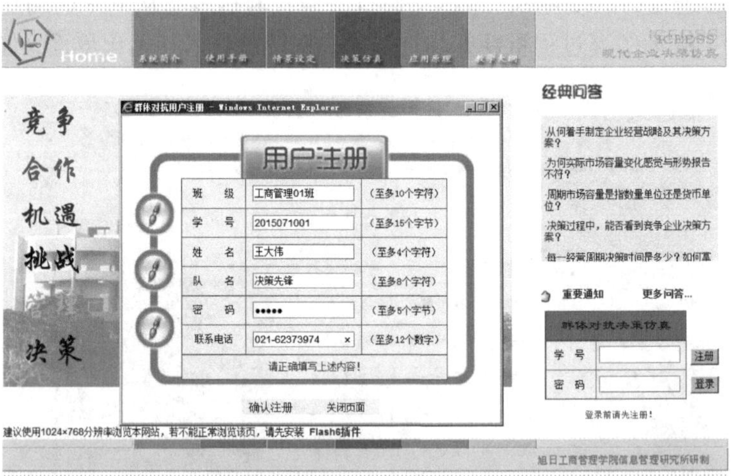

图 8-5　工作站系统学生注册信息

所有学生完成注册后，主持人可单击“结束注册”按钮，按序完成整个创业决策实验初始化过程。初始化完成后，系统即自动进入主持人系统主菜单页面，可循序进行连续七个周期的创业决策仿真实验。如果在进入群体对抗创业决策主持人系统首页时，单击的是“决策仿真过程继续进行”选项，单击后可直接进入主持人系统主菜单，如图 8-6 所示。

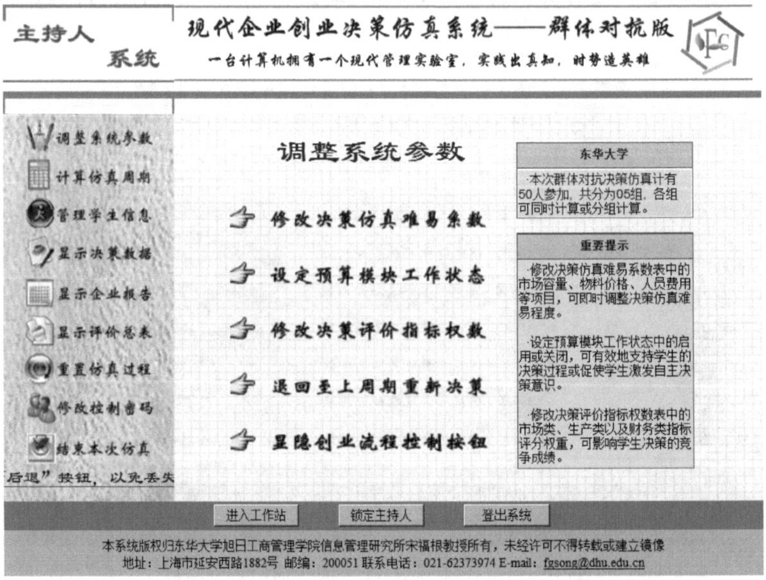

图 8-6　群体对抗创业决策主持人系统主菜单

2. 主持人系统控制

单击主菜单中的“修改决策仿真难易系数”选项，系统显示“各周期难易系数表”，修改表中市场容量、价格变动率等参数，即可调整创业决策实验难易程度，如图 8-7 所示。

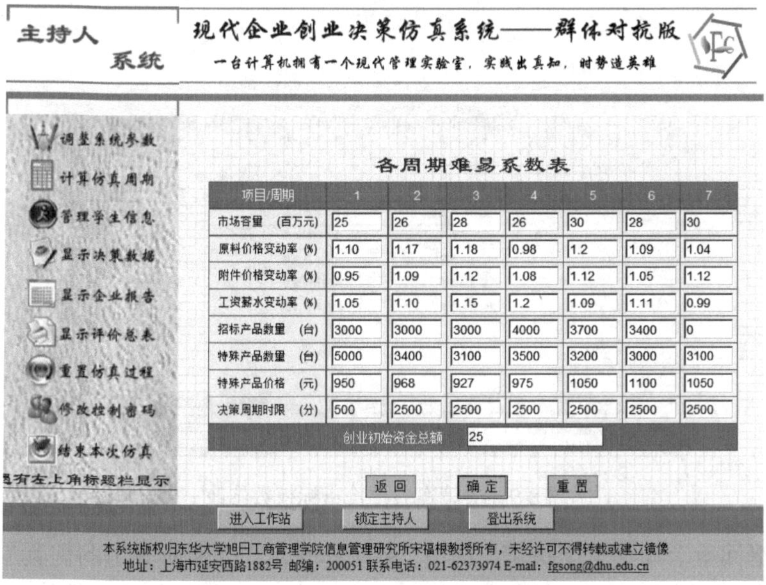

项目/周期	1	2	3	4	5	6	7
市场容量 （百万元）	25	26	28	26	30	28	30
原料价格变动率 (%)	1.10	1.17	1.18	0.98	1.2	1.09	1.04
附件价格变动率 (%)	0.95	1.09	1.12	1.08	1.12	1.05	1.12
工资薪水变动率 (%)	1.05	1.10	1.15	1.2	1.09	1.11	0.99
招标产品数量 （台）	3000	3000	3000	4000	3700	3400	0
特殊产品数量 （台）	5000	3400	3100	3500	3200	3000	3100
特殊产品价格 （元）	950	968	927	975	1050	1100	1050
决策周期时限 （分）	500	2500	2500	2500	2500	2500	2500

图 8-7　各周期决策实验难易程度调整

单击“设定预算模块工作状态”选项，系统显示“设定预算模块工作状态”，可快捷地就预算功能启用或关闭做出选择，关闭预算功能将大幅增加实验难度，如图 8-8 所示。

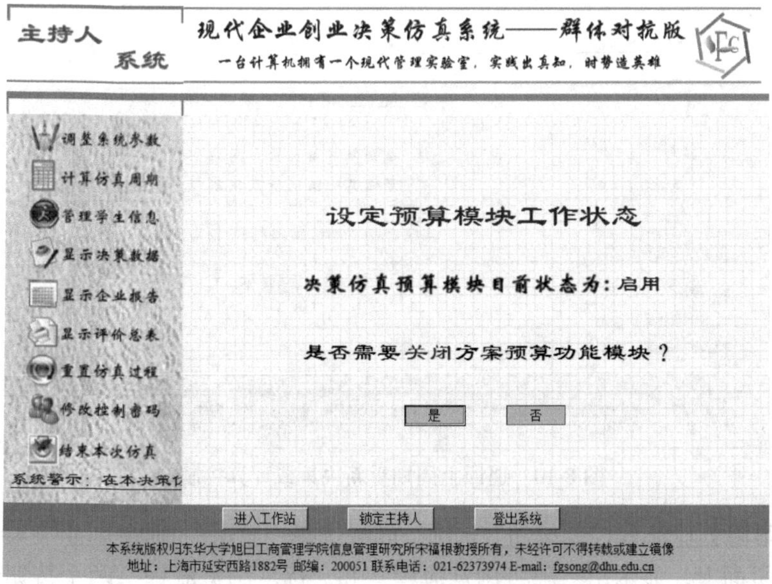

图 8-8　预算功能模块工作状态的快捷切换

单击“修改决策评价指标权数”选项，系统显示“评价指标权数修改表”，可灵活地根据不同专业、不同层次人才培养需要，调整决策实验不同评价指标权重，如图 8-9 所示。

图 8-9　决策实验评价指标权数修改

单击“退回至上周期重新决策”选项，系统即显示“退回所有组的仿真周期”和“退回某一组的仿真周期”页面，可根据需要，退回上周期重新决策或计算控制，如图 8-10 所示。

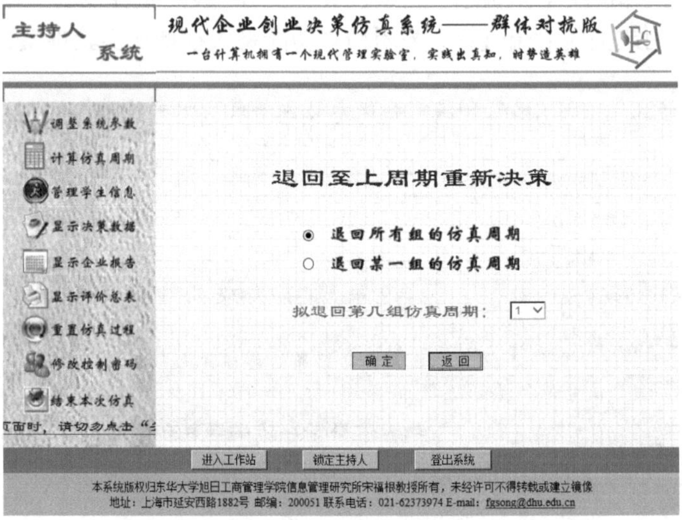

图 8-10　退回上周期重新决策或计算控制

单击“显隐创业流程控制按钮”选项，如果选择“显示”，则在创业决策工作站系统的创业流程页面上，显示出“随机浏览流程”和“逐一浏览流程”两个按钮选项可供工作站系统点击选择。如果选择“隐藏”，则在创业决策工作站系统的创业流程页面上没有按钮可供点击选择，必须逐一点击浏览完成所有流程，方可进入创业决策实验，如图 8-11 所示。

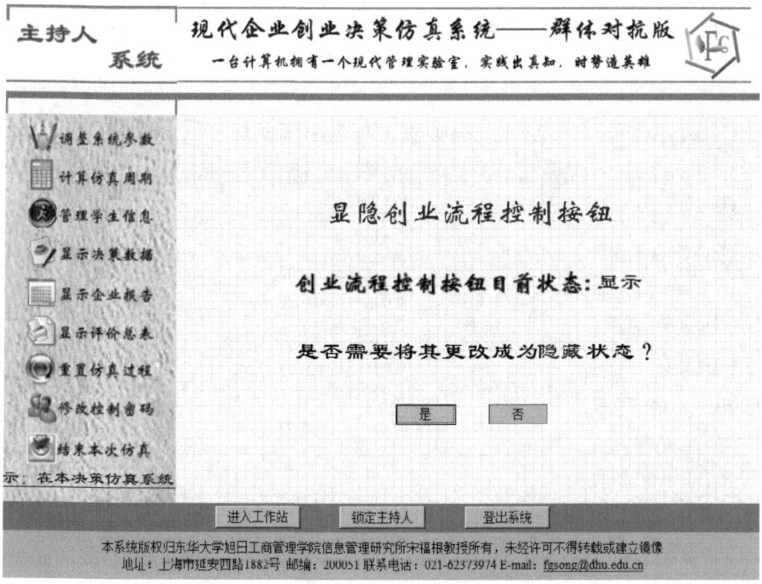

图 8-11　创业流程按钮显示与隐藏控制切换

单击“计算仿真周期”选项，系统显示“计算所有组的仿真周期”和“计算某一组的仿真周期”页面，系统将进行周期竞争比较计算，给出竞争计算结果，如图 8-12 所示。

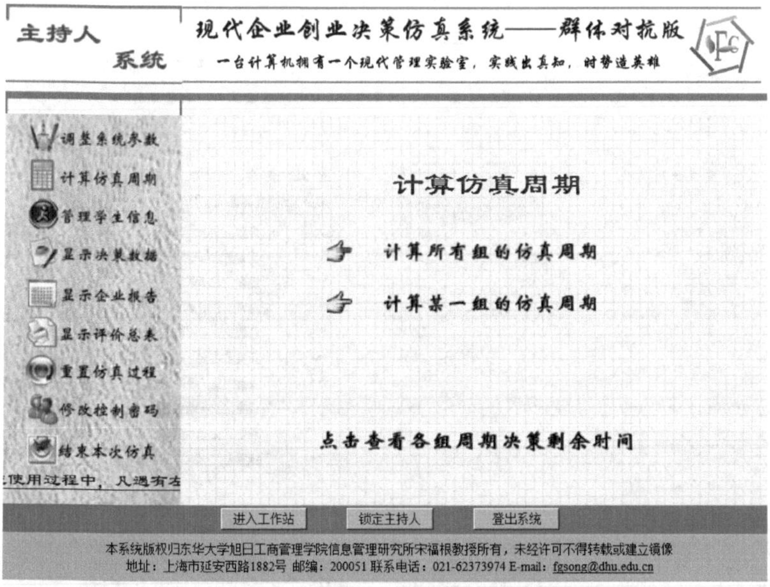

图 8-12　经营周期竞争比较计算控制

单击“管理学生信息”选项，系统显示“管理学生信息”页面，主持人可方便地查看各组学生的学号、班级、姓名和密码等注册信息，并可根据需要进行修改，如图 8-13 所示。

图 8-13　决策实验学生信息的查看和修改

单击“显示决策数据”选项，可进入学生决策数据查看页面。通过选择显示的组号和企业号，进而通过选择显示的周期，就可查看对应学生的周期决策数据，如图 8-14 所示。

图 8-14　经营周期学生决策数据查看

单击“显示企业报告”选项，可进入学生决策方案结果报告查看页面。这些报告汇集了创业企业各个经营周期的主要决策数据、中间数据和竞争成果数据，如图 8-15 所示。

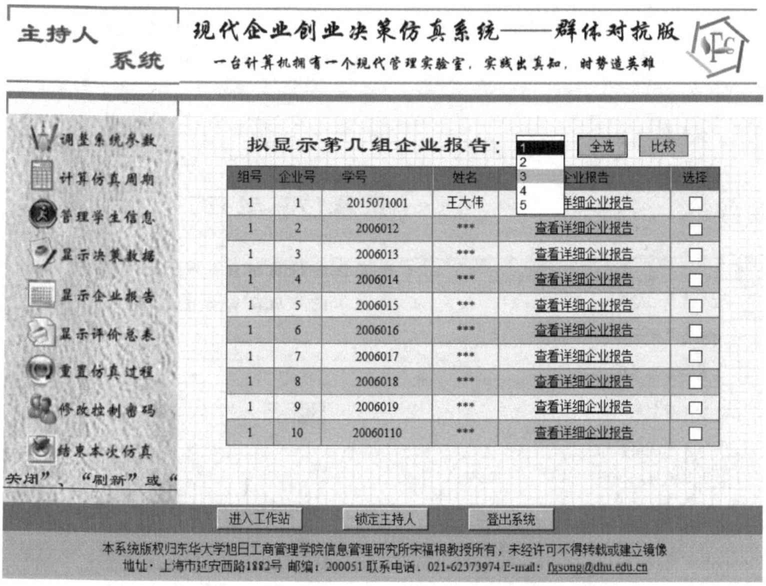

图 8-15　经营周期学生决策结果查看

单击“显示评价总表”选项，可进入学生创业决策评价报告查看页面。这些报告基于设定的评价指标权重，汇集了所有创业企业的成果数据、评分和名次，如图 8-16 所示。

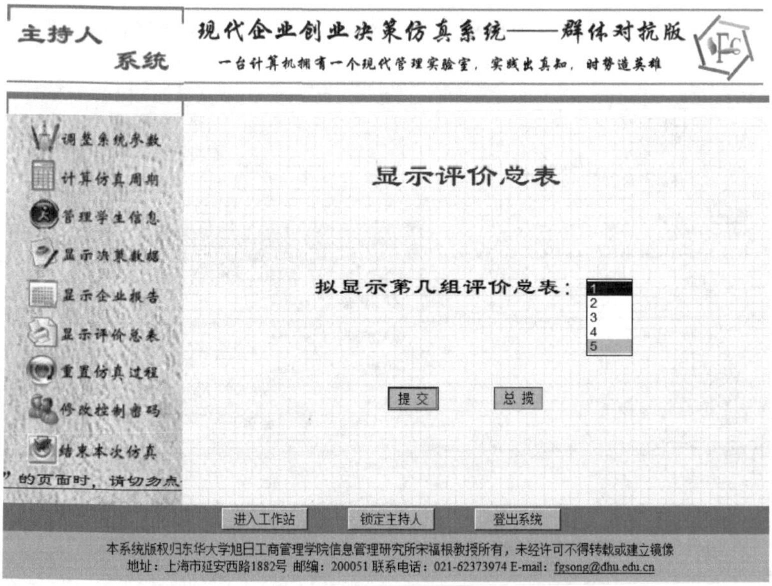

图 8-16　经营周期学生决策评价评分查看

单击“重置仿真过程”选项，可在决策实验结束后，重新初始化决策实验过程，学生原有的注册信息、已分组数等信息自动保留，不需要重复开始时的七个步骤，如图 8-17 所示。

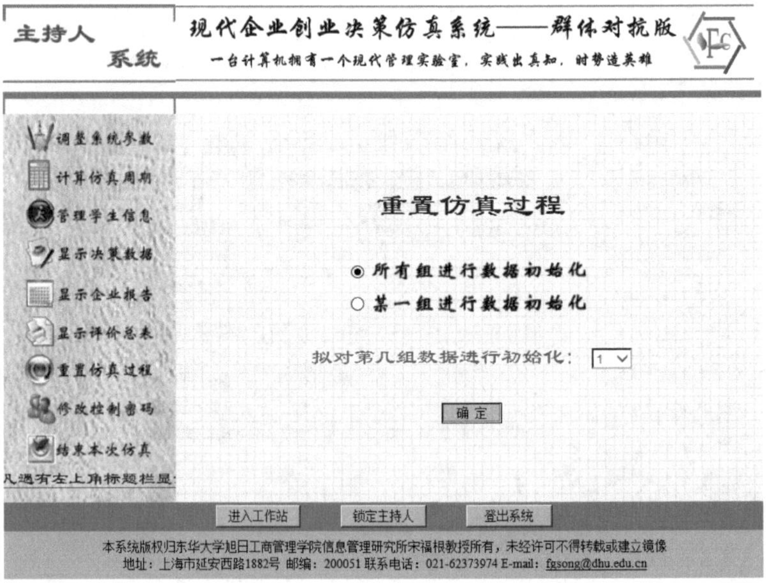

图 8-17　决策仿真实验过程重置控制

单击“修改控制密码”选项，主持人可适时修改密码，键入原有密码、新设密码及确认密码，即可完成密码修改，以对创业决策实验过程进行有效的控制，如图 8-18 所示。

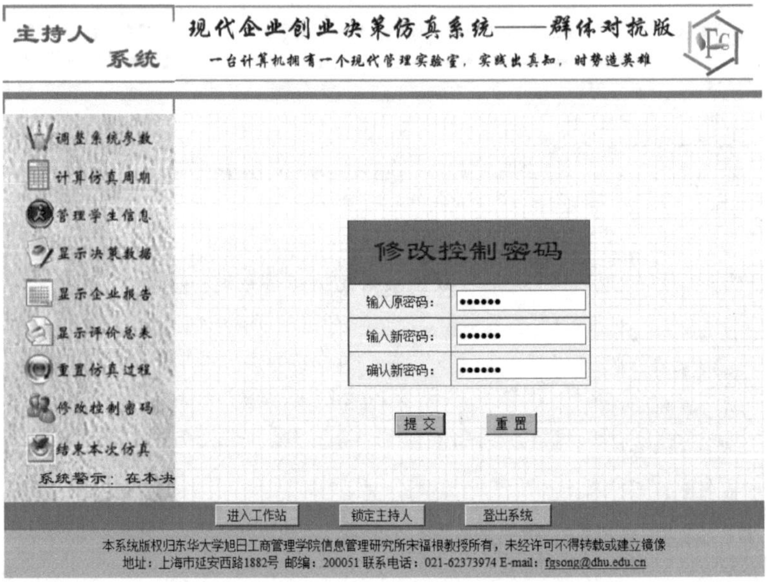

图 8-18　主持人系统密码修改

8.1.2　仿真实验应用过程

主持人系统启动后，学生即可通过登录“决策天地”网站，依次点击“创业决策”和“创业实训”标签按钮，按序进入群体对抗创业决策实验工作站系统首页，如图 8-19 所示。

图 8-19　决策实验工作站系统首页

键入学号和密码，单击“登录”按钮，系统自动进入创业流程主菜单。在主持人已经选择了“显隐创业流程控制按钮”为“显示”的情况下，学生可就“随机浏览流程”和“逐一浏览流程”两个按钮进行切换。若切换为“随机浏览流程”时，可就现代企业创办过程中所需递交的材料及所需办理的手续随机地进行浏览；若切换为“逐一浏览流程”时，则必须循序地就现代企业创办过程进行浏览，以全面了解创业创办过程，如图 8-20 所示。

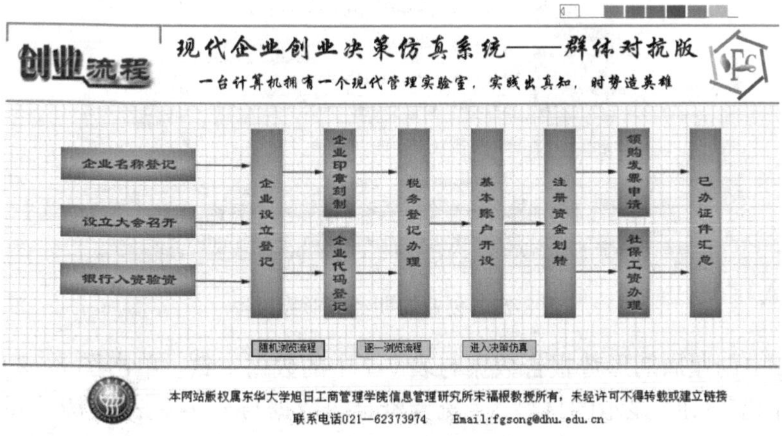

图 8-20　现代企业创业创办过程浏览

浏览完成创业创办过程，进入决策实验主菜单，即可通过查看周期形势、输入决策数据、预算仿真周期、查看竞争结果和评价总表，进行决策实验。工作站系统主菜单页面如图 8-21 所示。

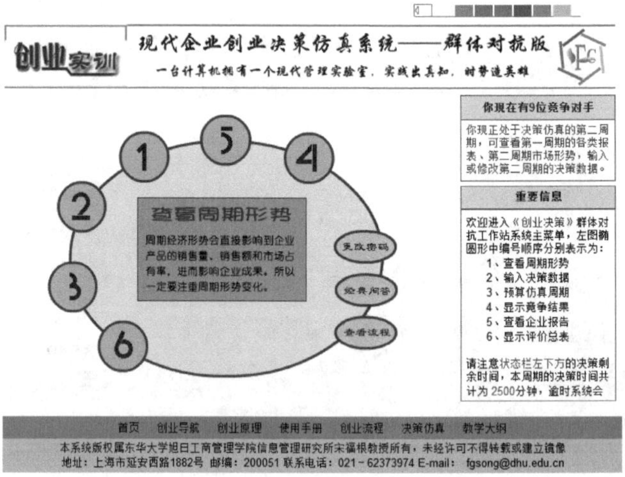

图 8-21　工作站系统主菜单页面

单击主菜单中的编号 1 选项，系统显示“周期形势报告”页面，给出了不同周期的市场容量、材料价格、人员费用、批量招标及批量订购等数据变化信息，如图 8-22 所示。

图 8-22　创业周期经济形势报告

图 8-22 中创业周期形势报告数据与表 7-7 中的数据一致。单击图 8-22 中的“历史平均数据”标签按钮，显示的材料、工资及资金等数据与表 7-8~表 7-10 中的数据一致，如图 8-23 所示。这些数据显示已被程序化，可通过仿真系统运行方式灵活地显现出来，以供学生分析各个周期的市场需求、材料价格、人员费用、招标产品及批量产品数量

等的变动分析之用。

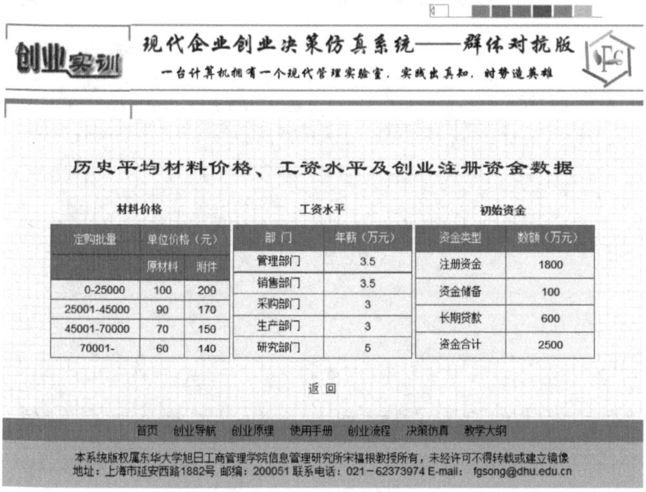

图 8-23　创业决策历史平均材料、工资及资金数据

在深入分析创业周期形势报告数据、历史平均材料、工资及资金数据基础上，可制定创业企业的经营战略和营销策略，确定创业周期创业企业的构建决策数据。点击图 8-21 主菜单中的编号 2 选项，系统即会显示“输入决策数据”页面，将图 7-15 中已经确定的构建决策数据键入，即可作为完整的创业周期创业企业构建决策方案，如图 8-24 所示。

图 8-24　创业企业构建决策数据输入页面

单击主菜单中的编号 3 选项，系统显示“预算仿真周期”页面，学生可对拟订的构建决策方案进行全面预算，分析预算结果，调整决策数据，完善决策方案，如图 8-25 所示。

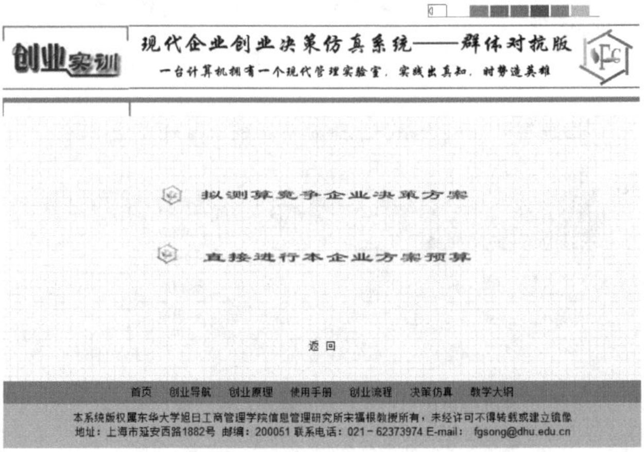

图 8-25　创业构建决策方案预算选项

通过单击编号 3 选项，应用仿真系统中的预算功能模块对创业企业构建决策方案进行反复的再预算、再分析、再调整后，直至取得较为满意的决策方案时为止。各创业企业构建决策方案确定，并经主持人系统竞争计算后，单击主菜单中的编号 4 选项，学生可对竞争计算后的主要决策数据、市场销售数据及经营成果数据等进行简要分析，如图 8-26 所示。

各企业主要竞争结果数据表

第1组 第1企业 (第1周期)

1 to 5　6 to 10

项目/企业		1	2	3	4	5
一般市场价格	(元/台)	1112	1150	1150	1150	1150
广告费用投入	(百万元)	2.1	1	1	1	1
销售人员数量	(人)	57	40	40	40	40
产品质量评价	(1--5)	2	3	3	3	3
一般市场销售量	(台)	30216	21600	21600	21600	21600
一般市场销售额	(百万元)	33.6	24.84	24.84	24.84	24.84
理论市场占有率	(%)	14.3	9.5	9.5	9.5	9.5
实际市场占有率	(%)	13	9.6	9.6	9.6	9.6
附加市场Ⅰ销售量	(台)	0	0	0	0	0
附加市场Ⅰ销售额	(百万元)	0	0	0	0	0
附加市场Ⅱ销售量	(台)	5000	2000	2000	2000	2000
附加市场Ⅱ销售额	(百万元)	4.75	1.9	1.9	1.9	1.9
中标企业	(打***号企业)	***	-	-	-	-
中标企业投标价格	(台/元)	1061	0	0	0	0
产品累积库存数量	(台)	0	0	0	0	0
生产线生产能力	(台/周期)	34716	23400	23400	23400	23400
税前经营成果	(百万元)	5.59	2.78	2.78	2.78	2.78
资产负债总和	(百万元)	37.35	31.67	31.67	31.67	31.67

返 回

首页　创业导航　创业原理　使用手册　创业流程　决策仿真　教学大纲

本系统版权属东华大学旭日工商管理学院信息管理研究所宋福根教授所有，未经许可不得转载或建立镜像
地址：上海市延安西路1882号 邮编：200051 联系电话：021－62373974 E-mail： fgsong@dhu.edu.cn

图 8-26　构建决策主要竞争结果数据表

单击主菜单中的编号 5 选项，系统显示“企业报告”主菜单页面，学生可就决策竞争下的产品市场销售量、销售额、生产成本和经营盈亏等进行查看与分析，如图 8-27 所示。

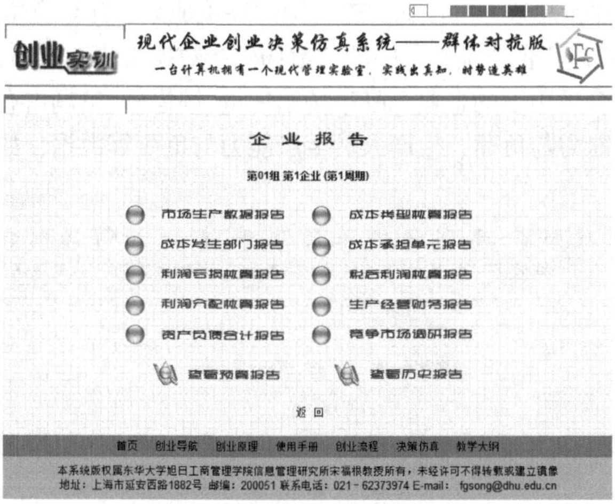

图 8-27　构建决策企业报告主菜单页面

单击主菜单中的编号 6 选项，系统显示“决策评价总表”页面，学生可对决策竞争下的市场类、生产类和财务类成果数据进行分类查看，并从整体上做出分析，如图 8-28 所示。

经营决策综合评分		周期							
企业	队名	1	2	3	4	5	6	7	名次
1	决策先锋	88.4	---	---	---	---	---	---	1
2	***	67.8	---	---	---	---	---	---	2
3	***	67.8	---	---	---	---	---	---	2
4	***	67.8	---	---	---	---	---	---	2
5	***	67.8	---	---	---	---	---	---	2
6	***	67.8	---	---	---	---	---	---	2
7	***	67.8	---	---	---	---	---	---	2
8	***	67.8	---	---	---	---	---	---	2
9	***	67.8	---	---	---	---	---	---	2
10	***	67.8	---	---	---	---	---	---	2

图 8-28　竞争条件下的创业企业构建决策评价总表

8.1.3　构建决策成果分析

主持人系统计算后，学生即可通过工作站系统主菜单，单击“显示竞争结果”、“查看企业报告”和“显示评价总表”等按钮，查看构建决策成果，并与竞争企业决策进行比较。

例如，单击图 8-27 “企业报告”中的“市场生产数据报告”选项，即可查看一定价格和非价格营销手段综合运用下的企业产品市场销售量、销售额、市场占有率及产品制造成本、可供使用生产线生产能力与负荷、生产人员生产能力与负荷等数据，如图 8-29 所示。

市场生产数据报告

(第1周期)

市场报告	一般市场	附加市场 I	附加市场 II
价格　(元/台)	1112	0	950
销售量　(台)	30216	0	5000
销售额 (百万元)	33.6	0	4.75
市场占有率 (%)	13		
产品质量评价	2		

仓库报告I：原材料	量 (台)	价值 (元/台)	价值 (百万元)
期初库存	0	0	0
+增　加	45001	77	3.46
-消　耗	35216	77	2.71
=期末库存	9785	77	0.75

仓库报告II：一般产品	量 (台)	制造成本 (元/台)	库存价值 (百万元)
期初库存	0	0	0
+增　加	30216	676.89	20.45
-消　耗	30216	676.89	20.45
=期末库存	0	0	0

仓库报告III：附件	量 (台)	价值 (元/台)	价值 (百万元)
期初库存	0	0	0
+增　加	45001	142.5	6.41
-消　耗	30216	142.5	4.3
=期末库存	14785	142.5	2.1

人员报告I	生产部门	研究开发部门
期初人员	0	0
+招　聘	129	10
-解　雇	0	0
-流　动	0	---
=期末人员	129	10

人员报告II 部门	人员(个)
销　售	57
采　购	5
管　理	25
管理的合理化系数	1.3

生产报告I	生产线 (条)	机器人 (个)
前周期	0	0
+投　资	5	10
-变　卖	0	---
本周期	5	10

生产报告II	加工 (台)	设备要求 (单位)	人员要求 (个)
一般产品	30216	30216	110.8
特殊产品	5000	4500	17.8
合　计	35216	34716	129
负载率(%)	---	100	99.9

生产报告III	
生产线的合理化系数	1.09
生产线维修保养系数	0.98
生产线负载率100%时生产能力	34716

图 8-29　创业周期创业企业构建决策市场生产数据表

由图 8-29 可以看出，由于采取了较为强有力的市场营销手段，第 1 企业生产产品全部售完，销售量为 30 216 台、销售额为 3 360 万元、市场占有率达到了 13%，第 1 组形成的市场上共有 10 家创业企业，第 1 企业的市场占有率超出了平均数的 3%；由于订购了较大的材料批量，所以降低了材料成本；由于生产线能力和生产人员能力规模较大，且已是满负荷运行，所以降低了单位产品加工成本。较低的材料成本和加工成本进而降低了产品的制造成本。

又如，单击图 8-27“企业报告”中的“成本承担单元报告”选项，即可查看创业企业构建决策方案下采购间接费用、加工间接费用、销售费用、研发费用及管理费用等的分摊额，不同类型产品的销售收入、生产成本、库存变化和生产经营成果，如图 8-30 所示。

成本承担单元核算

(第1周期)

成本\成本承担单元	合计(百万元)	一般产品一般市场	一般产品附加市场I	特殊产品附加市场II
原材料	2.71	2.32	0	0.38
+附件	4.3	4.3	0	0
+生产材料	1.04	0.9	0	0.14
=材料直接费用	8.06	7.53	0	0.52
+材料间接费用	0.46	0.43	0	0.03
=材料成本	8.52	7.97	0	0.55
加工直接费用	7.31	6.36	0	0.94
+加工间接费用	7.02	6.11	0	0.91
=加工成本	14.33	12.48	0	1.85
=制造成本	22.86	20.45	0	2.41
+研究开发费用	2.26	2.02	0	0.23
+销售费用	4.52	4.04	0	0.47
+管理费用	2.61	2.33	0	0.27
=产品成本	32.26	28.85	0	3.4
销售收入	38.35	33.6	0	4.75
+/-产品库存变化	0	0	0	0
=总的经营收入	38.35	33.6	0	4.75
生产经营成果	6.08	4.74	0	1.34

图 8-30　创业周期创业企业构建决策成本承担单元报告

由图 8-30 可以看出，间接费用分摊后，E 型产品生产成本为 2 885 万元，销售收入为 3 360 万元，生产经营成果为 474 万元；B 型产品生产成本为 340 万元，销售收入为

475 万元，生产经营成果为 134 万元。企业生产经营成果合计为 608 万元，取得了良好的效益。

再如，单击图 8-27“企业报告”中的“竞争市场调研报告”选项，即可查看所有创业企业构建决策方案下的 E 型产品生产量、销售量、库存量、单位生产成本、税前经营成果、周期股息支付、周期利润储备、周期期末现金及资产负债总和等数据，如图 8-31 所示。

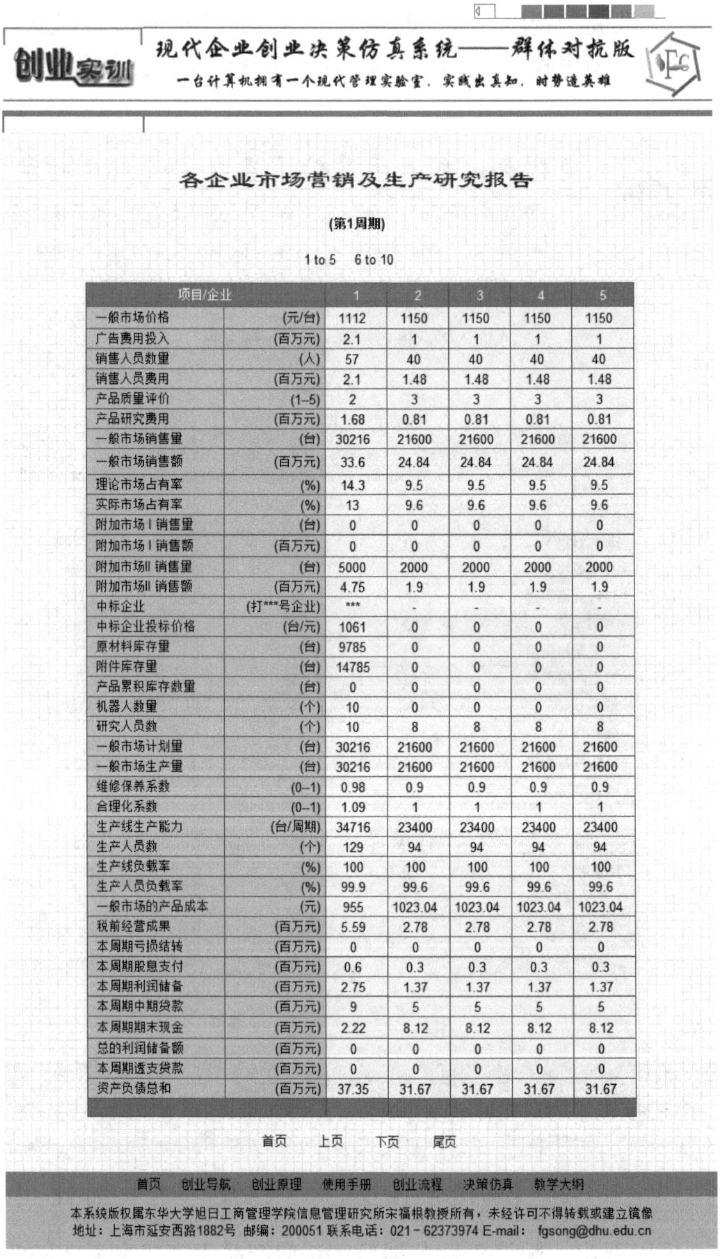

创业实训

现代企业创业决策仿真系统——群体对抗版

一台计算机拥有一个现代管理实验室，实践出真知，时势造英雄

各企业市场营销及生产研究报告

(第1周期)

1 to 5　6 to 10

项目/企业		1	2	3	4	5
一般市场价格	(元/台)	1112	1150	1150	1150	1150
广告费用投入	(百万元)	2.1	1	1	1	1
销售人员数量	(人)	57	40	40	40	40
销售人员费用	(百万元)	2.1	1.48	1.48	1.48	1.48
产品质量评价	(1–5)	2	3	3	3	3
产品研究费用	(百万元)	1.68	0.81	0.81	0.81	0.81
一般市场销售量	(台)	30216	21600	21600	21600	21600
一般市场销售额	(百万元)	33.6	24.84	24.84	24.84	24.84
理论市场占有率	(%)	14.3	9.5	9.5	9.5	9.5
实际市场占有率	(%)	13	9.6	9.6	9.6	9.6
附加市场 I 销售量	(台)	0	0	0	0	0
附加市场 I 销售额	(百万元)	0	0	0	0	0
附加市场II 销售量	(台)	5000	2000	2000	2000	2000
附加市场II 销售额	(百万元)	4.75	1.9	1.9	1.9	1.9
中标企业	(打***号企业)	***	-	-	-	-
中标企业投标价格	(台/元)	1061	0	0	0	0
原材料库存量	(台)	9785	0	0	0	0
附件库存量	(台)	14785	0	0	0	0
产品累积库存数量	(台)	0	0	0	0	0
机器人数量	(个)	10	0	0	0	0
研究人员数	(个)	10	8	8	8	8
一般市场计划量	(台)	30216	21600	21600	21600	21600
一般市场生产量	(台)	30216	21600	21600	21600	21600
维修保养系数	(0–1)	0.98	0.9	0.9	0.9	0.9
合理化系数	(0–1)	1.09	1	1	1	1
生产线生产能力	(台/周期)	34716	23400	23400	23400	23400
生产人员数	(个)	129	94	94	94	94
生产线负载率	(%)	100	100	100	100	100
生产人员负载率	(%)	99.9	99.6	99.6	99.6	99.6
一般市场的产品成本	(元)	955	1023.04	1023.04	1023.04	1023.04
税前经营成果	(百万元)	5.59	2.78	2.78	2.78	2.78
本周期亏损结转	(百万元)	0	0	0	0	0
本周期股息支付	(百万元)	0.6	0.3	0.3	0.3	0.3
本周期利润储备	(百万元)	2.75	1.37	1.37	1.37	1.37
本周期中期贷款	(百万元)	9	5	5	5	5
本周期期末现金	(百万元)	2.22	8.12	8.12	8.12	8.12
总的利润储备额	(百万元)	0	0	0	0	0
本周期透支贷款	(百万元)	0	0	0	0	0
资产负债总和	(百万元)	37.35	31.67	31.67	31.67	31.67

首页　上页　下页　尾页

首页　创业导航　创业原理　使用手册　创业流程　决策仿真　教学大纲

本系统版权属东华大学旭日工商管理学院信息管理研究所宋福根教授所有，未经许可不得转载或建立镜像

地址：上海市延安西路1882号 邮编：200051 联系电话：021－62373974 E-mail： fgsong@dhu.edu.cn

图 8-31　所有创业企业构建决策方案主要经营及其成果数据

由图 8-31 可以看出，第 1 企业在一般市场上的 E 型产品销售量、销售额、理论市场占有率、实际市场占有率、税前经营成果、周期利润储备、周期支付股息及资产负债总和等成果数据都要高于以系统提供的默认构建数据作为构建决策方案的其他竞争创业企业。

8.2　方案优化决策仿真

尽管通过构建决策，与其他竞争创业企业相比较，第 1 企业已经取得了较好的构建决策成果，但在决策中尚未能够依据前述各章的优化决策原理与方法，进行更为全面深入的优化决策。本节将根据前述各章的营销优化决策、生产优化决策、采购优化决策及方案的全面预算原理和方法，借助创业决策仿真实验系统的预算功能，结合创业情景设定及创业周期形势报告，基于创业构建决策主要数据，进一步就现代企业创业周期及其之后的各个经营周期活动过程中的主要内容，如产品销售价格、广告费用投入、销售人员聘用、生产能力调整、产品生产数量、材料订购批量、银行资金贷款等的优化决策做出详尽的阐述。

8.2.1　营销优化决策

由 7.3 节创业情景设定中的销售部门设定可知：设定的一般市场上 E 型产品销售价格与销售量效应关系数对为（950，200%）、（1 150，100%）和（1 350，50%），两者之间成为了较好的指数函数关系，如图 8-32 所示。

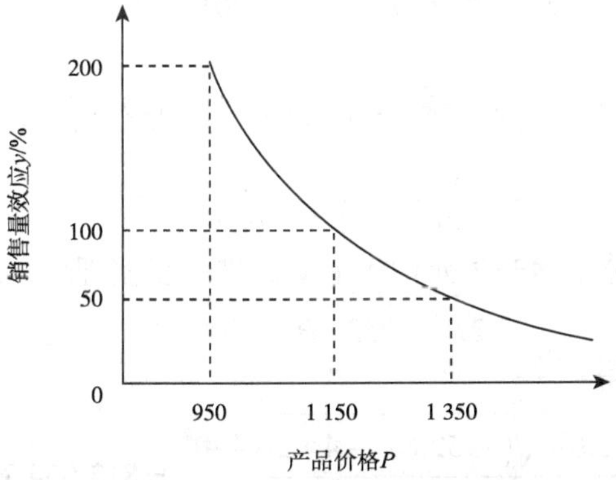

图 8-32　价格与销售量效应曲线关系

根据图 8-32，选用指数函数进行拟合，将价格与销售量效应关系数对代入，求出指数函数中的待定常数后，即可完全确定出需求曲线效应函数，确定出的函数式为

$$y = f(P) = 1120 \times e^{-\left(\frac{P}{740}\right)^2}$$

由 7.4 节创业构建决策仿真中的创业形势分析可知：创业周期原材料价格与其历史平均价格相比，将大幅度增长，增幅为 10.00%；附件价格与其历史平均价格相比，将明

显下降，减幅为 5.00%。由 7.4.4 小节的采购构建决策可知：创业周期确定的原材料和附件决策购买批量均为 45 001 单位。由 7.3 节创业情景设定中的采购部门设定可知：当原材料和附件决策购买批量均为 45 001 单位时，其单价分别为 70 元和 150 元。由此，7.4.4 小节中已经计算出创业周期单位 E 型产品材料费用为 249.5 元。

由 7.3 节创业情景设定中的生产部门设定可知：一名生产人员一个经营周期可生产 250 台 E 型产品，而由 7.4 节创业周期市场形势分析可知，每个生产人员的周期工资加福利费用为 5.4 万元，又由于创业周期形势报告给出了人员工资费用将上涨 5%，计算出人员工资费用上涨后的每个生产人员费用，再将其折算到每台 E 型产品上。由此，在 7.4.2 小节中已经计算出创业周期单位 E 型产品加工直接费用为 226.8 元。

设 d 为 E 型产品单位变动成本，综合之，即有

$$\begin{aligned} d &= \text{材料变动成本}+\text{加工变动成本} \\ &= 249.5+226.8 \\ &= 476.3\ (\text{元}) \end{aligned}$$

由此，即可对第一周期 E 型产品的市场销售价格、广告费用投入、销售人员数量及产品质量改进费用投入等价格与非价格营销手段运用，做出优化决策。

设 F 为 E 型产品应该分摊到的各项间接费用和固定成本，则 E 型产品总成本即为 $G = d\cdot f(P)+F$，由此，相应的 E 型产品市场销售利润函数即为

$$R = L - G = P\cdot f(P) - d\cdot f(P) - F = (P-d)\cdot f(P) - F$$

企业经营最主要的目标之一是利润最大化，欲使销售利润 R 达到最大值，令

$$\begin{aligned} R' &= (P-d)\cdot f(P)' - F' \\ &= 1\,120\times \mathrm{e}^{-(P/740)^2} + (P-d)\times 1\,120\mathrm{e}^{-(P/740)^2}\times\left[-2P/740^2\right] \\ &= 0 \end{aligned}$$

由于上式中的 $1\,120\times \mathrm{e}^{-(P/740)^2}$ 始终不会为 0，故将上式整理后，可令

$$-2\frac{P^2}{740^2} + 2\times d\times\frac{P}{740^2} + 1 = 0$$

将 E 型产品单位变动成本 d=476.3 元代入上式，进一步整理后，原式变形为

$$2P^2 - 952.6P - 740^2 = 0$$

解此一元二次方程式，得

$$P_1 = \frac{952.6+\sqrt{(-952.6)^2+4\times2\times740^2}}{2\times2} = 813.054\,7 \approx 813$$

$$P_2 = \frac{952.6-\sqrt{(-952.6)^2+4\times2\times740^2}}{2\times2} = -336.754\,7 \approx -337\ (\text{舍去})$$

令 $P^* = P_1 = 813$，即当 E 型产品销售价格确定为 813 元时，产品销售利润将能取得最大值。将 $P^* = 813$ 代入需求曲线效应函数 $y = f(P^*)$ 计算公式，则可计算得到产品最优销售量效应为 $y^* = f(P^*) = 373$。结合创业周期（第一周期）形势报告中给出各企业竞销市场平均容量为 2 500 万元，以 P=1 150 时的 $y = 100$ 为基准，将市场需求容量 2 500 万

元代入，则对应于 y^* 的一般市场 E 型产品销售量预测值为

$$Q^* = \frac{25\,000\,000}{1\,150} \times \frac{373}{100} = 81087\text{（台）}$$

由此，可进一步地测算得 E 型产品在一般市场上销售利润最大化下的销售额：

$$L^* = 813 \times 81\,087 = 65\,923\,731\text{（元）} = 6\,592.373\,1\text{（万元）}$$

同样，依据创业情景设定中给出的广告费用投入、销售人员数量及产品质量改进费用投入等与其产生的销售额效应之间的关系数对，拟合出相应的非价格市场营销手段效应曲线，进而根据广告费用投入最大边际效应决策、销售人员数量最大边际效应决策及产品质量改进费用投入最大边际效应决策等原理，做出广告费用投入、销售人员数量及产品质量改进费用投入决策，确定各非价格营销手段费用投入均为产品销售额的 7%，则转化为具体的广告费用投入、销售人员数量及产品质量改进费用投入分别为

$$\text{广告费用投入} = 6\,592.373\,1 \times 7\% \approx 461.47\text{（万元）}$$

$$\text{销售人员数量} = \frac{6\,592.373\,1 \times 7\%}{3.5 \times (1+5\%)} \approx 126\text{（名）}$$

$$\text{产品质量改进费用} = 6\,592.373\,1 \times 7\% \approx 461.47\text{（万元）}$$

式中，产品质量改进费用 461.7 万元，包含了研究开发人员费用、改进产品质量的其他研究开发投入费用和超过职工工资总额 80%的社会福利费用部分。例如，保持社会福利费用占工资总额 80%的比例不变，其他研究开发投入费用为 115.5 万元，则研究开发人员数应为

$$\text{研发人员数量} = \frac{461.5 - 115.5}{5 \times (1+5\%) \times (1+80\%)} \approx 36\text{（名）}$$

8.2.2　生产优化决策

由 7.3 节创业情景设定中的生产部门设定可知：一条生产线每一经营周期生产能力为 6 500 单位，每生产一台 E 型产品耗用设备能力 1 单位，每生产一台 B 型产品耗用设备能力 0.9 单位；一个生产人员一个经营周期内可生产 E 型产品 250 台，或可生产 B 型产品 280 台，或可生产 I 型产品 227 台，但在创业周期没有中标产品生产。

由 7.4 节营销构建决策可知，创业周期拟投资 5 条生产线，附加市场Ⅱ上大批量订购 B 型特殊产品 5 000 台拟于生产；由生产构建决策可知，创业周期生产人员招聘数拟调整为 129 名，机器人确定购买数为 10 个，维修保养费用投入为 50 万元，生产合理化费用投入为 200 万元，由此可得创业周期生产线能力实际数应为 34 716 单位。

又由 8.2.1 小节的内容可知，E 型产品单位变动成本为 476.3 元，销售价格为 813 元，由此可得 E 型产品单位边际利润为 336.7 元；由 7.4 节生产构建决策可知，单位 B 型产品材料费用为 105 元，一个生产人员一个经营周期可生产 B 型产品 280 台，一个生产人员周期费用为 5.67 万元，则分摊到 B 型产品的单位生产加工直接费用为

$$\text{B 型产品直接加工成本} = 56\,700/280 = 202.5\text{（元/台）}$$

可得 B 型产品单位变动成本为 105+202.5=307.5（元），销售价格已经由用户给定，

每台为 950 元，则得 B 型产品单位边际利润为 642.5 元。由此可见，尽管用户给定的 B 型产品的订购价格较低，但由于其不需要附件，所以，产品单位边际利润远高于 E 型产品。

依据上述分析，创业周期没有中标产品的生产，考虑之后各个经营周期的优化决策应用和生产线能力为生产产品的主要约束条件，仍设拟确定的一般市场产品、中标产品和特殊产品的生产量分别为 x_1, x_2, x_3，优化决策所建立的组合方案优化决策模型为

$$
\begin{aligned}
\max f(x) &= 336.7x_1 + 336.7x_2 + 642.5x_3 \\
\text{s.t.}\quad & x_1 + x_2 + 0.9x_3 \leqslant 34\,716 \\
& x_1 \leqslant 81\,087 \\
& x_2 = 3\,000 \\
& x_3 \leqslant 5\,000 \\
& x_1, x_2, x_3 \geqslant 0
\end{aligned}
$$

由于创业周期各企业均没有中标产品，所以，应有 $x_2 = 0$，优化决策模型应简化为

$$
\begin{aligned}
\max f(x) &= 336.7x_1 + 642.5x_3 \\
\text{s.t.}\quad & x_1 + 0.9x_3 \leqslant 34\,716 \\
& x_1 \leqslant 81\,087 \\
& x_3 \leqslant 5\,000 \\
& x_1,\ x_3 \geqslant 0
\end{aligned}
$$

求解后，最终确定 x_1=30 216，$x_2 = 0$ 和 $x_3 = 5\,000$。显然，由于 E 型产品的生产量 x_1= 30 216，远远小于 $Q^* = 81\,087$，无法满足一般市场对 E 型产品的需求，即有 $x_1 < Q^*$，这将会造成极大的 E 型产品销售损失。所以，在这种情况下必须对原有的营销决策数据做出调整。

此外，在上述优化生产决策方案下，创业周期生产所需生产人员招聘计算应调整为

E 型产品生产需要人员数=30 216/250≈120.86（名）

B 型产品生产需要人员数=5 000/280=17.86（名）

生产人员需求合计数=120.86+17.86=138.7≈139（名）

考虑到购买机器人可提高企业生产自动化程度，是比较经济的，且不会形成社会福利费用、招聘和辞退等费用支出，但仍需保证创业企业要有一定的生产人员数量，使其在以后的生产能力调整过程中可灵活地用于加班、辞退。所以，在进行生产人员调整决策时，可以考虑在创业周期仍一次性地招聘 129 名生产人员，而其余 10 名生产人员的需求数可通过购买机器人得到满足。

8.2.3 营销决策调整

由 8.2.2 小节的优化决策已知，在已有创业企业市场营销手段运用和生产线的生产能力决策下，E 型产品决策生产量远远小于决策销售量，即有 $x_1 < Q^*$，这将会造成极大的 E 型产品销售损失。如果再扩大创业企业生产能力，除需要增加生产线投资外，因一座

厂房最多只能容纳五条生产线，还需再扩大厂房，同时，还会再增加生产人员需求数等，这将大幅度增加资金需求压力，提高贷款数额。所以，不能只是简单地考虑生产能力的增加。在考虑一次性投资不宜太大、不再增加生产线的情况下，可通过营销决策调整，完善决策方案。

首先，求出 E 型产品销售量为 30 216 时的销售量效应值，即由 E 型产品销售量计算式：

$$Q^* = \frac{25\,000\,000}{1\,150} \times \frac{y}{100} = 30\,216\text{（台）}$$

可得

$$y = \frac{30\,216 \times 1\,150 \times 100}{25\,000\,000} \approx 138.99$$

其次，导出需求曲线效应函数的反函数，求出对应的销售价格，即由计算式：

$$y = f(P) = 1\,120 \times \mathrm{e}^{-\left(\frac{P}{740}\right)^2}$$

可得

$$\begin{aligned} P' = \Phi(y) &= \sqrt{-\ln\left(\frac{y}{1\,120}\right) \times (740)^2} \\ &= \sqrt{-\ln\left(\frac{138.99}{1\,120}\right) \times (740)^2} \\ &\approx 1\,069\text{（元）} \end{aligned}$$

最后，求 E 型产品销售额，调整创业企业各项非价格营销手段费用投入，分别为

产品销售额=1 069×30 216=32 300 904（元）≈3 230（万元）

广告费用投入=3 230×7% ≈ 226（万元）

$$\text{销售人员数量} = \frac{3\,230 \times 7\%}{3.5 \times (1+5\%)} \approx 62\text{（名）}$$

产品质量改进费用=3 230×7% ≈ 226（万元）

如果保持社会福利费用占工资总额 80%的比例不变，在 226 万元的产品质量改进费用投入中，其他研究开发投入费用为 115.5 万元，则研究开发人员数应为

$$\text{研发人员数量} = \frac{226 - 115.5}{5 \times (1+5\%) \times (1+80\%)} \approx 12\text{（名）}$$

所以，在创业周期 E 型产品销售价格应调整为 1 069 元，广告费用投入为 226 万元，销售人员聘用为 62 名，研发人员招聘 12 名，其他产品质量改进费用投入为 115.5 万元。

8.2.4　采购优化决策

由 7.3 节创业情景设定中的生产部门设定可知：每生产一台 E 型产品需要一个单位的原材料、一个单位的附件和 30 元的辅助生产材料；每生产一台 B 型产品或 I 型产品需要一个单位原材料、28 元的辅助生产材料，但不需要附件；每次订购批量越大，单价越

低。由上述生产优化决策与营销决策调整可知，在不扩大生产线能力、仅调整产品销售价格的情况下，创业周期 E 型产品计划生产量仍为 30 216 台，B 型产品计划生产量为 5 000 台，I 型产品没有计划生产量。依据在创业周期中的各类产品生产计划，不同材料需要量分别为

$$\begin{aligned}\text{原材料需要量} &= \text{E型产品需要量}+\text{B型产品需要量}\\ &= 30\,216+5\,000+0\\ &= 35\,216\text{（单位）}\end{aligned}$$

$$\begin{aligned}\text{附件的需要量} &= \text{E型产品需要量}+\text{B型产品需要量}\\ &= 30\,216+0+0\\ &= 30\,216\text{（单位）}\end{aligned}$$

由 7.3 节创业情景设定中的仓库部门设定可知：各创业企业有足够的仓库可供材料存放，不形成存储费用。但材料存放占用资金，会形成一定的利息费用，而这些利息费用又与材料采购批量有关。同时，材料采购批量必须考虑满足产品生产上的需要，否则，会产生很大的材料短缺紧急供货费用。分析、比较不同订货批量所形成的总费用，对只满足产品生产需求最小订购批量和更大订购批量的费用进行比较决策，建立的总费用函数为

$$C_i = \text{单价}\times(\text{订货批量}-\text{需求量})\times\text{贷款利率}+\text{单价}\times\frac{\text{需求量}}{2}\times\text{贷款利率}+\text{单价}\times\text{需求量}$$

式中，第一项为材料订购批量中大于需求量部分占用资金的利息费用；第二项为本期需求量占用资金的利息费用，而 $\frac{\text{需求量}}{2}$ 为本期需求量的平均存货量；第三项即为本期需求量的价格费用。而贷款利率与创业企业自有资金数额有关，为简化计算，取贷款不超过自有资金部分的利率 9%和不超过自有资金两倍部分的利率 11%的中值，作为总费用函数式中的贷款利率，即为 10%。结合材料批量价格折扣，原材料和附件订购批量决策如下。

1. *原材料订购批量决策*

由 7.3 节创业情景设定中的采购部门设定可知：当原材料订购批量分别为 35 216 单位、45 001 单位和 70 001 单位时，对应的原材料单价分别为 90 元、70 元和 60 元。又由图 8-22 的创业周期形势报告可知，原材料价格上涨 10%，则不同订购批量下的原材料价格分别如下。

当订购批量为 35 216 单位时，单价=90×（1+10%）=99（元）。

当订购批量为 45 001 单位时，单价=70×（1+10%）=77（元）。

当订购批量为 70 001 单位时，单价=60×（1+10%）=66（元）。

将上述不同订购批量及其一定涨幅下对应的不同单价，代入原材料总费用计算公式有

$$C_1(35\,216)=99\times(35\,216-35\,216)\times0.1+99\times\frac{35\,216}{2}\times0.1+99\times35\,216=3\,660\,703.2\text{（元）}$$

$$C_2(45\,001)=77\times(45\,001-35\,216)\times0.1+77\times\frac{35\,216}{2}\times0.1+77\times35\,216=2\,922\,558.1\text{（元）}$$

$$C_3(70\,001)=66\times(70\,001-35\,216)\times0.1+66\times\frac{35\,216}{2}\times0.1+66\times35\,216=2\,670\,049.8\text{（元）}$$

比较不同原材料订购批量的总费用可知，当原材料订购批量为 70 001 单位时，对应的原材料总费用最小，所以原材料订购批量应取 70 001 单位。

2. 附件订购批量决策

由 7.3 节创业情景设定中的采购部门设定可知：当附件的订购批量分别为 30 216 单位、45 001 单位和 70 001 单位时，对应的附件单价分别为 170 元、150 元和 140 元。又由图 8-22 的创业周期形势报告可知，附件价格下降 5%，则不同订购批量下的附件价格分别为

当订购批量为 30 216 单位时，单价=170×（1–5%）=161.5（元）。

当订购批量为 45 001 单位时，单价=150×（1–5%）=142.5（元）。

当订购批量为 70 001 单位时，单价=140×（1–5%）=133（元）。

将上述不同订购批量及其一定降幅下对应的不同单价，代入附件总费用计算公式有

$$\begin{aligned}C_1(30\,216)&=161.5\times(30\,216-30\,216)\times0.1+161.5\times\frac{30\,216}{2}\times0.1+161.5\times30\,216\\&=5\,123\,878.2\text{（元）}\end{aligned}$$

$$\begin{aligned}C_2(45\,001)&=142.5\times(45\,001-30\,216)\times0.1+142.5\times\frac{30\,216}{2}\times0.1+142.5\times30\,216\\&=4\,731\,755.25\text{（元）}\end{aligned}$$

$$\begin{aligned}C_3(70\,001)&=133\times(70\,001-30\,216)\times0.1+133\times\frac{30\,216}{2}\times0.1+133\times30\,216\\&=4\,748\,804.9\text{（元）}\end{aligned}$$

比较不同附件订购批量的总费用可知，当附件订购批量为 45 001 单位时，对应的附件总费用最小，所以附件订购批量应取 45 001 单位。

8.2.5　其他经营决策

在经历了营销优化决策、生产优化决策、营销决策调整和采购优化决策后，现代企业生产经营优化决策的主要内容也就初步确定下来了。以此为主线，可再就 E 型产品投标价格、市场调研报告、维修保养费用投入、生产合理化投资、社会福利费用、中期贷款数额、有价证券购买、计划支付股息和管理合理化投资等其他经营活动内容做出全面决策。

1. 其他营销决策

在营销优化决策及其调整中，已经初步确定了 E 型产品价格为 1 069 元/台，广告费用投入为 226 万元，销售人员聘用 62 名，B 型产品销售数量为 5 000 台。还需就一般市场上的市场调研报告购买与否和附加市场 I 上的 E 型产品投标价格做出决策。

市场调研报告通报了所有竞争企业所使用的市场营销手段数据和与营销策略有关的市场情况、生产情况以及在销售市场上所取得的成果，可供企业在激烈的市场竞争中分析竞争企业决策动态，以求企业能够知己知彼，百战不殆，所以，可以考虑购买。

附加市场Ⅰ上的E型产品招标数量为3 000台，7.4节的营销构建决策中，根据分析已将投标价格确定为1 061元/台，可保持不变。在多产品经营的现代企业中，如果一般市场竞争激烈，产品已经很难销售，则在企业生产能力较为充裕的情况下，只要投标价格高于产品变动成本，就可考虑生产和销售，因其至少可弥补部分固定成本。

2. 其他生产决策

在生产优化决策中，已经初步确定了E型产品在一般市场上的生产量为30 216台。一次性投资5条生产线，维修保养费用投入为50万元，因该费用所对应的维修保养系数效应恰为较佳点，没有特殊需要将保持不变，生产合理化投资为200万元。创业周期生产人员的一次性招聘数为129名，机器人购买数为10个。没有生产线报废变卖和生产人员辞退。

3. 其他采购决策

在采购优化决策中，已经结合E型产品和B型产品生产需要，就原材料和附件订购批量做出了决策，分别为70 001单位和45 001单位。辅助生产材料费用由实验系统自行计算。

4. 其他质量决策

在营销决策调整中，已经确定产品质量改进费用投入合计为226万元，转化为创业周期需招聘研发人员12名，其他质量改进费用投入为115.5万元。同理，不会发生人员辞退。

5. 其他财务决策

在前述各节中，均已假设职工社会福利费用为工资总额的80%，该比例费用恰为较佳效应点，没有特别需要可保持不变。考虑到尚处于创业周期，创业企业投入资金数额较大，尚需贷款，故而不宜购买有价证券。支付股东股息对企业经营最终评分有显著的影响，确定计划支付股息60万元。管理合理化投资确定为30万元，因此管理人员费用节省最多。其中，中期贷款数额确定涉及周期所有现金收入和支出，计算最为复杂，计算过程可参考6.8节的现金收支预算相关内容。为方便起见，可先设定为1 000万元。然后，借助于仿真系统中的方案全面预算功能模块支持测算和调整，直至取得较为准确的中期贷款数额。

至此，已经确定了创业周期创业企业优化决策下的所有数据，将其输入创业周期创业企业决策表单，形成创业周期（第1周期）创业企业优化构建决策方案，如图8-33所示。

图 8-33　创业周期创业企业优化构建决策数据表单

8.3　方案全面预算仿真

现代企业创业优化构建决策方案拟订后，根据现代企业决策方案全面预算原理，建立决策方案全面预算支持系统，即可对市场竞争条件下创业企业优化构建决策方案的产品市场销售量、销售额、市场占有率、生产量、生产线负荷、生产人员负荷、产品生产成本、企业经营损益、周期现金收支及资产负债等进行全面预算，并以报表的形式输出，以使学生全面了解一定构建决策方案下的预计成果，分析所作决策正确与否，进而完善优化构建决策方案。

8.3.1　全面预算报告

将图 8-33 形成的构建决策方案作为第 1 企业创业周期决策方案，运用决策方案全面预算支持系统计算后，决策仿真系统给出优化构建决策方案下的预算报告主菜单，如图 8-34 所示。

逐一显示预算报告主菜单中的各项内容，可得市场生产数据报告、成本类型核算报告、成本发生部门生产经营报告、成本承担单元合计报告、利润亏损核算报告、税后利润报告、利润分配核算报告、财务报告、资产负债报告和各创业企业生产经营评价总表等预算报表，各类预算报表主要内容及其形式做如下简述。

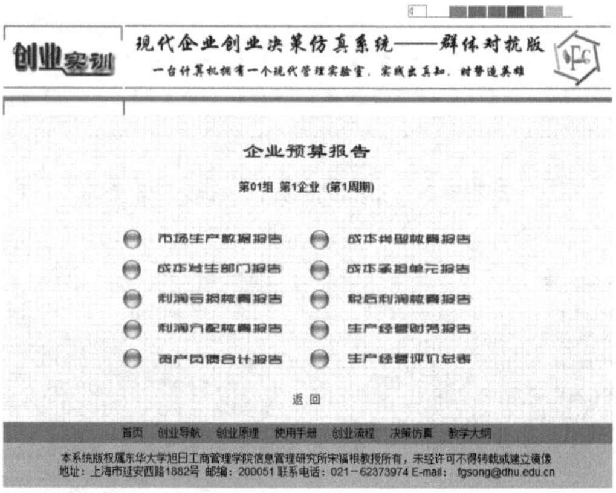

图 8-34　优化构建决策方案下的预算报告主菜单

比较图 8-35 和图 8-29 可知，原材料单位价格由原来的 77 元下降到了 66 元，这是由于原材料的订购批量由原来的 45 001 单位提高到了 70 001 单位，所以单位 E 型产品的制造成本由原来的 676.89 元下降到了 665.95 元，进而将降低了产品成本。

市场生产数据报告（预算）

(第1周期)

市场报告

	一般市场	附加市场	
		I	II
价格　(元/台)	1069	0	950
销售量　(台)	30216	0	5000
销售额 (百万元)	32.3	0	4.75
市场占有率 (%)	12.6		
产品质量评价	2		

仓库报告I：原材料

	量(台)	价值	
		(元/台)	(百万元)
期初库存	0	0	0
+增　加	70001	66	4.62
−消　耗	35216	66	2.32
=期末库存	34785	66	2.29

仓库报告II：一般产品

	量(台)	制造成本(元/台)	库存价值(百万元)
期初库存	0	0	0
+增　加	30216	665.95	20.12
−消　耗	30216	665.95	20.12
=期末库存	0	0	0

仓库报告III：附件

	量(台)	价值	
		(元/台)	(百万元)
期初库存	0	0	0
+增　加	45001	142.5	6.41
−消　耗	30216	142.5	4.3
=期末库存	14785	142.5	2.1

人员报告I

	生产部门	研究开发部门
期初人员	0	0
+招　聘	129	12
−解　雇	0	0
−流　动	0	—
=期末人员	129	12

人员报告II

部　门	人　员(个)
销　售	62
采　购	5
管　理	25
管理的合理化系数	1.3

生产报告I

	生产线(条)	机器人(个)
前周期	0	0
+投　资	5	10
−变　卖	0	—
本周期	5	10

生产报告II

	加工(台)	设备要求(单位)	人员要求(个)
一般产品	30216	30216	110.8
特殊产品	5000	4500	17.8
合　计	35216	34716	129
负载率(%)	—	100	99.9

生产报告III

生产线的合理化系数	1.09
生产线维修保养系数	0.98
生产线负载率100%时生产能力	34716

首页　上页　下页　尾页

首页　创业导航　创业原理　使用手册　创业流程　决策仿真　教学大纲

本系统版权属东华大学旭日工商管理学院信息管理研究所宋福根教授所有，未经许可不得转载或建立镜像
地址：上海市延安西路1882号 邮编：200051 联系电话：021－62373974 E-mail： fgsong@dhu.edu.cn

图 8-35　市场生产数据预算报告

由图 8-36 可以看出，该方案下的生产经营成本累计为 3 242 万元。其中，直接成本由进入产品的材料费用和生产人员的加工费用两部分组成，合计为 1 499 万元；间接成本合计为 1 743 万元。间接成本将按其发生部门被分解到各相关部门，再被分摊到不同产品。

创业实训　现代企业创业决策仿真系统——群体对抗版

一台计算机拥有一个现代管理实验室，实践出真知，时势造英雄

产品成本类型核算报告（预算）

(第1周期)

成本类型	百万元	成本类型说明
材料费用		
原材料	2.32	直接成本
附件	4.3	直接成本
生产材料	1.04	直接成本
人员费用		
工资费用	7.82	其中直接成本4.06
人员附加费用	4.43	其中直接成本3.25
招聘/解雇费用	1.41	间接成本
折旧费用		
厂房	0.2	间接成本
生产线	2	间接成本
机器人	0.4	间接成本
其他经营费用		
其他固定费用	1.6	间接成本
维修保养	0.55	间接成本
合理化	2.3	间接成本
返修/废品	0.41	间接成本
库存费用	0	间接成本
广告费用	2.26	间接成本
市场研究	0.2	间接成本
其他研究开发费用	1.15	间接成本
合 计：	32.42	

首页　上页　下页　尾页

首页　创业导航　创业原理　使用手册　创业流程　决策仿真　教学大纲

地址：上海市延安西路1882号 邮编：200051 联系电话：021－62373974 E-mail：fgsong@dhu.edu.cn

图 8-36　产品成本类型预算报告

由图 8-37 可以看出，该决策方案下不同类型的间接费用，按其所发生部门进行了归类，并按部门计算出了合计数，为将所有间接费用按一定方式分摊到不同产品奠定了基础。

创业实训　现代企业创业决策仿真系统——群体对抗版

一台计算机拥有一个现代管理实验室，实践出真知，时势造英雄

成本发生部门核算（预算）

（第1周期）

成本类型\成本发生部门	合计（百万元）	采购	生产	研究开发	销售库存	管理
人员费用						
工资	3.76	0.15	0	0.63	2.28	0.68
人员附加费用	1.18	0.12	0	0.5	0	0.55
招聘/解雇	1.41	0	1.29	0.12	0	0
折旧费用						
厂房	0.2	0.03	0.12	0.01	0.02	0.02
生产线	2	0	2	0	0	0
机器人	0.4	0	0.4	0	0	0
其他经营费用						
其他固定费用	1.6	0.15	0.3	0.05	0.1	1
维修保养	0.55	0	0.5	0	0	0.05
合理化	2.3	0	2	0	0	0.3
返修/废品	0.41	0	0.41	0	0	0
仓库费用	0	0	0	0	0	0
广告	2.26	0	0	0	2.26	0
市场研究	0.2	0	0	0	0.2	0
其他研究开发费用	1.15	0	0	1.15	0	0
合 计	**17.43**	**0.46**	**7.02**	**2.46**	**4.86**	**2.61**

首页　上页　下页　尾页

首页　创业导航　创业原理　使用手册　创业流程　决策仿真　教学大纲

地址：上海市延安西路1882号 邮编：200051 联系电话：021－62373974 E-mail： fgsong@dhu.edu.cn

图 8-37　成本发生部门预算报告

由图 8-38 可以看出，该决策方案下的材料部门间接费用以不同产品的直接材料费用为分摊基础，生产部门间接费用以不同产品的直接加工费用为分摊基础，进而计算出了不同产品的制造成本及所有产品制造成本的合计。再以不同产品的制造成本为分摊基础，进而计算出了不同产品的销售费用、研发费用、管理费用分摊额、不同产品的产品成本及所有产品生产成本的合计。结合不同产品的销售收入及所有产品销售收入的合计，即可计算出不同产品的生产经营成果及所有产品生产经营成果的合计。所有这些数据分别除以不同产品的生产数量，即可求得不同产品的单位直接成本、制造成本、生产成本和经营成果。

成本\成本承担单元	合计 (百万元)	一般产品 一般市场	一般产品 附加市场I	特殊产品 附加市场II
原材料	2.32	1.99	0	0.33
+附件	4.3	4.3	0	0
+生产材料	1.04	0.9	0	0.14
=材料直接费用	7.67	7.2	0	0.47
+材料间接费用	0.46	0.43	0	0.02
=材料成本	8.14	7.64	0	0.49
加工直接费用	7.31	6.36	0	0.94
+加工间接费用	7.02	6.11	0	0.91
=加工成本	14.33	12.48	0	1.85
=制造成本	22.47	20.12	0	2.35
+研究开发费用	2.46	2.21	0	0.25
+销售费用	4.06	4.35	0	0.61
+管理费用	2.61	2.33	0	0.27
=产品成本	32.42	29.02	0	3.4
销售收入	37.05	32.3	0	4.75
+/–产品库存变化	0	0	0	0
=总的经营收入	37.05	32.3	0	4.75
生产经营成果	4.62	3.27	0	1.34

图 8-38　成本承担单元预算报告

由图 8-39 可以看出，采用成本类型和成本结构不同核算方法，计算出的该决策方案下的创业企业生产经营成果与成本承担单元核算方法计算出的生产经营成果数据相一致。

由图 8-40 可以看出，生产经营成果加购买有价证券利息收入，减各种银行贷款利息，再加、减变卖生产线收入及损失，扣除缴纳税收，可得周期结余或亏损，即税后利润。

由图 8-41 可以看出，周期结余或亏损减前周期亏损结转，减周期支付股息，即得本周期利润留存。如果周期结余减前周期亏损结转为负数，则无须缴纳税收，但亏损数将被结转。

	百万元		百万元
销售收入	37.05	销售收入	37.05
+/–产品库存变化	0	–销售产品制造成本	22.47
–材料费用	7.67		
–人员费用		–销售费用	4.86
–工资	7.82		
–人员附加费用	4.43	–研究开发费用	2.46
–其他人员费用	1.41		
–折旧	2.6	–管理费用	2.61
–其他经营费用	8.48		
=生产经营成果	4.62	=生产经营成果	4.62

图 8-39　利润和亏损预算报告

	百万元
生产经营成果	4.62
+有价证券收入	0
–利息费用和其他费用	0.49
=一般经营成果	4.13
+特别收入	0
–特别费用	0
=税前经营成果	4.13
–税收	1.65
=周期结余/周期亏损	2.47

图 8-40　税后利润预算报告

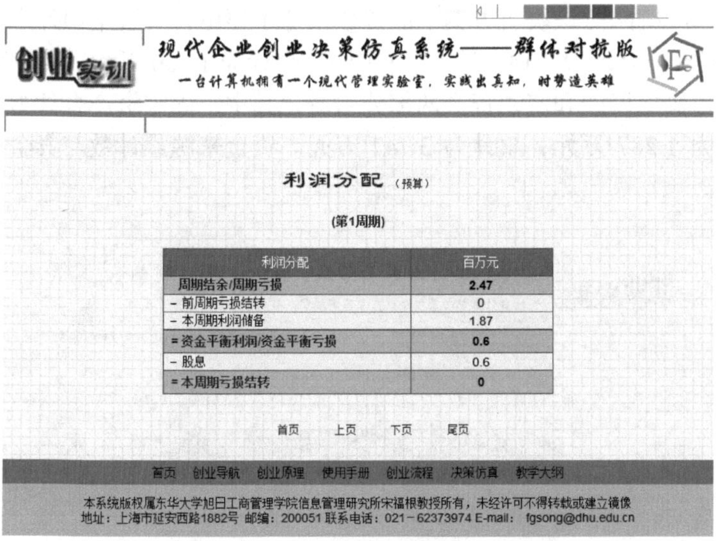
现代企业创业决策仿真系统——群体对抗版

一台计算机拥有一个现代管理实验室，实践出真知，时势造英雄

利润分配（预算）

（第1周期）

利润分配	百万元
周期结余/周期亏损	2.47
－前周期亏损结转	0
－本周期利润储备	1.87
＝资金平衡利润/资金平衡亏损	0.6
－股息	0.6
＝本周期亏损结转	0

首页　上页　下页　尾页

首页　创业导航　创业原理　使用手册　创业流程　决策仿真　教学大纲

本系统版权属东华大学旭日工商管理学院信息管理研究所宋福根教授所有，未经许可不得转载或建立镜像

地址：上海市延安西路1882号　邮编：200051 联系电话：021－62373974 E-mail：fgsong@dhu.edu.cn

图 8-41　利润分配预算报告

由图 8-42 可以看出，该决策方案下的现金收入主要由期初现金、本周期产品销售收入及中期贷款三部分组成。现金支出主要由购买材料费用、人员工资福利费用、广告投入等其他经营费用、贷款利息费用、购买机器人费用、投资生产线及建造厂房费用、缴纳税收等费用组成。现金收入合计减去现金支出合计，即为期末现金。期末现金不得低于 10 万元。

现代企业创业决策仿真系统——群体对抗版

一台计算机拥有一个现代管理实验室，实践出真知，时势造英雄

财务报告（预算）

（第1周期）

本周期财务报告(百万元)			
期初现金	25		
现金收入	本周期(百万元)	现金支出	本周期(百万元)
本周期产品销售收入	29.64	材料费用	12.07
+前周期产品销售收入	0	+人员费用	13.67
		+其他经营费用	8.48
+有价证券	0	+中期和透支贷款归还	0
+利息收入	0	+利息费用	0.49
		+购买机器人	3.2
+特别收入	0	+购买生产线和厂房	24
+生产线变卖收入	0	+购买有价证券	0
		+税收	1.65
+中期贷款	10	+股息支付(前周期)	0
+透支贷款	0	+特别费用	0
=现金收入合计	39.64	=现金支出合计	63.57
期末现金	1.06		

首页　上页　下页　尾页

首页　创业导航　创业原理　使用手册　创业流程　决策仿真　教学大纲

本系统版权属东华大学旭日工商管理学院信息管理研究所宋福根教授所有，未经许可不得转载或建立镜像

地址：上海市延安西路1882号　邮编：200051 联系电话：021－62373974 E-mail：fgsong@dhu.edu.cn

图 8-42　财务预算报告

由图 8-43 可以看出，该决策方案下的资金来源主要由自有资金和外来资金两部分组成。其中，自有资金合计为 2 147 万元；外来资金合计为 1 600 万元，累计为 3 747 万元。资金占用主要由固定资产和流动资产两部分组成。其中，固定资产合计为 2 460 万元；流动资产合计为 1 287 万元，累计为 3 747 万元。资金来源累计数与资金占用累计数，两者必须持平。

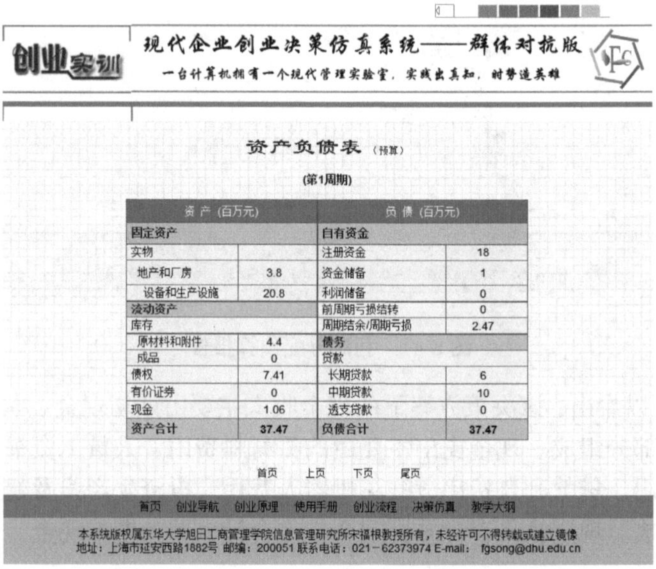

资 产（百万元）		负 债（百万元）	
固定资产		自有资金	
实物		注册资金	18
地产和厂房	3.8	资金储备	1
设备和生产设施	20.8	利润储备	0
流动资产		前周期亏损结转	0
库存		周期结余/周期亏损	2.47
原材料和附件	4.4	债务	
成品	0	贷款	
债权	7.41	长期贷款	6
有价证券	0	中期贷款	10
现金	1.06	透支贷款	0
资产合计	37.47	负债合计	37.47

图 8-43　资产负债预算报告

由图 8-44 可以看出，比较而言，第 1 企业 E 型产品销售量最大，该项评价得分也最高。

一般市场销售量（台）		周期							
企业	队名	1	2	3	4	5	6	7	评分
1	决策先锋	30216	—	—	—	—	—	—	1
2	***	21600	—	—	—	—	—	—	0.7
3	***	21600	—	—	—	—	—	—	0.7
4	***	21600	—	—	—	—	—	—	0.7
5	***	21600	—	—	—	—	—	—	0.7
6	***	21600	—	—	—	—	—	—	0.7
7	***	21600	—	—	—	—	—	—	0.7
8	***	21600	—	—	—	—	—	—	0.7
9	***	21600	—	—	—	—	—	—	0.7
10	***	21600	—	—	—	—	—	—	0.7

图 8-44　创业决策评价总表——销售价格预算报告

由图 8-45 可以看出，第 1 企业 E 型产品理论市场占有率远高于其他竞争企业和平均数。

理论市场占有率（%）		周期							
企业	队名	1	2	3	4	5	6	7	评分
1	决策先锋	16.6	—	—	—	—	—	—	1
2	***	9.2	—	—	—	—	—	—	0.5
3	***	9.2	—	—	—	—	—	—	0.5
4	***	9.2	—	—	—	—	—	—	0.5
5	***	9.2	—	—	—	—	—	—	0.5
6	***	9.2	—	—	—	—	—	—	0.5
7	***	9.2	—	—	—	—	—	—	0.5
8	***	9.2	—	—	—	—	—	—	0.5
9	***	9.2	—	—	—	—	—	—	0.5
10	***	9.2	—	—	—	—	—	—	0.5

图 8-45　创业决策评价总表——理论市场占有率预算报告

但由图 8-46 可以看出，第 1 企业 E 型产品实际市场占有率却远低于其理论市场占有率。

实际市场占有率（%）		周期							
企业	队名	1	2	3	4	5	6	7	评分
1	决策先锋	12.6	—	—	—	—	—	—	1
2	***	9.7	—	—	—	—	—	—	0.7
3	***	9.7	—	—	—	—	—	—	0.7
4	***	9.7	—	—	—	—	—	—	0.7
5	***	9.7	—	—	—	—	—	—	0.7
6	***	9.7	—	—	—	—	—	—	0.7
7	***	9.7	—	—	—	—	—	—	0.7
8	***	9.7	—	—	—	—	—	—	0.7
9	***	9.7	—	—	—	—	—	—	0.7
10	***	9.7	—	—	—	—	—	—	0.7

图 8-46　创业决策评价总表——实际市场占有率预算报告

由图 8-47 可以看出，较之于其他创业竞争企业，第 1 企业取得了更好的税前经营成果。

税前经营成果(百万元)		周期							
企业	队名	1	2	3	4	5	6	7	评分
1	决策先锋	4.13	—	—	—	—	—	—	1
2	***	2.58	—	—	—	—	—	—	0.6
3	***	2.58	—	—	—	—	—	—	0.6
4	***	2.58	—	—	—	—	—	—	0.6
5	***	2.58	—	—	—	—	—	—	0.6
6	***	2.58	—	—	—	—	—	—	0.6
7	***	2.58	—	—	—	—	—	—	0.6
8	***	2.58	—	—	—	—	—	—	0.6
9	***	2.58	—	—	—	—	—	—	0.6
10	***	2.58	—	—	—	—	—	—	0.6

图 8-47　创业决策评价总表——税前经营成果预算报告

由图 8-48 可以看出，较之于其他创业竞争企业，第 1 企业同样取得了更好的综合评分。

经营决策综合评分		周期							
企业	队名	1	2	3	4	5	6	7	名次
1	决策先锋	87	—	—	—	—	—	—	1
2	***	74.6	—	—	—	—	—	—	2
3	***	74.6	—	—	—	—	—	—	2
4	***	74.6	—	—	—	—	—	—	2
5	***	74.6	—	—	—	—	—	—	2
6	***	74.6	—	—	—	—	—	—	2
7	***	74.6	—	—	—	—	—	—	2
8	***	74.6	—	—	—	—	—	—	2
9	***	74.6	—	—	—	—	—	—	2
10	***	74.6	—	—	—	—	—	—	2

图 8-48　经营决策评价总表——构建决策综合评价预算报告

8.3.2 全面预算分析

1. 营销决策分析

由图 8-35 的市场生产数据预算报告中的仓库报告Ⅱ：一般产品可知，E 型产品本周期生产量为 30 216 台，周期内全部售完，期末库存量已经为 0。同时，又由图 8-45 的理论市场占有率预算报告与图 8-46 的实际市场占有率比较可知，理论市场占有率高达 16.6%，实际市场占有率仅为 12.6%，实际市场占有率远低于理论市场占有率，这说明，E 型产品销售出现了较大的销售损失，这是因为第 1 企业的销售价格 1 069 元/台，远低于竞争企业的默认销售价格 1 150 元/台，广告费用投入、销售人员数量和产品质量改进费投入等非价格营销手段运用强度，又均高于竞争企业的默认数据，引起了需求曲线外移。而与此同时，生产的 E 型产品已经全部售罄，无法满足更多的市场需求。所以，要么调整营销手段，要么扩大生产能力，使理论市场占用率与实际市场占有率基本一致。在不宜扩大生产能力的情况下，企业应进一步调整营销手段：或是再度提高产品销售价格，或是降低非价格营销手段运用费用投入，以提高单位产品销售利润，从而获取更大的经济效益。

2. 生产决策分析

由图 8-35 的生产报告Ⅰ和生产报告Ⅱ可知，第 1 企业优化决策方案中生产能力与在 7.4.3 小节生产构建决策方案中就已确定的能力相同，较大的生产能力可将相对稳定的材料间接费用、加工间接费用、销售费用、研发费用和管理费用分摊到更多的产品数量上，可以有效地降低单位产品成本。但较大的生产能力扩大又将增加资金需求压力、增加贷款利息负担。所以，尽管由营销决策分析已知，由于生产能力有限，尚远不能满足 E 型产品在一般市场上的销售需要，出现了显著的供不应求，造成了较大的销售损失，但考虑到不宜在创业周期就过度扩大生产线能力与生产人员能力，可以维持创业周期已经构建的生产线能力和生产人员能力不变，力求生产线能力和生产人员能力的满负荷运行。在创业周期后续的不同经营周期，再依据周期形势变化，适时、逐步扩大生产线能力和生产人员能力。

3. 采购决策分析

由图 8-35 的仓库报告Ⅰ和仓库报告Ⅲ可知，第 1 企业优化决策方案中原材料和附件的一次性订购批量都已较大，单位材料价格就较低。原材料订购批量由原来构建决策方案中的 45 001 单位提高到了 70 001 单位，单价由原来的的 77 元进一步降到了 66 元；附件订购批量仍为 45 001 单位，与原来构建决策方案中的订购批量持平，单价仍为 142.5 元。尽管如此，还是有效地降低了单位产品材料成本，进而也成为降低 E 型产品单位制造成本的主要因素，E 型产品单位制造成本降到了 665.95 元，较之于原来构建决策中的 676.89 元有所降低。所以，在资金贷款压力不是很大的情况下，应一次性订购较大的材料批量，这将有效地提高企业产品的市场竞争力。当然，材料的一次性订购批量较大，会增加贷款数量，进而加大利息负担。但适中的订购批量，增加的贷款数量是有限的，形成的利息负担与因较大批量订购而形成的材料单价下降幅度相比，是微不足道的。

4. 产品成本分析

由图 8-36 中的产品成本类型核算、图 8-37 中的成本发生部门核算和图 8-38 中的成本承担单元核算可知，第 1 企业生产经营成本总额为 3 242 万元，产品销售收入总额为 3 705 万元，销售利润总额为 462 万元，取得了较好的经营效益。其中，E 型产品生产成本为 2 902 万元，生产数量为 30 216 台，折算可知 E 型产品单位成本约为 960.5 元，单位产品利润约为 108.5 元；B 型产品生产成本为 340 万元，生产数量为 5 000 台，折算可知 B 型产品单位成本约为 680 元，单位产品利润为 270 元。由此可见，B 型产品定价较低，但由于其生产不需要附件，所以，生产成本也较低，在一般市场竞争激烈，E 型产品销售困难，生产线能力与生产人员能力充裕的情况下，可尽可能生产更多的产品。产品成本结构分析，为调整营销决策提供了充分依据。

5. 其他经营分析

除此之外，由图 8-39~图 8-43 等第 1 企业优化决策预算报告还可得知，第 1 企业创业周期的中期贷款数额为 1 000 万元时，显然，下一经营周期需支付利息约为 100 万元，会产生较大的利息负担。同时，期末现金尚有 106 万元，说明中期贷款数额过多，造成了不必要的利息费用。依据营销决策分析，如果是在创业周期为消除理论市场占有率远大于实际市场占有率的现象、减少 E 型产品市场销售损失，应进一步提高 E 型产品销售价格或是降低非价格营销手段费用投入，因此，中期贷款数额还可再减少。

8.3.3 方案全面调整

依据上述分析，可进而全面调整原有优化决策方案。例如，或是逐步提高 E 型产品在一般市场上的销售价格，或是逐步降低广告、销售人员聘用和产品质量改进等非价格营销费用投入等；在提高产品销售价格的同时，减少中期贷款数额；等等。这里，在决策方案全面调整中，采用的是同时逐步提高产品销售价格和降低非价格营销手段费用投入的策略，运用决策方案全面预算支持系统进行预算和调整，再预算，再调整，直至获得满意的方案为止。第 1 企业通过逐步调整后，最终将 E 型产品在一般市场上的销售价格提高到了 1 122 元/台，广告费用投入减少到了 200 万元，销售人员聘用减少到了 56 名，其他产品改进费用投入减少到了 50 万元，中期贷款减少到了 780 万元。调整后的决策方案如图 8-49 所示。

全面调整完成的创业企业决策方案经竞争计算后，主要报告如图 8-50~图 8-56 所示。

图 8-49　全面调整后的创业企业决策方案

将优化决策方案全面调整后的竞争计算成果数据与调整前的成果数据进行比较。由图 8-50 可知，第 1 企业创业周期在一般市场上 E 型产品销售数量不变的情况下，E 型产品销售收入由原来的 3 230 万元提高到了 3 390 万元，企业产品销售收入总额由原来的 3 705 万元提高到了 3 865 万元。由图 8-51 可知，第 1 企业创业周期生产成本总额从 3 242 万元下降到了 3 129 万元，其中，E 型产品成本总额从 2 902 万元下降到了 2 801 万元，单位产品生产成本从 960.5 元下降到了 923 元；第 1 企业产品销售利润总额从 462 万元上升到了 736 万元，其中，E 型产品销售利润由原来的 327 万元上升到了 589 万元，单位销售利润从 108.5 元上升到了 199 元。由图 8-52 可知，尽管第 1 企业中期贷款从 1 000 万元减

创业实训 现代企业创业决策仿真系统——群体对抗版

一台计算机拥有一个现代管理实验室，实践出真知，时势造英雄

市场生产数据报告

(第1周期)

市场报告

	一般市场	附加市场 I	附加市场 II
价格 (元/台)	1122	0	950
销售量 (台)	30216	0	5000
销售额 (百万元)	33.9	0	4.75
市场占有率 (%)	13.1		
产品质量评价	3		

仓库报告I：原材料

	量 (台)	价值 (元/台)	价值 (百万元)
期初库存	0	0	0
+增 加	70001	66	4.62
-消 耗	35216	66	2.32
=期末库存	34785	66	2.29

仓库报告II：一般产品

	量 (台)	制造成本 (元/台)	库存价值 (百万元)
期初库存	0	0	0
+增 加	30216	665.95	20.12
-消 耗	30216	665.95	20.12
=期末库存	0	0	0

仓库报告III：附件

	量 (台)	价值 (元/台)	价值 (百万元)
期初库存	0	0	0
+增 加	45001	142.5	6.41
-消 耗	30216	142.5	4.3
=期末库存	14785	142.5	2.1

人员报告I

	生产部门	研究开发部门
期初人员	0	0
+招 聘	129	12
-解 雇	0	0
-流 动	0	---
=期末人员	129	12

人员报告II

部 门	人 员(个)
销 售	56
采 购	5
管 理	25
管理的合理化系数	1.3

生产报告I

	生产线 (条)	机器人 (个)
前周期	0	0
+投 资	5	10
-变 卖	0	---
本周期	5	10

生产报告II

	加工 (台)	设备要求 (单位)	人员要求 (个)
一般产品	30216	30216	110.8
特殊产品	5000	4500	17.8
合 计	35216	34716	129
负载率(%)	---	100	99.9

生产报告III

生产线的合理化系数	1.09
生产线维修保养系数	0.98
生产线负载率100%时生产能力	34716

首页 上页 下页 尾页

首页 创业导航 创业原理 使用手册 创业流程 决策仿真 教学大纲

图 8-50 决策方案全面调整后的市场生产数据报告

创业实训

现代企业创业决策仿真系统——群体对抗版

一台计算机拥有一个现代管理实验室，实践出真知，时势造英雄

成本承担单元核算

(第1周期)

成本\成本承担单元	合计(百万元)	一般产品一般市场	一般产品附加市场I	特殊产品附加市场II
原材料	2.32	1.99	0	0.33
+附件	4.3	4.3	0	0
+生产材料	1.04	0.9	0	0.14
=材料直接费用	7.67	7.2	0	0.47
+材料间接费用	0.46	0.43	0	0.02
=材料成本	8.14	7.64	0	0.49
加工直接费用	7.31	6.36	0	0.94
+加工间接费用	7.02	6.11	0	0.91
=加工成本	14.33	12.48	0	1.85
=制造成本	22.47	20.12	0	2.35
+研究开发费用	1.81	1.62	0	0.19
+销售费用	4.38	3.92	0	0.46
+管理费用	2.61	2.33	0	0.27
=产品成本	31.29	28.01	0	3.28
销售收入	38.65	33.9	0	4.75
+/-产品库存变化	0	0	0	0
=总的经营收入	38.65	33.9	0	4.75
生产经营成果	7.36	5.89	0	1.46

首页　上页　下页　尾页

首页　创业导航　创业原理　使用手册　创业流程　决策仿真　教学大纲

地址：上海市延安西路1882号 邮编：200051 联系电话：021－62373974 E-mail: fgsong@dhu.edu.cn

图 8-51　决策方案全面调整后的成本承担单元核算报告

少到了 780 万元，但已经能够满足整个企业经营费用的支出需要。由图 8-53 和图 8-54 可知，第 1 企业的理论市场占有率与实际市场占有率已经基本持平。由图 8-55 可知，第 1 企业的税前经营成果从原来的 413 万元提高到了 686 万元；而其他创业竞争企业均从原来的 258 万元仅提高到了 278 万元。由图 8-53 可知，第 1 企业的经营决策综合评分从原来的 87 分提高到了 90.2 分；而其他创业竞争企业均从原来的 74.6 分下降到了 64.4 分。由此可见，第 1 企业优化决策方案全面调整后，进一步完善了优化决策方案，取得了更好的经济效益。

再将优化决策方案全面调整后的竞争计算成果数据与未优化的构建决策方案成果数据进行比较。不难看出，无论是在产品销售收入、经营费用支出、理论市场占有率与实际市场占有率之间的相对平衡等方面，还是在产品生产成本、税前经营利润，综合评价评分等方面，调整后的优化决策方案都要优于未优化的构建决策方案。

本周期财务报告(百万元)			
期初现金	25		
现金收入	本周期(百万元)	现金支出	本周期(百万元)
本周期产品销售收入	30.92	材料费用	12.07
+前周期产品销售收入	0	+人员费用	13.45
		+其他经营费用	7.56
+有价证券	0	+中期和透支贷款归还	0
+利息收入	0	+利息费用	0.49
		+购买机器人	3.2
+特别收入	0	+购买生产线和厂房	24
+生产线变卖收入	0	+购买有价证券	0
		+税收	2.74
+中期贷款	7.8	+股息支付(前周期)	0
+透支贷款	0	+特别费用	0
=现金收入合计	38.72	=现金支出合计	63.53
期末现金	0.18		

图 8-52 决策方案全面调整后的财务核算报告

综上所述，现代企业创业决策的一般过程如下：①根据创业周期形势变化，制订出产品营销优化决策方案，形成一定的产品营销计划；②突出以销定产原则，制订出产品生产优化决策方案，形成一定的产品生产计划；③配以必备设备人员生产能力，调整产品营销决策方案；④依据产品工艺结构，制订出物料采购优化决策方案，形成一定的物料采购计划；⑤进行决策方案的全面预算，通过预算和分析，调整优化决策方案，通过再预算、再分析和再调整，直至取得完善的决策方案。必须强调指出的是，这一过程不是一个简单的自上而下的过程，而是一个不断反复的过程，通常，只有借助于仿真系统的决策方案预算支持系统才能完成，整个过程如图 8-57 所示。

现代企业创业决策仿真系统——群体对抗版

一台计算机拥有一个现代管理实验室，实践出真知，时势造英雄

各企业生产经营决策评价总表

第1组　第1企业 (第1周期)

市场类指标　生产类指标　财务类指标　决策综合评价　评价指标权重　选择对比企业

理论市场占有率（%）		周期							
企业	队名	1	2	3	4	5	6	7	评分
1	决策先锋	13.2	—	—	—	—	—	—	1
2	***	9.6	—	—	—	—	—	—	0.7
3	***	9.6	—	—	—	—	—	—	0.7
4	***	9.6	—	—	—	—	—	—	0.7
5	***	9.6	—	—	—	—	—	—	0.7
6	***	9.6	—	—	—	—	—	—	0.7
7	***	9.6	—	—	—	—	—	—	0.7
8	***	9.6	—	—	—	—	—	—	0.7
9	***	9.6	—	—	—	—	—	—	0.7
10	***	9.6	—	—	—	—	—	—	0.7

返回

首页　创业导航　创业原理　使用手册　创业流程　决策仿真　教学大纲

本系统版权属东华大学旭日工商管理学院信息管理研究所宋福根教授所有，未经许可不得转载或建立镜像
地址：上海市延安西路1882号 邮编：200051 联系电话：021－62373974 E-mail： fgsong@dhu.edu.cn

图 8-53　决策方案全面调整后的各企业理论市场占有率

现代企业创业决策仿真系统——群体对抗版

一台计算机拥有一个现代管理实验室，实践出真知，时势造英雄

各企业生产经营决策评价总表

第1组　第1企业 (第1周期)

市场类指标　生产类指标　财务类指标　决策综合评价　评价指标权重　选择对比企业

实际市场占有率（%）		周期							
企业	队名	1	2	3	4	5	6	7	评分
1	决策先锋	13.1	—	—	—	—	—	—	1
2	***	9.6	—	—	—	—	—	—	0.7
3	***	9.6	—	—	—	—	—	—	0.7
4	***	9.6	—	—	—	—	—	—	0.7
5	***	9.6	—	—	—	—	—	—	0.7
6	***	9.6	—	—	—	—	—	—	0.7
7	***	9.6	—	—	—	—	—	—	0.7
8	***	9.6	—	—	—	—	—	—	0.7
9	***	9.6	—	—	—	—	—	—	0.7
10	***	9.6	—	—	—	—	—	—	0.7

返回

首页　创业导航　创业原理　使用手册　创业流程　决策仿真　教学大纲

本系统版权属东华大学旭日工商管理学院信息管理研究所宋福根教授所有，未经许可不得转载或建立镜像
地址：上海市延安西路1882号 邮编：200051 联系电话：021－62373974 E-mail： fgsong@dhu.edu.cn

图 8-54　决策方案全面调整后的各企业实际市场占有率

现代企业创业决策仿真系统——群体对抗版

一台计算机拥有一个现代管理实验室，实践出真知，时势造英雄

各企业生产经营决策评价总表

第1组 第1企业 (第1周期)

市场类指标　生产类指标　财务类指标　决策综合评价　评价指标权重　选择对比企业

税前经营成果(百万元)		周期							
企业	队名	1	2	3	4	5	6	7	评分
1	决策先锋	6.86	—	—	—	—	—	—	1
2	***	2.78	—	—	—	—	—	—	0.4
3	***	2.78	—	—	—	—	—	—	0.4
4	***	2.78	—	—	—	—	—	—	0.4
5	***	2.78	—	—	—	—	—	—	0.4
6	***	2.78	—	—	—	—	—	—	0.4
7	***	2.78	—	—	—	—	—	—	0.4
8	***	2.78	—	—	—	—	—	—	0.4
9	***	2.78	—	—	—	—	—	—	0.4
10	***	2.78	—	—	—	—	—	—	0.4

返回

首页　创业导航　创业原理　使用手册　创业流程　决策仿真　教学大纲

本系统版权属东华大学旭日工商管理学院信息管理研究所宋福根教授所有，未经许可不得转载或建立镜像

地址：上海市延安西路1882号 邮编：200051 联系电话：021－62373974 E-mail: fgsong@dhu.edu.cn

图 8-55　决策方案全面调整后的各企业税前经营成果数据

现代企业创业决策仿真系统——群体对抗版

一台计算机拥有一个现代管理实验室，实践出真知，时势造英雄

各企业生产经营决策评价总表

第1组 第1企业 (第1周期)

市场类指标　生产类指标　财务类指标　决策综合评价　评价指标权重　选择对比企业

经营决策综合评分		周期							
企业	队名	1	2	3	4	5	6	7	名次
1	决策先锋	90.2	—	—	—	—	—	—	1
2	***	64.4	—	—	—	—	—	—	2
3	***	64.4	—	—	—	—	—	—	2
4	***	64.4	—	—	—	—	—	—	2
5	***	64.4	—	—	—	—	—	—	2
6	***	64.4	—	—	—	—	—	—	2
7	***	64.4	—	—	—	—	—	—	2
8	***	64.4	—	—	—	—	—	—	2
9	***	64.4	—	—	—	—	—	—	2
10	***	64.4	—	—	—	—	—	—	2

返回

首页　创业导航　创业原理　使用手册　创业流程　决策仿真　教学大纲

本系统版权属东华大学旭日工商管理学院信息管理研究所宋福根教授所有，未经许可不得转载或建立镜像

地址：上海市延安西路1882号 邮编：200051 联系电话：021－62373974 E-mail: fgsong@dhu.edu.cn

图 8-56　决策方案全面调整后的各企业综合评分数据

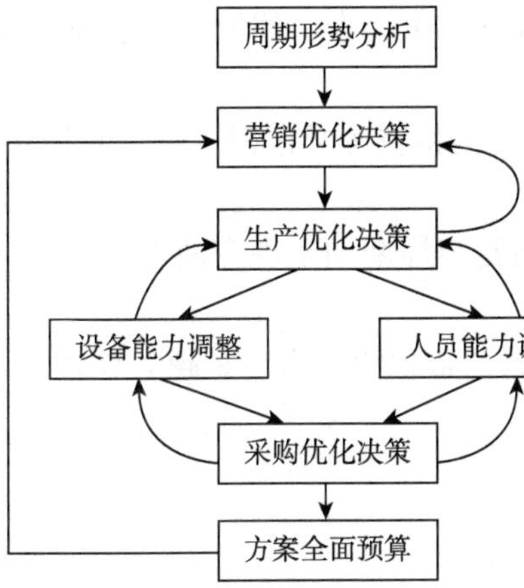

图 8-57 现代企业决策的一般过程

为叙述方便，上述内容均是以创业周期创业企业构建决策为对象展开的，创业企业决策方案基础数据均为 0，之后的各个经营周期创业企业构建已经结束，决策基础已经发生了很大的变化。但在实际上，创业周期之后的各个经营周期决策方案制订原理、方法与过程，与创业周期相类似，区别仅在于基础不一样，是以创业周期已经制订的决策方案数据为基础的，在此基础上，有些数据应为增减数，有些数据则为重新投入数，务必要引起足够的注意。但无论是在创业周期，还是在后续经营周期，只要掌握现代企业优化决策原理与方法，就可使企业始终处于良好的运行状态，在激烈的市场竞争中立于不败之地。

思考题与习题

1. 产品价格优化决策主要应考虑哪些影响因素？通常，与市场容量变化之间成何种关系？

2. 已知某一产品销售价格与其销售量之间呈线性关系，当价格为 10 元时，销售量为 13 万单位，价格为 20 元时，销售量为 9 万单位；又已知该产品单位变动成本仅为 5 元,分摊到的固定成本为 30 万元。试确定可使其销售利润达到最大的销售价格及销售量。

3. 仿真系统中设置的调整生产线生产能力的主要措施有哪些？如何实现生产线的满负荷？

4. 如果受生产能力限制，产品生产不足，且扩大能力又不可取，则应如何调整营销手段应用？

5. 仿真系统中设置的影响 E 型产品制造成本的主要因素有哪些？如何运用可有效降低成本？

6. 多产品生产优化决策模型中，目标函数中的变量系数也称为价值系数，通常应表示为什么？

7. 某一经营周期，E 型产品的期初库存数量为 1 000 台，库存价值为 700 元/台；周期生产了 30 000 台，制造成本为 650 元/台，周期销售了 30 500 台；试求 E 型产品的库存价值变化。

8. 仿真系统中的材料、加工间接费用及销售费用、研发费用、管理费用是如何分摊计算的？

9. 创业企业的周期利润储备与周期期末现金两者之间有何区别？相互之间又有何种联系？

10. 资产负债表中的合计数通常说明什么？是越大越好，还是越小越好？试给出观点理由。

参 考 文 献

陈荣秋，马士华. 2013. 生产运作管理（第 4 版）[M]. 北京：机械工业出版社

程控，革扬. 2012. MRP Ⅱ/ERP 原理与应用（第 3 版）[M]. 北京：清华大学出版社

董平军. 2015. 创业实验——企业经营决策仿真[M]. 北京：北京大学出版社

哈格 S. 2016. 信息时代的管理信息系统[M]. 颜志军译. 北京：机械工业出版社

胡旭微，刘洪彬. 2015. 财务管理[M]. 浙江：浙江大学出版社

克拉耶夫斯基 L J. 2007. 运营管理——流程与价值链[M]. 刘晋译. 北京：人民邮电出版社

孔锐. 2013. 市场营销决策与管理[M]. 北京：清华大学出版社

李俊，秦泽峰. 2016. 创业管理[M]. 北京：北京大学出版社

李学龙，龚海刚. 2015. 大数据系统综述[J]. 中国科学：信息科学，45（1）：1-44

林齐宁. 2013. 决策分析教程[M]. 北京：清华大学出版社

宁德煌. 2016. 市场营销学[M]. 北京：高等教育出版社

韦德洪. 2015. 财务决策学（第 2 版）[M]. 北京：国防工业出版社

沃尔曼 T E. 2008. 制造计划与控制：基于供应链环境（第 5 版）[M]. 韩玉启，等译. 北京：中国人民大学出版社

Conflitti C, de Mol C, Giannone D. 2015. Optimal combination of survey forecasts[J]. International Journal of Forecasting，31（4）：1096-1103

Franks B. 2012. Taming the Big Data Tidal Wave：Finding Opportunities in Huge Data Streams with Advanced Analytics[M]. New York：Wiley Publishing